NORDIC *by* NATURE

gestalten | borderless

Vorwort
von Andrea Petrini

*Autor / Food Curator und
Mitbegründer von GELINAZ!*

„Where are we now?" – Das fragte sich David Bowie auf seinem Album *The Next Day*, bevor er sich in Richtung *Blackstar* aufmachte – seinem kryptischen letzten Zeugnis.

Die Zeit ist noch nicht reif, um wie Bowie eine ferne Zukunft der Nordischen Küche anzukündigen, ein Goodbye irgendwo zwischen den Zeilen. Bei all den Auszeichnungen und der Anerkennung ist die Zeit knapp. Ein Neustart ist dringend nötig.

Ohne Zweifel: Der Nordischen Küche ging es nie besser. Jeder will ein Stück vom Kuchen. Die Jugend strömt gen Norden, um sich in Dänemark, Schweden, Finnland, Norwegen oder der abgeschiedenen Wildnis der Färöer-Inseln niederzulassen und einen Neuanfang zu wagen.

Wer kann es ihr verdenken? Das sind die angesagten Orte. Und die armen, tapferen Michelin-Leute durchforsten die skandinavischen Hauptstädte wie unberührte Landschaften, die sie für sich beanspruchen können, und versuchen, die Spreu vom Weizen zu trennen. Sie spielen sich gerne zum Richter auf; das liegt in ihrer Natur. Natürlich verstehen sie sich auf ihr Handwerk und machen ihre Sache auch mehr oder weniger gut. Trotzdem begreifen sie nicht wirklich, worum es eigentlich geht.

Die Nordische Gastronomieszene ist ein Winwin-Geschäft: Jeder kommt auf seine Kosten. Alles begann als eine Art politisches, lutherisches Statement: Redefreiheit für die versprengte Herde. Ein revolutionäres Manifest, um zuerst die Mutigen zu versammeln, die sich außerhalb der etablierten und kontrollierten Sprachen, dominiert von französischen, italienischen und spanischen Dialekten, positionieren wollten. Die Ausgestoßenen. Es war ein mitreißender, berauschender und befreiender Moment, damals vor über 13 Jahren. Aber jenseits des Dekalogs – einer Art Zwangsjacke, fast wie eine Eiserne Jungfrau – hatten sich eine Reihe völlig neuer Möglichkeiten aufgetan.

Mach weniger, für mehr. Schau dich um, sammle Ideen. Mach die Natur zu deiner Muse. Kenne dich selbst und deine Kollegen, scanne und drucke deine Träume in 3-D. Halte dich an Regeln. Vergiss nicht, die Postkarten von zu Hause zu unterschreiben: all die blonden, bärtigen Wikinger mit ihren schönen Gefährtinnen und Kindern zwischen grünen Hügeln und Wasserfällen. Noch nie war Küche so nah an der Natur.

Aber es gibt ein Leben jenseits des Unmittelbaren und des sogenannten *kitchen ring*. Und die Erwartungen sind hoch. Alle halten Ausschau nach der Zukunft; nach unbeschrittenen Pfaden.

Und hoffen, vielleicht endlich der Antwort auf die Frage näherzukommen, die alle seit Jahren umtreibt: „Where are we now?"

Um sich neu zu erfinden, braucht die Nordische Küche frischen Sauerstoff, um ihr Hirn auf Touren zu bringen und das Altbekannte hinter sich zu lassen: die heilige Ehe von Rohem und Wildem, Adstringenz und Meergeschmack, von granitischen, herben Wurzeln im Winter. Warum nicht Stereotypen überwinden, beherzt tiefer ins Unbewusste vordringen, den inneren wilden Wikinger heraufbeschwören – diesmal in sanfterer Stimmung? Eine abgerundete, wohlerzogene, wahrhaftigere Version deiner selbst, die Liebenswürdigkeit des Kochens, dich selbst besser kennenlernen, das Ausrufezeichen hinter deiner Aussage.

Fang wieder an zu lernen, kenne deine Klassiker, erfinde deine Vergangenheit. Vergiss die übliche Geschichte: „Das Wichtigste zuerst" – erfinde deine eigene Sprache. „Hier und jetzt" ist buchstäblich zu verstehen als Aufgabe, das, was vor dir liegt, in seiner Unmittelbarkeit auszudrücken. Überschreite Grenzen, teste jeden Tag neue Rezepturen, überprüfe deine Annahmen, stelle Fragen, die niemand beantworten kann – denn tief in unserem Inneren wissen wir alle, dass die Fragen wichtiger sind als Antworten.

Sobald der Revolutionär zum Bürokraten und der leidenschaftliche Liebhaber zum Ehemann wird, droht Vorhersehbarkeit. Liebe deinen Kommandomodus: Nimm nichts als gegeben hin. Sei schnell und überrasche deine Leute. Die Nordische Küche ist mit Abstand das Aufregendste, was in den letzten 15 Jahren auf europäischem Boden geschehen ist. Von Anfang an hat sie einen gemeinsamen Rahmen, einen Horizont, eine Art improvisiertes Erbe bereitgestellt. Jetzt ist es an der Zeit für Abwechslung und unterschiedliche Richtungen. Jeder muss seine eigene Identität erschaffen. Der Stamm ist verstreut; alle gärtnern in ihren eigenen Sprachfeldern. Erlaube den Wikingern, sich niederzulassen mit ihren Ehefrauen, Kindern und Hypotheken, und vergiss nie die verborgene Flamme, die in jedem von ihnen brennt.

Die Zeit ist reif, Politik gegen Poesie einzutauschen. In Zungen zu reden. Sei so persönlich, so unberechenbar in deinen Bewegungen, dass nicht einmal dein Schatten dir folgen kann. Wir sehen uns dort, wo niemand je war und uns niemand erwartet. Einen kleinen Schritt voraus. Autos und alte Reifen brauchen wir nicht. Sollen die Michelin-Inspektoren ihre Hemden nassschwitzen. Sie können die Anstrengung gut gebrauchen, wenn sie eines Tages in der Lage sein wollen, all dem Herr zu werden, was noch kommt. Bringen wir sie – und alle anderen – dazu zu fragen: „Where are we now?"

Eine zwölfmonatige, 5000 Kilometer lange kulinarische Expedition über den Nordatlantik und das Nordpolarmeer auf dem Land-, Luft- und Seeweg. Auf arktischen Fischkuttern durch das Polareis und auf Michelin-Sommerreifen durch Schneestürme.

Ein Australier, ein Schwede und zwei Dänen – von Natur aus grenzenlos – machten sich auf, das dänische Königreich zu durchqueren, von den lebendigen Innenstädten bis zu den abgelegensten Zipfeln Grönlands und der Färöer-Inseln. Eine Tour über das dänische Festland, die vorgelagerten Archipele, durch das Kattegat und die Belte und Sunde, welche Nord- und Ostsee verbinden.

Auf eine ähnliche Reise hatten sich bereits Anfang des Jahrtausends ein dänischer Koch und ein gastronomischer Unternehmer begeben, um die kulinarische Vielfalt des Nordens zu erweitern. Sie legte den Grundstein für die Idee von *Nordisk Mad* (Dänisch für nordisches Essen) und später für das als Nordische Küche bekannte Dogma, das die nordischen Nationen, ihre kulinarischen Traditionen und Klimata verbindet.

Fünfzehn Jahre später folgten wir der Route jener furchtlosen kulinarischen Pioniere und damit der Evolution der dänischen Esskultur seit ihrer Neuerfindung.

Diese Erneuerung wurde von richtungsweisenden Köchen angetrieben, um die reiche Vielfalt regionaler Zutaten und Traditionen wiederzubeleben sowie dem kulinarischen Einheitsbrei und dem verheerenden Einfluss aggressiver Agrarunternehmen auf die Landschaft und die einheimische Küche etwas entgegenzusetzen.

Nordic by Nature dokumentiert eine neue Sicht auf das kulinarische Kulturerbe Dänemarks. Dies ist mehr als ein Buch oder eine Rezeptsammlung. Es ist ein inspirierender Einblick in den Status quo der Branche und in das Denken ihrer Revolutionäre. Alle Beteiligten wurden ausgewählt aufgrund ihrer Einstellung zu regionaler, saisonaler Küche, ihrer Verwendung von Rohprodukten und ihrem respektvollen Umgang mit Erzeugern, Köchen, Verbrauchern und der Umwelt.

Wir wollen den Appetit auf die zeitgenössische dänische Küche mit Rezepten anregen, die von ihren Pionieren selbst entwickelt wurden und hoffen, eine authentische Sammlung zusammengestellt zu haben, die den Enthusiasmus der Köche einfängt und das kulinarische Werkzeug bereitstellt, um diese Kreationen selbst

nachzukochen. *Nordic by Nature* erzählt die persönlichen Geschichten von Ideologien, Fehlschlägen, Interpretationen, Ausflügen in die Wildnis, geografischen und saisonalen Einschränkungen (oder Chancen!), die diese Bewegung prägen. Die vorgestellten Köche servieren nicht nur innovative Rezepte, sondern auch ihre eigene Interpretation der dänischen Küche von heute – begleitet von Fotografien der Küchen, Labore, Wälder oder Schlossgärten, an denen Inspiration entsteht, geschaffen und gegessen wird.

Wir sind noch nicht am Ende. Dies ist ein besonderer Moment für die dänische Gastronomie und unser Buch soll diese Wende dokumentieren und bekannt machen – und in Zukunft als Nachschlagewerk dienen.

Die Köche in diesem Buch legen vor der Natur Zeugnis ab und legen die Nordische Küche zur Prüfung vor: zum Erleben, Interpretieren und Nachkochen.

Doch dieses Buch wäre unvollständig ohne Sie, liebe Leser. Wir hoffen, auch Sie durch die Innovationskraft und Langlebigkeit der Nordischen Küche zu inspirieren.

Borderless Co.
Ein Kollektiv neugieriger Individuen ohne geografische oder kulturelle Grenzen, von der Dokumentation origineller Inhalte inspiriert.

Ohne Einschränkungen: Die intellektuelle Neugierde des „*Grenzenlosseins*".

Nordisk Mad
von Claus Meyer

Ich komme aus einem Land, in dem asketische Ärzte und puritanische Pfarrer einen 300-jährigen antihedonistischen Kreuzzug gegen Sinnlichkeit und die Freuden des Essens geführt haben. Über Jahrhunderte wurde das Zubereiten einer leckeren Mahlzeit für die Liebsten als Sünde angesehen, genau wie Diebstahl, Alkoholmissbrauch, ausschweifendes Tanzen, Inzest und Onanie. Dazu gehörte die Überzeugung, dass man sich, will man ein langes, mit Gesundheit und Erfolg gesegnetes Leben auf Erden haben und der Hölle entgehen, mit schlecht schmeckendem Essen begnügen muss, das man ohne viel Aufhebens verzehren sollte.

In diesem Geiste wuchs ich in einer bürgerlichen Familie in den 1960er-Jahren auf – der dunkelsten Zeit dänischer Esskultur. In meiner Familie hatte das Essen billig zu sein und in maximal 30 Minuten auf dem Tisch zu stehen und aufgegessen zu sein. Meine Mutter Ulla gehörte zur ersten Generation dänischer Frauen, die außerhalb der eigenen vier Wände arbeiteten. Zu ihrem Glück war es die Ära der Brühwürfel, Fertigsoßen und Dosenfrikadellen, von Kartoffelpulver und Konservensteak.

Industriell produziertes, zerkleinertes, fettiges Fleisch billigster Qualität und Jahre vor dem Verzehr gekochtes Tiefkühlgemüse waren die Klassiker meiner Kindheit. Das alles wurde in riesigen Gefriertruhen in unserem Keller aufbewahrt. Nach dem Auftauen panierte meine Mutter das Fleisch drei bis vier Mal mit getoasteten Brotkrümeln, bevor sie es in Margarine voller Transfettsäuren frittierte. Jeden Abend zerließ sie 500 Gramm Margarine für uns drei, und was nach dem Frittieren davon übrigblieb, wurde zum Tunken benutzt. Das war die Soße meiner Kindheit. Mit 14 Jahren wog ich 97 kg und war eines der drei dicksten Kinder Süddänemarks.

Essen hatte in meiner Kindheit nie etwas mit der Schönheit des Lebens zu tun, sondern war eine Angelegenheit ökonomischer Effizienz. Ich lebte meine prägenden Jahre also in kulinarischer Finsternis. Das Jahr, das ich im französischen Schlaraffenland von Agen, der Hauptstadt der Gascogne, verbrachte, veränderte mein Leben dann radikal. Zum ersten Mal erfuhr ich, dass Essen etwas Schönes und Spirituelles sein kann. In Frankreich sah ich, dass man Essen besser zubereiten konnte – verankert in Ideen wie Diversität, Saisonalität, Schmackhaftigkeit und Verbundenheit zum Land. Ich wollte, dass die Menschen ihre Herzen und ihren Geist für den Wert guten Essens und Kochens öffneten. Als Scheidungskind sehnte ich mich nach dem, was ich in Frankreich erlebte: herrliche stundenlange Mahlzeiten mit der ganzen Familie. Ich war davon überzeugt, wenn man nur das Essen richtig hinbekäme, könnte dies einige der wichtigsten Sozialstrukturen des Alltags festigen, vielleicht sogar die Sache mit der Liebe.

In Agen lebte ich bei einem Koch namens Guy und seiner Frau, und er sagte einmal zu mir: „Glück, mein Sohn, ist zu wissen, was du mit deinem Leben anstellen willst, und den Mut zu haben, dem eigenen Herzen zu folgen."

Mit 21 Jahren kehrte ich also mit einer Berufung nach Dänemark zurück: Ich wollte die Esskultur meines Landes verändern. Nach der Universität und in den folgenden zehn Jahren fühlte ich mich wie ein getriebener Wahnsinniger, der fast im Alleingang versuchte, die allgegenwärtigen Mängel in der Esskultur zu beheben. Ich hatte damit auch zu einem gewissen Grad Erfolg, allerdings mit sehr eingeschränkter Reichweite.

2001 kam ich zu dem Schluss, dass es wahrscheinlich effektiver wäre, die Transformation unserer Esskultur mit einem Top-down-Ansatz anzugehen – um zumindest einen Anfang zu machen. Als ich einen Beitrag für ein Buch über die moderne spanische Küche schrieb, lernte ich einige der besten spanischen Köche kennen. Ich erfuhr, dass sie sich 1973 die Veränderung der spanischen Küche zum Ziel gesetzt hatten, und – verdammt, jetzt, keine zwanzig Jahre später, war Spanien *das* kulinarische Top-Reiseziel. Eine weitere Inspirationsquelle war die Raffinesse der dänischen Dogma-Filmemacher, die unter der Ägide von Lars von Trier in den späten Neunzigern ihr Manifest veröffentlicht hatten, das zumindest in Europa für eine Weile die Dynamik des Filmemachens veränderte. Unter diesen Eindrücken kam mir und einer kleinen Gruppe von Mitstreitern der Gedanke, dass eine neu belebte nordische Küche eines Tages zu den besten der Welt zählen könnte. Uns fiel jedenfalls nichts ein, was dem im Weg stünde.

Die Zeit schien reif: Die französische Küche hatte an Schwung verloren und die spanische, in den letzten zehn Jahren fast einhellig gefeiert, hatte sich allmählich von der Natur entfernt und in Richtung Molekulargastronomie bewegt.

Schließlich beschlossen wir zwei Dinge: erstens ein Restaurant mit dem Namen „Noma" zu eröffnen – ein Kofferwort aus den zwei dänischen Wörtern *nordisk* (nordisch) und *mad* (Essen). Wir wollten alte nordische Kochtechniken verwenden und neue entwickeln – und dabei ausschließlich mit regionalen Lebensmitteln arbeiten. Das schien damals ungeheuerlich.

Ich holte mit René Redzepi als Küchenchef einen jungen Koch an Bord und bot ihm eine Teilhaberschaft an. In der allerersten Speisekarte im Noma schrieben wir im Jahr 2003, dass wir mit diesem Restaurant eine Neue Nordische Küche ins Leben rufen wollen, die das Arktische bejaht und die Welt mit ihrem herrlichen Geschmack und ihrer Einzigartigkeit erleuchtet.

Noma sollte nie das beste Restaurant der Welt werden. Wir wollten das Potenzial unserer Region erschließen und andere Köche inspirieren, um so einen Wandel der Werte anzustoßen, die unserer Esskultur zugrunde liegen. Als wir unsere Reise begannen, stand Luxus in der Welt der Gastronomie für Dinge wie Trüffel, Foie gras, Kaviar und handgebügelte Tischdecken – gehobene Küche für einige wenige. Wir träumten davon, Luxus neu zu definieren. Wir glaubten, dass einfache Zutaten und ein nackter Tisch auch auf ihre Weise luxuriös sein können. Wir wollten

die Jahreszeiten hervorheben, die Verbindung zwischen dem Kochen und der Natur wiederherstellen und Essen mit Gesundheit und Nachhaltigkeit zusammenbringen.

Zweitens fingen wir an darüber nachzudenken, welche Werte unsere Esskultur auszeichnen müssten, damit sie eines Tages zu den köstlichsten, angesehensten und bewundernswertesten der Welt gehören würde. Wir brauchten eine Leitidee für alle, die wir in das Projekt involvieren wollten.

Was wäre der Gewinn für jeden von uns, für unsere Region, unsere Branche und den Planeten, falls wir es schaffen sollten? So schrieben wir schließlich den ersten Entwurf des Manifests der Neuen Nordischen Küche, das wir 2004 erstmals öffentlich präsentierten, nachdem wir den Text mit den Köchen besprochen und überarbeitet hatten, die ihn später auch unterschrieben.

Die Neue Nordische Küche sollte nie eine Kriegserklärung an französisches Essen oder italienische Pizza sein oder ein Kreuzzug gegen Sushi und marokkanische Tajine. Wenn sie einen Feind hat, dann die internationale Fast-Food-Industrie, die von riesigen Unternehmen beherrscht wird, welche unsere Gesundheit beeinträchtigen, unsere Selbstständigkeit schwächen und potenziell unserem Planeten schaden.

Wir alle wissen, dass wir uns inmitten eines Massenaussterbens verschiedener Tier- und Pflanzenarten befinden. Dieses Mal vernichtet sich das Leben sozusagen selbst, denn es sieht so aus, als habe eine intelligente Spezies in einem Zeitraum von 150 Jahren nahezu im Alleingang ihre eigene Lebensgrundlage und einen großen Teil der Biosphäre zerstört. Eine Milliarde Menschen leiden an Hunger und Armut und es ist unglaublich entmutigend, dass zugleich ungefähr 1,3 Milliarden Menschen mit Fettleibigkeit zu kämpfen haben. Der Mensch nimmt eine einzigartige Position unter den Lebewesen der Erde ein, denn die Evolution hat ihn mit der Fähigkeit zum Denken und zum Mitgefühl ausgestattet. In den Worten von Leonard Cohen: „There is a crack, a crack in everything – that's where the light gets in."

Essen hat über den Genuss hinaus eine Bedeutung. Unsere Grundidee war es, eine frischere, lebhaftere Küche zu erfinden – voller Gemüse und näher an der Natur. Ein Kochansatz, der Köstlichkeit mit Rücksicht auf die Gesundheit der Menschen und des Planeten verbindet. Wir wollten Köche auf der ganzen Welt dazu inspirieren, Nachhaltigkeit zum wesentlichen Bestandteil ihrer gastronomischen Ambitionen zu machen. Wir hatten die Hoffnung, dass die Köche, wenn sie sich dieser Herausforderung stellten, zur Inspirationsquelle einer ganzen Generation würden – auch außerhalb der Küche. Wo auch immer wir leben und was auch immer wir tun: Es ist wichtig, dass wir die Arbeit der Bauern, Fischer, Sammler und Lebensmittelhersteller wieder wertschätzen. Nur so können wir der Natur wirklich wieder eine Stimme geben, und das liegt in unser aller Interesse. Letztlich sind wir alle eins und die wichtigsten Entscheidungen müssen wir in Anbetracht der Ewigkeit fällen.

CLAUS MEYER – *New York City, USA*
Gastronom, Agern und The Great Northern Food Hall NYC, Mitbegründer des Meyers und des Noma

Die Ziele der Neuen Nordischen Küche sind:

1. der Reinheit, Frische, Einfachheit und Ethik, die wir mit unserer Region in Verbindung bringen wollen, Ausdruck zu geben.

2. den Wechsel der Jahreszeiten in unseren Gerichten widerzuspiegeln.

3. Zutaten und Lebensmittel zur Grundlage unserer Küche zu machen, die typisch für unser Klima, unsere Landschaft und unsere Gewässer sind.

4. mit dem Anspruch kochen, guten Geschmack mit aktuellen Erkenntnissen über Gesundheit und Wohlbefinden zu verbinden.

5. sich für nordische Produkte und die Vielfalt nordischer Lebensmittelhersteller einzusetzen—und die ihnen zugrunde liegenden Kulturen bekannt zu machen.

6. auf das Tierwohl zu achten und gute Produktionspraktiken in unseren Meeren, auf unseren Bauernhöfen und in der Wildnis zu fördern.

7. neue Verwendungsmöglichkeiten für traditionelle nordische Lebensmittel zu entwickeln.

8. das Beste der nordischen Küche und kulinarischen Traditionen mit Impulsen von Außerhalb zu verbinden.

9. lokale Selbstversorgung mit dem regionalen Austausch hochwertiger Produkte zu verbinden.

10. gemeinsam mit Verbraucherorganisationen, anderen Köchen, den Landwirtschafts-, Fischerei-, Lebensmittel-, Einzelhandels- und Großhandelsindustrien, Wissenschaftlern, Lehrern, Politikern und Behörden diese Vorhaben anzugehen zum Wohl und Nutzen aller Menschen in den Nordischen Ländern.

GO WILD!
von Roland Rittman

Viele denken, dass ich in den zwanzig Jahren, die ich auf meinen Knien in der Wildnis und mit dem Liefern wilder Kräuter, Beeren und Pilze verbracht habe, eine bewusste Strategie verfolgt habe, um die Essgewohnheiten der Menschen und ihr Verhalten gegenüber der Natur zu verändern. Dabei war es eher Zufall. Während meiner Kindheit im schwedischen Trelleborg sammelte ich oft Insekten in den Sümpfen der Umgebung. Zu meinem Unglück wurde mein Rückzugsort jedoch bald in eine Golfanlage umgewandelt. Der Sumpf trocknete aus, die Pflanzen, Insekten und Tiere verschwanden; das Land wurde gekauft, erschlossen, umgewandelt und mir weggenommen. Diese Erfahrung hinterließ bei mir tiefe Spuren und hat meine Berufung als Wildpflanzensammler und meine Verbundenheit zur Natur geprägt. Wenn man eine Bindung zu einem Stück Natur hat, ist man bereit dafür zu kämpfen, wenn es erschlossen werden soll. Die innigste Beziehung zur Natur knüpft man, wenn man von ihr kostet. Geh sammeln, öffne dich und kämpfe für deine Natur und gegen die fortschreitende Urbanisierung!

Meine Firma hat mit Restaurants in Dänemark, Finnland, Norwegen, den Färöern und Schweden zusammengearbeitet. Angefangen haben wir 1998 in Schonen. Seitdem ist das Bewusstsein für die Wildnis dank der Küchenmeister, deren Gerichte und Konzepte andere Köche und Restaurants inspirierten, weiter gewachsen. Als ich 2004 mein Unternehmen gründete, fand in Kopenhagen eine besonders interessante Entwicklung statt. Nachdem ich dort bereits das SAS-Restaurant Alberto K und einige andere beliefert hatte, lernte ich René Redzepi kennen, der im Noma ausschließlich mit nordischen Wildpflanzen kochen wollte. Im selben Jahr fand dann das Treffen statt, bei dem nordische Köche das Manifest der Neuen Nordischen Küche verfassten.

Mein eigenes Abenteuer begann damit, dass ich 1998 aufgrund eines Ernteüberschusses Violetter Rötelritterlinge auf dem Markt von Lund privat Waldpilze verkaufte. In dieser Stadt hatte ich Mathematik, Chemie, Biologie, Quartärgeologie und Archäologie studiert. Ich hatte eine neue, alte Marktnische entdeckt. Morgens verkaufte ich Pilze und Kräuter auf dem Markt und nachmittags zum halben Preis an Restaurants. Dieses Geschäft weitete ich später auf die Nachbarstädte Malmö und Helsingborg aus. 2004 gründete ich mein Einzelunternehmen, Roland Rittman Jordnära Natur & Kultur, 2012 vergrößerte ich die Firma zur Aktiengesellschaft Roland Rittman AB. So wurde diese Arbeit zur hauptberuflichen Beschäftigung. Fast niemand benutzte meinen Namen *Jordnara* – Schwedisch für „nahe der Erde lebend" und zudem der Name meines Fachwerkhauses, wo alles begann. Und ich war, ohne es zu merken, selbst zur Marke geworden – ein anerkanntes Label, das sich auf den Speisekarten als „Roland Rittman" wiederfand. *Jordnara* lebt indes dank Eric Vildgaard, einem meiner Kunden, weiter: Er hat sein Restaurant im Gentofte Hotel nördlich von Kopenhagen, auf dessen Speisekarte sich die Spuren der Wildnis finden, Jordnær getauft.

Bereits als jugendlicher Amateur-Feldbiologe in den 1960er-Jahren war ich mir der Lebensgefahr bewusst, in der unser Planet schwebte, und engagierte mich im Naturschutz.

Die Warnungen von Rachel Carsons *Der stumme Frühling*, George Borgström und anderen stießen bei uns auf offene Ohren und wir waren uns sicher, der Weltuntergang sei nur ein Jahrzehnt entfernt. Wir handelten in der Hoffnung, die Menschen wachrütteln zu können. Ein halbes Jahrhundert später wird dieselbe Krise nun endlich als Bedrohung für unsere Zivilisation anerkannt und die Gesellschaft hat begonnen, sich ihres Verhaltens bewusst zu werden und es zu ändern. Es liegt in unseren Genen, gemeinsam und selbstlos zu handeln. Nicht ein Angriff aus dem All ist es, um den wir uns sorgen müssen: Die Gefahr geht von uns selbst aus und wir müssen unsere Ernährungsgewohnheiten ändern. Der Übergang zu biologischer und nachhaltiger Landwirtschaft sowie die Rückbesinnung auf die Natur durch den Verzehr wild wachsender Nahrungsmittel ermöglichen den Wandel, um unseren Planeten und uns selbst zu retten. Der Zeitpunkt ist gekommen, alle Kräfte zu mobilisieren. Die Menschheit erreicht am meisten, wenn sie zusammenarbeitet. Eine ganze Generation ist seit den 1980er-Jahren dazu verleitet worden, nur in das eigene Wohl zu investieren. Von 1975 bis zu seiner Abschaltung im Jahr 2005 gefährdete das Kernkraftwerk Barsebäck Millionen von Menschen. Die zwei Reaktoren waren nur 20 km von der Innenstadt Kopenhagens entfernt, der Hauptstadt Dänemarks! Als ich 1973 davon erfuhr, begann ich zu handeln. Auf meine Initiative stellten wir 1976 die erste nordische Barsebäck-Demonstration auf die Beine. Noch bis 1986, dem Jahr der Katastrophe von Tschernobyl, fanden Demonstrationen statt. An ihrem Höhepunkt im Jahr 1977 protestierten 20.000 bis 30.000 Menschen vor dem Kernkraftwerk – zwei Störfälle in Barsebäck hätten damals beinahe zu einem nordischen Fukushima geführt!

Ich habe mich bei vielen lokalen Umweltfragen eingemischt. Inzwischen erstreckt sich mein Engagement von lokalen über regionale bis hin zu gesamtnordischen Themen. Insbesondere die Verbindung von Seeland und Schonen, das Öresund-Projekt, war ein Thema für mich. Die Brücke zwischen Schweden und Dänemark war wesentlich für die Bemühungen, die Bevölkerung in einigen wenigen Großstädten zu konzentrieren. Auf der ganzen Welt versucht das Establishment weiterhin die Menschen dazu zu bringen, in die Städte zu ziehen. Aber es ist noch nicht zu spät, dem Konsumdenken in den Ballungsräumen den Rücken zu kehren und der grünen Welle und der weltweiten Suche nach nachhaltigen Lösungen zu folgen. Ich bin also ein enthusiastischer Stratege und Pionier der schwedischen Umweltbewegung seit 1963.

Heute konzentriere ich meine Energien auf das Sammeln in der Natur und das Liefern wilder Lebensmittel an skandinavische Restaurants, insbesondere in Kopenhagen, wo ich zwei Mal in der Woche hinfahre. Für einige Jahre hatte ich ein paar Angestellte und führte die Firma auf einem Bauernhof samt zugehörigem Land, das ich jedoch nicht kultivierte. Allerdings wurde es schwierig damit weiterzumachen, als die Köche begannen, mein Konzept zu übernehmen, sich ihr eigenes Wissen anzueignen und selbst sammeln zu gehen. Trotzdem war das natürlich eine gute Entwicklung, denn so verbreiteten sich die Ideen hinter dem Sammeln essbarer Wildpflanzen schneller weiter.

Inzwischen bin ich 71 und habe nicht vor, in den Ruhestand zu gehen. Es ist einfach spannend, Teil der Nordischen Küche zu sein und mitzuerleben, in welche Richtung sie sich entwickelt. Sie ist ein gastronomischer Kosmos, in dem wir Sammler und Lieferanten zusammen mit Restaurants, Köchen und Gastronomen ein gemeinsames Ziel teilen. Heute strömen Gastrotouristen nach Skandinavien, um in Gourmetrestaurants zu speisen. Die nordischen Länder machen Paris, Rom und Barcelona Konkurrenz. Die Esskultur hier wird wohl weiterhin exponenziell wachsen, entsprechend den Erwartungen der Außenwelt.

Uns in den nordischen Ländern liegt nun die Welt zu Füßen, weil wir unsererseits vor der Vielfalt und dem Reichtum der Natur auf die Knie gefallen sind. Derselbe Ansatz verbreitet sich nun rasend schnell in der ganzen Welt, inspiriert andere und hilft uns dabei, menschlich zu bleiben. Wir gehen in die Wildnis, um die Menschheit und den Planeten zu retten. Das Noma-Team hat sich diese Idee zu Herzen genommen und mit ihrer App *VILD MAD* über essbare Pflanzen aus der Natur eine globale Wildpflanzenkampagne gestartet. Dieses Wissen soll in der Welt verbreitet werden und jungen Menschen Fähigkeiten beibringen, die genauso wertvoll und wichtig sind wie Lesen und Schreiben.

Es ist allerdings wichtig festzuhalten, dass diese wilde Revolution nicht in den nordischen Ländern begann. Indigene Völker auf der ganzen Welt haben die Tradition des Sammelns bewahrt. Das ist vergessenes Wissen, das nur darauf wartet, wiederentdeckt zu werden – als Renaissance ursprünglicher Nahrungsmittel. Eine der schönsten Folgen dieser kulinarischen Revolution ist, dass sie den indigenen Völkern ihre Würde wiedergibt, indem sie ihr Wissen als wichtig für unsere gemeinsame Zukunft anerkennt. Diese gastronomische, kulinarische, kulturelle, globale und revolutionäre Bewegung braucht einen Übergangsritus, eine Initiationszeremonie – ein Ritual, das den Übergang einer Person von einem Status zu einem anderen markiert: Geh an einen Ort in der Natur, mit dem du dich verbunden fühlst. Knie dich hin. Senke den Kopf in Demut. Koste von einer Pflanze, ohne sie zu entwurzeln. Grase wie das Tier, das du bist. Werde dir mit universellem Mitgefühl unseres folgenschweren Einflusses auf diese wilde Symphonie der Existenz bewusst. Danke der Sonne dafür, dass sie uns Energie, grüne Pflanzen, Tiere und Leben schenkt. Lass dein Sein von der Erde durchdringen. Schließe dich der Revolution an. Werde wild!

ROLAND RITTMAN – *Anderslöv, Schweden*
Wildsammler und Umweltaktivist

Ulo – Hotel Arctic | Ilulissat, Grönland, Dänemark

Mit Blick auf die ehrfurchtgebietenden schwimmenden Gletscher des Ilulissat-Eisfjords und die Iglus auf den benachbarten Klippen, die zum tiefen Blau des eiskalten Nordpolarmeeres hin abfallen, würdigt das Restaurant Ulo unter der Leitung von Chefkoch Heine Rynkeby Knudsen regionale kulinarische Traditionen mit seinem modernen, komplexen und oft gewagten Menü.

Heine Rynkeby Knudsen
– Chefkoch

Die Reise in Grönland begann im Frühjahr 2016, nach ein wenig Recherche von Zuhause. Damals war mir nicht klar, auf was ich mich eingelassen hatte, aber ich wurde schnell und positiv überrascht. Noch nie hatte ich an einem gleichzeitig so abgelegenen und so unglaublich dynamischen Ort gearbeitet. Die meisten Einwohner hier leben autark. Die Fischerei ist die Haupteinkommensquelle in der Stadt und so können wir uns darauf verlassen, immer den frischesten Fang zu bekommen. Wenn wir anfangen zu filetieren, zappeln und rutschen unsere Fische noch auf dem Schiffsdeck herum. So etwas erlebt man in keiner anderen Küche. Es ist eine Ehre, mit so frischen und lokalen Rohprodukten zu arbeiten.

Unsere Gerichte sind einfach und konzentrieren sich ausschließlich auf Grönländisches. Neben frischem Fisch, Rentier und Moschusochse (je nach Jagdsaison) finden sich auch Weichtiere und hier gesammelte Kräuter auf dem Menü.

Ich arbeite in einer der wildesten Küchen der Welt. Dieser Job verlangt cleveres Denken und ist eine Gelegenheit, zu beeinflussen, wie die Welt die grönländische Küche sieht. Es ist eine Ehre, eine gewaltige Verantwortung und eine Aufgabe, die ich mit großer Demut und Respekt wahrnehme.

Ulo – Hotel Arctic – Ilulissat, Grönland, Dänemark

Seesaibling, Vierkantheide, Miesmuscheln und Engelwurz

Zubereitung

Für 4 Personen

SEESAIBLING

400 g Seesaibling
1 l Wasser
10 g Salz

Das Salz im Wasser auflösen. Den Seesaibling 10 Minuten ins Salzwasser legen, dann herausnehmen und mit einem Tuch trockentupfen.

EINGELEGTE ENGELWURZ

1 Engelwurzstängel
200 ml Wasser
200 g Zucker
200 ml Bio-Apfelessig
1 Lorbeerblatt
½ Schalotte
5 Pfefferkörner

Wasser mit Apfelessig, Lorbeer, Zucker, Pfefferkörnern und Schalotte aufkochen. Von der Flamme nehmen und 10 Minuten ziehen lassen. Die Engelwurz in Scheiben schneiden und in den warmen Sud geben. Alles in ein Einmachglas gießen, das mit Atamon (Natriumbenzoat) gereinigt wurde. Das Glas für etwa einen Monat in die Speisekammer stellen.

FERMENTIERTER QUELLER

20 g Queller
2%ige Salzlake

Den Queller gründlich waschen, mit der 2%igen Salzlake in einen Vakuumbeutel geben und in die Speisekammer legen. Täglich nachsehen, ob sich im Beutel Gase bilden. Ist das der Fall, Gase ablassen und den Beutel wieder versiegeln. Queller etwa 3 Monate fermentieren lassen.

MUSCHELBOUILLON / CONSOMMÉ

1 kg Miesmuscheln
300 ml Meerwasser aus dem Ilulissat-Eisfjord
1 Karotte
2 Selleriestangen
1 große Zwiebel
8 Thymianzweige
Öl
2 EL Eiweiß
Saft von 1 Zitrone

Muscheln gründlich säubern und den Bart entfernen.

Das Gemüse klein würfeln und in ein wenig Öl dünsten. Dann die gesäuberten Muscheln mit dem Meerwasser in einen Topf geben und zugedeckt dämpfen. Flüssigkeit abgießen. Die Muscheln mit dem Eiweiß pürieren, in die Gemüsesuppe rühren und langsam zum Kochen bringen.

Das Eiweiß filtert Unreinheiten aus der Brühe und die Muscheln liefern den Geschmack. Zuletzt die Suppe durch ein Tuch gießen, um eine klare Flüssigkeit zu erhalten. Mit etwas Zitronensaft abschmecken.

ANRICHTEN

Vierkantheide
Bergblumen

Den Seesaibling 2 bis 3 Minuten auf einem Kugelgrill über reichlich Vierkantheide räuchern. Der Seesaibling darf innen noch ein wenig roh sein. Die Haut entfernen und den fermentierten Queller, die eingelegte Engelwurz und Bergblumen auf dem Fisch platzieren. Am Tisch die Muschelbouillon angießen.

Über das Gericht

Einer der besten Fische, den ich hier gegessen habe, ist der Seesaibling. Da die Saison kurz ist und der Fisch so schnell wie möglich verarbeitet werden muss, verlege ich mich mehr und mehr auf die klassische und sehr inspirierende Methode des Räucherns.

Seesaibling wird traditionell mit der Hand im Fluss gefangen. Anschließend wird er gesalzen und mit Vierkantheide, Grönländischer Porst, Brombeeren und Wacholderbeeren geräuchert. Die Aromen ziehen durch das Fischfleisch. Wir erwärmen die Beeren zusammen mit der Vierkantheide auf dem Grill und servieren das Gericht mit einer Miesmuschelbrühe, eingelegter Engelwurz, fermentiertem Queller und Alpen-Säuerling. Dies ist eines der Gerichte, die in meinen Augen das Wesen und den Geschmack Grönlands am besten einfangen. Der Seesaibling lebt in den Buchten, in denen sich auch die Miesmuscheln drängen; die Engelwurz wächst an fast denselben Bächen und Flüssen, die die Fische hochschwimmen, und Fisch wird in Grönland traditionell mit Vierkantheide geräuchert.

Qajaasat mit weißer Schokolade und Stachelbeeren

Zubereitung

Für 4 Personen

KRISTALLISIERTE
WEISSE SCHOKOLADE

- 100 ml Wasser
- 200 g Zucker
- 150 g weiße Schokolade
- 1 EL getrocknete rundblättrige Glockenblumen
- 1 EL getrocknete Kamille
- 1 EL getrocknete Blaubeeren

Das Wasser mit dem Zucker auf 145 °C erhitzen. In der Zwischenzeit die Schokolade schmelzen. Wenn der Läuterzucker 145 °C erreicht hat, wird er unter die weiße Schokolade gemengt, wodurch die Mischung körnig und knusprig wird. Die getrockneten Glockenblumen, Kamille und Blaubeeren in der Kaffeemühle zu feinem Pulver vermahlen. Mit der kristallisierten weißen Schokolade mischen.

STACHELBEERPÜREE

- 300 g Stachelbeeren
- 1 Handvoll Zucker
- Zitronensaft

Stachelbeeren und Zucker aufkochen, bis sie eine rötliche Farbe annehmen. Mit etwas Zitronensaft abschmecken, pürieren, abseihen und in einen Spritzbeutel geben.

PARFAIT AUS WEISSER
SCHOKOLADE UND
GRÖNLANDPORST

- 8 g / ½ EL Grönlandporst (*Qajaasat*)
- 500 ml Sahne

Sahne mit dem Grönlandporst aufkochen. Über Nacht stehen lassen. Am nächsten Tag abseihen.

- 300 g Grönlandporstsahne
- 100 g Zucker
- 200 g weiße Schokolade
- 160 g Puderzucker
- 200 g Eigelb
- 700 g Sahne
- 200 g weiße Schokolade zum Tunken

Die Grönlandporstsahne mit dem Zucker aufkochen und über die weiße Schokolade gießen. Sicherstellen, dass die Sahne nicht zu heiß ist, da die Schokolade sonst ausflockt. Die Masse rühren, bis sich die Schokolade auflöst. Langsam bei Zimmertemperatur abkühlen lassen.

Das Eigelb und den Puderzucker zu einem luftigen Eierschaum schlagen und mit der Schokoladen-Grönlandporstsahne verrühren. Die 700 g Sahne schlagen und darunterheben. Das Parfait in ein (Halb-)Kugelblech gießen und tiefkühlen. Wenn es gefroren ist, die gefrorenen Halbkugeln zu ganzen Kugeln zusammensetzen. In 200 g geschmolzene weiße Schokolade tunken, die mit ein wenig Pulver aus den getrockneten Glockenblumen, der getrockneten Kamille und den getrockneten Blaubeeren gemischt wurde. Die Parfaitkugeln bis zum Servieren im Tiefkühler aufbewahren.

ANRICHTEN
Grönlandporstzweige

1 EL Stachelbeerpüree zuunterst auf den Teller geben und 1 EL der kristallisierten weißen Schokolade mit Blüten über die Hälfte des Pürees streuen.

Das Parfait auf einem Extrateller auf Grönlandporstzweigen servieren. Das Parfait auf Stachelbeerpüree anrichten.

Über das Gericht

Dieses Gericht ist von zwei Dingen inspiriert: dem Kraut *Qajaasat* (oder Grönlandporst), das vor allem für Tee und zum Räuchern von Fisch benutzt wird, und den grönländischen Steinmauern um die Berge herum. Man könnte sagen, dass das Gericht seinen Ursprung in der Ästhetik hatte und dann zu einem zarten, säuerlichen und pikanten Dessert wurde.

Grönlandporst wird ähnlich wie Tee zubereitet, aber statt ihn in Wasser ziehen zu lassen, wird er in Sahne gekocht, um den Geschmack auf sie zu übertragen. Die Sahne verwenden wir dann für ein weißes Schokoladenparfait, das wir mit Stachelbeerpüree und kristallinen weißen Schokoladenstreuseln samt den Pollen getrockneter Blüten und Beeren servieren.

Wal, Wacholderbeeren und Alpensäuerling

Über das Gericht

Wale sind majestätische Tiere, die in jeder Hinsicht unseren Respekt verdienen, und sie zu essen ist überall auf der Welt ein kontroverses Thema.

In Grönland leben wir in einer abgeschiedenen arktischen Region mit Zugang zu einer sehr begrenzten Auswahl an Nahrungsmitteln. Seit vielen Generationen sind Wale hier eine unverzichtbare Nahrungsquelle. Ein einzelner Wal kann ein ganzes Dorf für eine lange Zeit ernähren, was überlebensnotwendig ist. Neben dem Fleisch werden auch alle anderen Teile des Wals genutzt. Das Fett wird eingeschmolzen und als Kleidung oder Schmuck getragen. Walfleisch ist unglaublich nahrhaft und hilft, die bitterkalten Wintermonate auf dem Land zu überleben.

Obwohl dieses Tatar recht einfach ist, bietet es mit seinen vier Zutaten ein einzigartiges Geschmackserlebnis: Walfleisch mit gelben Wacholderbeeren, getrocknete Rote Bete und Alpensäuerling.

Zubereitung

Für 4 Personen

WALTATAR

350 g Narwal
2 Rote Beten
Saft und Zesten von 1 Zitrone
Salz

Das Fleisch mit einem scharfen Messer zu Tatar schaben. Dann mit Zitronenzesten, Zitronensaft und Salz mischen.

Die Roten Beten in leicht gesalzenem Wasser gar kochen und schälen. Die Beten je nach Größe etwa 24 Stunden in einem Dörrgerät trocknen. Die Beten müssen ganz trocken sein, ehe sie gerieben werden.

ESSIGSUD

200 ml Wasser
200 g Zucker
200 ml Bio-Apfelessig
8 frische Wacholderbeeren
4 Wacholderzweige
5 g Gellan

Wasser, Zucker und Bio-Apfelessig zu Essigsud kochen. Frische Wacholderbeeren und -zweige hinzufügen und Eine Woche ziehen lassen. Abseihen, dann 500 ml davon aufkochen. Genau 5 g Gellan in den Sud rühren. Für 30 Sekunden erneut aufkochen.

Den Sud über Nacht kühl stellen, damit ein festes Gelee entsteht. Zu einer glatten Creme rühren und in einen Spritzbeutel geben.

ANRICHTEN

Kresse
Alpensäuerling

Das Waltatar mithilfe eines Kreisausstechers zu einem runden Taler formen. Kleine Tupfer Wacholdergelee darauf verteilen. Das Tatar mit Alpensäuerling und Kresse garnieren. Etwas getrocknete Rote Bete darüberraspeln, aber nicht zu viel, damit es nicht zu süß wird.

PONY | Kopenhagen, Seeland, Dänemark

PONY, der jüngste Sprössling der Kadeau-Familie, wurde nach dem benachbarten Gasthaus Sorte Hest (Schwarzes Pferd) benannt, wo im 16. Jahrhundert Bauern auf dem Weg in die Kopenhagener Geschäftsviertel einkehrten. Als Hommage an diese Zeit nimmt Chefkoch Lars Lundø Jakobsen seine Gäste mit auf einen unbeschwerten Ritt durch die Jahreszeiten.

Lars Lundø Jakobsen

– Chefkoch

Charme, Verlässlichkeit und Qualität sind das Fundament einer neuen und beliebten Art von Restaurant, die inzwischen überall in der Stadt anzutreffen ist: kleine Schwesterrestaurants. Eines davon ist das PONY, ein einfacher Ort zum Essengehen ohne Kompromisse beim Geschmack.

Seit seiner Eröffnung im Jahr 2012 ist das PONY der Spitzenreiter in der mittleren Preisklasse Kopenhagener Restaurants. Es teilt die Überzeugungen und die Vorliebe für gute Zutaten mit den größeren „New Nordic" Restaurants, serviert seine Gerichte jedoch in etwas zwangloserer Atmosphäre.

Das Menü besteht aus saisonalen, regionalen und biologischen Zutaten; bei Fleisch und Fisch achten wir auf artgerechte Haltung. Die Gerichte sehen auf den ersten Blick simpel aus, aber in Geschmack und Raffinesse unterscheiden sie sich deutlich von einfacher Hausmannskost. Auch die Weinkarte haben wir nach den Prinzipien von Klasse und Qualität zusammengestellt und unterstützen damit die Hersteller – Menschen, denen Qualität wichtiger ist als Quantität.

PONY-Brot

Zubereitung

1 Laib ergibt ca. 12 Scheiben

TEIG

18 g Hefe
100 g Naturjoghurt
125 g dunkles Bier
500 ml Wasser
55 g grobes Hafermehl
625 g Weizenmehl
30 g Salz

TAG 1
Alle Zutaten in einer großen Schüssel mischen, abdecken und Teig über Nacht im Kühlschrank gehen lassen.

TAG 2
Die Schüssel aus dem Kühlschrank nehmen und den Teig 3 bis 4 Stunden bei Zimmertemperatur gehen lassen, bis sich sein Volumen verdoppelt hat. Dann einen emaillierten gusseisernen Topf im Ofen auf 250 °C erhitzen. Den Teig hineingeben und erst im Topf mit Deckel 45 Minuten backen, dann ohne Deckel weitere 20 bis 25 Minuten. Auf einem Gitter 30 Minuten auskühlen lassen.

BUTTER

250 g Butter
50 g Buttermilch

Die zimmerwarme Butter mit einem Handmixer hell und luftig schlagen. Auf niedriger Stufe dann die Buttermilch zugießen und alles zu einer homogenen Masse schlagen.

ANRICHTEN

Das Brot in kleine Stücke brechen und 5 bis 6 Minuten bei 200 °C rösten. Sofort zusammen mit der Butter servieren. Die Butter kann 4 bis 5 Tage im Kühlschrank aufbewahrt werden. Sie muss nur wieder temperiert und geschlagen werden.

Über das Gericht

Das PONY-Brot gibt es bei uns und im Kadeau schon von Anfang an – und wir werden es auch sicher bis zum Ende servieren. Das Brot braucht keine besonderen Geräte oder technisches Können, sondern bloß gute Zutaten und Zeit. Es wird warm und mit einer großzügigen Portion geschlagener Butter serviert. Maximaler Genuss bei minimalem Aufwand!

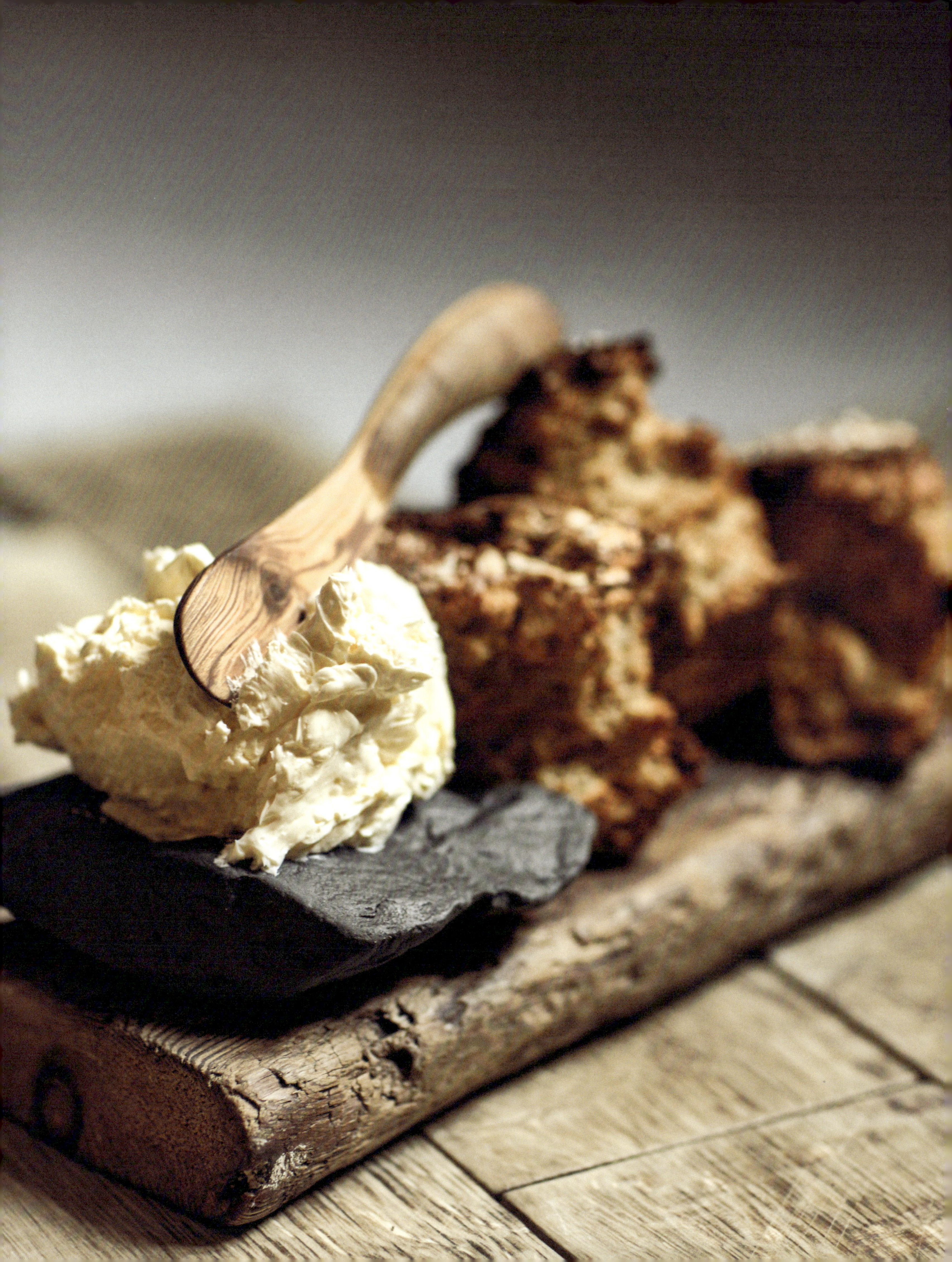

Geschmorte Schweinebrust, gegrillter Lauch, Senfsoße und Schweinekruste

Zubereitung

Für 4 Personen

GESCHMORTE
SCHWEINEBRUST

**800 g Schweinebrust mit Knochen und Kruste
400 g Sellerie, Karotte, Zwiebel und Knoblauch (Suppengemüse)
Hühnerfond
Salz
Pfeffer
Zitronenthymian**

TAG 1
Die Schweinebrust entbeinen und Kruste in einem Stück abschneiden. Das Fleisch mit Salz, Pfeffer und Zitronenthymian würzen. In einem Bräter auf die zuvor entnommenen Knochen, das gewürfelte Gemüse und den Hühnerfond setzen. Mit Aluminiumfolie abdecken und 10 bis 12 Stunden bei 75 °C schmoren. Das Fleisch bis zum nächsten Tag unter Druck abkühlen lassen und den Schweinefond (ca. 250 g) für die Soße abgießen. Die Kruste in ½ cm breite Streifen schneiden und in Salzwasser weichkochen. Abgießen und auf einer Silikonmatte auslegen. Im Ofen zusammen mit dem Fleisch 10 bis 12 Stunden trocknen oder eben so lange, bis beides ganz trocken ist.

LAUCHÖL

**12 Stangen Minilauch
200 ml Traubenkernöl**

Beide Enden vom Minilauch abschneiden und die Stangen für den nächsten Tag beiseitelegen. Die Spitzen säubern und im Ofen bei 130 °C 45 Minuten rösten, beziehungsweise bis sie goldfarben und trocken sind. Mit 200 ml Traubenkernöl 10 Minuten pürieren. Das Öl durch ein Sieb gießen und zum Emulgieren im Kühlschrank aufbewahren.

TAG 2
Die Krustenstücke bei 180 °C in Öl frittieren, bis sie aufgepufft und knusprig sind. Auf fettabsorbierendes Küchenrollenpapier legen und salzen. In kleinere Stücke brechen.

SENFSOSSE

**80 g Eiweiß
15 ml Apfelessig
8 g Salz
50 g Butter
20 g Weizenmehl
250 g Schweinefond
2 EL grober Senf
Apfelessig nach Belieben**

Eiweiß, Lauchöl (etwas zum Anrichten aufbewahren), Salz und Apfelessig in einem hohen Becher mit einem leistungsstarken Stabmixer emulgieren lassen. Die Konsistenz mit etwas kaltem Wasser korrigieren, bis sie cremig ist. Mit Salz und Apfelessig abschmecken.

Butter in einem kleinen Topf bräunen. Das Mehl zufügen und zu einer Roux rühren.

Nach und nach unter ständigem Rühren den Schweinefond angießen. Dann die Soße aufkochen und mit Senf, Salz und Apfelessig abschmecken.

ANRICHTEN

**30 g Kapuzinerkresse (Blätter und Blüten)
50 g eingelegte Lauchblüten (man kann auch Schnittlauchblüten verwenden)**

Die Kapuzinerkresse pflücken, waschen und in der Salatschleuder trockenschleudern. Die eingelegten Lauchblüten von den Stängeln zupfen. Das Fleisch in 4 längliche Scheiben schneiden. In einer heißen Pfanne anbräunen und im Ofen 5 bis 6 Minuten bei 200 °C warmhalten. In derselben Pfanne den Minilauch im Schweinefett grillen, bis er zart ist und Farbe angenommen hat. Salzen und pfeffern. Die Soße erwärmen und mit Salz, Pfeffer und Senf abschmecken. 1 EL der Lauchemulsion auf einer Seite des Tellers platzieren. Auf der anderen Seite die Komponenten wie folgt anordnen: erst das Fleisch, darüber den gegrillten Minilauch und obenauf die eingelegten Lauchblüten. Mit 3 bis 4 EL Senfsoße, etwas Kruste und Kapuzinerkresse garnieren.

Über das Gericht

Dieses Gericht ist ein perfektes Beispiel für etwas, das einfach aussieht, aber höchstes technisches Können erfordert, die Zutaten maximal nutzt und eine besondere Geschmacksintensität hat. Man kann natürlich einfach einen Schmorbraten und ein bisschen geröstetes Wurzelgemüse zubereiten – aber es ist schwer, die Befriedigung zu übertreffen, die einem eine selbstgemachte Soße mit knuspriger Kruste und eingelegten Lauchblüten aus dem Sommer bereitet.

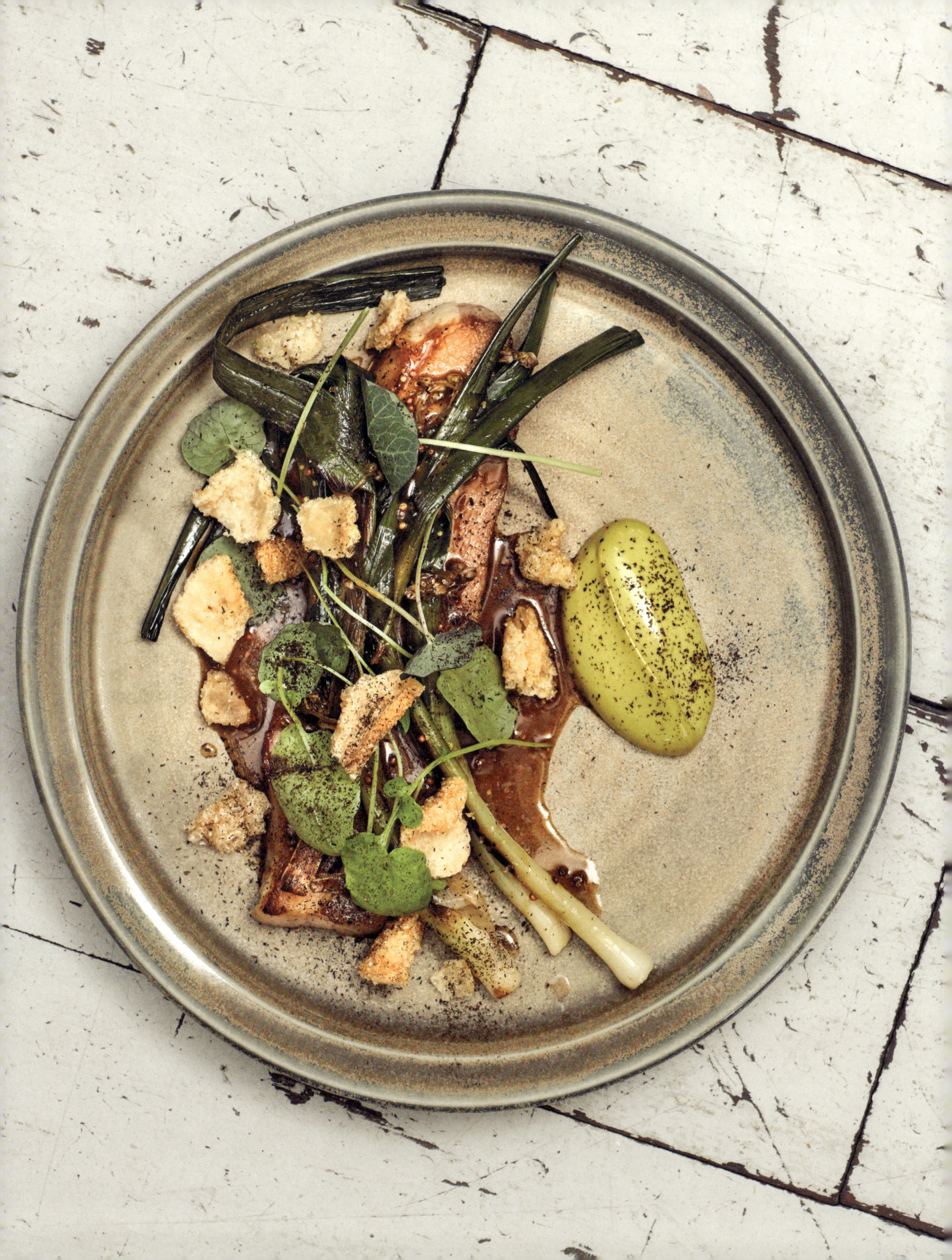

Kadeau | Kopenhagen, Seeland, Dänemark

Das viele Holz und sein angenehmer Geruch wecken im Kadeau Erinnerungen an Skihütten in den Alpen. Warmer Feuerschein strahlt von dem Feuer in der offenen Kupferküche in den Speisesaal des kleinen Restaurants für 24 Personen, wo sich die Bornholmer Natur als *bornholmerbank* auf dem Teller wiederfindet.

Nicolai Nørregaard
– Chefkoch & Mitbegründer

Die Geschichte des Kadeau begann mit derselben ehrgeizigen, jugendlichen Energie, die zum Markenzeichen der etablierten gastronomischen Elite Dänemarks geworden ist. Was als Drei-Gänge-Menü in einem Strandhäuschen mit einer Eisdiele auf der Rückseite begann, hat sich zu einem Zwanzig-Gänge-Menü in einer kupfervertäfelten Küche entwickelt. Das Ziel des Restaurants war und ist es, mit lokalen Bornholmer Produkten Gerichte zu kreieren, die unseren Gästen schmecken. Wir pflücken, sammeln und ernten in unserem eigenen Garten und draußen in der Natur und arbeiten außerdem mit fantastischen Bauern auf Bornholm und Lebensmittelherstellern im ganzen Land zusammen.

Unsere Gerichte sind ausdrucksstark, aber fokussiert. Uns ist es wichtig, die richtige Balance zwischen den Aromen zu finden. Im Laufe der Zeit haben wir immer mehr Grenzen gesprengt und stellen uns und unsere Gäste vor Herausforderungen, allerdings nie auf Kosten der Ausgewogenheit eines Gerichts.

Wir schätzen und pflegen die dänische Tradition des Einlegens, weil es uns ermöglicht, selbst im langen, kargen Winter eine große Vielfalt an Lebensmitteln zu verwenden. Es ist inzwischen Teil unseres Selbstverständnisses. So ernten wir während der Saison Sellerie, Pinienzapfen oder Beeren und legen sie ein, salzen sie ein oder fermentieren sie.

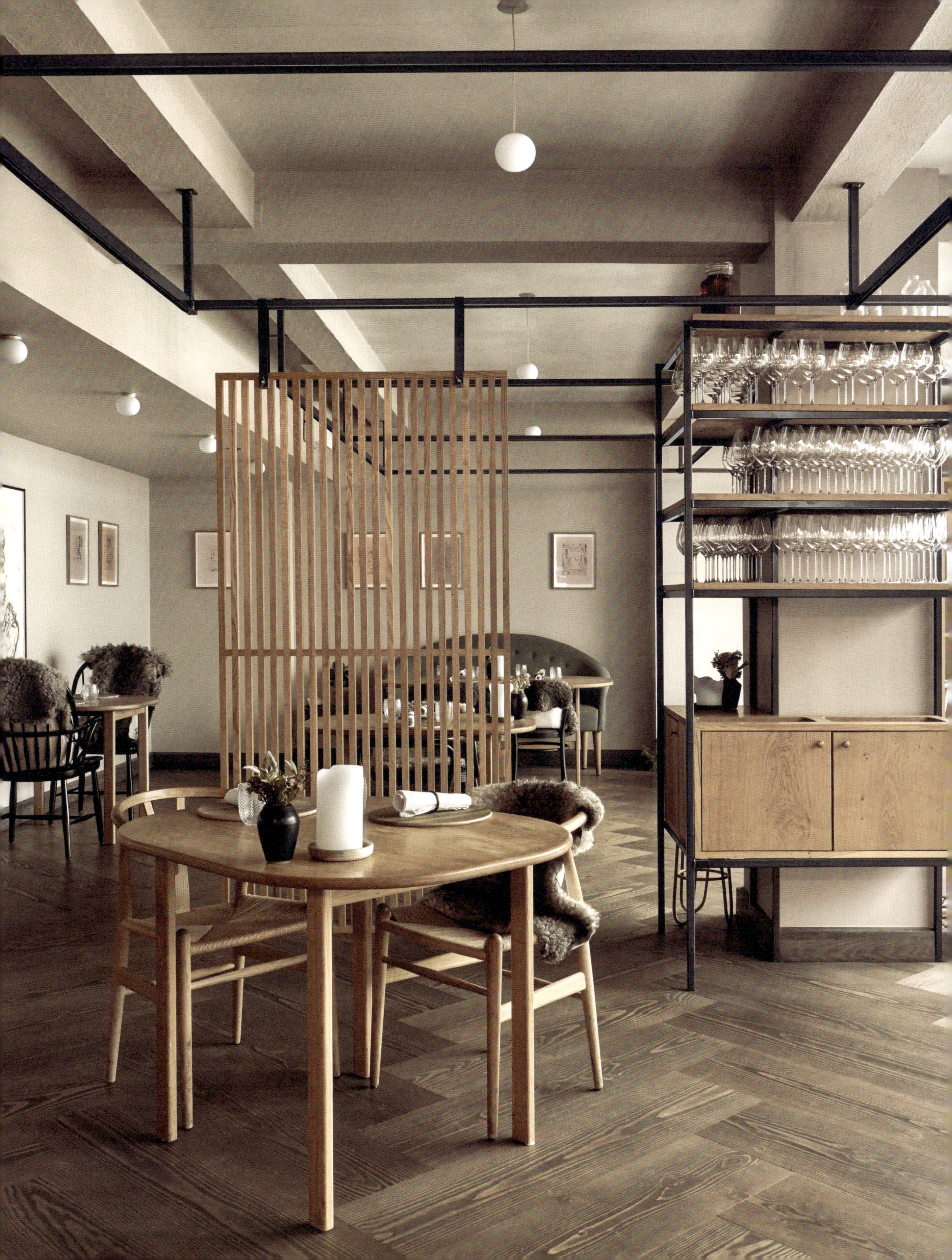

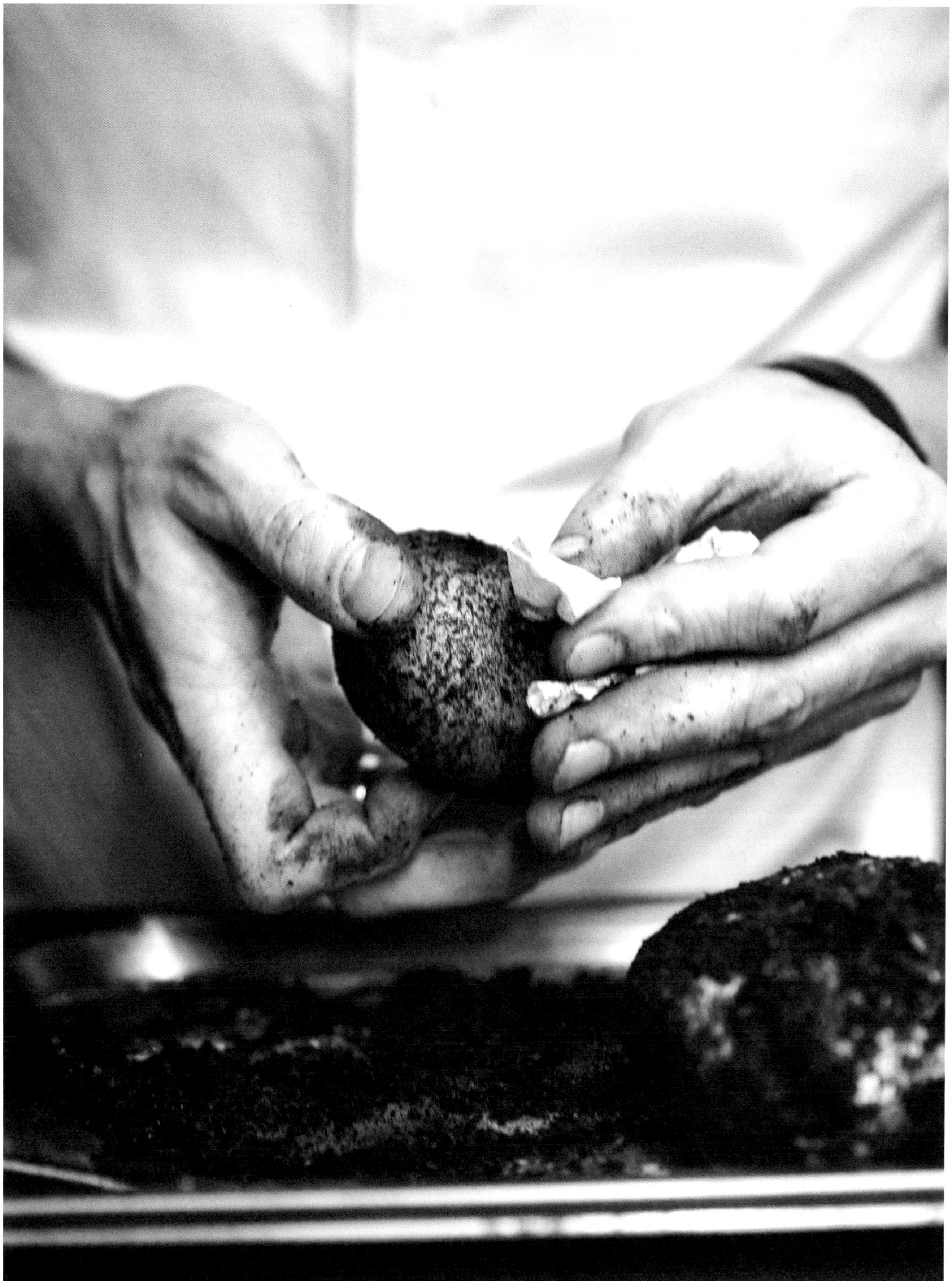

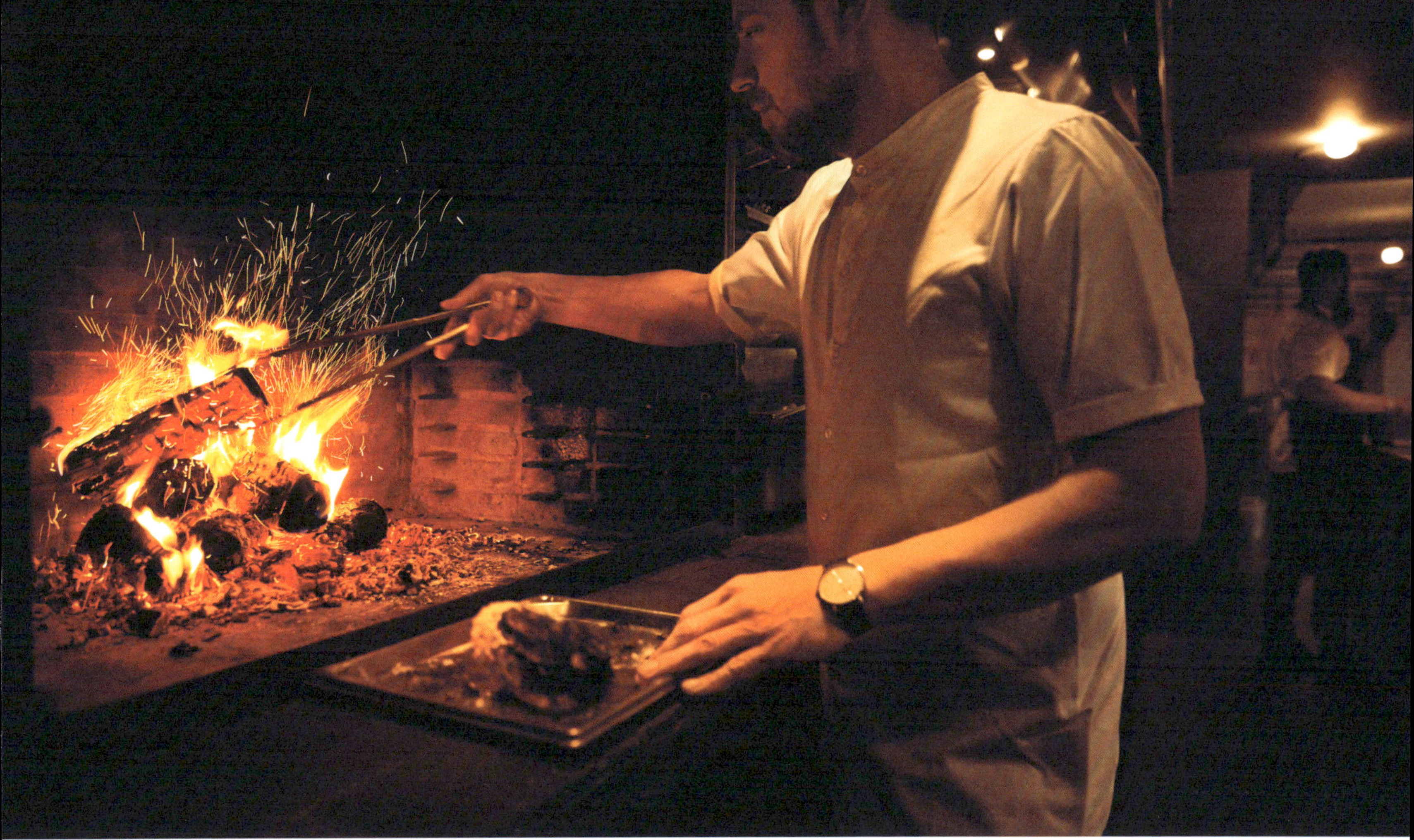

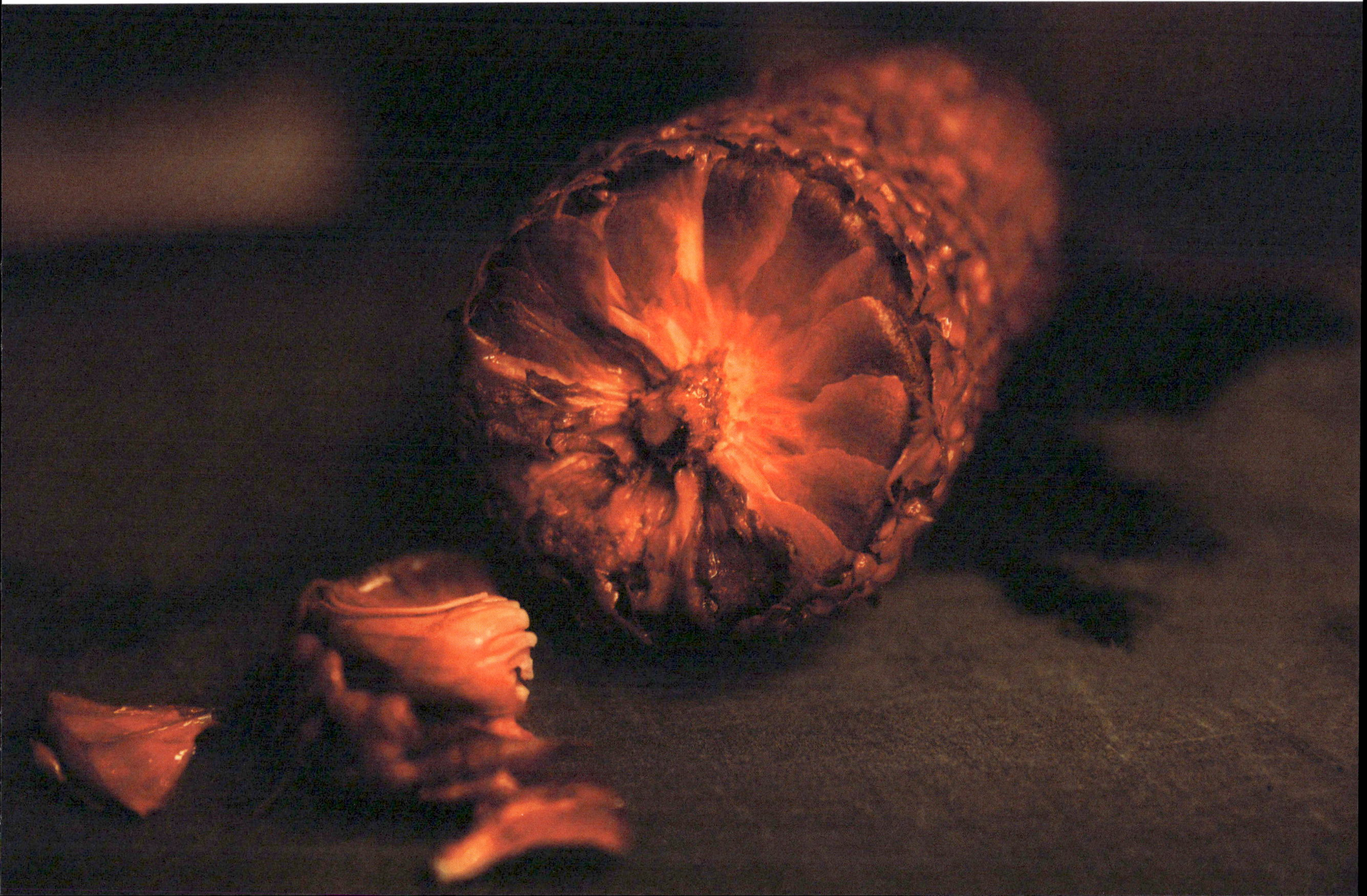

Knollensellerie mit Waldmeister, Ameisen, Kaviar und fermentiertem weißen Spargel

Zubereitung

Für 4 Personen

WALDMEISTERÖL

**20 g frischer Waldmeister
neutrales Öl**

Waldmeister mit dem Öl 2 Minuten auf hoher Stufe im Mixer pürieren. Den Brei durch ein Tuch abseihen.

SÜSS-SAURES GEL

**500 g Essig
250 ml Wasser
175 g Zucker
6 g Gellan
6 g Citras**

Essig, Wasser und Zucker mit Citras und Gellan mischen. Zum Kochen bringen und mit einem Stabmixer verrühren. Sofort nach dem Abkühlen in einem Mixer vollständig glattrühren und mit ein wenig Waldmeisteröl abrunden.

HEUASCHE
Heu

Eine Handvoll Heu verbrennen. Sobald es kalt ist, sieben und die Asche aufbewahren.

IM HEU GEBACKENER KNOLLENSELLERIE

**1 Sellerieknolle
Salz
neutrales Öl**

Den Sellerie gründlich säubern, dann mit Öl und Salz einreiben. Im Heu backen, bis er ganz durch ist (ca. 2 Stunden bei 170 °C). In 2 cm dicke Scheiben schneiden und dann mit einem Kreisausstecher runde Scheiben ausstechen.

FERMENTIERTE SPARGELSOSSE

**100 g Butter
100 g fermentierter
    Spargelsaft
Prise Xanthan
50 g Buttermilch
Apfelessig
Salz**

Butter und fermentierten Spargelsaft erhitzen. Erst eine Prise Xanthan und dann die Buttermilch zugeben und verrühren. Mit Salz und Apfelessig abschmecken.

ANRICHTEN

**60 Waldameisen
50 g Osetra-Kaviar**

Eine Scheibe Sellerie in Butter goldbraun braten. Fett abtupfen und mit Waldmeistergel bepinseln. Dann etwa 15 Ameisen über den Sellerie sprenkeln, gefolgt von etwas Heu-Asche. Den Kaviar um den Sellerie drapieren und 2 EL der warmen fermentierten Spargelsoße hinzufügen.

Über das Gericht

Dieses Gericht verbindet sehr unterschiedliche Zutaten zu einem einzigen intensiven Geschmackserlebnis. Es ist in vielerlei Hinsicht absolut typisch für das Kadeau: Der markante Selleriegeschmack wird durch den Rauch der Brennkammer zur Geltung gebracht und mit Kaviar, fermentiertem weißen Spargel und Buttermilch abgerundet. Der intensive, breite Geschmack wird schließlich mit der frischen Säure von Bornholmer Waldameisen ausbalanciert. Bislang konnten wir nur davon träumen, auch Spargel von Bornholm zu beziehen und sind umso stolzer darauf, nun den wunderbaren weißen Spargel von Bauer Søren Wiuff verwenden zu können.

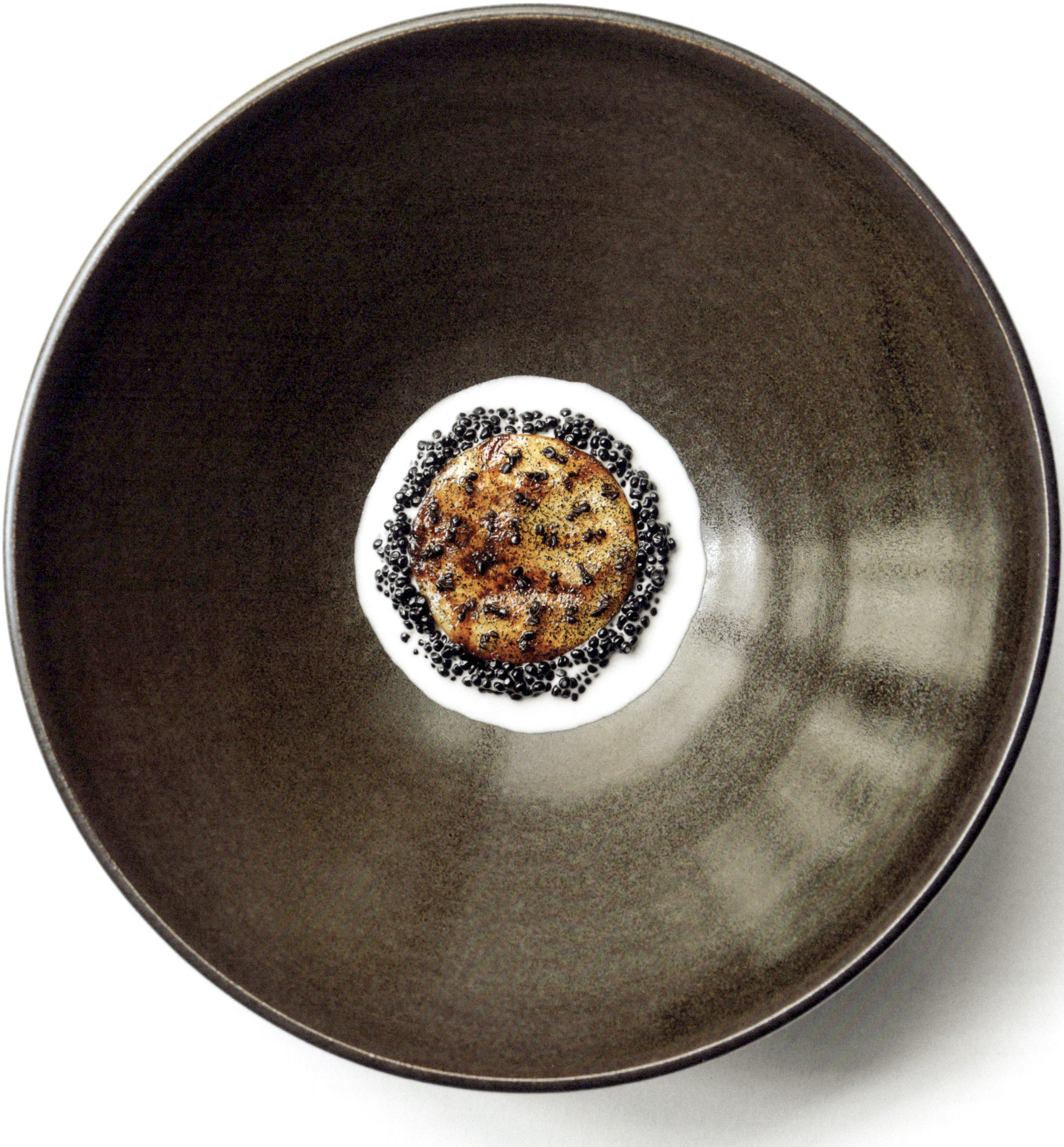

Was-wir-gerade-im-Garten-haben-Tartelette

Zubereitung

Für 4 Personen

TARTELETTEBODEN MIT STEINPILZEN

150 g Ølands Weizenmehl (oder Dinkelmehl)
4 g Steinpilzpulver (Boletus edulis)
Prise Salz
100 g ungesalzene Butter
25 ml Wasser

Die trockenen Zutaten mischen: Mehl, Salz und Steinpilzpulver. Butter und Wasser dazugeben und alles zu einem Teig verarbeiten. Eine Stunde kalt stellen. Dann den Teig dünn ausrollen und in Tarteletteformen bei 150 °C goldbraun backen.

KIRSCHBLÜTENÖL

100 g Öl
20 g Kirschblüten

Kirschblüten mit dem Öl 2 Minuten im Mixer pürieren. Den Brei durch ein Tuch abseihen.

REDUZIERTE BUTTERMILCHMOLKE
1 l Buttermilch

Die Buttermilch erwärmen, bis sie zur Molke stockt. Dann auf 50 g reduzieren.

KÖNIGSKRABBE

100 g Königskrabbe
Butter

Das Fleisch aus der Schale der Königskrabbe lösen und in Butter anbraten. Fein hacken.

KARAMELLISIERTE SAHNE
200 g Biosahne

Einen mit Teflon beschichteten Topf stark erhitzen. Die Sahne hineingeben und nahezu vollständig reduzieren. Dann mit einem Pfannenwender die braune, karamellisierte Sahne vom Boden lösen. Zum Schluss mit einem Schneebesen zu einer homogenen Creme schlagen.

GEBRATENE SPROSSEN UND KNOBLAUCH

200 g gemischte Sprossen von verschiedenen Kohlsorten
4 Zehen Knoblauch mitsamt Wurzel

Sprossen und Knoblauch waschen. Die Wurzeln der Knoblauchzehen abschneiden. Kohlsprossen und Knoblauch knusprig goldfarben braten. Alles fein hacken und mit Salz abschmecken.

ANRICHTEN

Das gebratene Fleisch der Königskrabbe mit der karamellisierten Sahne mischen. Mit Salz abschmecken und in den Steinpilzboden füllen. Fünf Tropfen Kirschblütenöl und fünf Tropfen reduzierte Buttermilchmolke darüberträufeln. Einen kleinen Berg aus gebratenen Kohlsprossen und Knoblauch daraufschichten und servieren.

Über das Gericht

Es ist irgendwie schön und auch ein bisschen provokant, ein Gericht zu servieren, das nur aus einem Bissen besteht. Aber es macht uns Spaß, die Portionsgrößen im Verlauf der Gänge zu variieren. Mit dieser Tartelette präsentieren wir die majestätische Königskrabbe, die in den kälteren arktischen Gewässern vor Bornholm lebt, und krönen sie mit dem Gemüse, das wir gerade im Garten haben. Jedes Tartelette sieht dadurch wieder ein wenig anders aus.

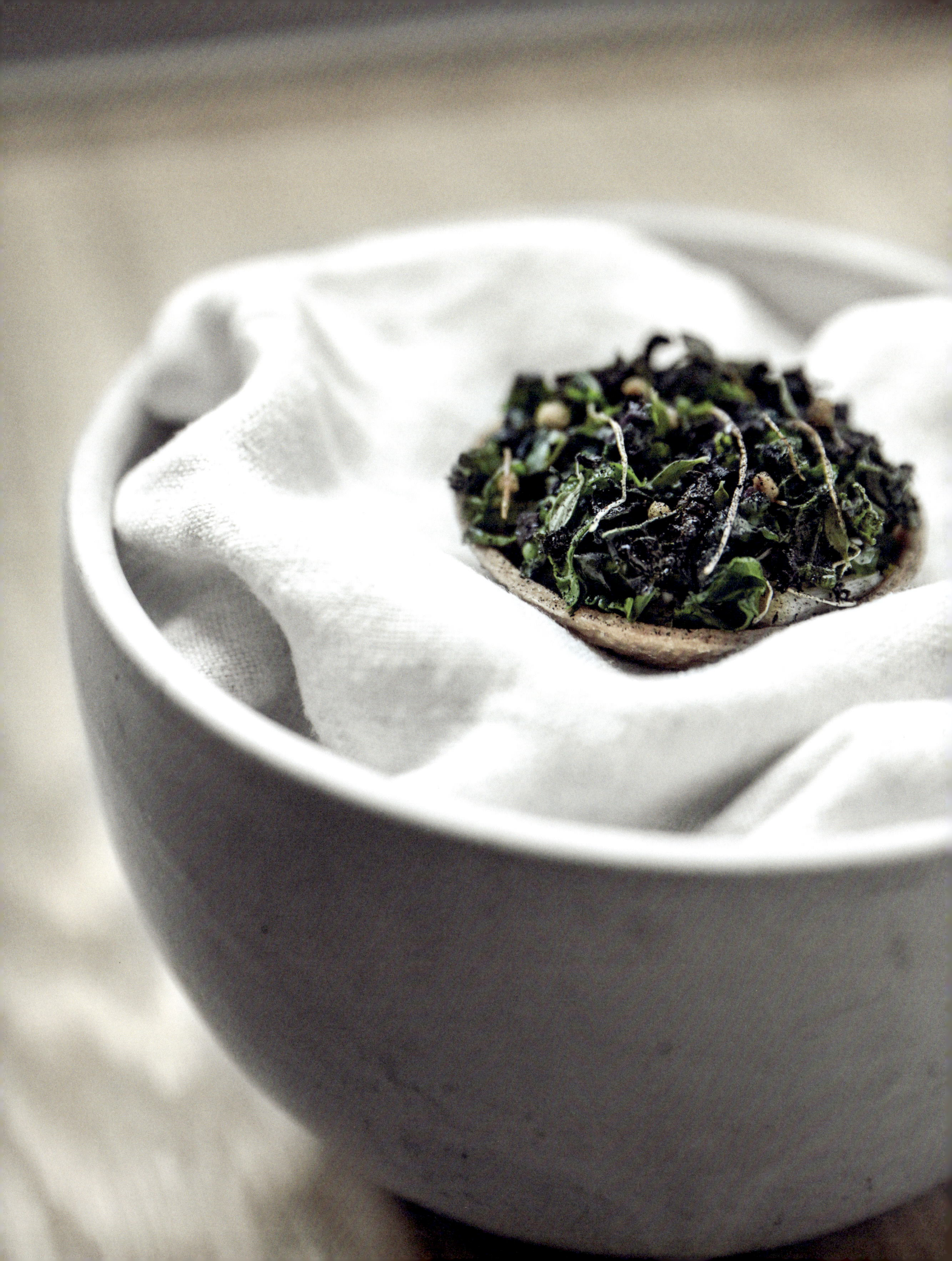

In der Glut gebackener Kohlrabi mit Öl aus den Blättern der Schwarzen Johannisbeere und Rhabarberwurzelöl

Zubereitung

Für 4 Personen

IN DER GLUT GEBACKENER KOHLRABI
2 Kohlrabi

Die Kohlrabi in glühende Asche legen und damit bedecken. Es dauert etwa 15 Minuten, bis die Kohlrabi eine knusprige Hülle bekommen und sich gut verarbeiten lassen. Abkühlen lassen. Sobald man sie anfassen kann, die äußere Schale entfernen und mit einem Kugelausstecher Bällchen ausstechen.

RHABARBERWURZELÖL

20 g Rhabarberwurzel, gewaschen und gesäubert
100 g neutrales Öl

Rhabarberwurzel mit dem Öl 2 Minuten pürieren. Den Brei durch ein Tuch abseihen.

SCHWARZES JOHANNISBEERBLATTÖL

20 g frische Blätter der Schwarzen Johannisbeere
100 g neutrales Öl

Schwarze Johannisbeerblätter mit dem Öl 2 Minuten pürieren. Den Brei durch ein Tuch abseihen.

TANNEN-„CRUMBLE"

eingelegte Edeltannensprossen
eingelegte Blätter der Schwarzen Johannisbeere
eingelegte Fichtennadeln

Zu gleichen Teilen Edeltannensprossen, Schwarze Johannisbeerblätter und Fichtennadeln nehmen und fein hacken.

WEISSE JOHANNISBEERSOSSE

50 weißer Johannisbeersaft
fermentierter Erbsensaft

Den weißen Johannisbeersaft mit einer kleinen Menge fermentiertem Erbsensaft und etwas Salz abschmecken.

EDELTANNENZAPFEN
eingelegte Edeltannenzapfen

Die Zapfen in dünne Streifen schneiden.

SPINATPÜREE
200 g Babyspinat

Den Babyspinat waschen und in einem Topf mit ein paar Tropfen Wasser 2 bis 3 Minuten kochen, bis der Spinat zusammenfällt. Etwas abkühlen lassen und im Mixer zu einem glatten Püree verarbeiten. Bei Bedarf etwas Wasser zugeben.

ANRICHTEN

Die Kohlrabibällchen im Spinatpüree marinieren. Mit Salz und Rhabarberwurzelöl abschmecken. Das Tannencrumble auf die Kohlrabibällchen streuen und ein Stück vom Edeltannenzapfen obenauflegen. Die weiße Johannisbeersoße mit etwas Schwarzem Johannisbeerblattöl und Rhabarberwurzelöl mischen und servieren.

IN DER EISSCHÜSSEL PRÄSENTIEREN

Eiswürfel auf den Boden einer Schüssel geben und mittig ein Glas daraufstellen. Das Glas mit weiteren Eiswürfeln beschweren und mit einem Eisklebeband in seiner Position fixieren. Kaltes Wasser seitlich dazugießen und Schüssel in den Eisschrank stellen. Wenn alles gefroren ist, das Klebeband und die Eiswürfel in der Mitte entfernen. Das Glas mit warmem, jedoch nicht heißem Wasser füllen und 1 bis 2 Minuten stehen lassen. Vorsichtig das Glas aus der Schüssel nehmen. Dann die Schüssel in warmes Wasser tauchen und von der Eisschüssel lösen.

Über das Gericht

Kohlrabi wird schon lange in dänischen Restaurants verwendet, meist roh. Im Kadeau erhitzen und räuchern wir unseren selbstangebauten Kohlrabi im offenen Kamin. Selbst eingelegte, teils im Feuer gebackene Bornholmer Zutaten, der Saft weißer Johannisbeeren, Rhabarberwurzelöl, fermentierter Erbsensaft, eingelegte Fichtennadeln und schwarze Johannisbeerblätter vervollständigen das Gericht. Sie machen den Geschmack intensiver, frischer, säuerlicher und aromatischer. Serviert wird das fertige Gericht in einer eisgekühlten Schüssel.

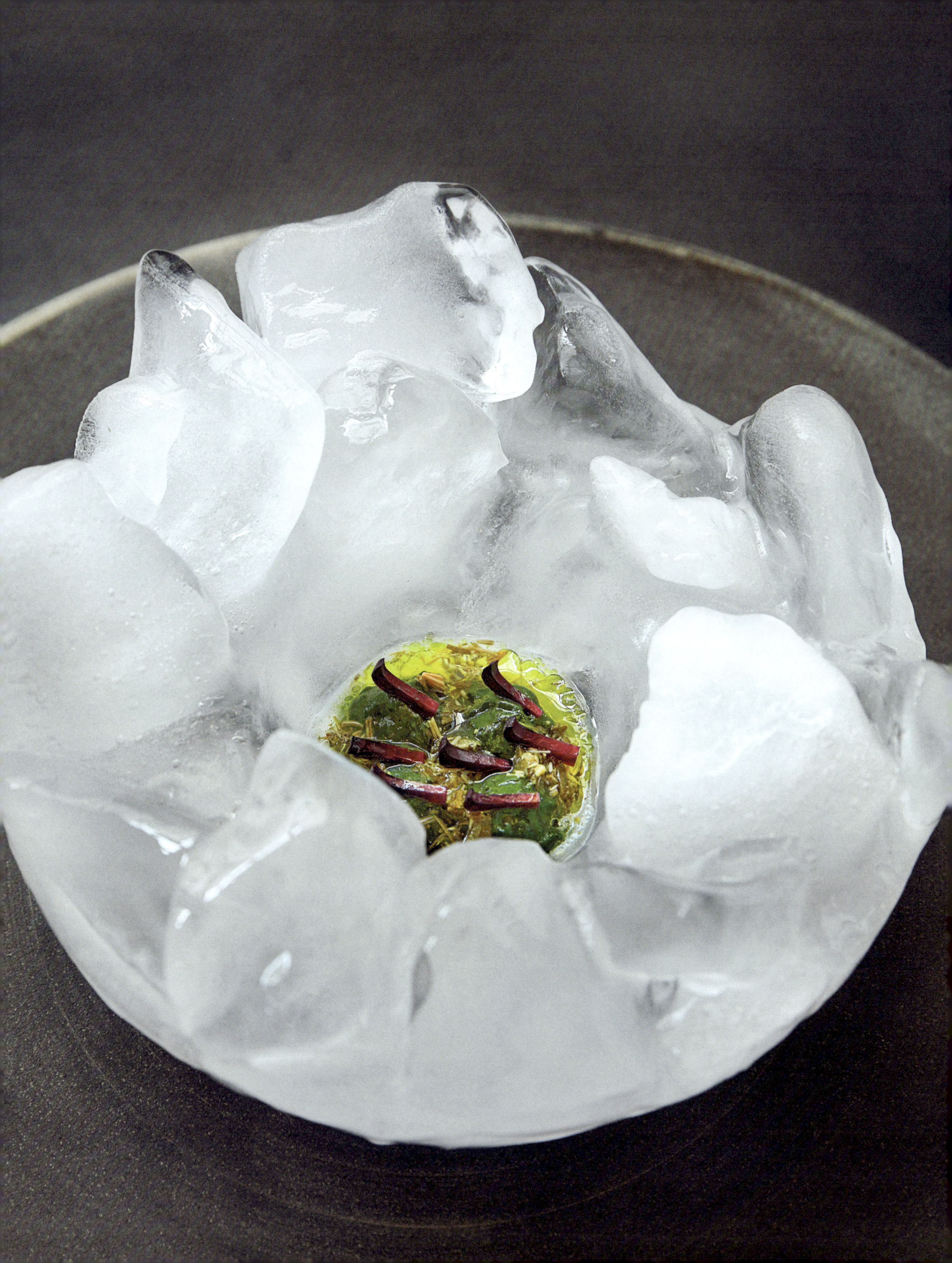

Hotel Frederiksminde | Præstø, Seeland, Dänemark

Das originalgetreu restaurierte Hotel Frederiksminde aus dem 18. Jahrhundert mit Panoramablick auf den Fjord von Præstø und seiner eklektischen Inneneinrichtung ist der Arbeitsplatz von Chefkoch Jonas Mikkelsen. Hier steht Einfachheit an erster Stelle. Die erstklassigen saisonalen Lebensmittel stammen von der Küste und den umliegenden Wäldern.

Jonas Mikkelsen
– Chefkoch & Partner

Wir sind von den Jahreszeiten und den Schätzen des Waldes abhängig – Wildkräutern, Pilzen, Gemüse – und sammeln und ernten sie selbst. Wir servieren sie sofort oder konservieren sie durch Trocknen und Fermentieren für die kargen Wintermonate. Die Natur zeigt sich in allen unseren Gerichten. Sie ist unsere wichtigste Inspirationsquelle und an ihr orientieren wir uns beim Entwickeln und Zubereiten der Speisen. Erst als ich im Frederiksminde umgeben von Natur zu arbeiten anfing, fand ich zu meiner eigenen Stimme als Koch und zu der Art von Essen, die mir wirklich am Herzen liegt.

Das kulinarische Erlebnis im Frederiksminde beruht auf hochwertigen Rohprodukten. Manche pflanzen wir auf dem Gelände selbst an, andere sammeln wir in der Natur. Fleisch und Geflügel stammen von regionalen Kleinbauern. Wir legen keinen besonderen Wert auf eine nationale „dänische" oder regionale „nordische" Handschrift, solange wir mit regionalen Lebensmitteln und mit Geschmack, Liebe und Ehrlichkeit kochen, „vom Bauernhof auf den Teller".

Die Köche und Lehrlinge pflanzen jeden einzelnen Samen und Ableger von Hand. Manchmal erzielen wir großartige Resultate, andere Pflanzen tun sich schwerer. Wir lernen immer weiter dazu und freuen uns an unserem Garten. Er wächst Jahr für Jahr und die Menge des Gemüses aus eigener Produktion hat sich inzwischen vervielfacht. Während der Frühlings- und Sommermonate servieren wir das morgens geerntete Gemüse noch am selben Abend.

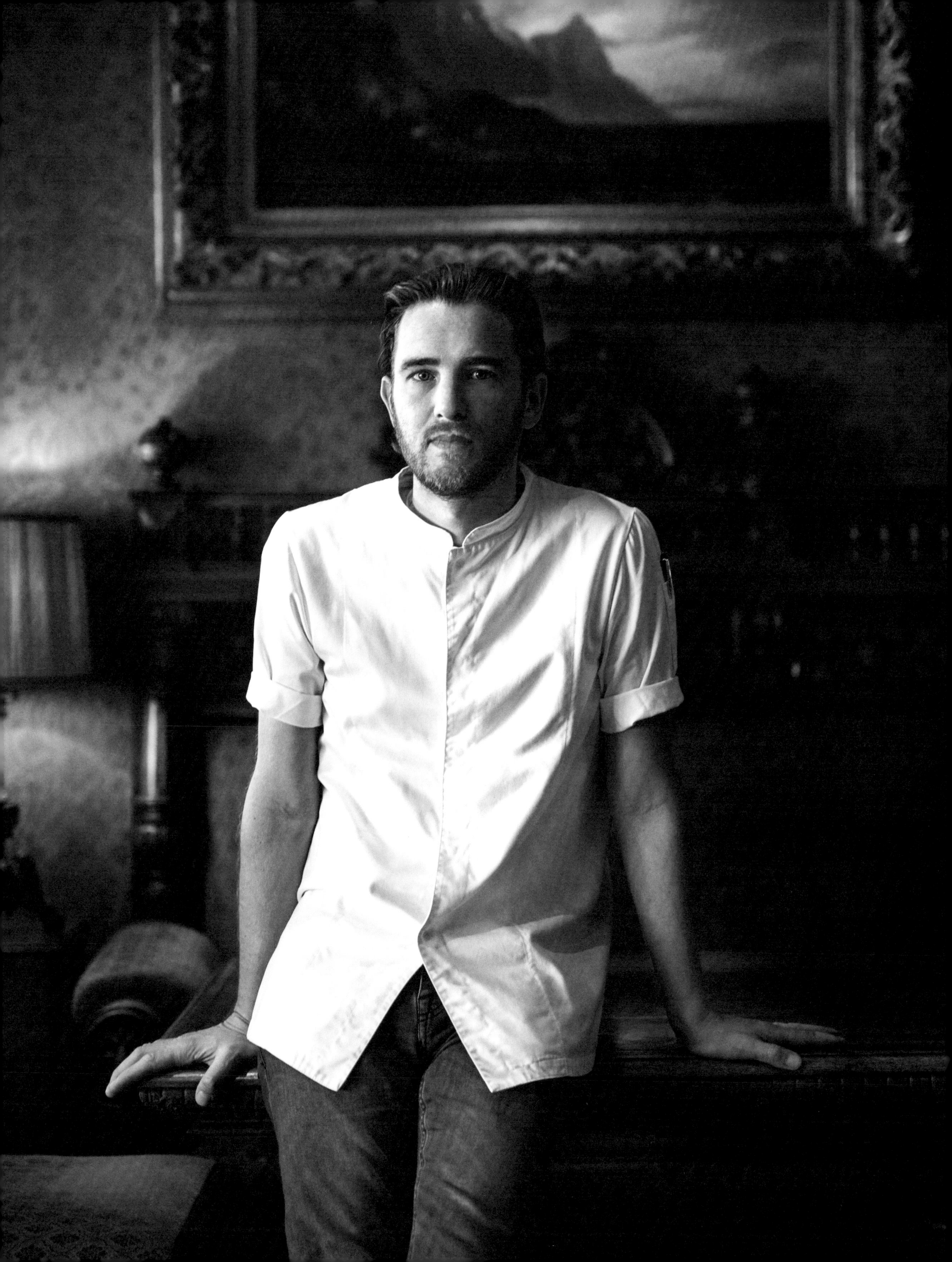

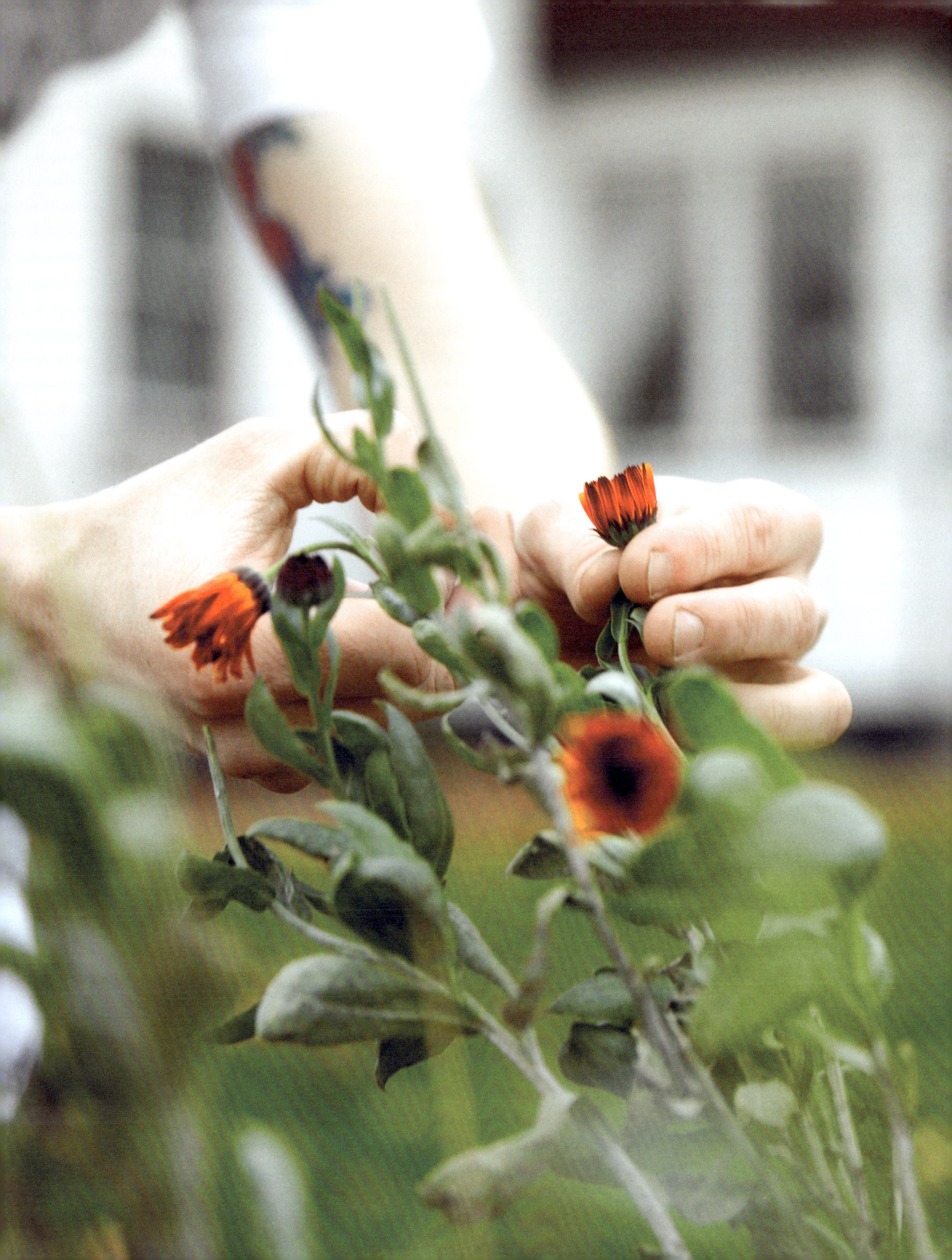

Hotel Frederiksminde – Præstø, Seeland, Dänemark

Gebeizte Makrele mit Sauerrahm, eingelegten grünen Tomaten und Senfsalat

Zubereitung

Für 4 Personen

GEBEIZTE MAKRELE

**4 Makrelenfilets
Salz
Zucker**

Die vier Makrelenfilets salzen und zuckern. 24 Stunden ziehen lassen. Einfrieren, wieder herausnehmen und anschließend zubereiten.

SAUERRAHM

**200 ml Biosahne
Saft von ½ Zitrone
Salz**

Sahne leicht schlagen und 2 Stunden kühl stellen. Mit Zitrone und Salz abschmecken.

WALNÜSSE
4 Walnüsse

Die geschälten Walnüsse blanchieren und die braunen Häutchen entfernen.

GRÜNE TOMATEN
2 kleine grüne Tomaten

Während der Saison kaufen. Mit einem Holzstäbchen ein Loch in die Tomaten stoßen und in Sud legen, der zu gleichen Teilen aus Wasser, Zucker und Essig besteht.

SENFSALAT

Pflücken und säubern.

ANRICHTEN

Die Makrele auf den Teller legen. Daneben die eingelegten Tomaten, die Walnüsse und den Salat anrichten. Sauerrahm getrennt servieren.

Über das Gericht

Die dänische Makrele ist einer meiner Lieblingsfische, weil sie so herrlich fettig ist und beinahe auf der Zunge zerschmilzt, wenn man sie roh isst – und genau deshalb tun wir das auch. Als Gegengewicht zu ihrer Fettigkeit kombinieren wir sie mit saurer Sahne und süßsauren eingelegten grünen Tomaten, was das Gericht auffrischt. Die bittern Walnüsse und der Senfsalat runden das Geschmackserlebnis ab.

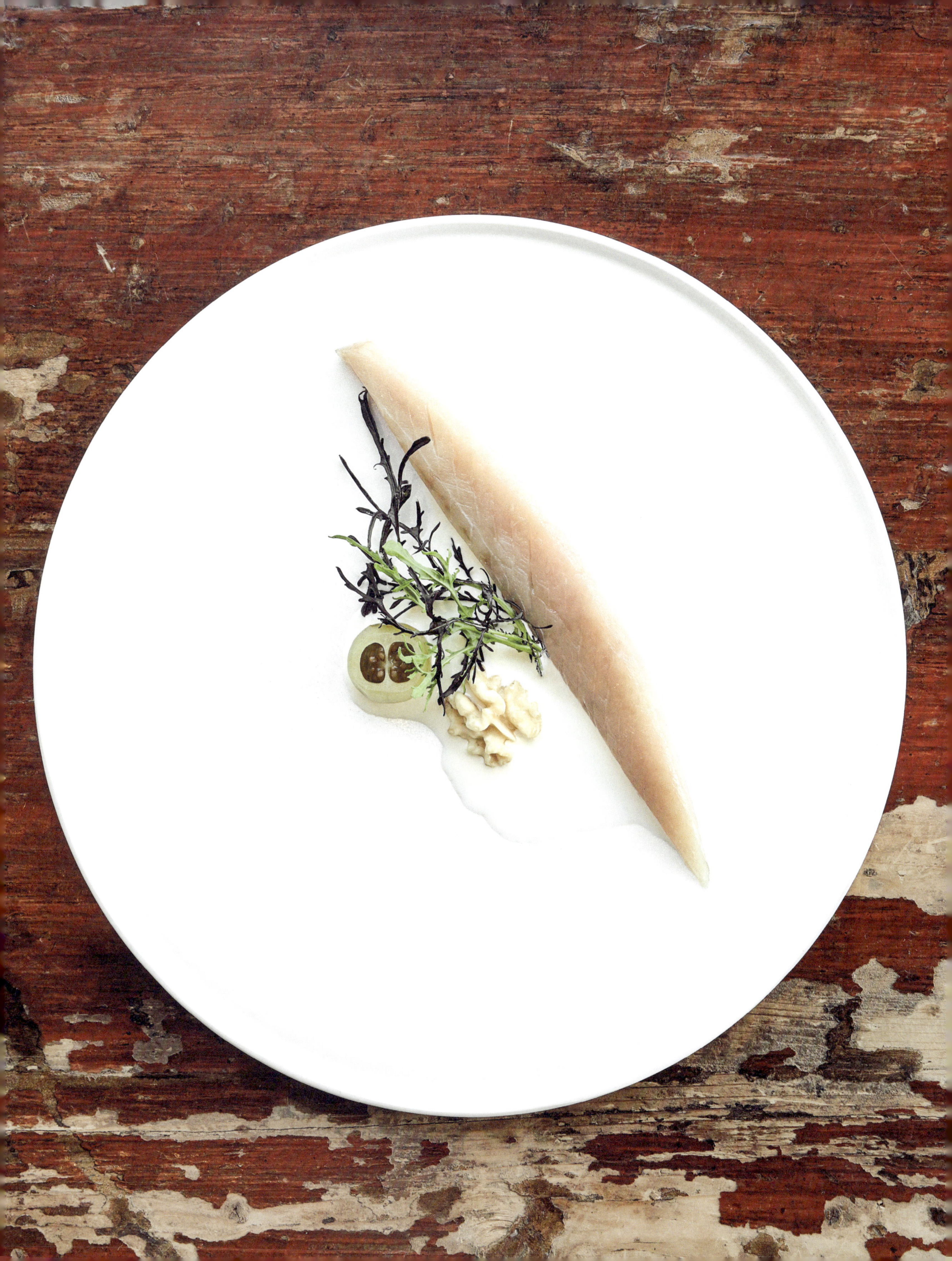

Kürbiseis in einer „Suppe" aus fermentiertem Honig und Molke mit Wildrosenblättern

Zubereitung

Für 4 Personen

KÜRBISEIS

600 g Kürbispüree
300 g Sirup (zu gleichen Teilen aus Zucker und Wasser samt etwas Zitronensaft)
2 Blätter Gelatine
1,5 g Cremodan (Sorbetstabilisator)

Den Sirup mit Cremodan zum Kochen bringen. Die eingeweichte Gelatine dazugeben. Das Kürbispüree mit etwas Zitronensaft abschmecken. In Pacojetbecher füllen.

FERMENTIERTER HONIG

Honig
Wasser

Braucht zwei bis drei Monate zum Fermentieren. Kochendes Wasser über den Honig gießen und in einem Mason-Einmachglas aufbewahren. Gelegentlich den Deckel ein wenig öffnen, um Druck abzulassen. Zwei bis drei Monate bei Zimmertemperatur gären lassen.

MOLKE
1 l Buttermilch

Einen Liter Buttermilch durch einen Kaffeefilter gießen und so die Molke von der Milch trennen. 24 Stunden stehen lassen.

EINGELEGTE WILDROSENBLÄTTER

Wildrosen
Zucker
Wasser

Zur Blütezeit sammeln. Zucker und Wasser zu gleichen Teilen mischen und die Rosenblätter darin einlegen.

„SUPPE"

Molke
fermentierter Honig

⅔ Molke und ⅓ fermentierten Honig mischen. Je nachdem, wie süß die Suppe sein soll, etwas Rosensirup der eingelegten Wildrosen dazugeben.

JOGHURTSCHNEE

350 ml Wasser
70 g Zucker
500 ml Schafsjoghurt
10 g Zitronensaft

Wasser, Zucker und Zitronensaft gemeinsam erhitzen. Abkühlen lassen und mit dem Joghurt vermischen. In einem Behälter einfrieren und dann mit einer Gabel zu Schnee zerdrücken.

ANRICHTEN

Auf einem eiskalten Teller anrichten, damit nicht gleich alles zerschmilzt. Zuunterest kommt der Joghurtschnee, darauf eine Nocke vom Kürbiseis, die wiederum mit einem Rosenblatt garniert wird. Die Suppe separat servieren.

Über das Gericht

Dieses simple Dessert ist von unserer Umgebung inspiriert, insbesondere den Wildrosen, die nur 50 Meter vom Hotel entfernt am Strand stehen, und dem Sommerhonig aus der Region. Es schmeckt wirklich wunderbar nach Sommer – und versetzt einen direkt in diese Jahreszeit.

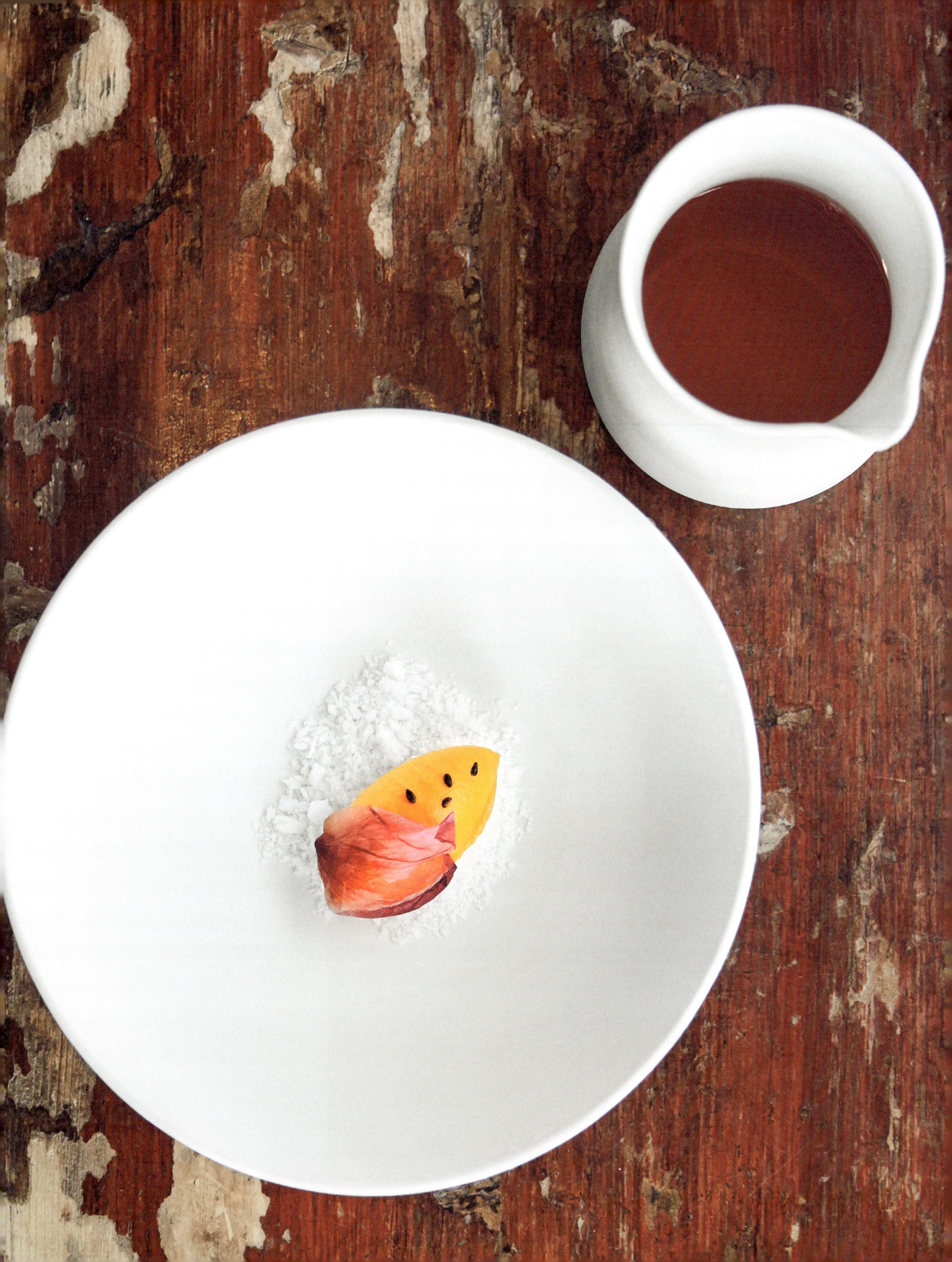

Høst & Vækst | Kopenhagen, Seeland, Dänemark

Høst und Vækst – das sind zwei Restaurants, die einander in einem natürlichen Ökosystem entgegengesetzt und dennoch miteinander verknüpft sind. Das eine steht für Keimen, Sprießen, Blühen, denn *vækst* heißt auf Dänisch „Wachstum"; das andere steht für das, was natürlicherweise nachfolgt: *høst* – die Ernte. Zusammen sind Høst und Vækst zwei leidenschaftliche Interpretationen der aktuellen Nordischen Küche.

Jonas Christensen
– Chefkoch, Høst & Vækst (links)

Anders Rytter
– Souschef, Høst

Granit, geschliffener Beton, Holz, Zink und Backstein: Die Inneneinrichtung aus Recycling-Materialien im Høst ist ein Paradebeispiel für zeitgenössisches Nordisches Design. Und dann erst das Essen! Das Høst hat es geschafft, ein Menü, das traditionell kleinen Restaurants vorbehalten ist, in konstanter Qualität mehr als 200 Gästen pro Abend zu servieren.

Im Vækst springt einem ein Symbol für Wachstum gleich ins Auge, wenn man das Restaurant in der Sankt Peders Stræde betritt. Die Natur wurde hier ins Haus gelassen, denn die Gäste speisen im Garten eines zweistöckigen Gewächshauses. Große Glasfassaden, Tageslicht, raue Granitwände, Holzmöbel und Pflanzen bilden den Rahmen für einen Abend im Vækst.

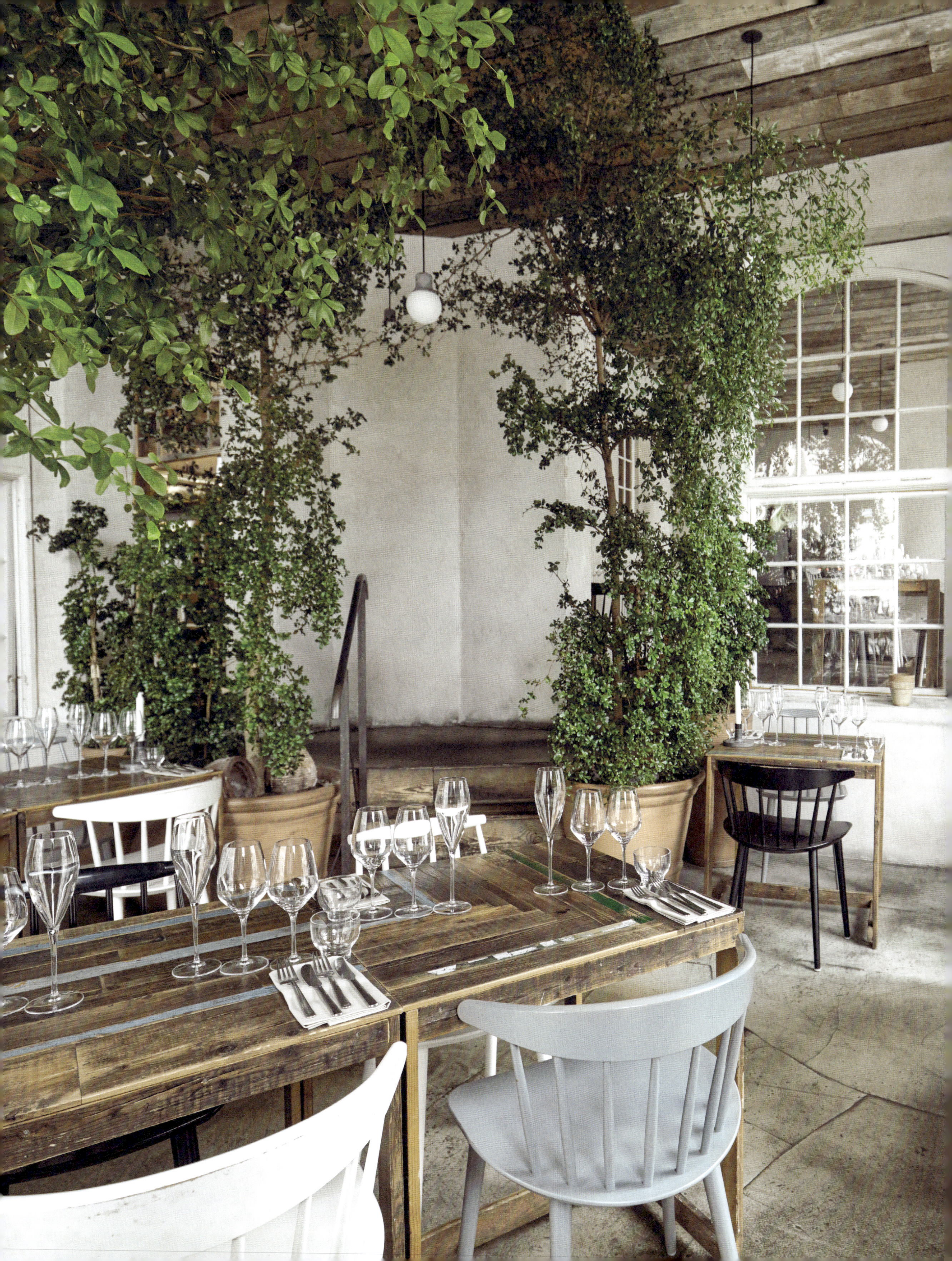

Gegrilltes Rinderfilet

Zubereitung

Für 4 Personen

FILET
600 g Rinderfilet von Grambogård

Das Rinderfilet zwei Tage an einem Haken in der Kühlkammer abhängen lassen. Fett und Sehnen entfernen. Das Fleisch einwickeln und fünf Tage in den Kühlschrank legen. Einmal täglich wenden. Zwei Stunden vor der Zubereitung aus dem Kühlschrank nehmen. Dann in 4 bis 5 Intervallen für je 5 bis 8 Minuten grillen. Das dauert etwa 45 Minuten, dann noch 20 Minuten ruhen lassen. Unmittelbar vor dem Servieren in Portionen à 130 g schneiden.

KARAMELLISIERTES ZWIEBELPÜREE

500 g gelbe Zwiebeln
2 Knoblauchzehen
50 g Butter
50 ml naturtrüber Apfelessig
Öl

Die Zwiebeln schälen und grob hacken. In Öl anbräunen. Die Flüssigkeit einkochen und Essig einrühren. Diese Mischung nochmals einkochen, bis fast alle Flüssigkeit verdampft ist, dann Butter hinzufügen. Aufkochen lassen, bis sie dunkelbraun ist. Glatt pürieren.

GEWÜRZGURKEN

200 g Einlegegurken
1 Prise Salz
50 ml naturtrüber Apfelessig
50 ml Wasser
1 Prise Fenchelsamen
1 Prise Pfefferkörner

Einlegegurken in der Saison kaufen und schälen. Einsalzen und 5 Stunden ziehen lassen, dann abwaschen. Alle Zutaten außer den Gurken aufkochen und abkühlen lassen.

Die Gurken mit dem Sud vakuumieren und vor Gebrauch mindestens zwei Wochen lang ziehen lassen. Vor dem Servieren würfeln.

RÄUCHERKÄSE

100 g Ziegenfrischkäse
5 g Buchenholzstaub

Den Käse in Klarsichtfolie über dem Buchenholzstaub räuchern. 30 Minuten ziehen lassen, danach in 3 Rollen mit je 4 cm Durchmesser in den Gefrierschrank legen. Vor dem Servieren aus der Klarsichtfolie nehmen und raspeln.

ANRICHTEN
20 g Kresse

Das Rinderfilet auf einem warmen Teller anrichten. Mit einem Löffel Zwiebelpüree, Gewürzgurken, Kresse und geraspeltem Räucherkäse toppen.

Über das Gericht

Theoretisch erhält man den klassischen Geschmack von dänischem *hakkebøf*, indem man ein Püree und weiche Zwiebeln auf ein Stück Rindfleisch gibt.

Das Rindfleisch wird hier mit einem Berg aus Kresse bedeckt, über den geräucherter Ziegenkäse gerieben wird. Das fügt einen besonderen Grillgeschmack hinzu. Der Gedanke hinter dem Gericht aus dem Høst war, die klassische Bauernspeise „dänisches *hakkebøf* mit weichen Zwiebeln und Soße" neu zu interpretieren, indem wir mit einfachen Zutaten und minimalistischem Design spielen.

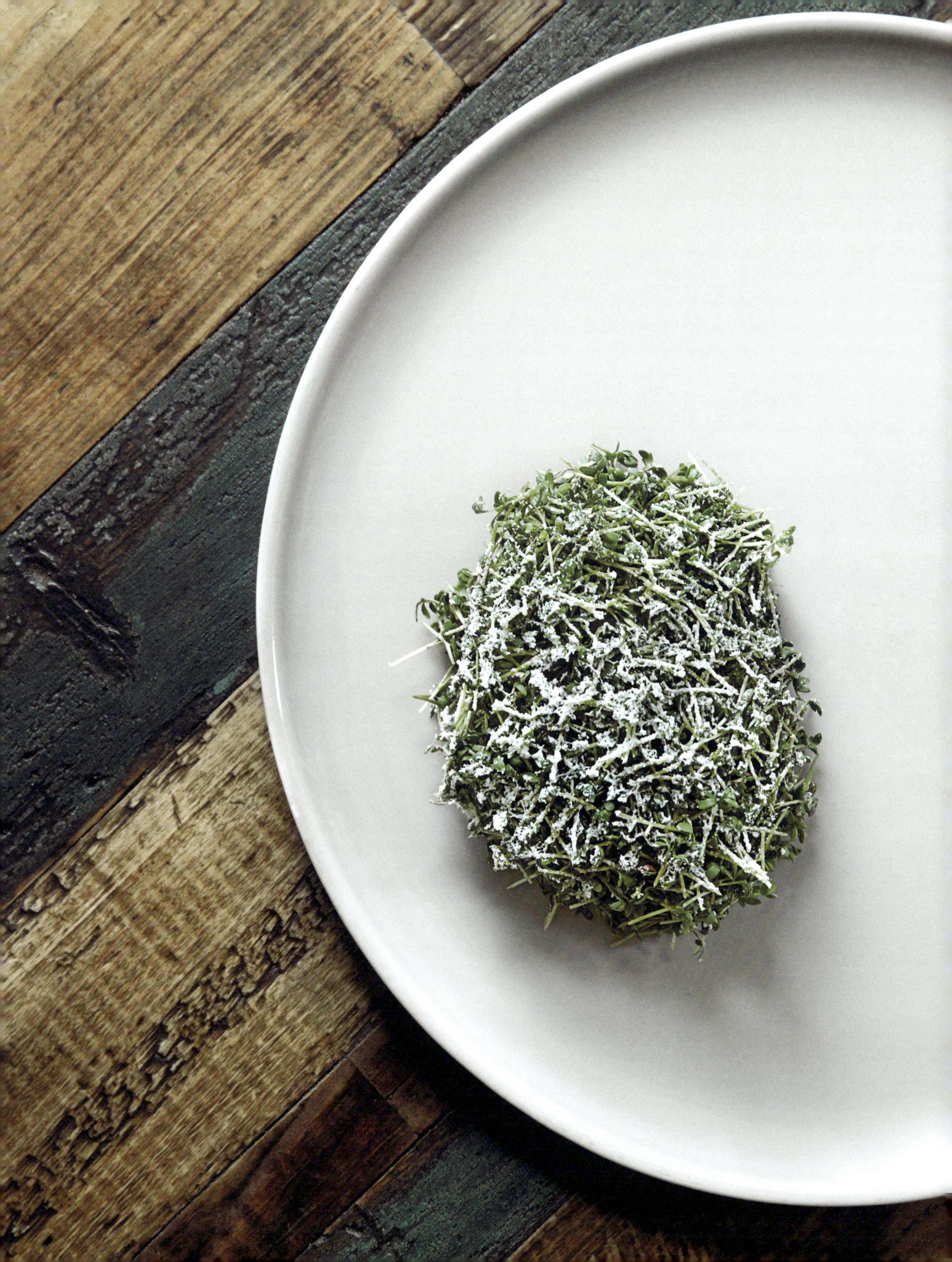

Gegrillter Norwegischer Hummer mit eingelegten Karotten, Kornblumen und Holunderblüten

Zubereitung

Für 4 Personen

GETROCKNETE KORNBLUMEN UND KAMILLE

Die Blütenblätter aller Kornblumen und Kamillen abzupfen, die einem während der Saison in die Hände fallen. Über Nacht im Dörrgerät trocknen.

IN KAMILLE MARINIERTE KAROTTEN

    10 g Kamillenblüten
    600 ml Essig
    500 g Zucker
    500 ml Wasser
    400 g Karotten

Die Kamillenblüten mit dem Essig vakuumieren – mindestens zwei Monate bevor man dieses Gericht servieren will. Aus Zucker und Wasser Läuterzucker kochen. Den Kamillenessig dazugießen und die Mischung abkühlen lassen. Jetzt die Karotten schälen und auf einer japanischen Mandoline (Spiralschneider) zu langen Fäden raspeln. Die Karotten zusammen mit der Essigmischung vakuumieren. Im Kühlschrank mindestens zwei Tage ziehen lassen.

HOLUNDERBLÜTENVINAIGRETTE

    100 g Holunderblüten
    600 ml Essig
    600 g Zucker
    600 ml Wasser
    18 g Gellan
    18 g Citras
    Salz

Die Holunderblüten vor Gebrauch mindestens zwei Monate lang mit dem Essig vakuumieren. Anschließend den Essig mit Zucker, Wasser, Gellan und Citras aufkochen. Über Nacht in den Kühlschrank stellen, bis die Masse einen großen, soliden Gelblock bildet. Den Block zu einem glatten Gel rühren. Soviel wie gebraucht wird mit einem gleich großen Anteil der braunen Hummerbutter mischen. Etwas salzen.

NORWEGISCHER HUMMER

    8 Norwegische Hummer (Langoustinen) – 1 kg
    Traubenkernöl zum Einpinseln

Die Hummerschwänze abdrehen. Schalen und Köpfe für die braune Hummerbutter aufheben. Die Schwänze leicht mit Öl einpinseln und sie auf ihrer roten Seite grillen, bis sie unten Zimmertemperatur erreicht haben. Auf einen Teller legen und atmen lassen.

BRAUNE NORWEGISCHE HUMMERBUTTER

    8 Köpfe norwegischer Hummer und Schalen
    250 g Butter
    2 EL Tomatenmark
    1 Knoblauchzehe
    10 g Thymian

Die Hummerköpfe und -schalen in kaltem Wasser waschen. Auf einem Backblech mit Kräutern und Tomatenmark mischen und etwa 30 Minuten bei 180 °C backen, bis sie goldbraun sind. Bei mittlerer Hitze mit der Butter in einen Topf geben, bis sie zu bräunen und zu kochen beginnt. Von der Flamme nehmen und durch ein Sieb in einen frischen Topf gießen. Abschäumen, bis nur die braune Butter übrig bleibt. In einem Behälter aufbewahren.

ANRICHTEN

Die eingelegten Karotten abtropfen lassen und mit den getrockneten Blütenblättern der Kornblume in der Holunderblütenvinaigrette marinieren. Die „Karottenspaghetti" zu einer Kugel formen und auf den Hummer setzen. Zum Schluss mit getrocknetem Kamillenpuder bestäuben.

Über das Gericht

Hier im Høst wollten wir ein Gericht mit gegrilltem norwegischen Hummer, das nach Sommer schmeckt, und verwenden dafür konservierte Blüten aus dem letzten Sommer. Die Farben Gelb und Orange waren unser Ausgangspunkt.

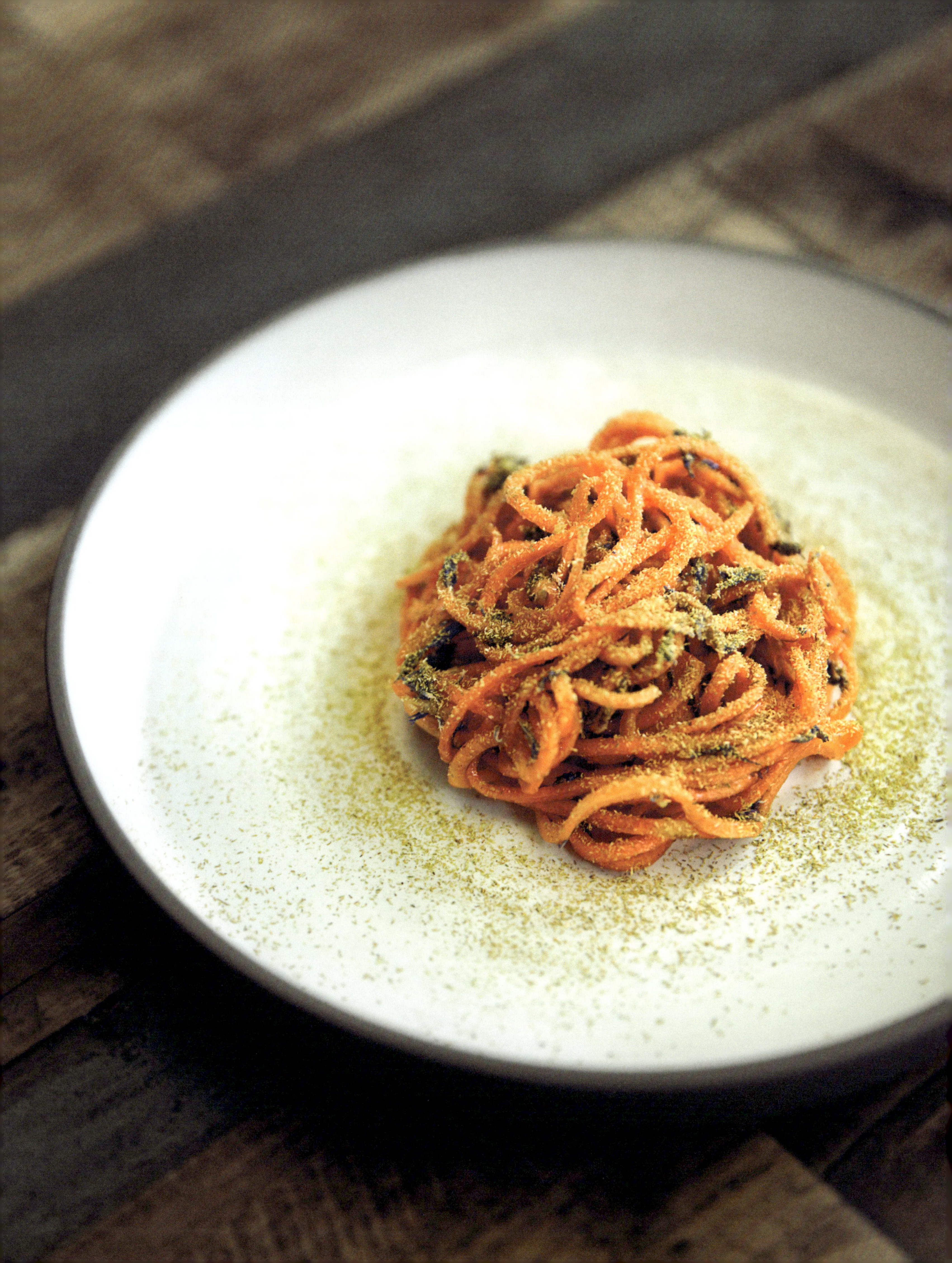

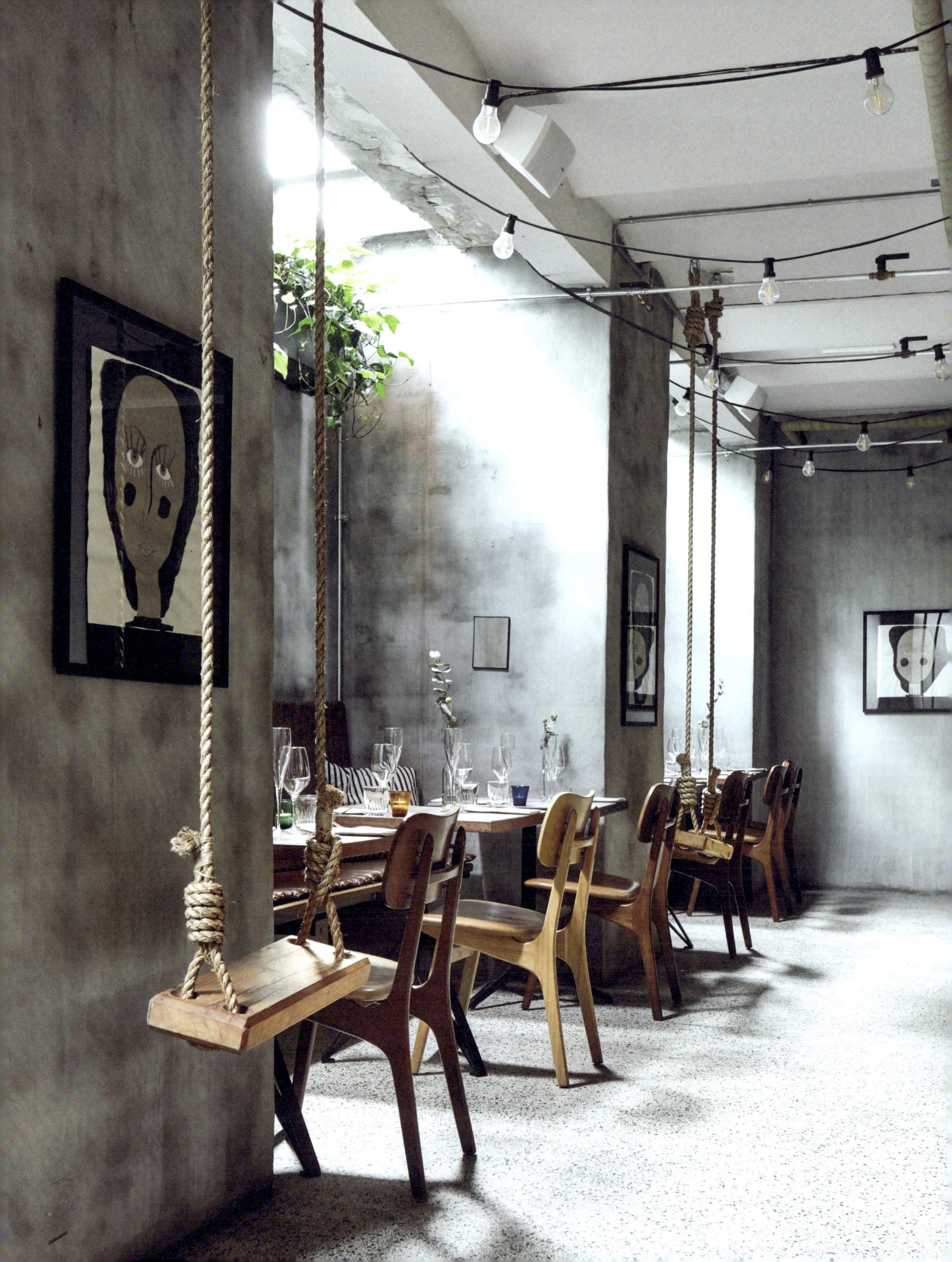

Vækst – Kopenhagen, Seeland, Dänemark

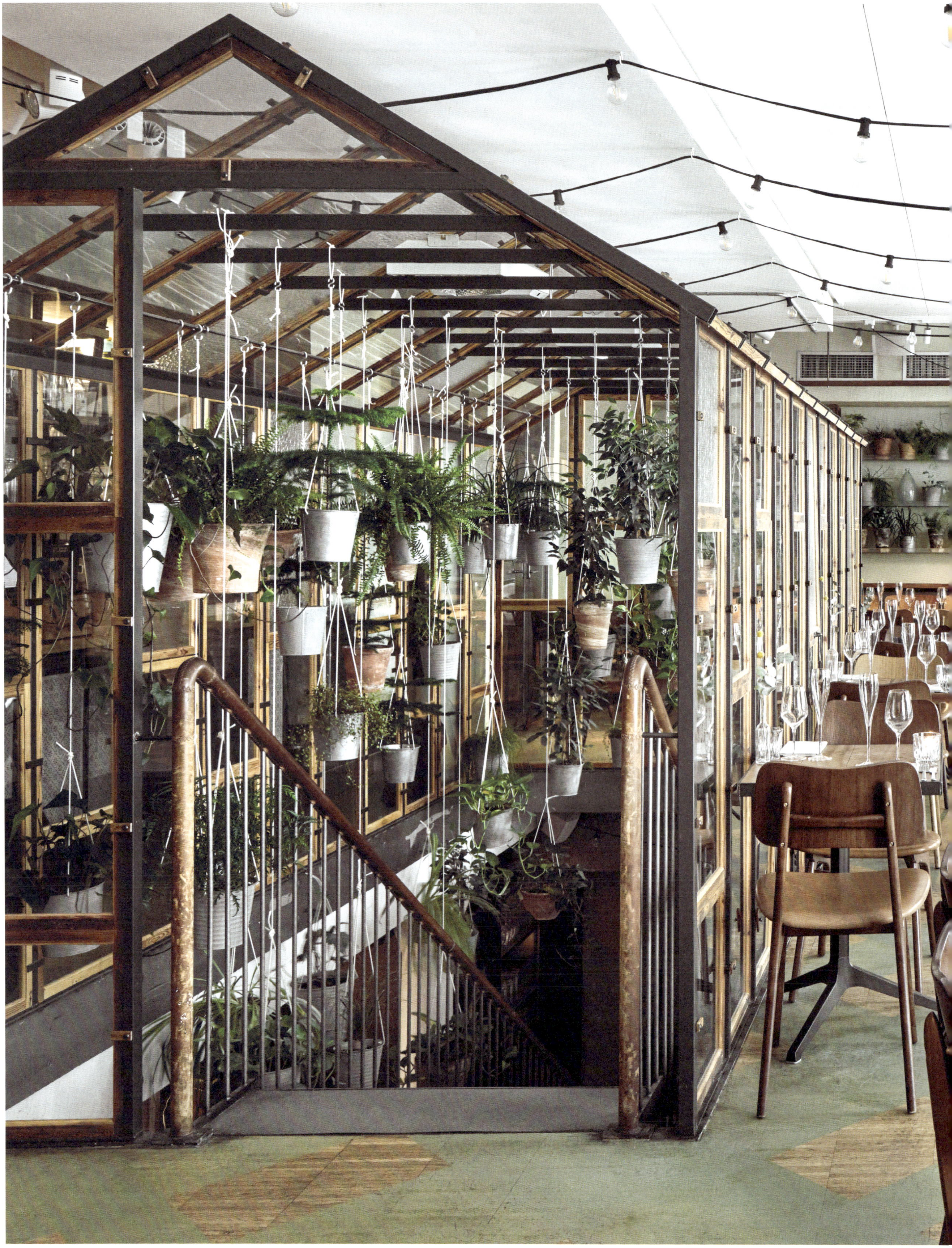

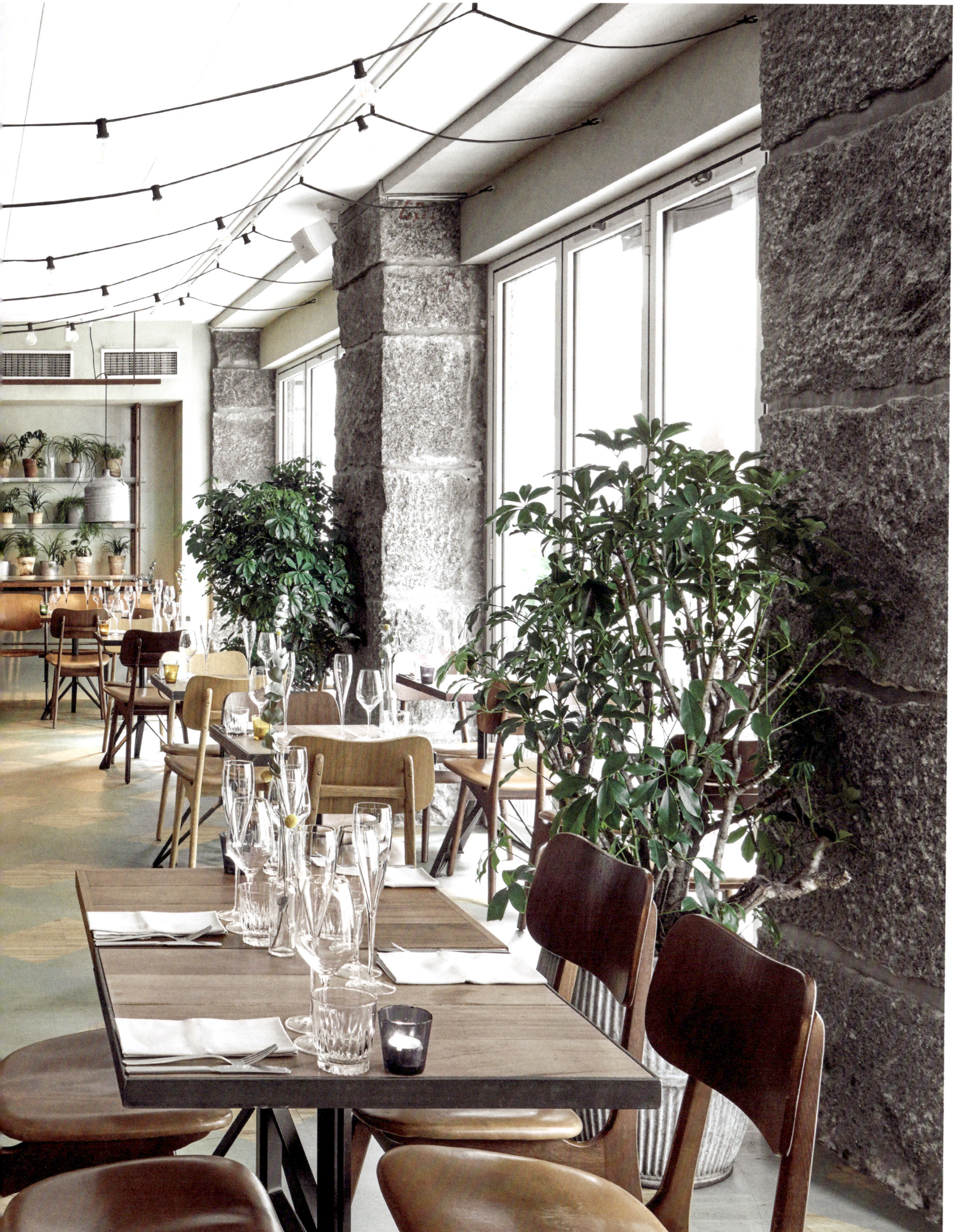

Frittierte Hühnerschenkel mit cremigem Graupenporridge, Petersilie und Vesterhav-Käse

Zubereitung

Für 4 Personen

FRITTIERTE
HÜHNERSCHENKEL

- 800 g **Hühnerschenkel guter Qualität**
- 1 l **Buttermilch**
- 2 **Eier**
- 2 EL **Dijon-Senf**
- **Zesten einer Bio-Zitrone**
- 400 g **Weizenmehl**
- 400 g **Maizena**
- 5 g **feines Salz**
- 3 l **neutrales Öl zum Frittieren**
- optional 1 Prise **Essigpulver**

Die Hühnerschenkel entbeinen und die Haut entfernen. Buttermilch, Eier, Dijon-Senf und Zitronenzesten mischen. Das Huhn hineinlegen und eine Stunde im Kühlschrank marinieren. In der Zwischenzeit Mehl, Maizena und Salz in einer Schüssel mischen. Huhn aus dem Kühlschrank nehmen und in dieser Mehlmischung panieren. Das Öl in einem Topf auf 170 °C erhitzen. Aus Sicherheitsgründen beim Frittieren am besten einen großen Topf verwenden (5 bis 6 l).

Die Schenkel frittieren, bis sie goldbraun und knusprig sind. Das dauert etwa 4 bis 5 Minuten. Stellen Sie sicher, dass das Huhn ganz durchgebraten ist. Dann kommt es auf ein Küchenrollenpapier und wird leicht gesalzen (und wenn gewünscht mit einer Prise Essigpulver bestäubt).

CREMIGER GRAUPEN-
PORRIDGE, PETERSILIE
UND VESTERHAV-KÄSE

- 500 g **Bio-Graupen**
- 500 g **Champignons**
- 300 g **gewaschene und gesäuberte Petersilie**
- 100 g **Babyspinat, gewaschen und gesäubert**
- 300 ml **Sahne mit 38 % Fettgehalt**
- 100 g **Vesterhav-Käse (oder harter Parmesan oder Manchego)**
- 25 g **fein gehackter Bärlauch**
- 25 g **Enoki-Pilze**
- **Salz**
- **Zitronensaft**

Die Graupen in Salzwasser kochen, bis sie fast gar sind. Kurz unter kaltem Wasser abbrausen. Beiseite stellen.

Die Champignons säubern und mit 100 ml Wasser in eine Edelstahl-Auflaufform oder einen Topf geben. Luftdicht verschließen, damit kein Dampf entweichen kann. Bei 160 °C eine Stunde in den Ofen stellen. Alternativ kann man die Form auch bei 80 °C über Nacht im Ofen lassen. Das ergibt einen stärkeren, aromatischeren Fond. Zum Schluss abseihen.

Die Petersilie in Salzwasser weichkochen. Das braucht etwa 3 Minuten. Zum Schluss den Spinat hinzufügen. Abgießen und in eiskaltes Wasser geben. Wieder abgießen. Petersilie und Spinat glatt pürieren. Mit Salz abschmecken.

Die gekochten Graupen, den Champignonfond und etwas Sahne im Topf mischen. Zum Kochen bringen. Fein geraspelten Vesterhav-Käse, Salz und Zitronensaft zugeben. Die Hitze reduzieren und köcheln lassen.

Mit Sahne abschmecken. Das Porridge sollte etwa die Konsistenz eines Risottos haben. Mit Petersilienpüree und fein gehacktem Bärlauch mischen. Mit den rohen Enoki-Pilzen garnieren.

ANRICHTEN
Frische Wacholderzweige

Die frittierten Hühnerschenkel auf ein Nest aus frischen Wacholderzweigen betten. Die Graupen dazu in einem tiefen Teller reichen.

Über das Gericht

Von den Feldern, auf denen es von Menschen umsorgt wurde und Gerstenkörner gepickt hat, auf den Teller, wo es mit Graupen serviert und von Menschen verspeist wird – die Inspiration für dieses Gericht aus dem Vækst war der Lebenszyklus des Huhns.

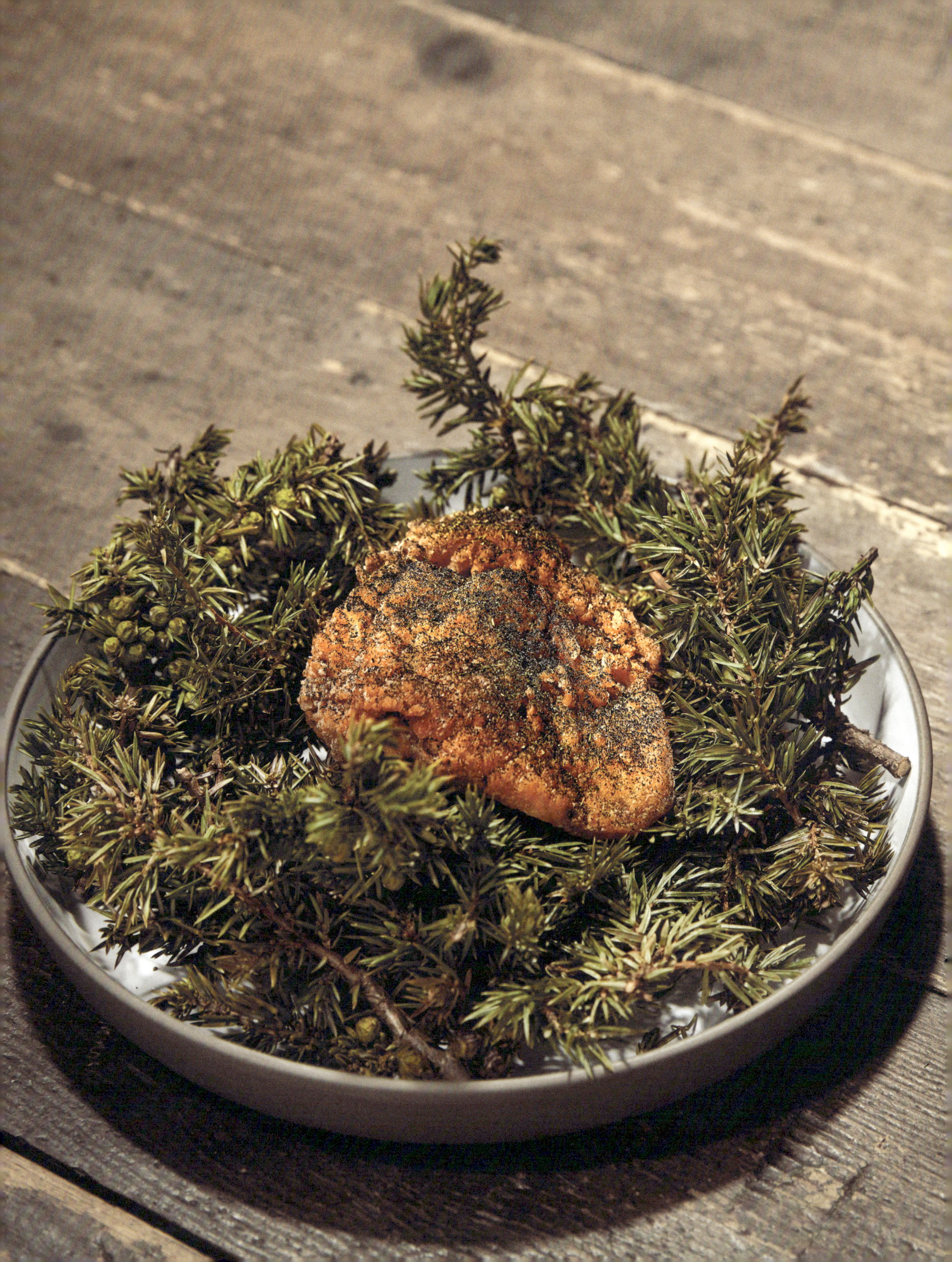

Topinambureis mit karamellisierten Äpfeln, Topinamburchips und Schokoladensoße mit brauner Butter

Zubereitung

Für 8 Personen

TOPINAMBUREIS

- 350 g geschälter und gewürfelter Topinambur
- 50 g Butter
- 1 l Vollmilch
- 200 g Glukose
- 2 g Salz
- 6 g Gelatine

Die Gelatine in kaltem Wasser einweichen. Den Topinambur in Butter anbraten, bis er golden und zart ist. In der Zwischenzeit die Milch mit Salz und Glukose zum Kochen bringen. Alles außer der Gelatine in den Mixer geben und glatt pürieren. Durch ein Sieb streichen und die eingeweichte Gelatine hineinrühren. Ins Gefrierfach stellen.

KARAMELLISIERTE ÄPFEL

- 4 geschälte und grob gewürfelte Äpfel
- 300 g Zucker
- 50 g Butter

Den Zucker über kleiner Flamme schmelzen, bis er goldfarben ist. Dann die Butter zufügen und wenn das Blubbern nachgelassen hat, die Äpfel dazugeben. Im „Karamell" gar kochen. Ein wenig abkühlen lassen, dann pürieren.

TOPINAMBURCHIPS

- 200 g geschälter und gründlich gesäuberter Topinambur
- 1 l Öl zum Frittieren

Den Topinambur mit einer Mandoline dünn hobeln.

Das Öl auf 150 °C erhitzen. Frittieren, bis die Chips goldfarben und knusprig sind. Auf Küchenrollenpapier legen.

SCHOKOLADENSOSSE MIT BRAUNER BUTTER

- 200 ml Vollmilch
- 100 g geschälter und gewürfelter Topinambur
- 100 g Milchschokolade
- 100 g Butter

Milch mit Topinambur aufkochen. Hitze reduzieren und köcheln lassen, bis der Topinambur gar ist. Die Milch durch ein Sieb abgießen, Topinambur entsorgen.

Butter in einem kleinen Topf über mittlerer Flamme bei ständigem Rühren leicht bräunen. Warme Milch, Milchschokolade und braune Butter miteinander vermischen. Rühren, bis sich die Schokolade vollständig aufgelöst hat.

ANRICHTEN

Das Mus aus karamellisierten Äpfeln auf einem flachen Teller anrichten und mit den Topinamburchips bestreuen. Eine Nocke Topinambureis daraufsetzen und am Tisch mit warmer Schokoladensoße übergießen.

Über das Gericht

Mir hat es schon immer Spaß gemacht, in Desserts mit Gemüse zu spielen. Dieses Vækst-Gericht sieht zwar wie ein klassischer Nachtisch mit Schokoladensoße aus, bricht aber durch den Topinambur mit herkömmlichen Geschmacksmustern.

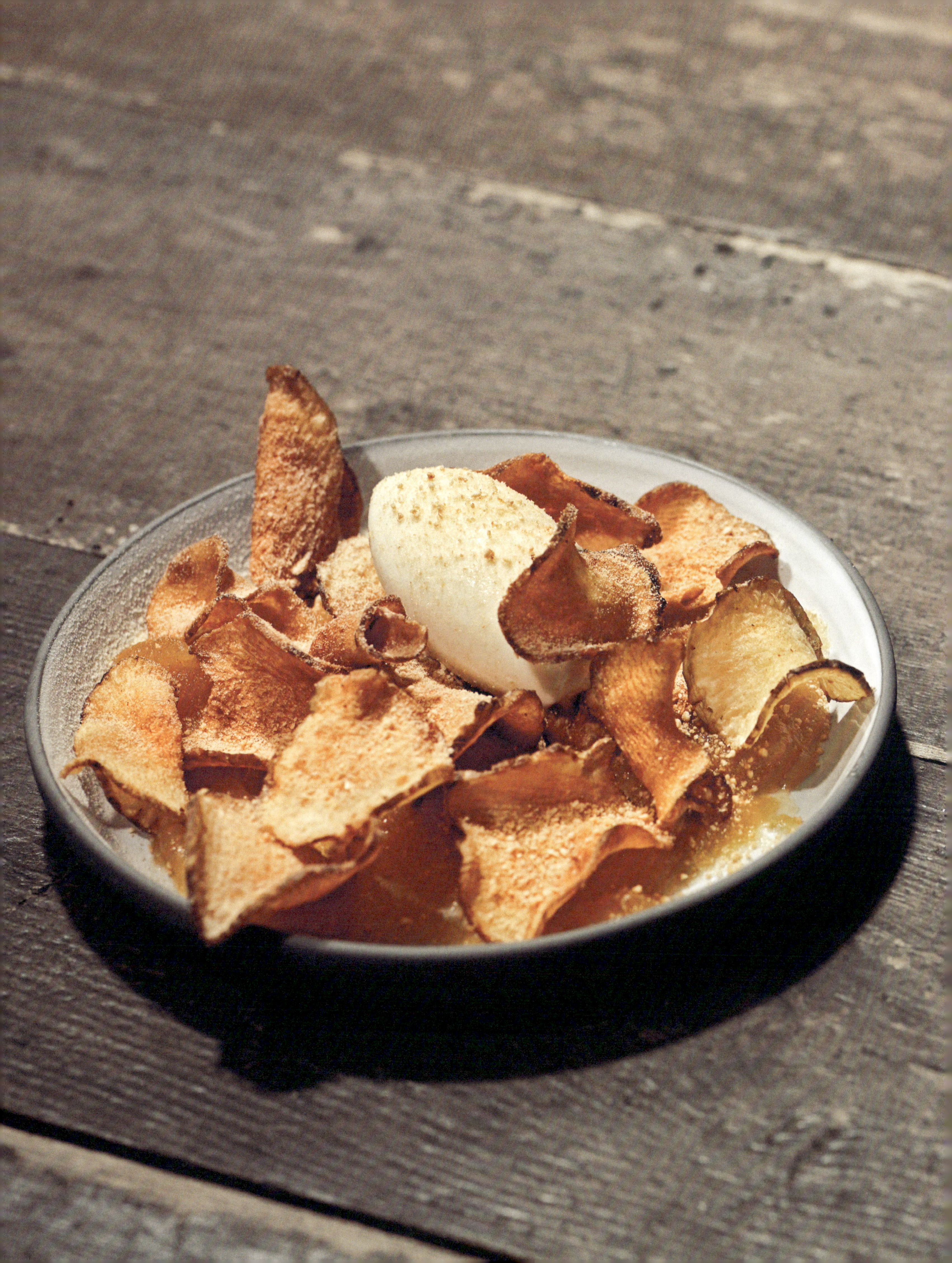

BROR | Kopenhagen, Seeland, Dänemark

Als zwei ehemalige Noma-Souschefs ihrem Traum folgten und ein eigenes Restaurant eröffneten, tweetete René Redzepi zur Ermutigung: „einfach pures Talent & Eier in der Hose". Da wusste er wohl noch nichts von dem Menü, auf dem „Bulleneier in Sauce tartare" oder „Knuspriger Schwanz mit Bärlauch-Crème-fraîche" stehen würden.

Victor Wågman
Samuel Nutter

– Chefköche & Gründer

Nachdem wir im Noma tagtäglich Seite an Seite gearbeitet hatten, beschlossen wir, unser eigenes Restaurant aufzumachen. So öffnete 2013 das BROR, dänisch für Bruder, seine Tore. Wir wussten von Anfang an, dass wir einen dynamischen, lockeren und zugänglichen Ort zum Essen schaffen wollten, mit der richtigen Balance zwischen Gemütlichkeit und kulinarischer Innovation.

Wir fanden ein leer stehendes Restaurant im Zentrum Kopenhagens und renovierten es mit der Hilfe unserer Familien von Grund auf. Damals konnten wir uns keine teuren Möbel oder exklusives Geschirr leisten, stattdessen hatten wir Spaß daran, Stühle und Besteck in Secondhandläden aufzutreiben. So sind wir auch an andere Bereiche herangegangen, insbesondere die Entwicklung des Menüs. Aus purer Notwendigkeit nutzten wir sämtliche Teile unserer Rohmaterialien. Was bei anderen Abfall ist, machten wir zu Gold: in unseren Gerichten finden sich Fischköpfe, Kuhuterus und sogar Bullenpenis. Es ist eine tägliche Herausforderung, etwas Interessantes mit diesen Zutaten zu kochen, aber unser Arbeitsalltag wird so nie zur Routine, da wir ständig die Grenzen dessen erweitern, was wir in unserem Restaurant servieren.

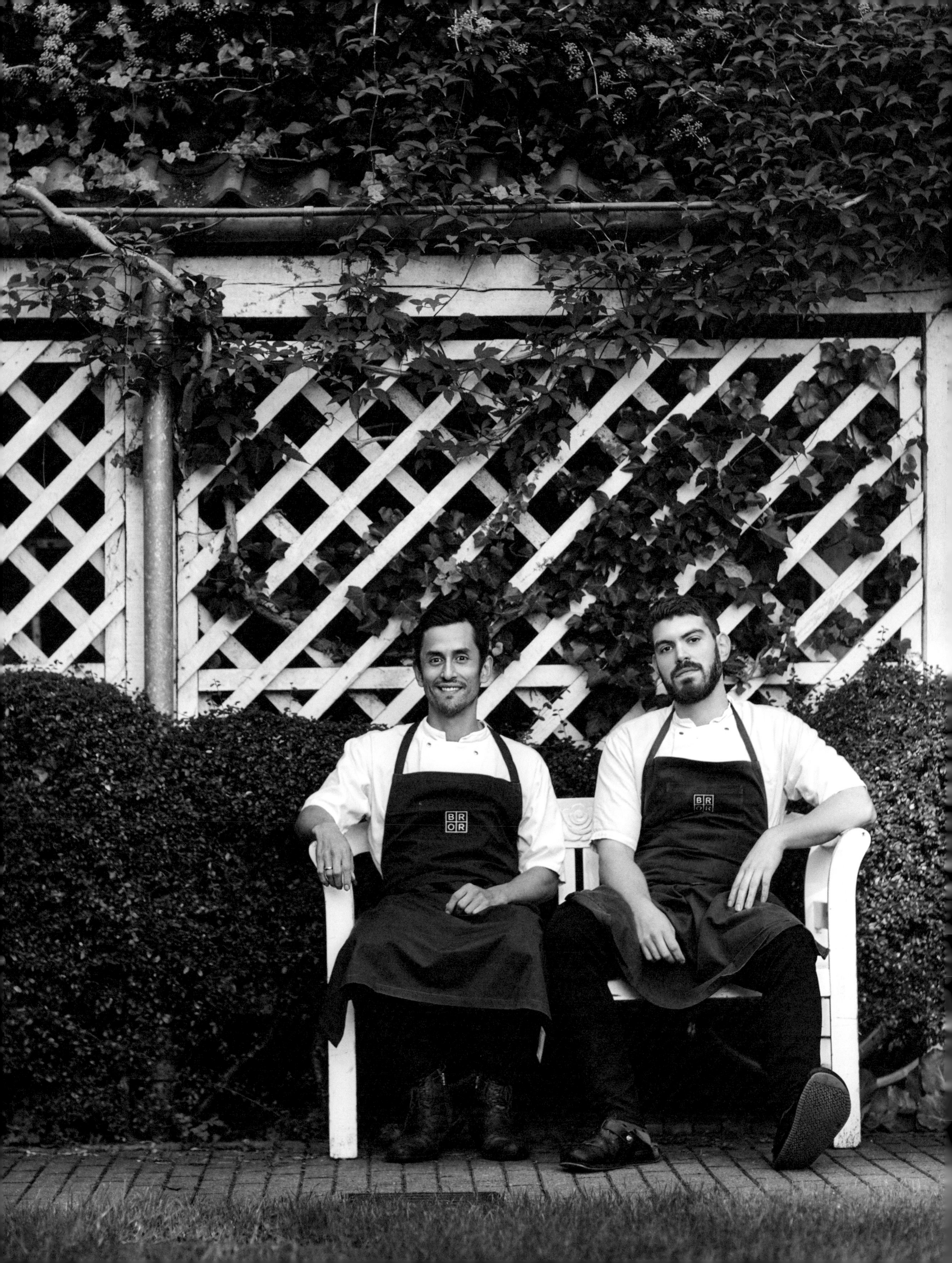
BROR
BROR

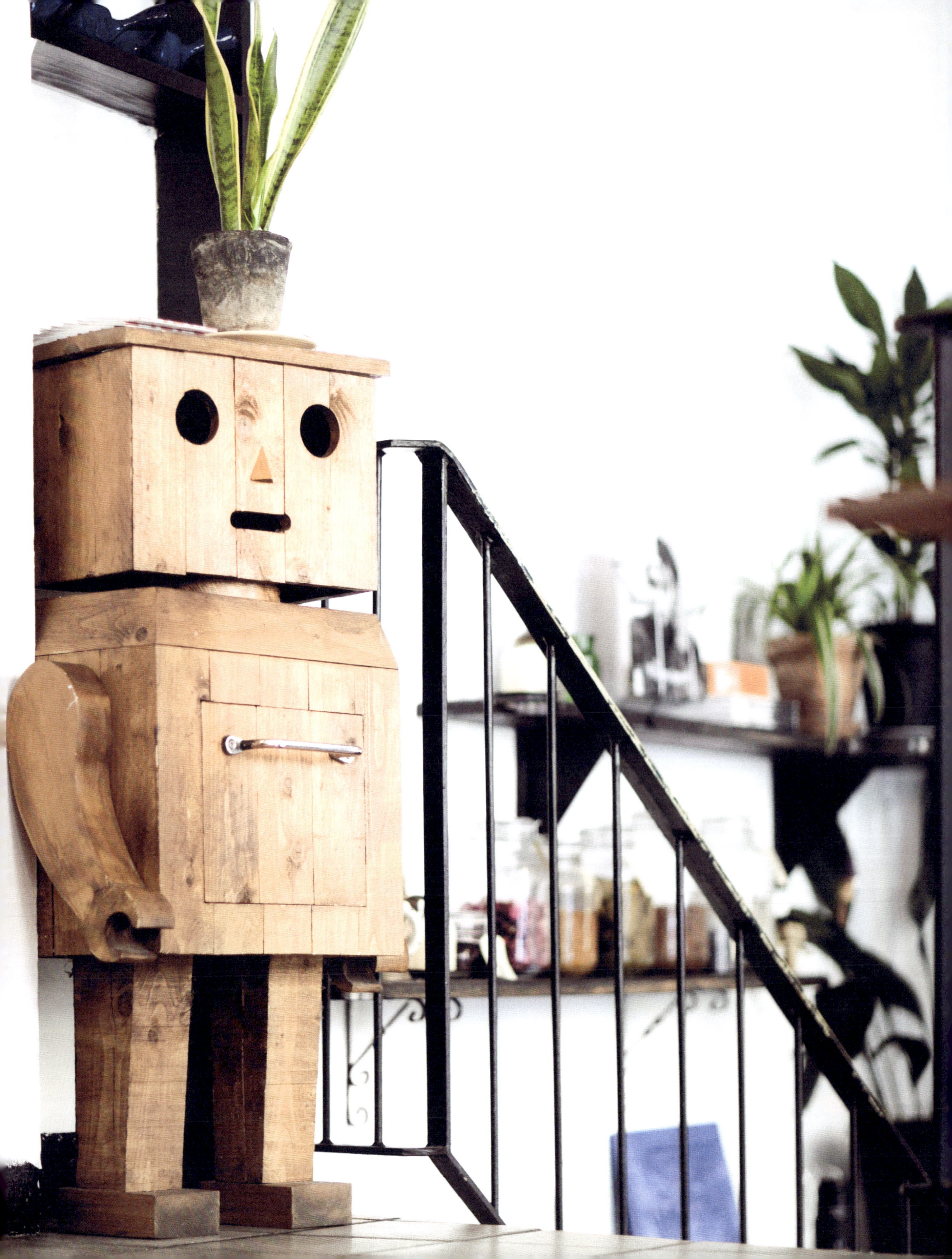

BROR – Kopenhagen, Seeland, Dänemark

Bulleneier in Sauce tartare

Über das Gericht

Die Bulleneier waren das erste Gericht, bei dem wir mit unbeliebten und ungenutzten Teilen eines Tieres experimentiert haben. Angesichts unserer knappen Ressourcen und der Tatsache, dass wir keine der Zutaten verwendet haben, die meist mit „besseren" Restaurants verbunden werden – wie Austern, Hummer etc. –, mussten wir einen kreativen Ansatz wählen. Gleichzeitig wollten wir in Kopenhagen mal etwas anderes ausprobieren, und die Bulleneier wurden der erste Schritt hin zum einzigartigen Profil von BROR.

Bulleneier sind so köstlich, weil ihre Konsistenz einem Brie ähnelt. Wir rollen sie in gewürzter Panade, um „Wärme" hinzuzufügen und braten sie an, damit sie außen knusprig und innen weich sind. Wenn man sie dann in die Sauce tartare auf Mayonnaisebasis tunkt, wird man schnell süchtig danach. Diese gebratenen Eier sind einfach ein herrlich sündhaftes Vergnügen.

Zubereitung

Für 6 Personen

BULLENEIER

1 Bullenhoden
100 g Mehl
100 g Eigelb
100 g Semmelbrösel

Bullenhoden 4 Minuten in kochendem Wasser blanchieren und dann in Eiswasser abkühlen. Oberes und unteres Ende abschneiden. Mit den Fingern durch das Fleisch fahren, um die Membran zu lockern und zu entsorgen. Fleisch in 1 cm dicke Scheiben schneiden. Drei Schüsseln bereitstellen: eine für das Mehl, eine für das Eigelb und eine für die Semmelbrösel. Die Hodenscheiben trockentupfen und mit Mehl bestäuben, im Eigelb und anschließend in den Semmelbröseln wenden. Die letzten beiden Schritte wiederholen, um die Hoden doppelt zu panieren.

MAYONNAISE

1 Eigelb
1 TL Senf
300 ml Traubenkernöl
Salz
1 TL Weißweinessig

Das Eigelb mit dem Senf verrühren. Langsam das Öl hineinschlagen und mit Salz und Essig würzen.

SAUCE TARTARE

20 g gehackte Schalotten (eine Stunde vorher salzen)
5 g gehackte Petersilie
50 g gehackte Cornichons
Zitronensaft

Schalotten, Petersilie und Cornichons mit ausreichend Mayonnaise verrühren, damit sich alles gut verbindet. Mit ein wenig Zitronensaft abrunden.

ANRICHTEN
500 ml Bratöl

Die Hoden anbraten, bis sie zart und außen goldbraun sind. Innen sollten sie noch saftig sein. Salzen. Die Hodenscheiben mit je einer Nocke Sauce tartare anrichten.

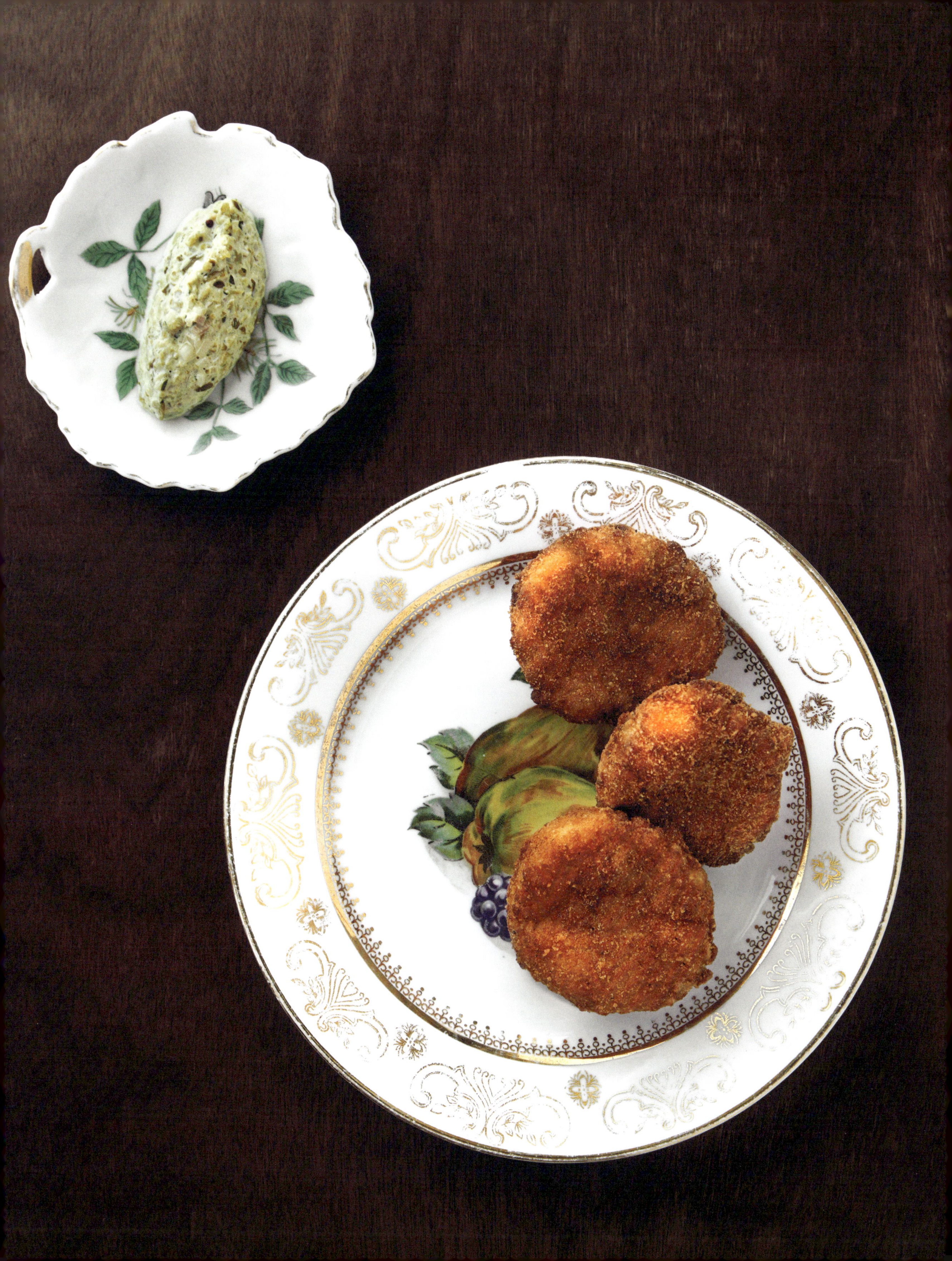

Knuspriger Schwanz mit Bärlauch-Crème-fraîche

Über das Gericht

Wenn man hier vor zehn Jahren in einem Restaurant Penis serviert hätte, hätten die Leute wahrscheinlich mit Schrecken und Ekel reagiert. Aber im letzten Jahrzehnt haben Restaurantbesucher so einige unkonventionelle Lebensmittel – wie Kopf, Hirn, Leber oder Sperma – kennengelernt und wir sind weit gekommen, was die Akzeptanz solcher Zutaten angeht.

Zwei Jahre lang haben wir jeden Tag Bullenpenisse geliefert bekommen und daran gearbeitet, etwas Köstliches aus ihnen zu machen. Wir haben Brühen, Suppen und gesalzene Pürees probiert, bevor wir auf die Idee kamen, sie als „knusprige Schwänze" zu servieren.

Wir dachten uns, dieses Gericht könnte besonders gut dafür geeignet sein, die Meinung der Leute zu ändern: Zuerst ekeln sie sich davor, doch wenn sie es probieren, sind sie überrascht, wie sehr es ihnen schmeckt. So waren die knusprigen Schwänze der Einstieg in unsere Philosophie, unbeliebte Tierteile zu verwenden und die Wahrnehmung der Leute hinsichtlich dessen zu verändern, was sie als lecker empfinden.

Zubereitung

Für 6 Personen

SCHWANZ

1 Bullenpenis
5%ige Salzlösung
1 l Wasser
500 g Bratöl
50 g Salz
Salz nach Geschmack

Den Bullenpenis über Nacht in 5%iger Salzlösung einlegen. Am nächsten Tag in einem Topf Wasser weich köcheln (dauert etwa 3 Stunden). Haut und Membran entfernen, bis nur noch das Fleisch übrig ist. In Frischhaltefolie wickeln, abkühlen lassen und anschließend einfrieren. Aus dem Gefrierfach nehmen, dünn aufschneiden und über Nacht trocknen lassen.

Die Scheiben im heißen Öl aufpuffen lassen, bis sie knusprig sind. Salzen, solange sie noch warm sind.

DIP

20 g eingelegte Bärlauchkapern
200 g Crème fraîche

Für den Dip die Bärlauchkapern hacken und mit der Crème fraîche verrühren.

ANRICHTEN

Die Bullenpenisscheiben in eine Schüssel geben (oder ein Paket mit knusprigen Schwänzen machen!) und die Crème fraîche getrennt in einer kleinen Schüssel reichen, damit man den Penis eintunken kann.

CRISPY DICKS

www.restaurantbror.dk

Smørrebrød mit glasiertem Kuhuterus

Zubereitung

Für 6 Personen

UTERUS

1 Kuhuterus
2 EL Traubenkernöl

Den Uterus säubern und mit dem Traubenkernöl vakuumieren. Bei 80 °C 24 Stunden garen. Wenn er weich und zart ist, herunterkühlen und in Scheiben schneiden.

MAYONNAISE

1 Eigelb
1 TL Senf
300 ml Traubenkernöl
Salz
1 TL Weißweinessig

Eigelb mit dem Senf verschlagen. Das Öl langsam zugießen und mit Salz und Essig abschmecken.

REMOULADE

150 g Gurke
100 g grüne Tomaten
50 g gelbe Zwiebeln
50 g Blumenkohl
20 g Salz
50 ml Wasser
90 g Weißweinessig
75 g Zucker
10 g Curry
15 g Colman's mustard powder (gemahlene Senfsaat)
25 g Weizenmehl
10 g Senfsamen

Gurke, grüne Tomaten, Zwiebeln und Blumenkohl sehr fein hacken. Gut salzen und über Nacht abtropfen lassen. Am folgenden Tag 20 Minuten in 50 ml Wasser und 15 g Weißweinessig kochen.

Für die Soße 75 g Weißweinessig mit Zucker, Curry, Senfpulver und Mehl 10 Minuten kochen und anschließend abseihen. Das Essiggemüse mit der Soße mischen und zusammen 10 Minuten kochen. Senfsamen in Wasser quellen lassen und am Ende untermischen. Zur Fertigstellung der Remoulade zu gleichen Teilen behutsam das Remouladengrundrezept mit der Mayonnaise (Rezept siehe oben) verrühren.

ANRICHTEN

1 EL reduzierter Hühnerfond (Glasur)
3 TL Remoulade
1 Meerrettich
1 gehobelter roter Rettich
1 Körbchen Kresse
3 Scheiben geröstetes Rogggenbrot

Uterusscheiben in der Pfanne knusprig braten und zum Glasieren mit dem reduzierten Hühnerfond bestreichen. Remoulade auf einer Scheibe geröstetem Roggenbrot verstreichen und das Fleisch daraufsetzen. Frischen Meerrettich über das glasierte Fleisch raspeln und das Ganze mit Kresse bestreuen.

Über das Gericht

Smørrebrød – das dänische Butterbrot – mit glasiertem Rindfleisch hat eine lange Tradition in Dänemark. Dieses Gericht ist ein gutes Beispiel für die Kombination von etwas Vertrautem mit etwas Unvertrautem. Die Leute haben eine Beziehung zu dem Gericht, sind aber erst einmal sehr skeptisch, wenn wir ihnen sagen, dass sie einen Uterus vor sich haben. Aber am seltsamsten finden sie, dass sich ihre Abscheu in Genuss verwandelt, wenn sie merken, wie köstlich der kräftige, intensive Rindergeschmack ist.

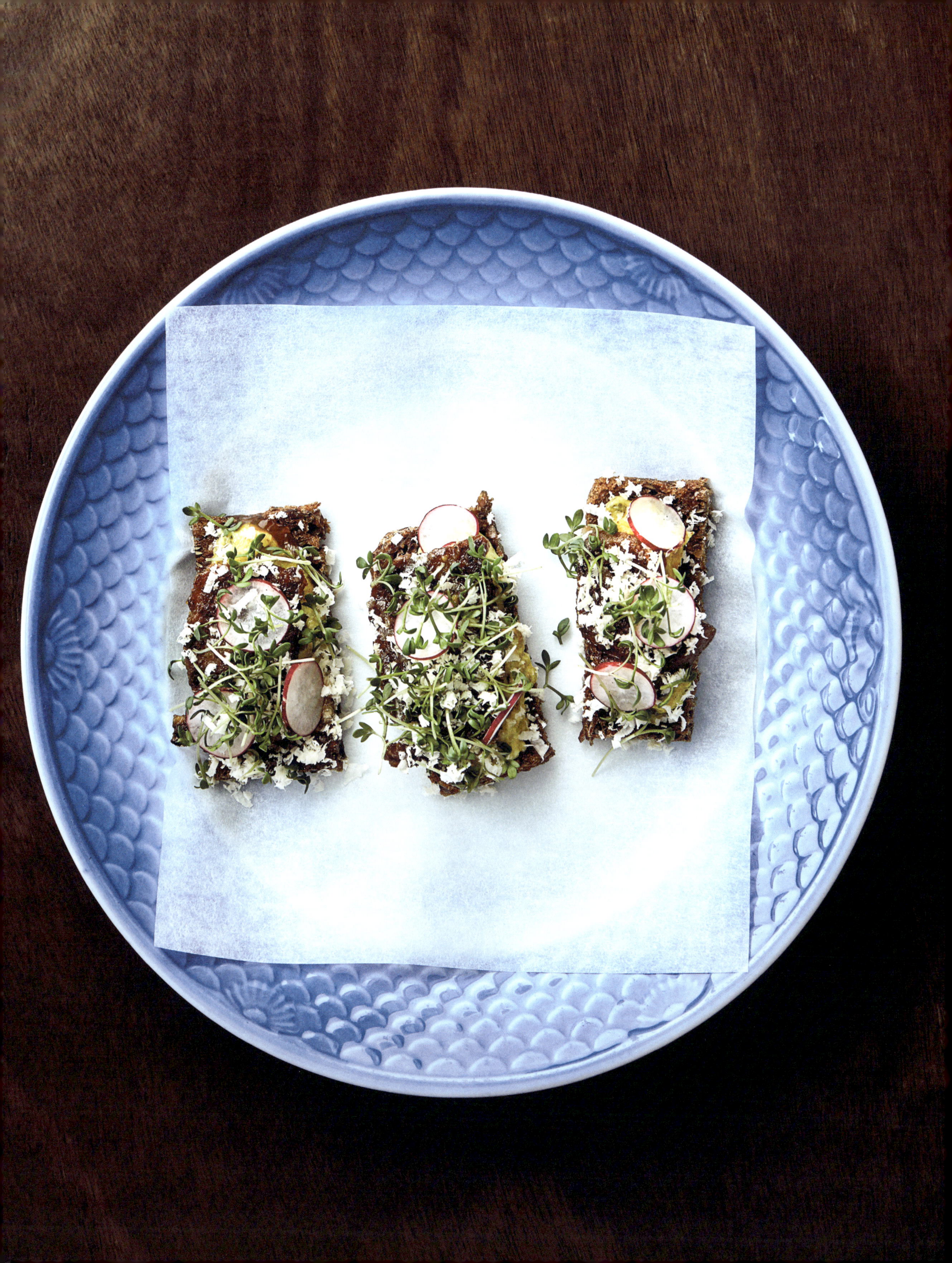

ANTY GIN
NORDIC FOOD LAB
NORDIC FOOD LAB
Pheasant Garum
500 g pheasant
500 g barley koji
500 g water
100 g salt
Incubate at 40 °C
Start date: 18/12/12
Bottling date: 15/7/13
ANT DISTILLATE
THE CAMBRIDGE DISTILLERY
NORDIC FOOD LAB

Nordic Food Lab
von Roberto Flore & Michael Bom Frøst

Das Nordic Food Lab wurde 2008 mit dem Ziel gegründet, dem kulinarischen Potenzial von Lebensmitteln aus den nordischen Ländern nachzugehen und die Resultate dieser Forschung der Öffentlichkeit zur Verfügung zu stellen. Das Food Lab nutzt und adaptiert traditionelle und moderne Verfahren aus aller Welt. Die Ergebnisse dieser Arbeit sind frei verfügbar und werden fortlaufend auf dem Blog des Labs nordicfoodlab.org veröffentlicht. Aktuell lassen sich dort über 150 Einträge finden. Seit November 2014 ist das Food Lab am Institut für Lebensmittelwissenschaft der Universität Kopenhagen untergebracht. Davor war es in einem Hausboot im Kopenhagener Hafen am Kai vor dem Noma beheimatet. Gegründet haben es der gastronomische Unternehmer Claus Meyer und René Redzepi, Chefkoch des Noma. Beide sahen Bedarf für ein Food Lab in der kulinarischen Welt des Nordens, das mehr experimentieren und eine breitere Palette an Techniken erforschen kann als ein Restaurant. Das Food Lab wird von verschiedenen Regierungen und gemeinnützigen Organisationen mit Mitteln für Forschung, Entwicklung und Veröffentlichung finanziert. Hinzu kommen eigene kommerzielle Aktivitäten, etwa Beratungstätigkeiten oder der Verkauf von Anty Gin, dem weltweit ersten Gin mit Ameisenaroma. Michael Bom Frøst ist seit Januar 2012 Direktor des Food Lab. Roberto Flore begann im Juni 2014 als Chefkoch im Food Lab und ist seit Juni 2016 Leiter der kulinarischen Forschung und Entwicklung.

Lange Zeit bestimmte in den nordischen Ländern der Jahreszyklus von Nahrungsüberfluss und -knappheit den Lebensrhythmus grundlegend. Im Lauf der Jahrhunderte entwickelten wir eine Vielzahl an Methoden und Techniken, um Nahrungsmittel in Zeiten der Fülle für Zeiten der Knappheit zu konservieren. Das Fermentieren ist in diesen Bemühungen, Nahrungsmittel zu konservieren, absolut zentral. Durch dieses Verfahren haben Köche – und später Wissenschaftler und Lebensmitteltechniker – allmählich die besten Konservierungsmethoden gefunden und die Aromen und Konsistenzen entwickelt, die heute das Rückgrat der Nordischen Küche bilden. Die wichtigste Regel der Gastronomie ist, das Beste aus dem zu machen, was verfügbar ist. Wollen wir einen gesunden Bezug zu Lebensmitteln und allem Essbaren bekommen, so müssen Gastronomie und Wissenschaft zusammengebracht werden. Gute Kenntnis unserer Rohprodukte in kulinarischer, kultureller und wissenschaftlicher Hinsicht erhöht dabei die Erfolgschancen. Die Gastronomie ist sowohl durch Tradition als auch durch Innovation geprägt. Ihre Geschichte ist voll von erfolgreichen Innovationen, die wir nun als Traditionen ansehen. Zugang zu neuen Informationen war dabei stets zentral. Neue Kontakte, etwa durch Reisende oder Händler, ließen uns neue Rohprodukte entdecken und neue Konservierungstechniken erlernen. Die Neugier der Köche auf neue Geschmäcker ist nach wie vor eine treibende Kraft bei der Suche nach innovativen Gerichten, Zutaten und Techniken.

Im Nordic Food Lab forschen wir mit Leidenschaft, Exaktheit und wissenschaftlichen Methoden an neuen Köstlichkeiten. Unser theoretischer Rahmen für ein umfassendes Verständnis von Wohlgeschmack wurde von der Designtheorie inspiriert. Unser Geschmackserlebnis spielt sich auf drei verschiedenen Ebenen ab: Die erste, grundlegende und unmittelbare sinnliche Ebene wird dadurch bestimmt, wie unsere Sinne die physikalischen und chemischen Eigenschaften einer Nahrung in eine Sinneserfahrung umwandeln. Zweitens hat Nahrung die fundamentale biologische Funktion, uns zu ernähren: Die Nährstoffe, die wir mit der Nahrung aufnehmen, sind der Treibstoff unseres Körpers. Drittens trägt Nahrung Bedeutung in sich, weshalb wir sie wertschätzen. Manchmal gefällt uns, wie ein Lebensmittel produziert wird, oder wir bewundern ein Gericht aufgrund einer Neuerung, die es mit sich bringt. Auf dieser reflexiven Ebene kommen Narrative ins Spiel. Gute Geschichten über unser Essen können tatsächlich unser Essverhalten verändern.

Die Vorstellung von diesen drei verschiedenen Interaktionsebenen in Bezug auf Essen liegt der Entwicklung neuer Nahrungsmittel und Gerichte im Food Lab zugrunde. Wir haben immer wieder festgestellt, dass Essen, das auf allen drei Ebenen heraussticht, geradezu unwiderstehlich ist. Eine kurze Beschreibung davon mitzuliefern, auf welche spezielle Tradition sich ein Nahrungsmittel oder Gericht beruft oder dass bei seiner Herstellung eine alte Technik auf neue Weise zum Einsatz kommt, kann ein wirkungsvolles Argument für diejenigen sein, die Essgewohnheiten verändern wollen. Kurz gesagt ist gutes Essen gut für die Sinne, den Körper und nicht zuletzt auch den Geist. Genuss beim Essen geht weit über den rein körperlichen Genuss hinaus.

Vielfalt ist sowohl der Ausgangspunkt als auch das Ziel unserer Bemühungen. In der Natur ist Vielfalt kein Luxus, sondern eine Notwendigkeit. Auf unserer Suche nach kulinarischen Genüssen wählen wir die Zutaten, mit denen wir experimentieren, danach aus, ob sie das Lebensmittelspektrum in den nordischen Ländern vergrößern. Dabei wollen wir die Grenzen des Essbaren erweitern. Für unsere Arbeits- und Experimentiermethoden nehmen wir verschiedene Bildungshintergründe und Kulturen als Ausgangspunkt, um sicherzustellen, dass wir möglichst vielseitig an die Entwicklung neuer Lebensmittel herangehen. Wir arbeiten ähnlich wie ein Designstudio mit einer schnellen Prototypentwicklung, um neue Ideen voranzutreiben und viele verschiedene Versionen davon zu realisieren. Wir wechseln ständig zwischen theoretischen und praktischen Herangehensweisen. Mit unseren geschulten Geschmacksnerven bewerten wir die Ergebnisse der Experimente in systematischen Geschmackstests und besprechen verschiedene Ideen, um das Beste aus ihnen herauszuholen.

MICHAEL BOM FRØST – *Kopenhagen, Dänemark*
Direktor, Associate Professor Food Sensory Innovation

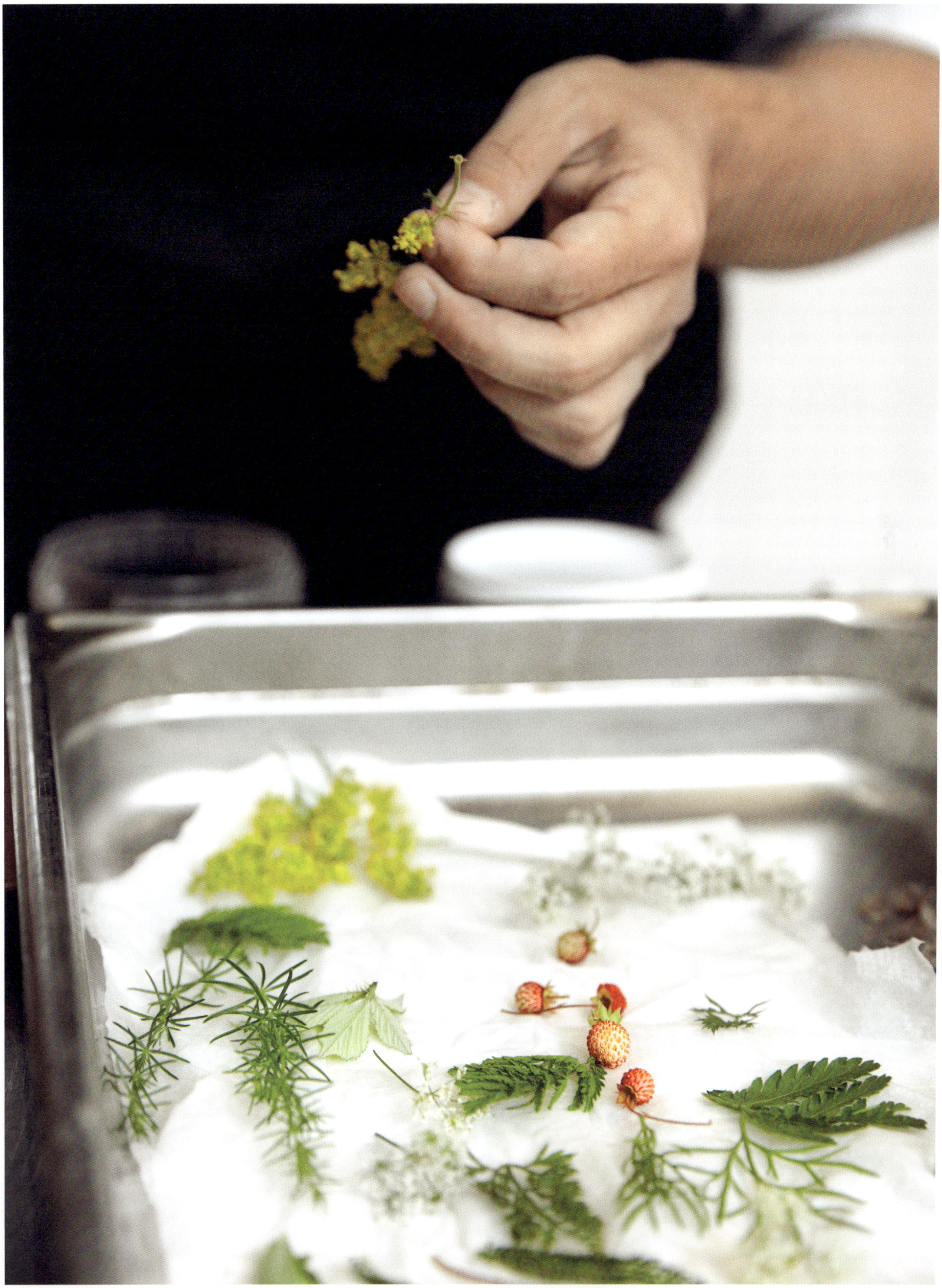

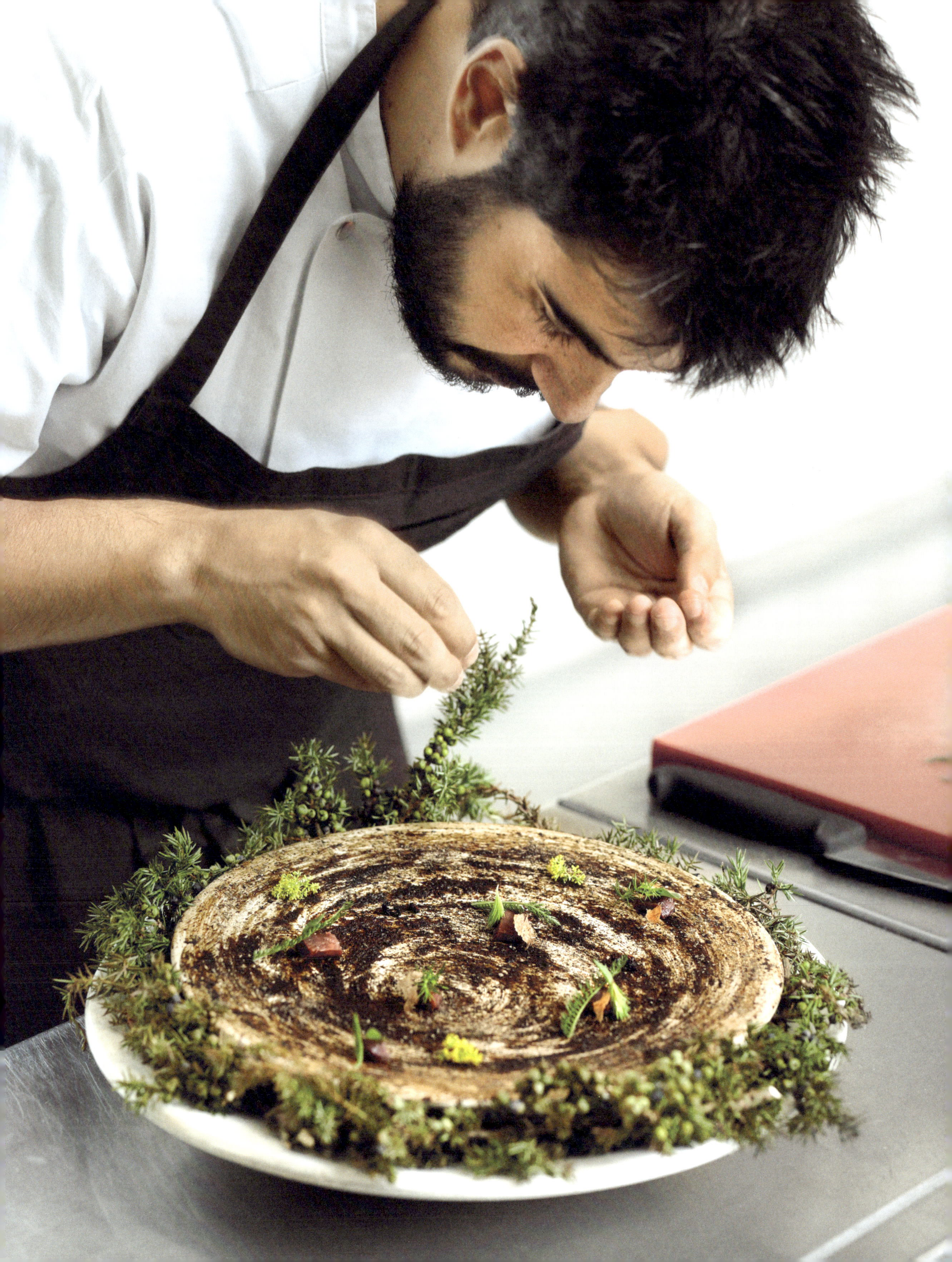

Vision des Waldes
Ein Gericht von Roberto Flore

Mit Gerüchen und Aromen neue Konzepte in ein Gericht einzubringen, hat mich schon immer fasziniert. Man denke nur an die starken Gefühle und lebendigen Erinnerungen, die ein Geruch hervorrufen kann.

Chemische Verbindungen sind Teil des komplexen Kommunikationssystems von Pflanzen, Tieren und Insekten. Die meisten Duftnoten und Aromen, die Lebewesen hervorbringen, sind das Produkt der Interaktion zwischen diesen Organismen und einem bestimmten Ökosystem. Chemische Kommunikation ist ein faszinierendes Thema, das ein intensives Studium und Fachwissen erfordert. Ich habe versucht, mich ihm aus der Perspektive des Kochs zu nähern. Bei der Entwicklung eines neuen Gerichts kombinieren wir Köche Geschmack, Aromen und Konsistenzen in einer Weise, die Genuss erzeugt und Assoziationen auslöst. Aber was passiert, wenn wir versuchen, den komplizierten Code der Kommunikation zwischen Lebewesen zu entschlüsseln?

Die ursprüngliche Idee für dieses Gericht kam mir, als ich zur Feldforschung in Japan war. Im Food Lab gingen wir der Verwendung von Insekten in der dortigen Gastronomie nach und jagten im Zuge dessen Riesenhornissen – ein nicht weniger aufregendes Jagderlebnis als die Großwildjagd. Ich wollte unbedingt den Moment nachbilden, in dem wir die Riesenhornissen fanden. Es war ein regnerischer Tag und der Herbst färbte die Berge in herrlichen Farbtönen von Rot, Orange, Gelb bis Grün. Unser Freund Daisuke fing an, das Hornissennest aus der Erde zu graben. Die Hornissen stürzten nur so heraus, um auf den Angreifer loszugehen. Sie versuchten zuzustechen und ihr Gift zu injizieren. Indem sie einen starken Geruch in die Luft abgaben, übermittelten sie dem Rest der Kolonie die Nachricht, dass ihr Nest angegriffen wird. Der beißende Geruch der Hornissen ist für mich eine der eindrücklichsten Erinnerungen von diesem Tag. Würde ich eine so fesselnde Geschichte erzählen können, wie ich sie in Japan erlebt hatte, indem ich verschiedene Gerüche auf dem Teller miteinander kombinierte? In den darauffolgenden Tagen ging mir dieser Gedanke nicht mehr aus dem Kopf und wurde geradezu zur Obsession. Ich wollte unbedingt ein Gericht entwerfen, das im gastronomischen Scheinwerferlicht die Geschichte eines Alphabets erzählt, das den meisten Menschen verborgen bleibt. Gewöhnliche Waldameisen (*Formica rufa*) versprühen Ameisensäure, um ihre Kolonie zu verteidigen, wenn sie angegriffen oder gestört werden. Man kann dann einen starken zitrusartigen Geruch in der Luft wahrnehmen. Ameisen spielen eine fundamentale Rolle im Ökosystem des Waldes. Auch wenn sie unbedeutend klein erscheinen, sind sie für Prozesse wie die Bodenbelüftung und die Beseitigung von gefährlichen Parasiten, für die Pflanzen anfällig sind, zuständig. Wie kann die Erkenntnis, dass etwas köstlich schmeckt, unsere Wahrnehmung der Natur, die uns umgibt, ändern? Kann ein solcher Ansatz die Grundlage für einen nachhaltigeren Umgang mit unserer Umwelt bilden? Ich begann darüber nachzudenken, wie man dieses Konzept beschreiben könnte, indem man viele Elemente des Waldes verwendet, das wichtigste Element aber unsichtbar lässt – die reine Ameisenessenz.

Mit diesem Gericht möchte ich die Hemmungen offenlegen, die uns davon abhalten, das „essbare Potenzial" unserer Landschaft voll auszuschöpfen, was dazu führt, dass wir einige bemerkenswerte Wunder der Natur unterschätzen. Das Verändern der Einstellungen unserer Gesellschaft, die immer weniger Wert auf biologische Vielfalt legt, kann auf dem Teller beginnen. Die „Vision des Waldes" lädt uns ein, über die Beziehungen und Interaktionen zwischen verschiedenen Arten nachzudenken und uns in einem Ökosystem zu verorten, in dem wir nicht nur passive Beobachter sind, sondern vielmehr Interpreten all der Aromen und Gerüche, die wir bei einem Spaziergang im nordischen Wald erleben können.

Über das Gericht

Nach der Rückkehr von meiner Feldforschung in Japan verbrachte ich viel Zeit mit dem Jäger und Naturfreund David Pedersen. Wir sprachen darüber, wie die Jagd uns ermöglichen könnte, ganzheitlicher, verantwortungsvoller und bewusster über unseren Fleischkonsum nachzudenken und uns als Teil eines Ökosystems zu sehen statt uns davon abzugrenzen. Es ging also um ein ökozentrischeres Verständnis von nachhaltiger Ernährung.

Nach einer Jagd im Privatwald von Davids Familie bekam ich von der Jagdgesellschaft drei Rehherzen geschenkt – das perfekte Souvenir dieses besonderen Anlasses. Zwei davon verwendete ich direkt für das Abendessen und beim Kochen fiel mir ein, dass ich ein Glas Heuschreckengarum mitgebracht hatte. Ich beschloss, das rohe Rehherz mit Körpertemperatur zu servieren, gewürzt mit ein paar ersten Bärlauchblättern und wenigen Tropfen Garum. Das dritte Herz nahm ich mit ins Food Lab und begann dieses Gericht zu entwerfen: die Vision des Waldes.

Zu viele Wahlmöglichkeiten lähmen. Einschränkungen durch Geografie und Jahreszeit sind eine Art kreative Zwangsjacke, die uns bei der Entscheidung hilft, wo wir anfangen und womit wir arbeiten sollen. Wir wollen die Nahrungsmittelvielfalt in der nordischen Speisekammer vergrößern. Das systematische Verfahren, mit dem wir arbeiten und Ideen und Resultate bewerten, gibt uns einen Rahmen, um sicherzustellen, dass wir die Vorstellung von gutem Essen auch weiterhin erweitern. Laut dem dreistufigen theoretischen Rahmen für Wohlgeschmack muss gutes Essen nicht nur die Sinne und den Körper ansprechen, sondern auch ihren Geist. Köstlicher Geschmack besteht also aus mehr als nur dem körperlichen Genuss einer Speise, sondern umfasst auch die Geschichten, die wir über das Essen erzählen.

ROBERTO FLORE – *Copenhagen, Denmark*
Leiter der kulinarischen Forschung und Entwicklung, Nordic Food Lab, nordicfoodlab.org

Die Vision des Waldes

Zubereitung

DAS SUBSTRAT

- 40 g fermentierte Pilzpaste
- 4 g Pfifferlingspulver
- 15 g Birkensirup
- 3 g gefriergetrocknetes Pulver aus Buchenblättern
- 2 g grüne Wacholderbeeren
- 1 g Fichtensprossen
- 8 g Wasser

Alle Zutaten mischen und in einem Vakuumbeutel versiegeln. Über Nacht durchziehen lassen.

LEICHT GERÄUCHERTES REHHERZ

- 180 g Rehherz
- 20 g Fichtennadelsalz
- 12 g Birkensirup
- 4 g grüne Wacholderbeeren
- 5 g Anty Gin

Das Herz in eiskalter Lake waschen. Mit einem Tuch trockentupfen und mit etwas Anty Gin besprühen. Salz, Sirup und Wacholderbeeren mischen und zusammen mit dem Herz in einem Vakuumbeutel versiegeln. 24 Stunden ziehen lassen. Das Herz aus der Marinade nehmen und 10 Minuten mit frischen Kräutern und Blättern räuchern.

FERMENTIERTE, KNUSPRIGE HOLUNDERBEEREN

- 2 g getrocknete Holunderbeeren

Holunderblütenwein herstellen. Um diesen in Essig zu verwandeln, gibt man Holunderbeeren dazu (s. Rezept auf unserem Blog). Sobald sich der Wein in Essig verwandelt hat, die Beeren herausnehmen. Bei 65 °C in das Dörrgerät legen, bis sie getrocknet sind.

BIBERGEIL (CASTOREUM)

- Drüsensack des Bibers
- 70% Ansatzalkohol
- getrocknete Blätter

Den Drüsensack in 70% Ansatzalkohol einlegen. Einen Monat ziehen lassen. (Castoreum ist das Sekret der Drüsensäcke des eurasischen und nordamerikanischen Bibers, Lateinisch *Castor fiber* bzw. *Castor canadensis*).

GETROCKNETE BLÄTTER

Die Blätter gefriertrocknen und in winzige Stücke schneiden. Zwei Stunden vor dem Servieren die Blätter mit Bibergeil/Castoreum besprühen.

AMEISENTINKTUR

- 10 rote Waldameisen (*Formica rufa*)
- 2 g reines Ameisendestillat

Die Ameisen in 40%igem Ethanol ziehen lassen und anschließend in den Rotationsvaporisator geben. Die restlichen Ameisen einfrieren und gefroren lassen, bis sie benötigt werden.

ANRICHTEN

Den ganzen Teller mit dem Pilzsubstrat bestreichen. Das Herz in kleine Stücke schneiden. Zusammen mit den anderen Zutaten drei kleine Bissen so anrichten, dass sich bei jedem Bissen alle Zutaten vermischen.

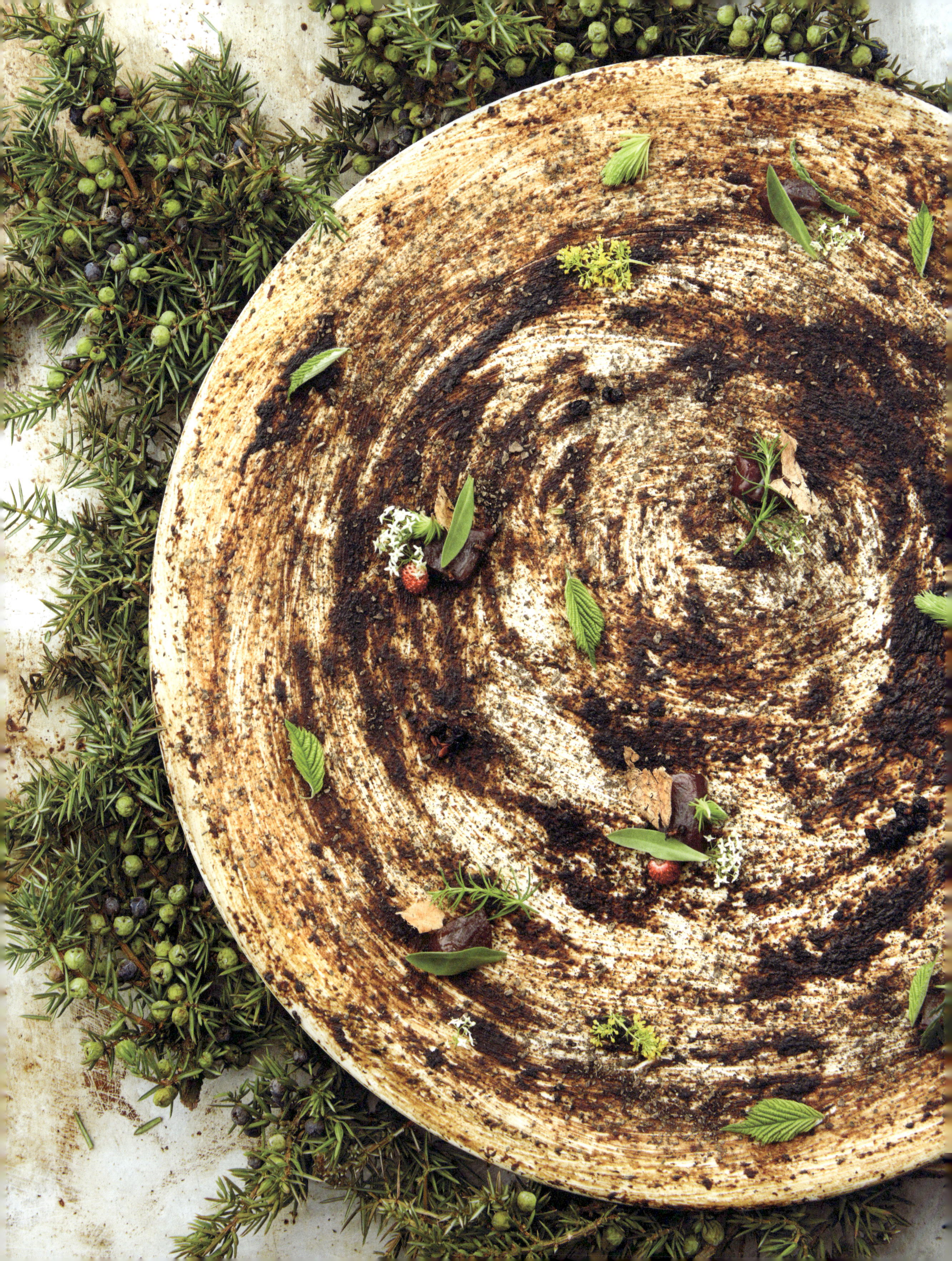

AOC | Kopenhagen, Seeland, Dänemark

Søren Selins Fokus liegt auf hochwertigen und regionalen Rohprodukten vom Land und aus dem Meer. Im Kellergewölbe des Herrenhauses Moltkes Palæ aus dem 17. Jahrhundert serviert das AOC raffinierte Gerichte und Wein, ausgewählt von Christian Aarø, renommierter Sommelier und zugleich Gründer und Besitzer des AOC.

Søren Selin

– Chefkoch & Partner

Mit 20 habe ich ich mich an der Kochschule eingeschrieben. Ich wollte mit meinen Händen arbeiten und leicht Geld verdienen, doch meine Faszination für kreatives Kochen wurde immer größer. Nach meinem Abschluss ging ich wie viele junge Köche nach Frankreich. Aber erst als ich nach Dänemark zurückkehrte, fühlte ich mich wirklich inspiriert und begann dazuzulernen. Während meiner Zeit im Ausland hatte sich die dänische Gastronomieszene radikal zum Besseren gewandelt. Ich verbrachte neun Jahre im Alberto K, wo ich auf einen Michelin-Stern hinarbeitete und eine eigene Vision entwickelte. Aber es sollte nicht sein und ich zog weiter. Als ich im Sternerestaurant AOC anfing, gab ich mein Bestes, um den Stern zu verteidigen und mich selbst herauszufordern. Inzwischen haben wir zwei Sterne. Aber meine eigentliche Leidenschaft ist es, mich in einer Welt unendlicher kulinarischer Möglichkeiten als Koch weiterzuentwickeln.

Meine wichtigste Inspirationsquelle sind die Lebensmittel selbst. Köche stehen ihren Zutaten manchmal im Weg. Man muss sich zurücknehmen und die Lebensmittel in den Mittelpunkt stellen. Ich richte mich mittlerweile nicht mehr nach anderen Köchen. Natürlich lasse ich mich inspirieren, aber irgendwann muss man einfach selbst Dinge ausprobieren. Das ist der wahre Schaffensmoment. Die Gelegenheit dazu bietet sich immer wieder neu, wenn man im Rhythmus der Jahreszeiten mit immer anderen Rohprodukten arbeitet. Es ist sehr befriedigend, mit biodynamischen oder wilden Lebensmitteln zu arbeiten. Auf der anderen Seite kann es auch frustrierend sein, wenn die Rohprodukte sich in Form und Geschmack stark unterscheiden. Man muss einfach lernen, mit dem auszukommen, was die Natur einem schenkt.

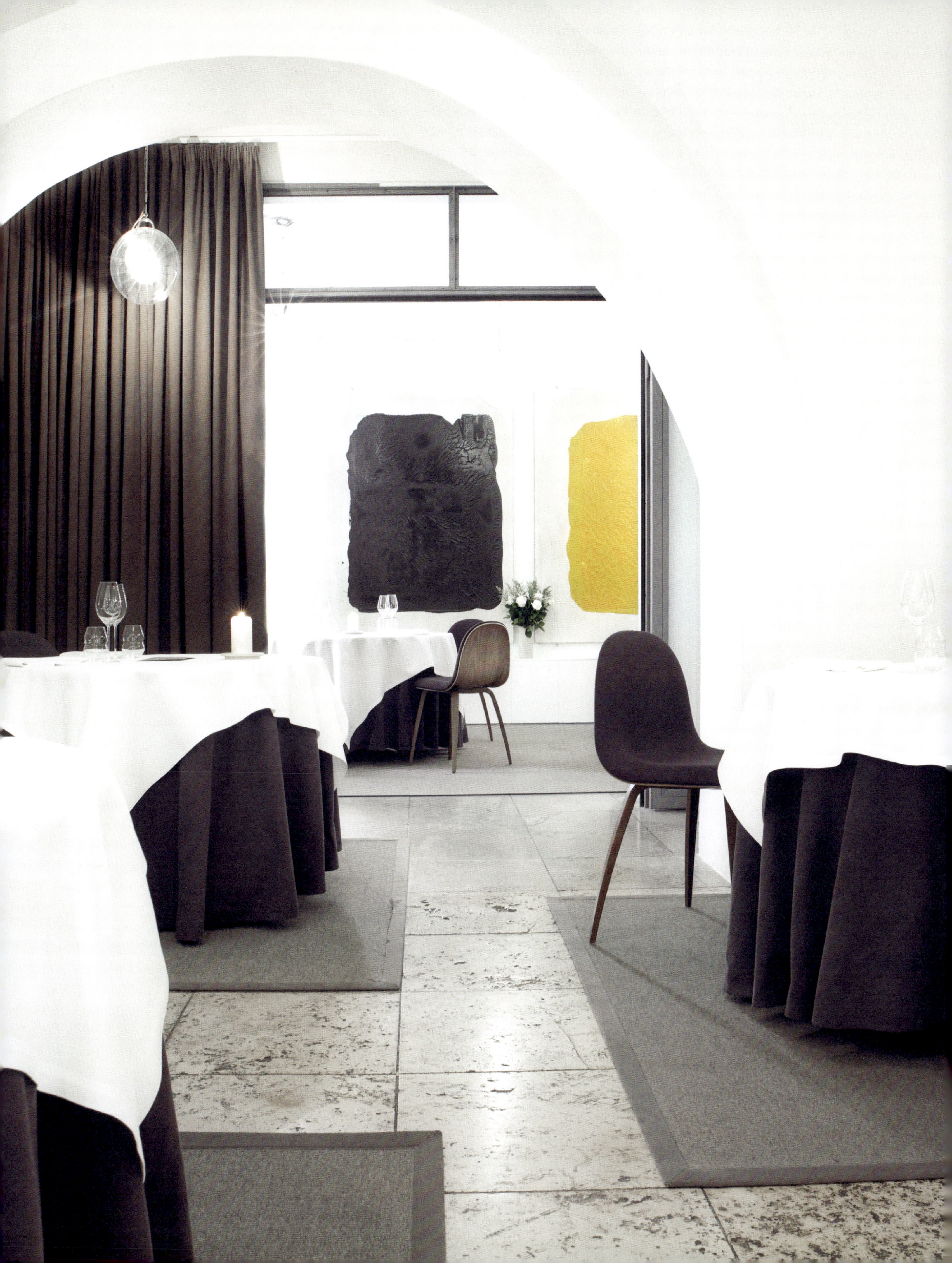

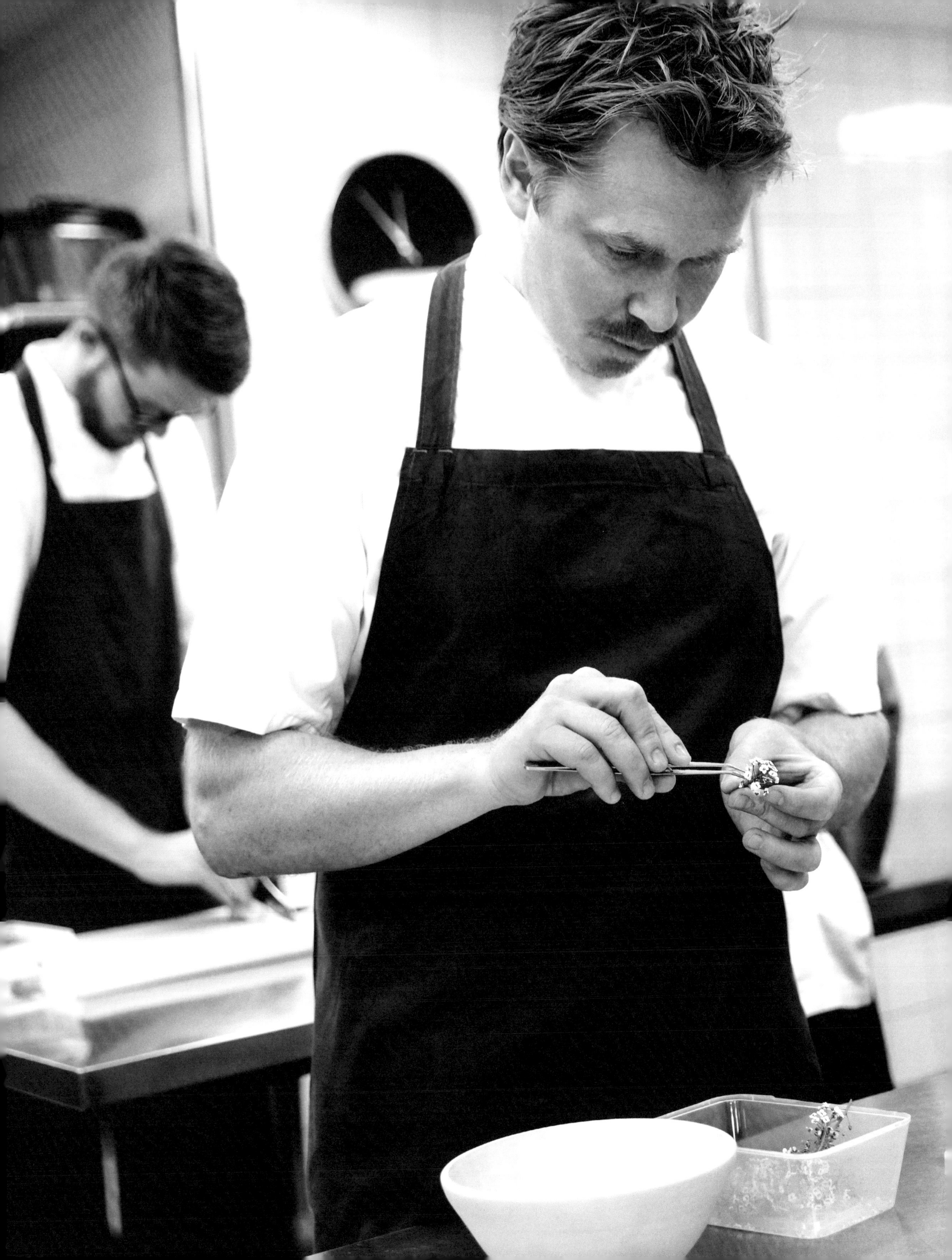

AOC – Kopenhagen, Seeland, Dänemark

Jakobsmuscheln mit fermentiertem Spargel und Dilldolden

Zubereitung

Für 4 Personen

JAKOBSMUSCHELN MIT FERMENTIERTEM SPARGEL

**4 lebende norwegische Jakobsmuscheln
fermentierter Spargel**

Die Jakobsmuscheln im Wasser öffnen und säubern. Eine Beize aus 2 Teilen Salz und 1 Teil Zucker herstellen (auf 1 kg Jakobsmuscheln braucht man 15 g Beize). Die Jakobsmuscheln 3 Stunden lang beizen. Einzeln im Schockfroster einfrieren.

Die Jakobsmuscheln und den fermentierten Spargel in sehr feine Scheiben gleicher Länge schneiden. Für das Gericht wird abwechselnd eine Scheibe der Jakobsmuschel auf eine Scheibe Spargel gesetzt, bis das Ganze wie eine rechteckige Pastete aussieht. Die Enden der „Pastete" sauber gerade abschneiden. Mit Salz bestreuen.

DILLÖL
2 Teile Öl auf 1 Teil Dill

Öl mit dem Dill pürieren, bis alles eine Temperatur von 55 °C erreicht. 12 Stunden ziehen lassen. Passieren und dann im Spritzbeutel aufhängen, damit überschüssiges Wasser abtropft.

GEDÄMPFTES MUSCHELBRÖTCHEN

**5 g Trockenhefe
340 ml Wasser
550 g Weizenmehl
5 g Zucker
10 g Salz
5 g Apfelessig
5 g Backpulver
50 g Milch
25 g Muschelpulver**

Die Hefe in Wasser auflösen. Die restlichen Zutaten dazugeben und auf der Höchststufe etwa 10 Minuten kneten. Die Arbeitsfläche mit einem Kochspray einsprühen. 15 g pro Brötchen vom Teig abwiegen. Die Teiglinge rollen, besprühen und mit Klarsichtfolie abdecken. Etwa 2 Stunden gehen lassen. Bei 100 °C im Ofen 12 Minuten dämpfen.

MUSCHELSAHNE UND DILLDOLDENSOSSE

Die Sahne mit dem Muschelsaft vermischen und mit Dilldoldenessig und Salz abschmecken.

ANRICHTEN

Die „Terrine" in die Mitte einer tiefen Schüssel setzen und je nach Jahreszeit mit essbaren Blüten dekorieren. Muschelsahne und Dilldoldensoße um die Jakobsmuschel und den fermentierten Spargel gießen.

Über das Gericht

Ich wollte die wunderschönen, von Hand gesammelten norwegischen Jakobsmuscheln roh servieren. Lebendige Jakobsmuscheln in der Schale sind in ihrer Beschaffenheit und ihrem Geschmack unglaublich. Hinzu kommt Spargel von Søren Wiuffs gefragtem Bauernhof. Er legt ihn in Hefe, Salz und Zitronensaft ein und der Gärprozess ergibt einen kräftigen Geschmack, der wunderbar zu Schnaps passt. Ich wollte ihn aber in einem Gericht verwenden. Um die Jakobsmuscheln nicht zu überdecken, schneide ich den fermentierten Spargel in sehr dünne Scheiben. Das Ganze ähnelt einer Terrine, enthält aber keine Gelatine oder andere Bindemittel. In der Spargelsaison steht dieses Gericht oft für zwei bis drei Wochen auf der Speisekarte.

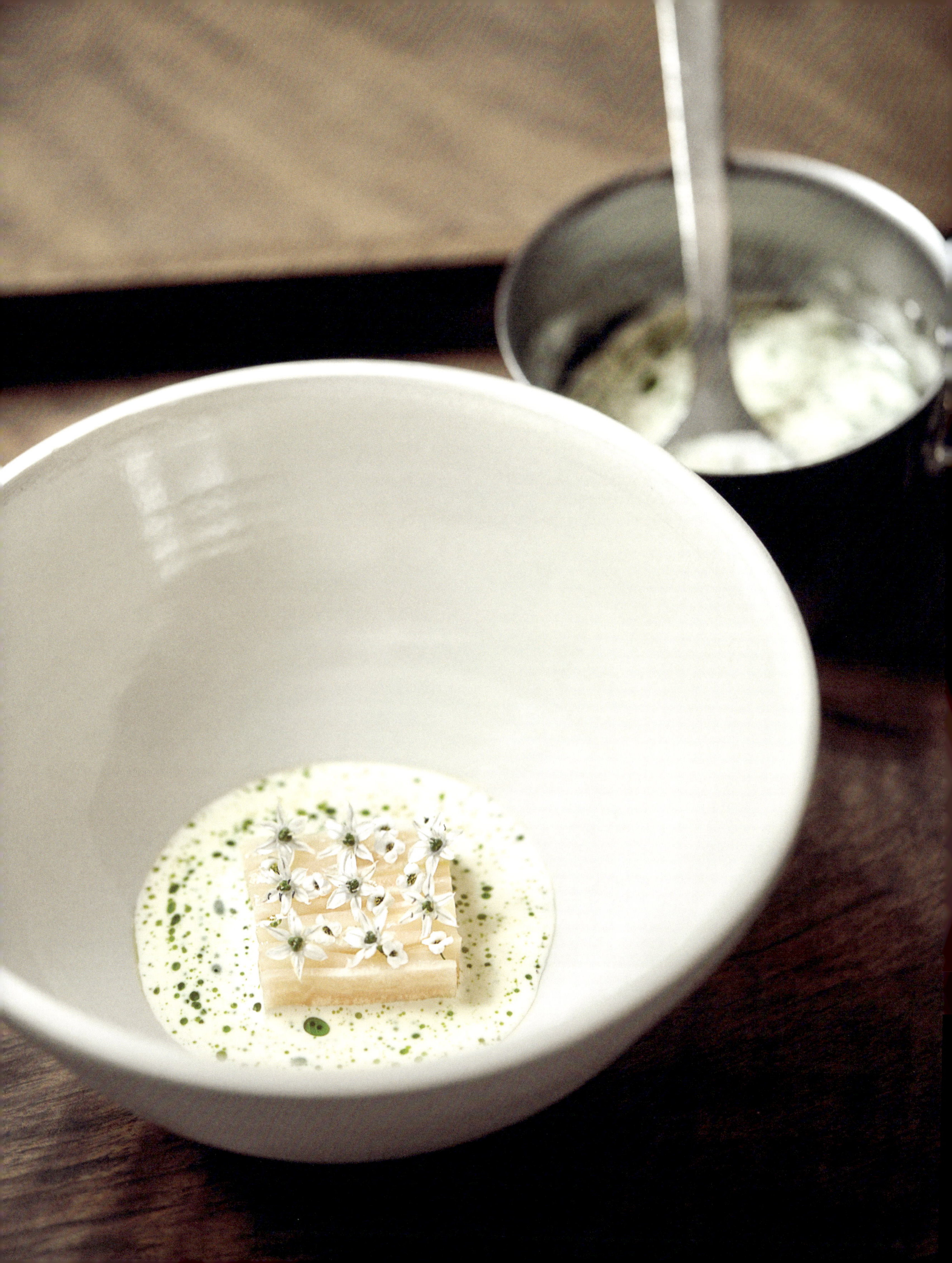

Gebrannter Topinambur, Haselnuss und Karamell

Zubereitung

TOPINAMBURLEDER

- 2,5 kg Topinambur
- 250 g neutrales Öl
- 600 ml Weißwein
- 400 ml Wasser
- 5 g Salz
- 400 g Zucker
- 18 g Agar-Agar

Topinambur waschen und halbieren. Weichkochen, pürieren und abkühlen lassen. Das Agar-Agar ins kalte Püree rühren. Für 1 Minute zum Kochen bringen. Etwas abkühlen lassen. Mixen, ausstreichen und bei Zimmertemperatur ganz auskühlen lassen.

HASELNUSSEIS

- 10 l Sahne mit 9 % Fettanteil
- 200 g Glukose
- 2 kg Zucker
- 2,6 kg geröstete Haselnüsse (bei 180 °C für 20 Minuten)
- 6 Blatt Gelatine
- 1 l pasteurisiertes Eigelb

Die Sahne, Glukose, Zucker, Haselnüsse und Gelatine in einem Topf mischen. Zum Kochen bringen, pürieren und passieren. Die Masse mit den Eigelb emulgieren lassen, bis sie eine Temperatur von 72 °C erreicht. Passieren und einfrieren.

KARAMELL

- 625 g Zucker
- 1,25 l Milch
- 1,25 l Sahne
- 325 g Trimoline
- 10 Blatt Gelatine
- 20 g Salz
- 450 g Eigelb

Den Zucker zu einem dunklen Goldbraun karamellisieren lassen. Milch, Sahne, Trimoline, Gelatine und Salz zum Kochen bringen und über das Karamell gießen. Es soll sich vollständig auflösen. Abkühlen und mit den Eigelb emulgieren lassen, bis eine Temperatur von 85 °C erreicht wird. Passieren.

ANRICHTEN PRO TELLER

- 1 TL frischer, klein gehackter Topinambur
- 2 TL frische, klein gehackte Haselnüsse
- 3 TL geröstete, klein gehackte Haselnüsse

Eine Karamellbasis in eine bauchige Schüssel mit breitem Rand sprühen. Eine Kugel Haselnusseis daraufsetzen. Gehackten Topinambur, gehackte frische und geröstete Haselnüsse darüberstreuen. Dann die Schüssel mit einem Stück Topinamburleder bedecken, das am Rand der Schüssel befestigt wird. Zum Schluss mit dem Bunsenbrenner das Topinamburleder goldbraun rösten und mit einem Löffel ein Loch in die Mitte der Oberfläche klopfen, um einen Blick freizulegen auf das, was sich darunter versteckt.

Über das Gericht

Ich bin stolz auf dieses Gericht, das ich fast als mein Markenzeichen bezeichnen würde. Auch wenn es nicht gerade hübsch aussieht, steht es dafür, wie ich heute gern Essen zubereite. Ich kann mich nicht mehr an den genauen Ursprung dieses Gericht erinnern, nur dass ich irgendwann die Idee hatte, mit Zwiebelschale zu arbeiten. Lange mühte ich mich damit ab: Ich rollte sie auf, breitete sie in einer dünnen Schicht auf einer Backmatte aus. Aber sie war zu zäh und unangenehm zu kauen. Dann probierte ich es mit Ansengen. Endlich hatte ich ein Verfahren gefunden, dessen Ergebnis mir gefiel. Die Schale wurde knusprig und bekam ein wunderbares Aroma. Damit sie auch knusprig bleibt, serviere ich das Gericht kalt. Das Verfahren wende ich bei verschiedenem Wurzelgemüse an, je nachdem, was gerade Saison hat.

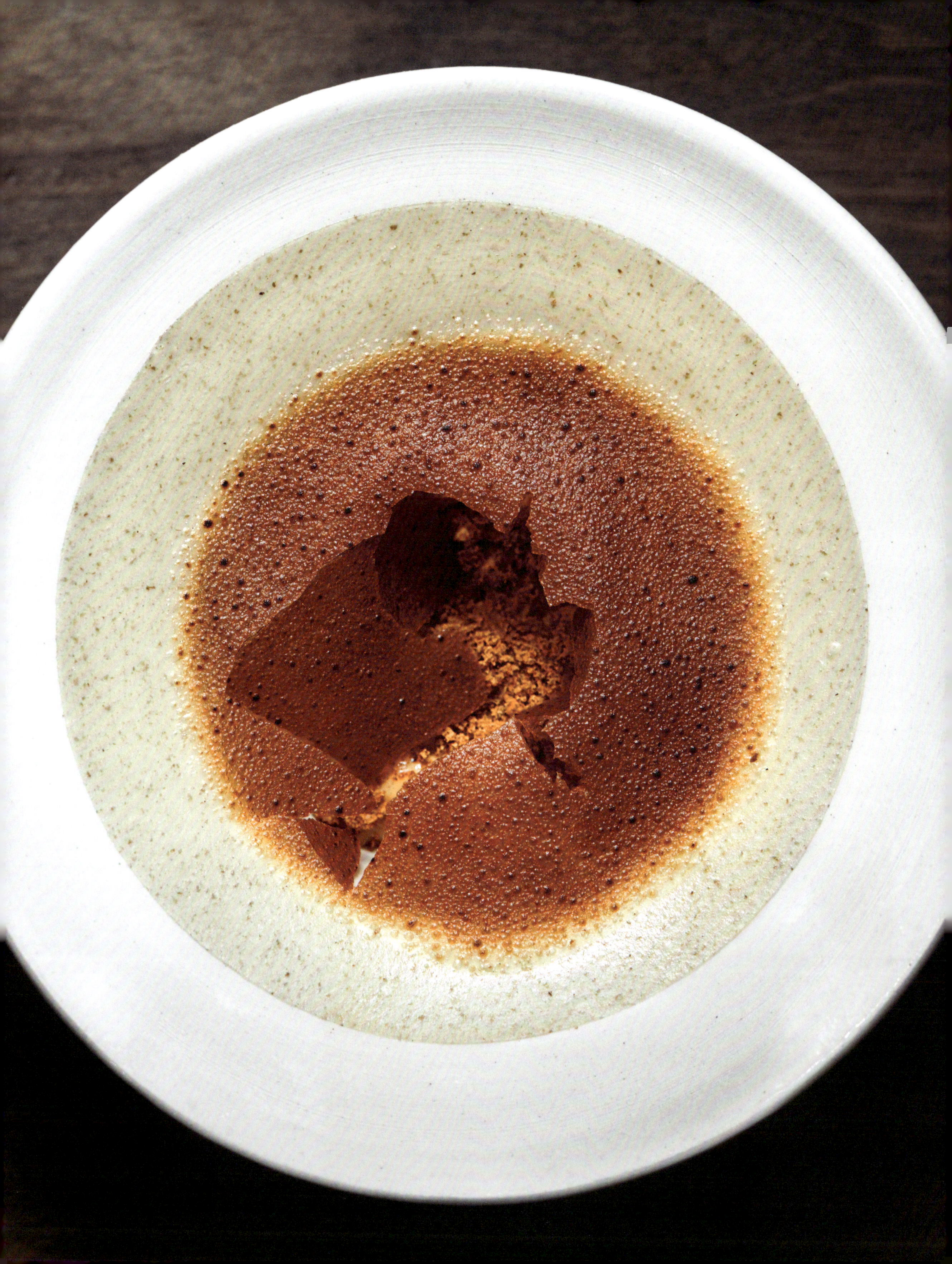

AMASS | Kopenhagen, Seeland, Dänemark

Er ist der Koch und sie die Wirtin. Matt und Julie Orlando eröffneten das AMASS in Refshaleøen mit einer Philosophie ganzheitlicher Nachhaltigkeit. Der industrielle Charme des Hafens spiegelt sich in der Einrichtung des Restaurants. Verkleidete Wände und polierte Betonsäulen reflektieren Geräusche wie im Brooklyner Untergrund, und im Garten wird Biogemüse geerntet.

Matthew Orlando
– Chefkoch & Mitgründer

Wenn ich daran zurückdenke, mit welcher Einstellung wir AMASS gegründet haben, bekomme ich fast ein schlechtes Gewissen. Anfangs haben wir uns ein Restaurant vorgestellt, in dem Gäste bewirtet werden. Klar, ein Restaurant ist dazu da, Gäste zu bewirten. Trotzdem hatte ich sechs Monate nach der Eröffnung langsam das Gefühl, dass etwas fehlte; ein höheres Ziel. Mir wurde bewusst, dass wir das größere Ganze aus dem Blick verlieren würden, wenn das Bewirten unserer Gäste das einzige Ziel des Restaurants bliebe.

Ich finde, ein Restaurant sollte ein Ort mit einer Botschaft sein. Wir sind jetzt in unserem vierten Jahr und ich bin stolz darauf sagen zu können, dass wir unser Ziel gefunden haben. Wir haben einen Weg eingeschlagen, der hoffentlich sowohl die Restaurantbranche als auch das Kochen zuhause beeinflussen wird.

Ich freue mich, dass wir seit unserer Eröffnung nicht nur unseren CO_2-Fußabdruck drastisch verringern konnten, sondern etwas tun, woran wir glauben. Unter anderem prüfen wir alle Nebenprodukte unserer Gerichte und versuchen, sie nicht einfach als Küchenreste zu betrachten und wegzuwerfen, sondern neue Zutaten in ihnen zu sehen. Dieses Verfahren wenden wir überall an – beim Zubereiten der Gerichte bis hin zum täglichen Restaurantbetrieb. Hoffentlich kann die Generation nach uns das Wissen, das wir hinterlassen, nutzen und ebenfalls weitergeben.

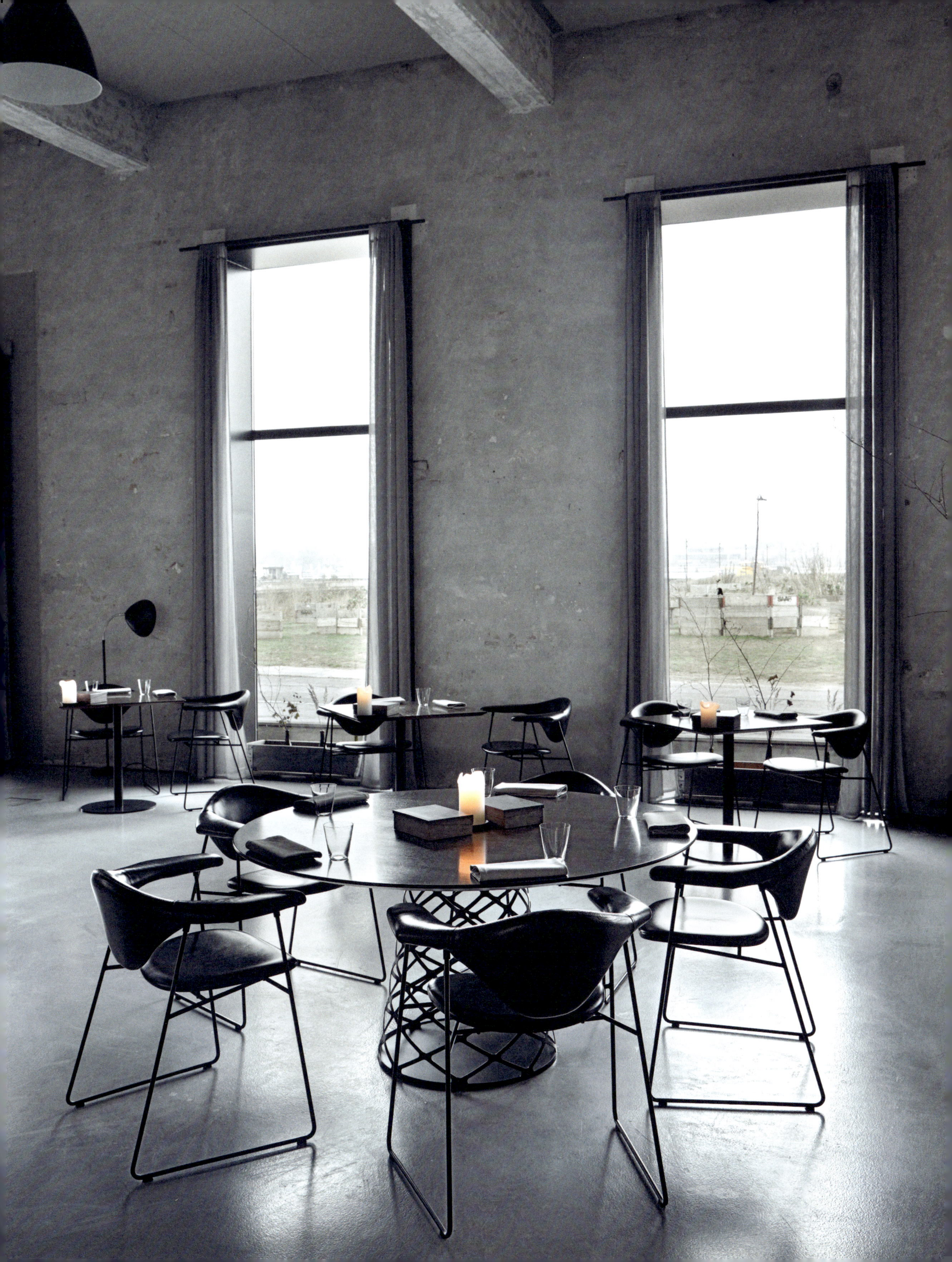

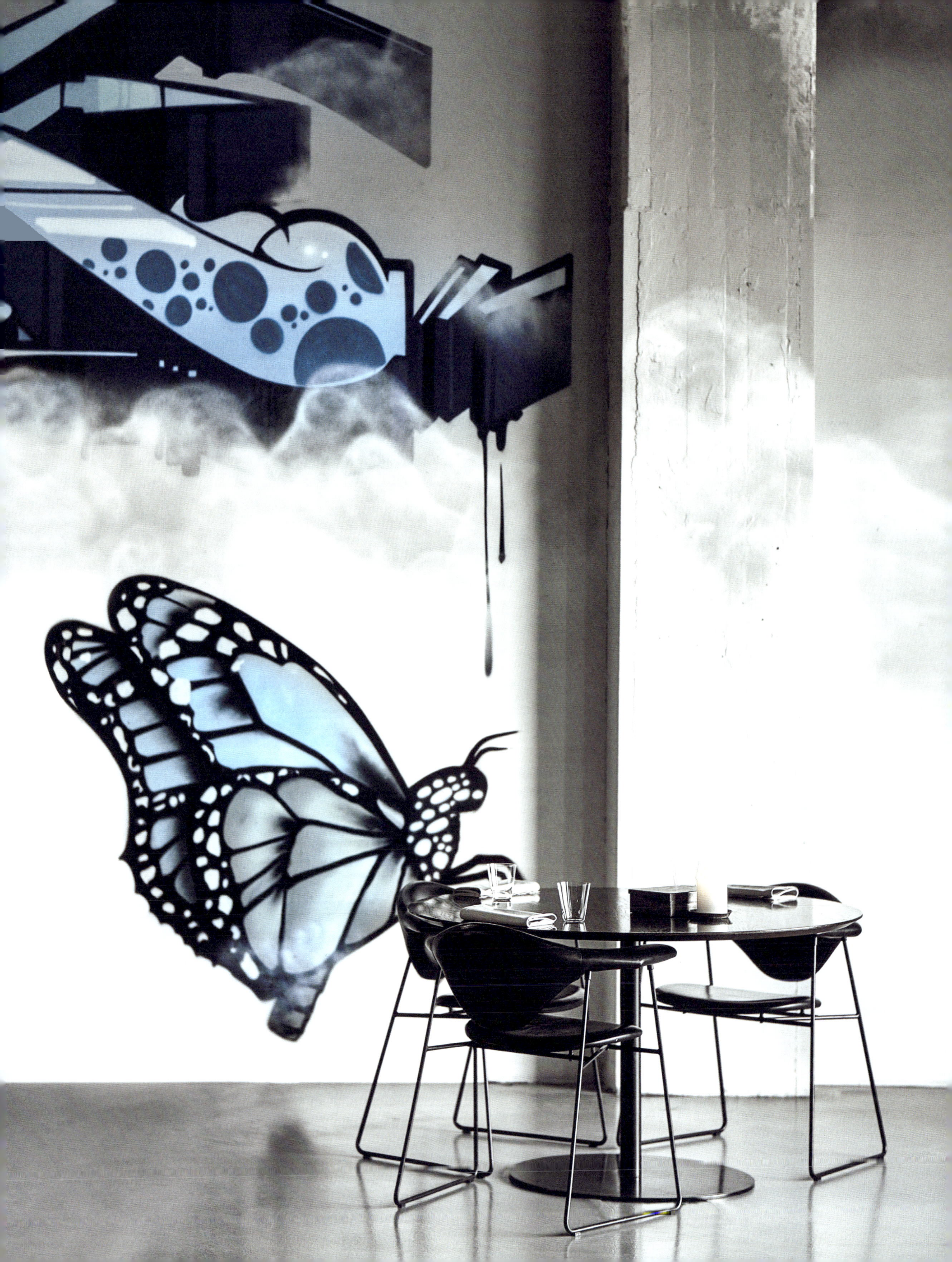

AMASS – Kopenhagen, Seeland, Dänemark

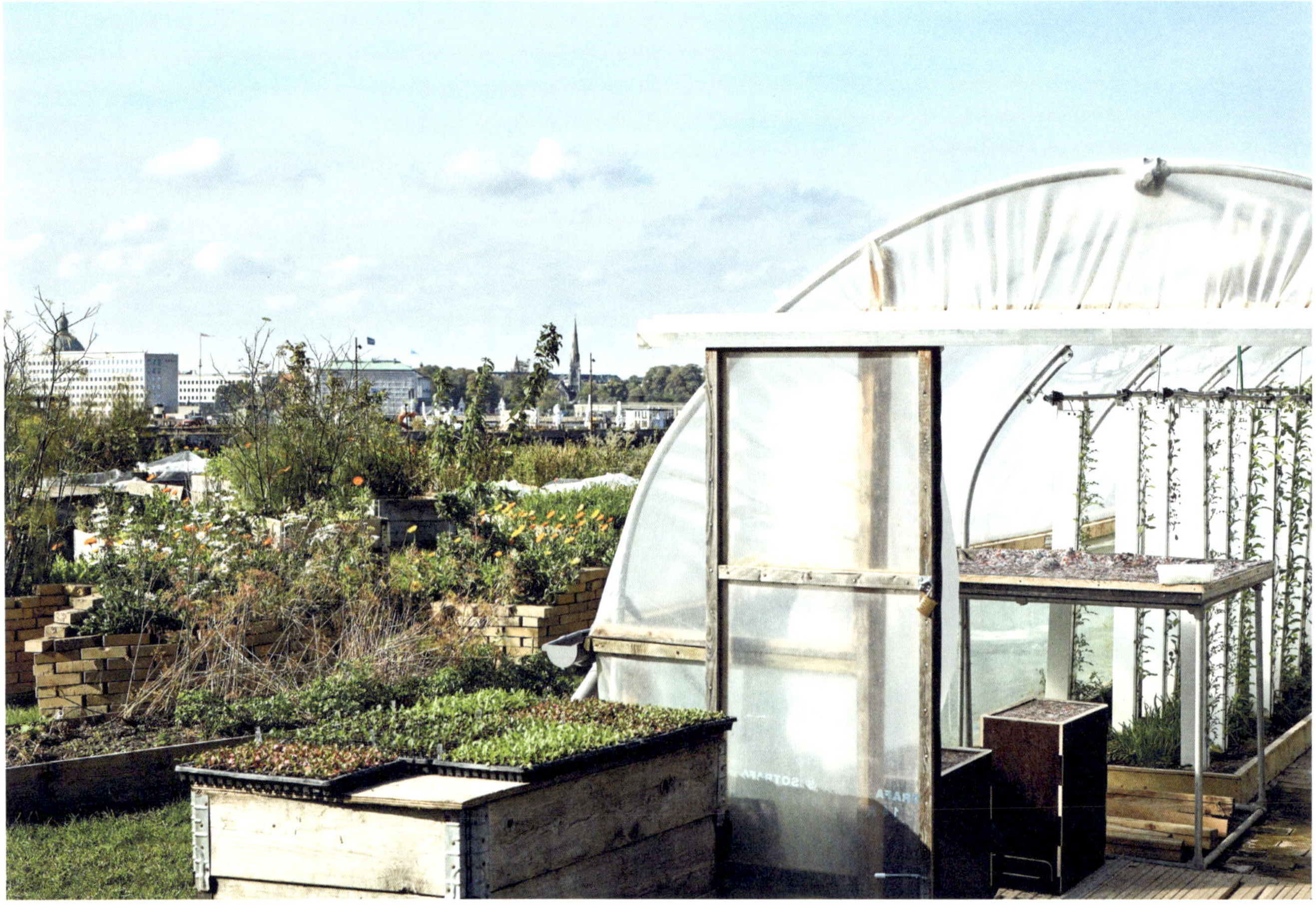

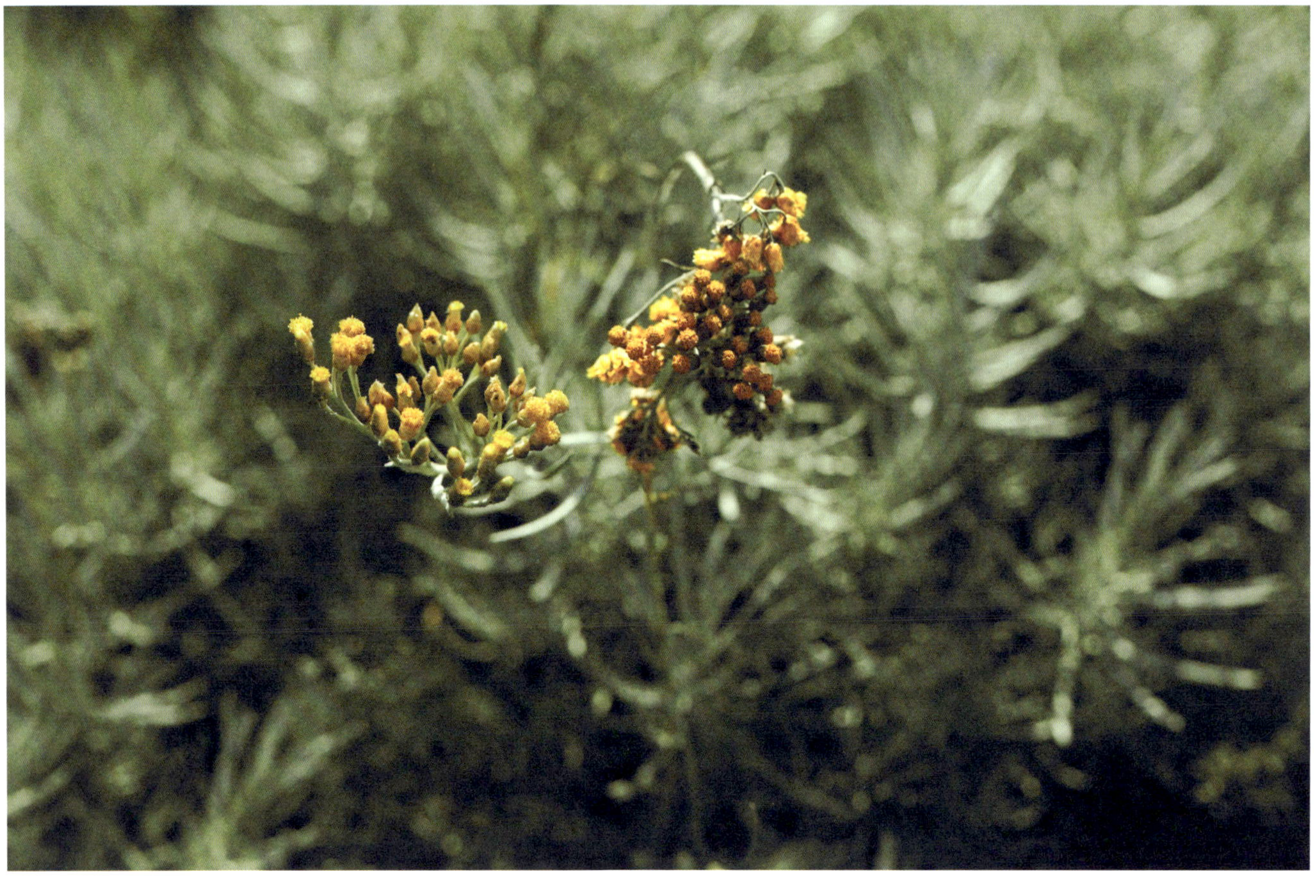

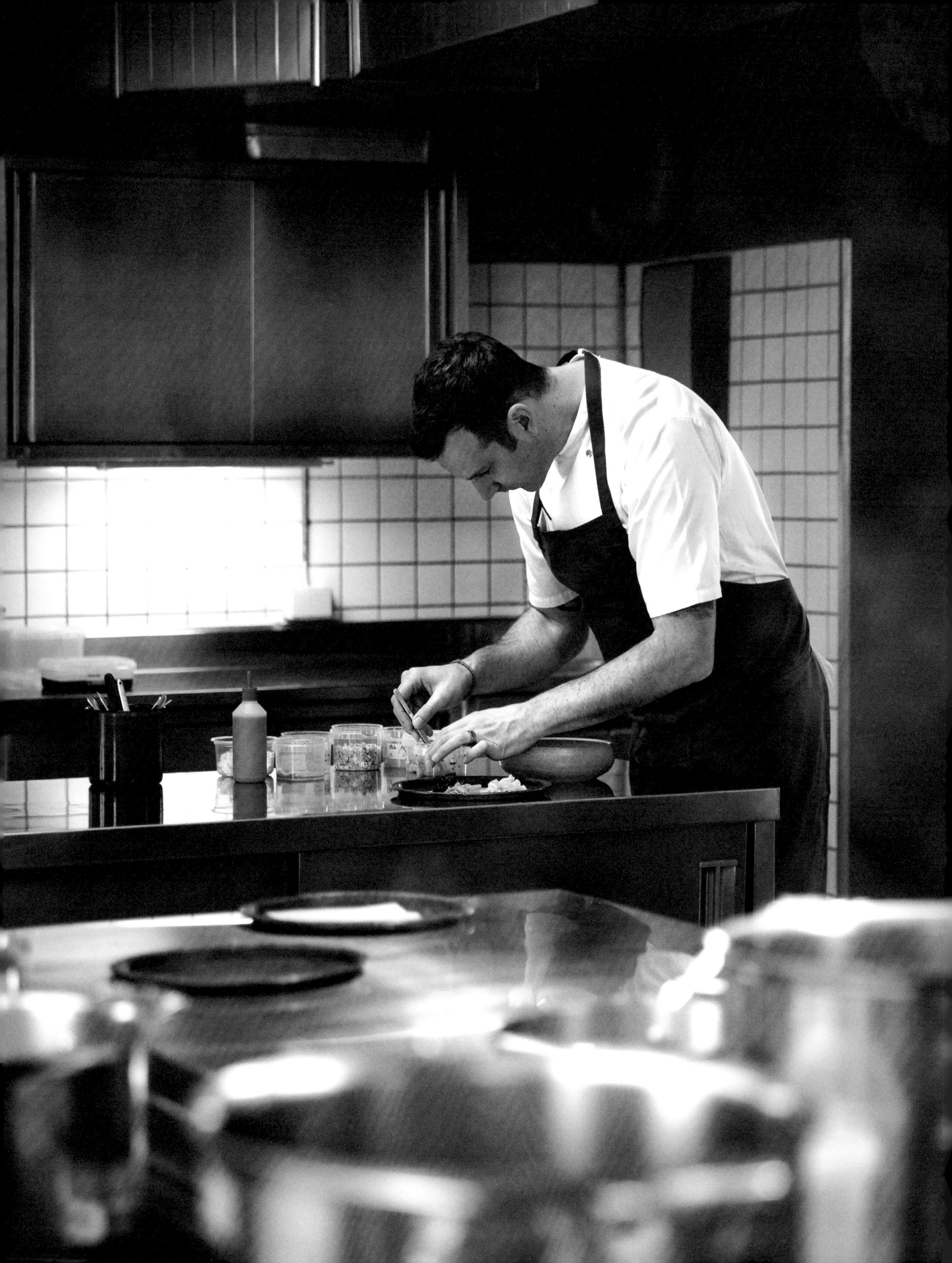

Gegarte Karotten mit Biss, Mandel-„Ricotta", Teeblättern und konservierten Holunderblüten

Zubereitung

Für 10 Personen

MANDEL-„RICOTTA"

- 200 g Mandelbrei (bei der Herstellung von Mandelmilch übriggeblieben)
- 100 ml Wasser
- 1 Prise Salz
- 3 ml Weißweinessig
- 1 Prise Xanthan

Mandelbrei mit Wasser, Salz, Weißweinessig und Xanthan in die Küchenmaschine geben. Auf mittlerer Stufe emulgieren lassen. Der Mandel-„Ricotta" kann in einem luftdichten Behälter bis zu drei Tage im Kühlschrank aufbewahrt werden.

KONSERVIERTE HOLUNDERBLÜTEN

- 500 g Zucker
- 1,1 l Wasser
- 300 g frische Holunderblüten

Wasser und Zucker in einem Topf zum Kochen bringen und 5 Minuten kochen lassen. Im Kühlschrank abkühlen. Die Holunderblüten mit dem Läuterzucker bei Zimmertemperatur im versiegelten Vakuumbeutel ziehen lassen, bis der Beutel sich leicht aufzublähen beginnt (nach ungefähr 4 bis 5 Tagen). Im Kühlschrank bis zu einem Jahr haltbar.

KAROTTEN

- 2 kg große orange Karotten
- 2 kg große gelbe Karotten
- 2 kg große violette Karotten

Alle Karotten schälen und Enden abschneiden. Bei jeweils 5 Karotten jeder Farbe 7 cm vom dickeren Ende abschneiden. Die restlichen Karotten auf einer Mandoline in 1 mm dicke Scheiben hobeln, dabei die Farben weiterhin getrennt halten. Reste zum Entsaften aufheben. Alle Karottenscheiben auf ein perforiertes Blech legen und bei 100 °C für 6 Minuten dämpfen, beziehungsweise bis sie gar sind. Karotten vom Blech nehmen und in einem Dörrgerät 1 Stunde bei 61 °C dehydrieren. Aus dem Dörrgerät nehmen und nach Farben getrennt bei Zimmertemperatur in offenen Behältern aufbewahren.

EINLEGEFLÜSSIGKEITEN

- 75 g am Vorabend aufgebrühte grüne Teeblätter
- 75 g am Vorabend aufgebrühte Kamillenteeblätter
- naturtrüber Apfelessig,
- Mengen je nach Gewicht der Karottenreduktionen (s.u.)
- 1 %ige Salzlake

Alle übrigen Karotten nach Farbe getrennt entsaften. Die verschiedenen Säfte in getrennte Töpfe geben und um zwei Drittel reduzieren. Von der Flamme nehmen. Dem violetten Saft 50 g feuchte Grünteeblätter zusetzen, dem gelben Saft 20 g feuchte Kamille. Beides 4 Minuten ziehen lassen, dann durch ein feines Sieb abseihen. Getrennt nach Farben auf hoher Stufe pürieren, damit der Saft sich wieder mit den abgesetzten Bestandteilen verbindet. In den Kühlschrank stellen. Den orangenen Saft ebenfalls pürieren und in den Kühlschrank stellen. Alle Reduktionen wiegen. Der violetten und gelben jeweils 13 % des Eigengewichts an Apfelessig zusetzen (also bei 100 g 13 g), der orangefarbenen 15 % an Apfelessig plus 1 % an Salzlake. Im Kühlschrank aufbewahren.

KAROTTEN MIT BISS

Eine Stunde vor dem Servieren müssen die Karotten rehydriert werden. Dazu die Karotten nach Farben getrennt in Behälter mit Deckel geben. Eine Stunde vor dem Servieren gerade genug von der Einlegeflüssigkeit der jeweiligen Farben hinzufügen, um die Scheiben zu ummanteln. Der Vorgang ist vergleichbar mit dem Anmachen eines Salates mit Vinaigrette.

ANRICHTEN

- 80 g Holunderblüten
- 60 g halbierte geröstete Mandeln

Einen Löffel vom Mandel-„Ricotta" in die Mitte eines Tellers mit hohem Rand setzen. Mit gerösteten Mandelstücken bedecken. Dann einen Salat aus sich überlappenden Karottenstücken über dem „Ricotta" auftürmen. Ein paar konservierte Holunderblüten zerpflücken und auf die Karotten setzen. Reste der orangefarbenen Reduktionen um die Karotten träufeln. Abschließend ein paar Salzkörner darüberstreuen.

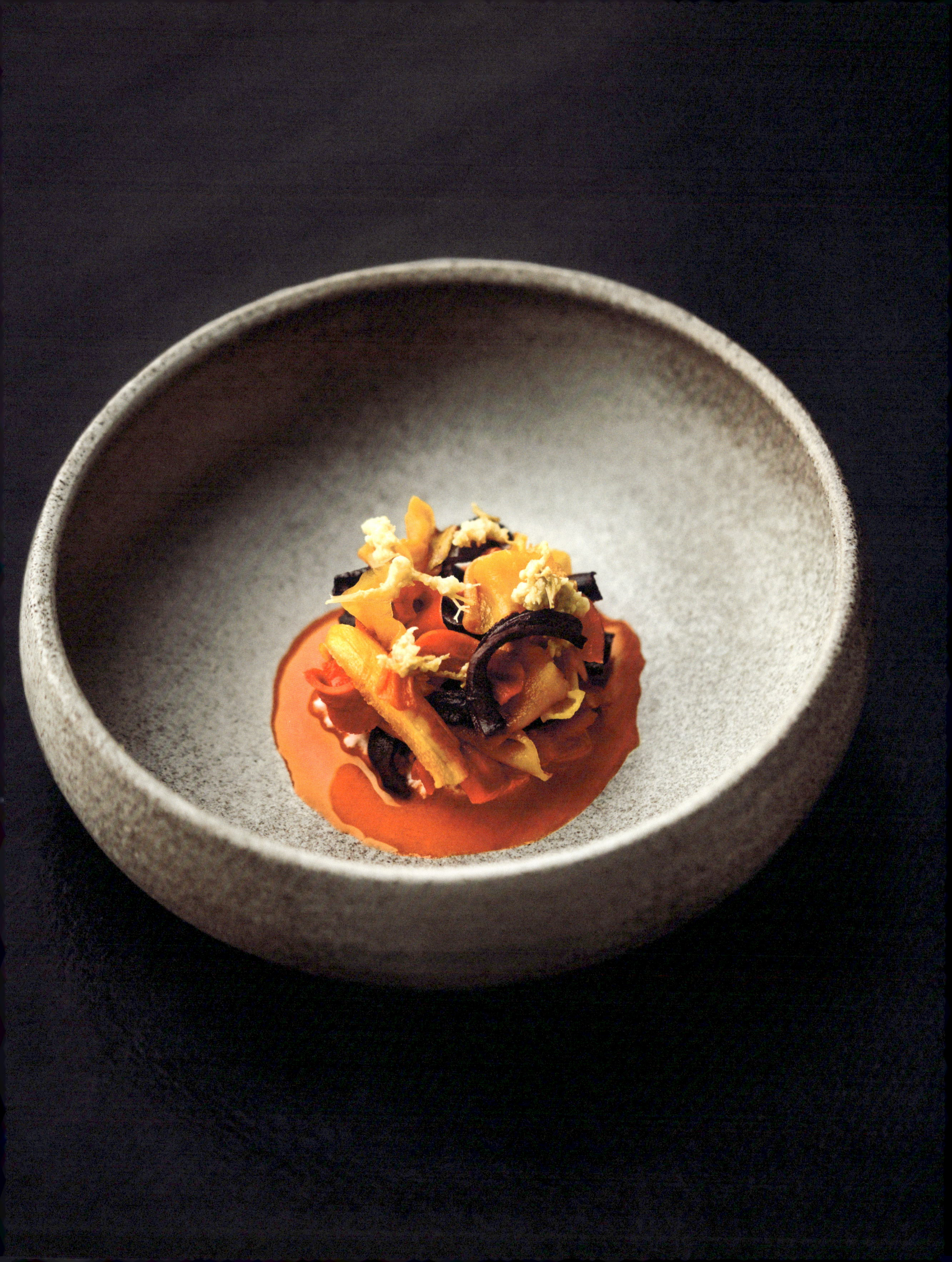

Haselnusssorbet mit Kaffeekaramell, gebrannter Schokolade und Steinpilzöl

Zubereitung

Für 10 Personen

HASELNUSSSORBET

300 g Haselnussbrei (bei der Herstellung von Haselnussmilch übriggeblieben)
360 ml Wasser
3 g Salz
54 g Glukose
90 g Trimoline

Eine dünne Schicht Haselnussbrei auf einem Backblech ausstreichen. Im Ofen bei 160 °C goldbraun backen. Aus dem Ofen nehmen und abkühlen lassen. In einem mittelgroßen Topf Wasser mit Glukose und Trimoline mischen. Zum Kochen bringen und 30 Sekunden sprudeln lassen. Vom Herd nehmen und in den Kühlschrank stellen. Sobald der Haselnussbrei und die Sorbetbasis kalt sind, mit dem Salz in die Küchenmaschine geben. Die Masse bei hoher Geschwindigkeit glatt mixen. In einen Pacojetbecher geben und mindestens 12 Stunden tiefkühlen, bevor das Sorbet im Pacojet zubereitet wird.

KAFFEEKARAMELL

500 ml übriggebliebener Kaffee
50 g Trimoline
50 g Glukose
100 ml Sahne

Kaffee, Trimoline, Glukose und Sahne in einen Topf geben und auf ein Gewicht von 250 g einkochen. Auf Raumtemperatur abkühlen lassen. Überschüssiges Karamell kann im Kühlschrank bis zu einem Monat aufbewahrt werden.

GEBRANNTE SCHOKOLADE

200 g 78%ige dunkle Schokolade

Schokolade in einen Topf geben und schmelzen, bis sie eine Temperatur von 145 °C erreicht hat. Auf ein flaches Blech gießen und 1 mm dick verstreichen. Über Nacht in den Gefrierschrank stellen. Am folgenden Tag die Schokolade in die gewünschte Größe brechen (wir brechen sie in etwa 9 cm große Stücke) und für mindestens 2 Stunden zurück ins Eisfach stellen.

STEINPILZÖL

50 g getrocknete Steinpilze
200 ml Traubenkernöl

Pilze und Traubenkernöl in einen Topf geben und auf 80 °C erhitzen. Diese Temperatur 1 Stunde lang beibehalten. Von der Flamme nehmen und über Nacht bei Zimmertemperatur ziehen lassen. Am nächsten Tag das Öl durch ein feines Sieb gießen. Das Öl kann man in einem Behälter im Kühlschrank bis zu einem Monat aufbewahren (*Tipp*: Es eignet sich großartig für die Zubereitung von Mayonnaise).

ANRICHTEN

Den Pacojetbecher an der Maschine festmachen und die gewünschte Menge Sorbet herstellen. Eine Kugel Haselnusssorbet in die Mitte des Tellers setzen und großzügig erst mit dem Kaffeekaramel, dann mit dem Steinpilzöl beträufeln. Ein großes Stück der gebrannten Schokolade über Sorbet und Karamell legen – und dann genießen!

Über das Gericht

Wir haben uns vorgenommen, alle Nebenprodukte in unserer Küche zu prüfen und in jedem Dessert mindestens eines davon zu verwenden. In diesem Rezept benutzen wir sogar zwei: Reste unseres handgefilterten Kaffees und die Nussmasse von Haselnussmilch. Zwei Jahre lang hatten wir täglich drei Liter Kaffee vom Vorabend übrig, bis wir schließlich eine Möglichkeit der Weiterverarbeitung fanden. Seitdem ist Kaffeekaramell eine feste Größe in unserer Küche, der wir immer wieder neue Facetten abgewinnen.

Die bei der Herstellung von Nussmilch übrig gebliebene Nussmasse ist immer noch unglaublich geschmackvoll. Durch Rösten verdampft die Restflüssigkeit und der Geschmack wird intensiver. Als leicht bitteres Gegengewicht zu diesem vollmundigen, süßen Gericht verwenden wir gebrannte Schokolade. Das Steinpilzöl fügt eine herzhafte Note hinzu, die das Gericht ausbalanciert. Wir hoffen, dass diese Kombination unsere Gäste neu darüber nachdenken lässt, wie ein Dessert sein sollte.

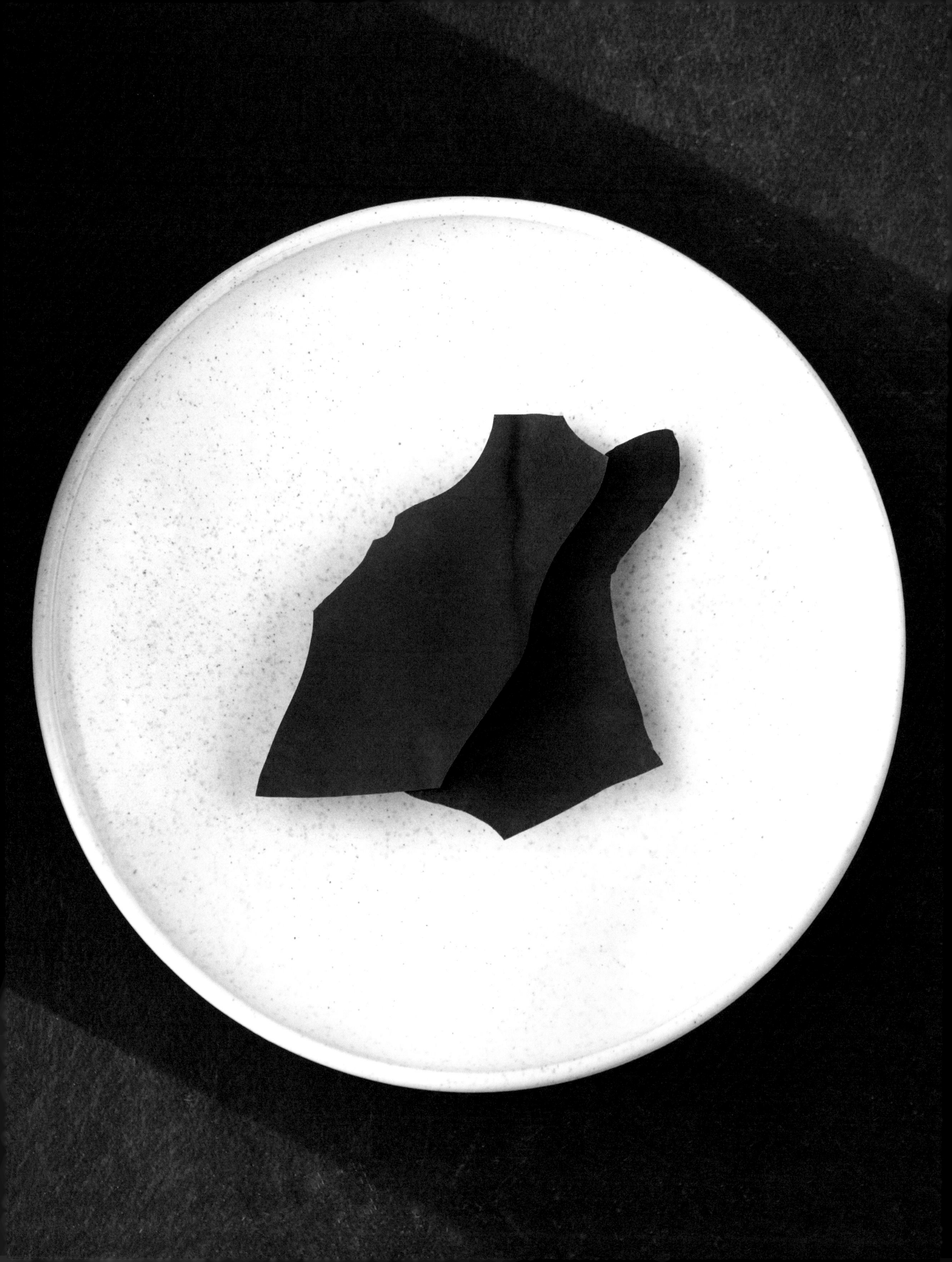

Kürbis mit schwarzer Kürbisschale und gesalzenen Kürbisinnereien

Zubereitung

Für 10 Personen

SCHWARZE
KÜRBISSCHALEN

**1 mittelgroßer
   Prince-Edward-Kürbis
   (Schale)
40 g Honig
1 Prise Salz**

Sechs Wochen vor der Zubereitung dieses Gerichts anfangen Kürbisschalen zu sammeln. Die Schalen von einem Kürbis vakuumieren und 6 Wochen lang bei 61 °C in ein Dörrgerät geben, dann aus dem Beutel nehmen. Die Schalen werden fast schwarz und sehr weich sein. Drei Viertel der Schalen in eine Küchenmaschine geben und nur soviel Wasser hinzufügen, dass man sie pürieren kann. Honig untermischen und etwas salzen. Bis zur Verwendung im Kühlschrank aufbewahren.

ÖL VON SCHWARZEN
KÜRBISSCHALEN
200 ml Traubenkernöl

Traubenkernöl und die restlichen schwarzen Kürbisschalen in den Mixer geben und zweimal pulsieren. In einen luftdichten Behälter umfüllen und bei Zimmertemperatur 24 Stunden stehen lassen. Nach den 24 Stunden vorsichtig das Öl von oben abschöpfen. Möglichst keine Stücke von der Schale mit abschöpfen. In den Kühlschrank stellen.

GESALZENE
KÜRBISINNEREIEN

**20 g getrockneter
   roter Seetang
2 %ige Salzlake**

Wenn man in den 5 Tagen vor der Zubereitung dieses Kürbisgerichts für andere Gerichte Kürbis verarbeitet, alle Innereien, die beim Aushöhlen der Kürbisse anfallen, aufheben (die Samen und die sie verbindenden Stränge). Diese Innereien in einen Mixer geben und gerade genug Wasser dazugießen, dass sich alles mixen lässt. Die Masse aus der Maschine nehmen, 2%ige Salzlösung zugeben und gut durchmischen. Masse im Vakuumbeutel versiegeln und 5 Tage bei Zimmertemperatur ziehen lassen. Der Beutel kann sich in dieser Zeit etwas aufblähen. Nach fünf Tagen die Innereien aus dem Beutel holen und in ein Dörrgerät geben, bis sie vollständig getrocknet sind (etwa 12 Stunden). Die Kürbisinnereien mit getrockneten Rotalgen auf hoher Stufe zu feinem Pulver zermahlen. Diese Würzmasse hält sich bei Zimmertemperatur bis zu einer Woche.

WEICHER KÜRBIS

**1 mittelgroßer
   Prince-Edward-Kürbis
Öl von schwarzen
   Kürbisschalen**

Die Kürbisschale entfernen und für die Herstellung zukünftiger schwarzer Kürbisschale aufbewahren. Den Kürbis halbieren, aushöhlen und die Innereien für gesalzene Kürbisinnereien aufheben. Den Kürbis in 6 cm dicke Spalten schneiden. Diese wiederum mit einem scharfen Gemüsemesser eiförmig zuschneiden. Diese Stücke zusammen mit einem Löffel schwarzem Kürbisschalenöl vakuumieren. Den Rest des Öls zum Anrichten aufheben. Bei 100 °C für 30 Minuten dämpfen. Darauf achten, dass sich die Masse nicht in Mus verwandelt – der Kürbis sollte eine Pudding-artige Konsistenz bekommen, ohne zu weich zu werden. Hat der Kürbis den gewünschten Gargrad erreicht, werden die Beutel sofort zum Abkühlen in ein Eisbad gelegt. Nach dem Bad Kürbis in den Beuteln im Kühlschrank aufbewahren.

ANRICHTEN

In einem mittelgroßen Topf Wasser erhitzen und die Temperatur zwischen 80 und 90 °C halten. Die gewünschte Menge an Kürbisstücken für 5 Minuten ins Wasser geben. Während die Stücke warm werden, pro Stück Kürbis 1 EL vom schwarzen Kürbisschalenpüree plus ein paar Tropfen Wasser in einem kleinen Topf sanft erwärmen. Die Kürbisstücke aus den Beuteln holen und auf ein perforiertes Tablett legen. Salzen und dann großzügig mit dem Puder aus Kürbisinnereien bedecken. Jedes Stück Kürbis in eine Schüssel setzen und 1 EL schwarzes Kürbisschalenöl um den Kürbis träufeln.

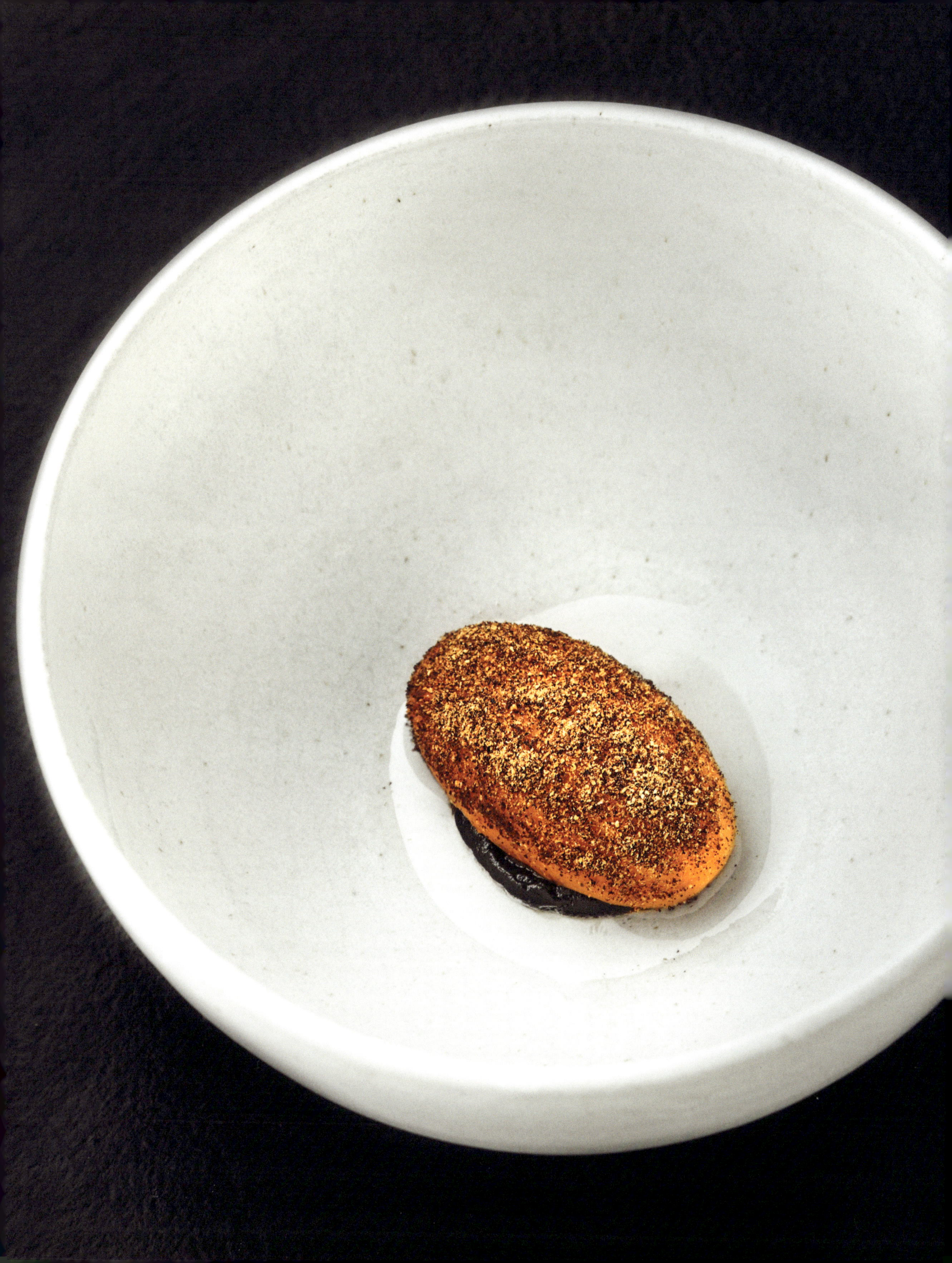

Frederikshøj | Aarhus, Jütland, Dänemark

Im ehemaligen Bedienstetenquartier des königlichen Schlosses hat das Frederikshøj einen opulenten Speisesaal mit raumhohen Fenstern, aus denen man auf die dichten Baumkronen des Waldes von Thor und die Aarhuser Bucht blickt. Die Küche von Chefkoch Wassim Hallal serviert aufwendige, meisterhaft gestaltete Gerichte mit unverwechselbaren Aromen auf hohem Niveau.

Wassim Hallal
– Chefkoch & Besitzer

Als ich mich entschied, Koch zu werden, war klar: Ich will der beste sein. Ich stelle hohe Ansprüche an mich und setze mir hohe Ziele. Um wirklich exzellent zu werden, habe ich sehr viele Opfer gebracht. Das war sowohl in jungen Jahren an der Kochschule der Fall, wo ich für mich allein verantwortlich war, als auch heute im Frederikshøj, umgeben von einer Schar talentierter Köche.

Die Natur und ihre große Vielfalt inspirieren mich und geben mir Kreativität, genauso wie mein Team ausgesuchter Köche, das sich beständig verbessert. Wie schon Voltaire sagte: „Perfektion wird in kleinen Schritten erreicht; sie braucht Zeit."

Durch die ständige Weiterentwicklung können wir unseren Gästen ein unvergessliches kulinarisches Erlebnis bieten – ohne Kompromisse bei der Qualität.

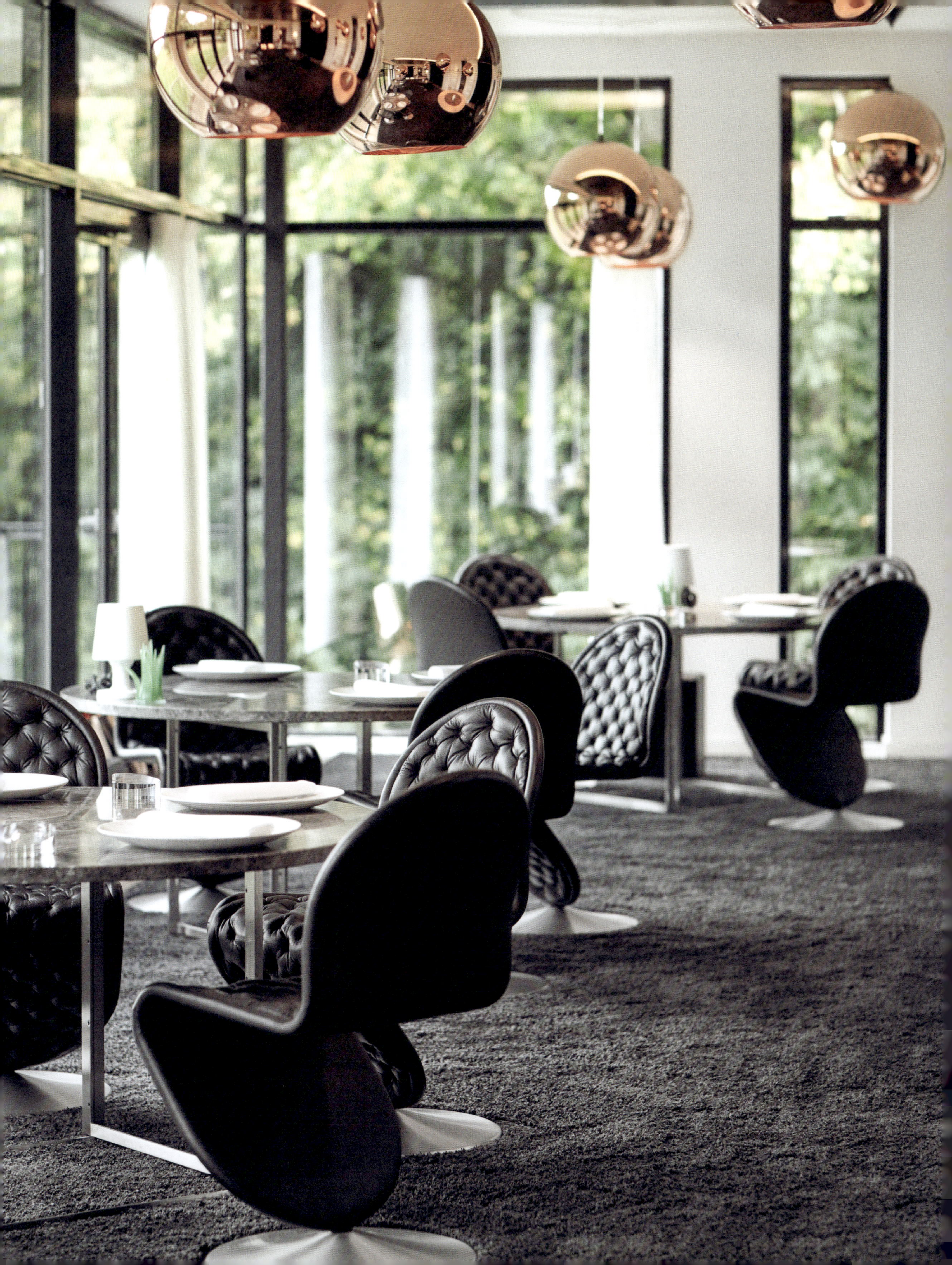

Kartoffelsteine

Zubereitung

Für 10 Personen

KARTOFFELPÜREE

- **300 g Kartoffeln**
- **15 ml Eigelb**
- **20 ml Vollmilch**
- **5 ml Weißweinessig**
- **40 ml Olivenöl**
- **5 g Salz**
- **50 g geräucherter Lachs**

Die Kartoffeln weichkochen und anschließend ausdampfen lassen. In einem Varimixer pürieren und bis auf den Lachs alle restlichen Zutaten hinzufügen. Den Lachs in feine Stücke hacken und untermischen, die Steine formen und in den Gefrierschrank legen.

KARTOFFELSUPPE

- **100 g Kartoffeln**
- **50 g Zwiebeln**
- **100 ml Sahne**
- **100 ml Milch**
- **1,4 g Salz**
- **50 ml Wasser**
- **0,5 g schwarze Lebensmittelfarbe**
- **4 g weiße Lebensmittelfarbe**
- **3,5 g Agar**

Zwiebeln und Kartoffeln in ein wenig Butter anschwitzen, bis sie goldfarben sind. Milch und Sahne hinzufügen und alles kochen, bis die Kartoffeln gar sind. Wasser und Salz zur Suppe geben und gut umrühren. Mit Agar, der weißen Lebensmittelfarbe, und der Hälfte der schwarzen mischen und zum Kochen bringen. Mit der anderen Hälfte der schwarzen Lebensmittelfarbe die Masse marmorieren. Abschließend die Kartoffeln hineindippen.

ANRICHTEN

Die fertigen „Steine" auf echten Steinen anrichten, um die Gäste ein wenig zu verwirren.

Über das Gericht

Ich liebe es zu imitieren: etwas zu schaffen, das vorgibt, etwas anderes zu sein als das, was es eigentlich ist. Erst nach Jahren des Ausprobierens gelangen mir die Steine.

Natürlich sind sie aus etwas wunderbar traditionell Dänischem: Die Grundzutat sind Kartoffeln, der geräucherte Lachs gibt eine zusätzliche Geschmacksnote.

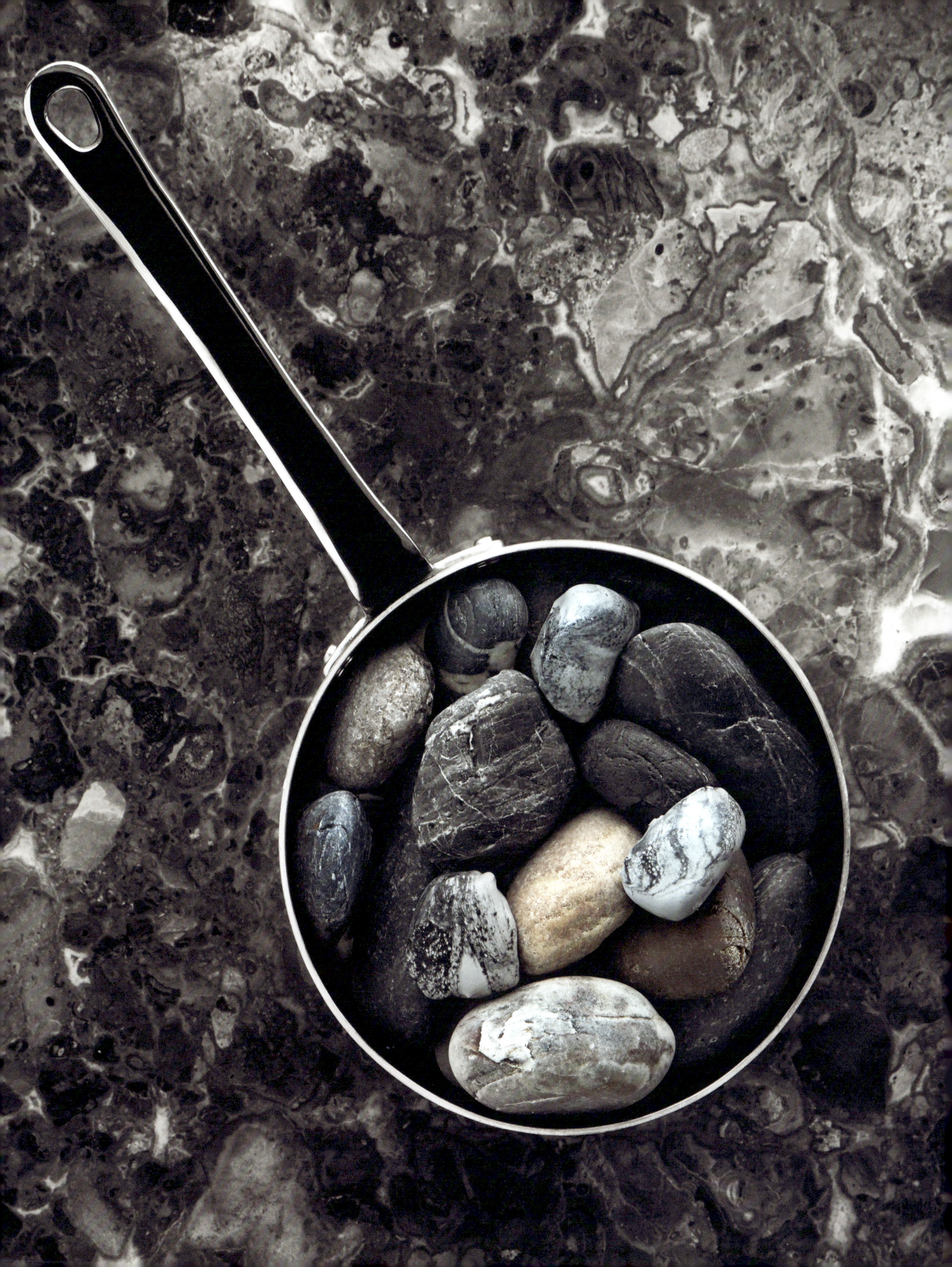

„Kirschen"

Zubereitung

Für 10 Personen

KIRSCHGEL

**100 ml Kirschsaft
1,2 g Agar-Agar**

Den Kirschsaft mit dem Agar-Agar zum Kochen bringen. Abkühlen lassen und vermischen.

KIRSCHMOUSSE

**10 g Kirschgel
5 g geschlagene Sahne**

Gel und Sahne miteinander verrühren.

KIRSCHSORBET

**100 ml Kirschsaft
30 g Zucker**

Saft und Zucker zum Kochen bringen. Abkühlen lassen und in die Eismaschine geben.

MANDELMACARON

**22,5 g Marzipan
20 g Zucker
8 g Eiweiß**

Die Zutaten miteinander verschlagen. Macaron formen, in den auf 160 °C vorgeheizten Ofen schieben und 2 Minuten backen. Wenn das Macaron abgekühlt ist, wird es zerbröselt.

KARAMELPERLEN

**500 g Zucker
5 g Glukose
rote Lebensmittelfarbe**

Zucker und Glukose bei 120 °C kochen. Eine kleine Portion für die Stängel abzweigen. Die Masse kirschrot färben. Mit einer geeigneten Zuckerpumpe die Karamellkugeln formen. Aus der restlichen Masse Stängel modellieren.

ANRICHTEN

Das Sorbet vorsichtig in eine der „Kirschen" injizieren. Die zweite „Kirsche" Lage für Lage mit Gel, Mousse und Macaronbröseln füllen. Beide Kirschen fein säuberlich auf einem Teller arrangieren und die Kirschstängel anbringen.

Über das Gericht

Ich experimentiere gern mit Karamell. Als gerade Kirschsaison war, kam mir die Idee, essbare Kirschen aus Zucker herzustellen und sie mit echten Kirschen zu füllen, die hier eine ganz andere Konsistenz haben.

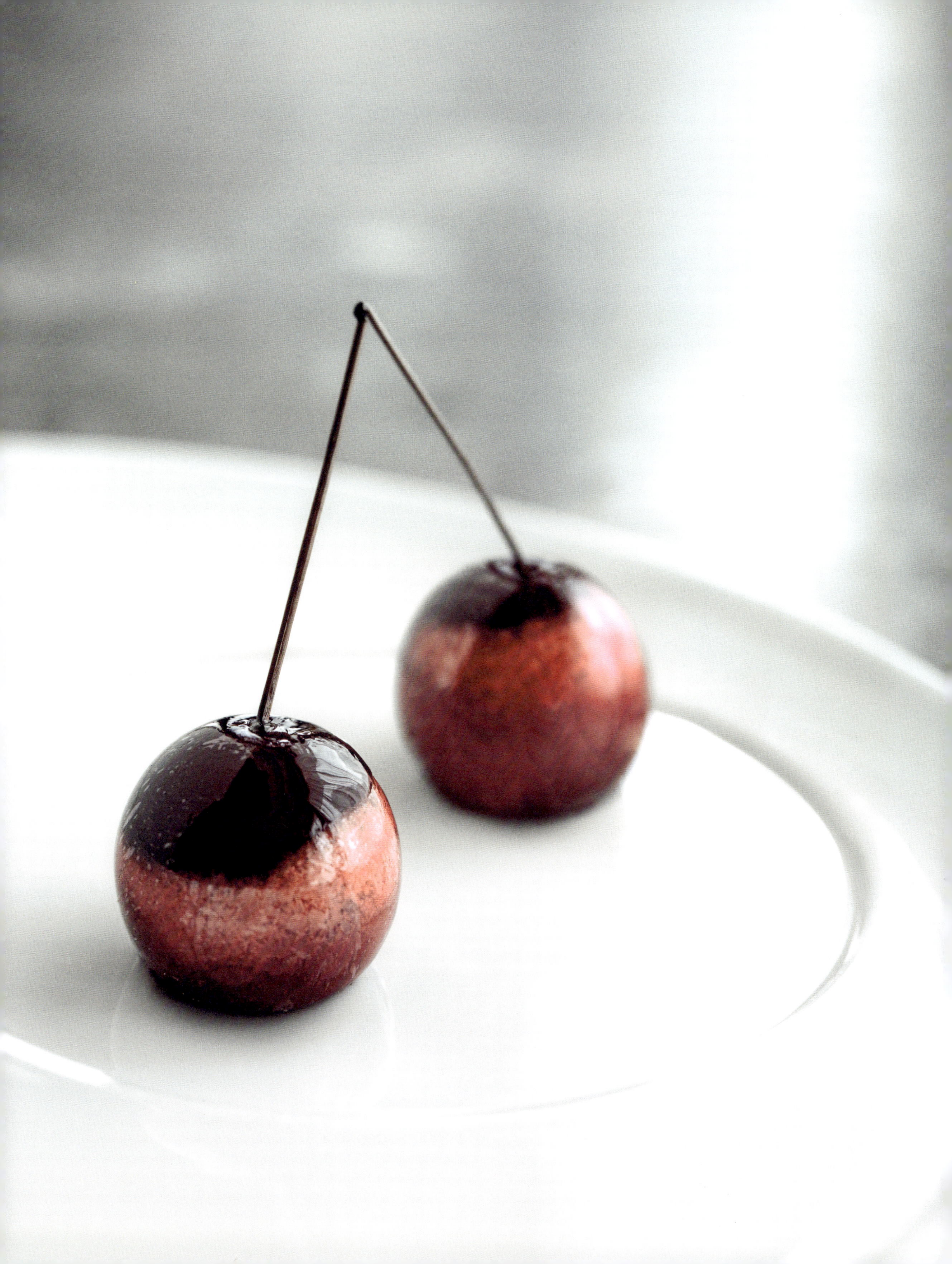

Gastromé | Aarhus, Jütland, Dänemark

Kleine Kostprobe oder gleich das volle Programm? Das Gastromé serviert seine Spezialitäten als festes Menü aus 5, 10 oder 13 Gängen. Die Inspirationsquellen liegen direkt von der Tür: Es sind die nahen Wälder und ein wilder Brunnenkressegarten von Verwandten. Das Ergebnis ist eine kreative, komplexe Küche ohne Kompromisse.

Søren Jakobsen & William Jørgensen

– Gründer, Restaurantmanager & Chefkoch

Leckeres Essen zuzubereiten, das die Menschen glücklich macht, ist unser Hauptantrieb. Über die letzten 20 Jahre haben wir sowohl in Dänemark als auch anderswo gearbeitet, und das hat unseren Werdegang stark geprägt. In anderen Restaurants zu arbeiten, ihnen zu Erfolg zu verhelfen und sie mit Energie und Leidenschaft weiterzuführen, ist wunderbar. Den größten Einfluss auf uns hatten dabei stets die Menschen.

Die hiesige Gastronomieszene hat uns herzlich aufgenommen und unser Wachstum und unsere Entwicklung gefördert. Wir hatten viele Gelegenheiten, weiter an unserem kulinarischen Ausdruck zu feilen, was sehr zu unserer Ausrichtung und Entwicklung beigetragen hat. Eines der Highlights war natürlich, als wir im Februar 2015 unseren ersten Michelin-Stern erhielten. Aber am befriedigendsten ist es, wenn unsere Gäste die großartige Arbeit, die wir mit unseren Mitarbeitern leisten, wertschätzen. Wir bemühen uns darum, dass wir alle uns ständig weiterentwickeln. Unserer Meinung nach zählt beim Kochen jedes kleine Detail; man muss auf jeden einzelnen Schritt achten. Erzielt man dann ein makelloses Ergebnis, so ist das ein fast magisches Gefühl. An einem solchen Abend herrscht eine ganz besondere Stimmung in der Küche, die sich mit nichts vergleichen lässt!

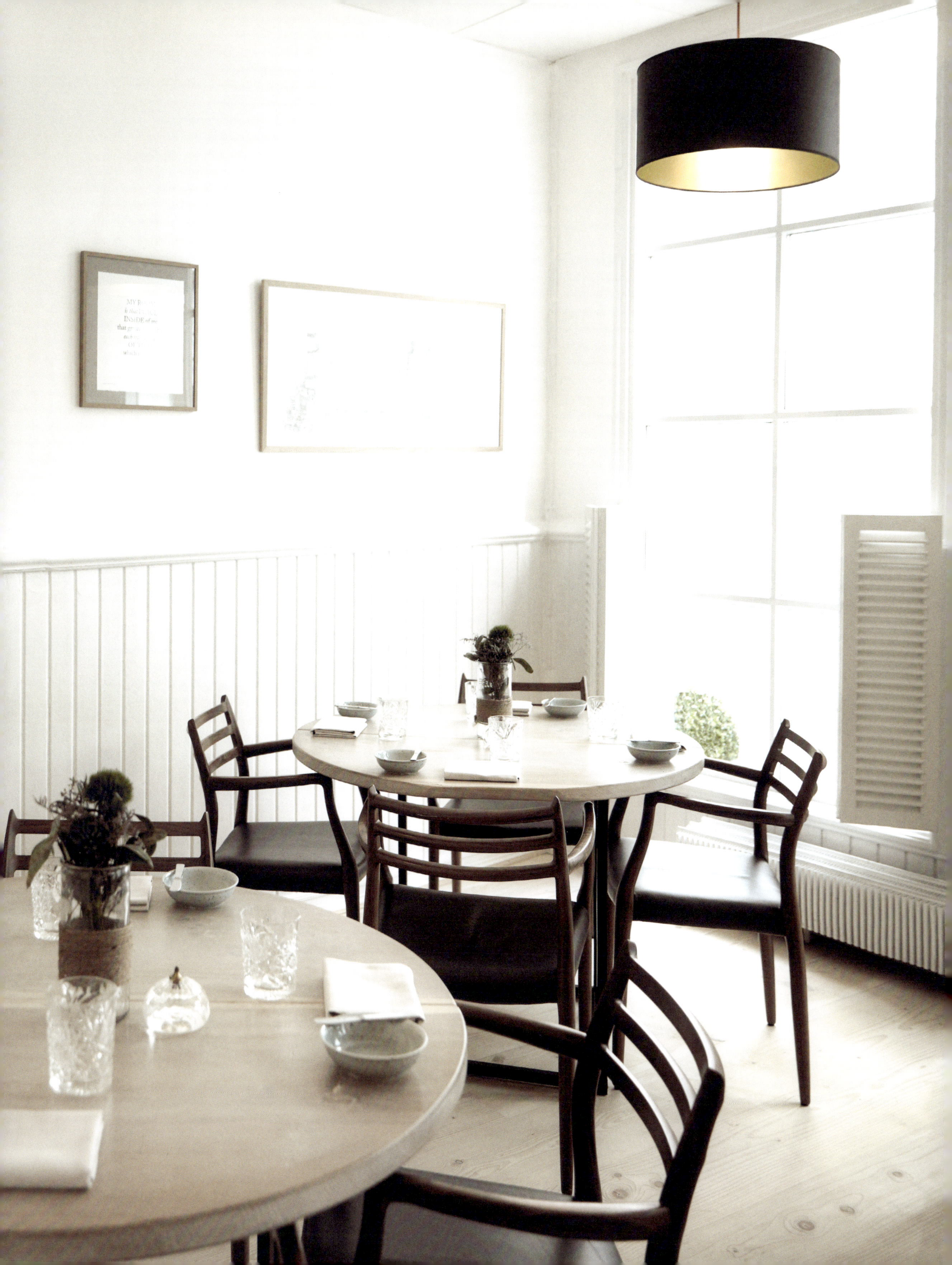

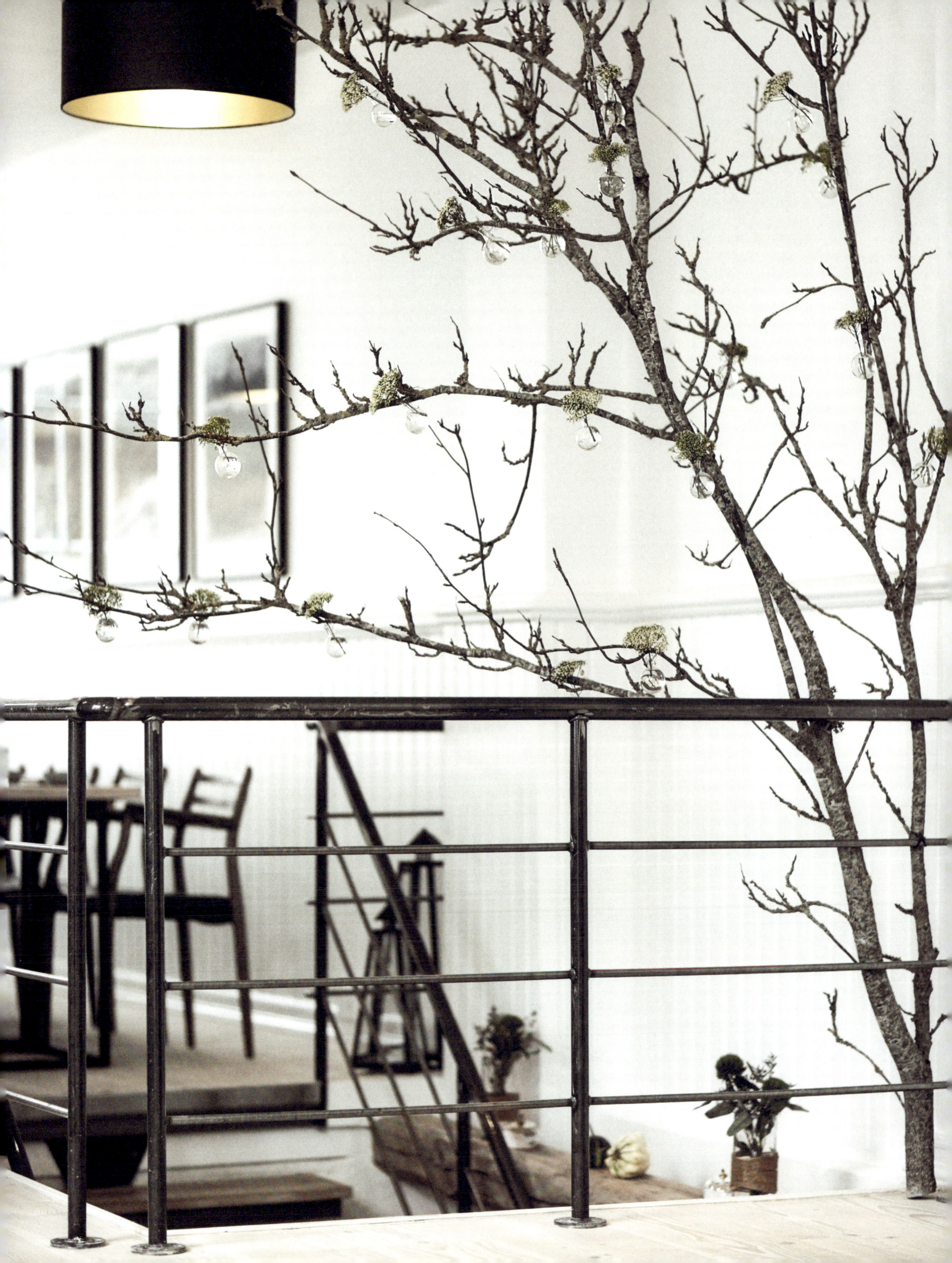

Gastromé – Aarhus, Jütland, Dänemark

Heilbuttconfit mit Topinambur und wilder Brunnenkresse

Zubereitung

HEILBUTTCONFIT

350 g Heilbuttfilet
200 ml Öl
Salz nach Geschmack

Das Filet gleichmäßig dünn einsalzen und 2 bis 3 Stunden in den Kühlschrank legen. Dann Öl und Fisch in einen Vakuumbeutel geben und bei niedrigem Druck vakuumieren. Das Sous-vide-Gerät dafür auf 46 °C einstellen und den Fisch je nach Dicke des Filets 15 bis 20 Minuten garen. Den Heilbutt aus dem Gerät nehmen und über Nacht kühl stellen. Am nächsten Tag den Fisch aus dem Beutel nehmen und das überschüssige Öl abtupfen. In dicke Scheiben schneiden.

ZITRONENCONFIT

3 Zitronen
100 g Zucker
½ Bora-Bora-Vanilleschote

Zunächst die gelbe Schale der Zitronen in Zesten abschälen. Dann die darunterliegende weiße Schicht entfernen und entsorgen. Die Zitronen filetieren, Filets und Saft aufbewahren. Die Zesten siebenmal in kochendem Wasser blanchieren, dabei jedesmal frisches Wasser verwenden. Zesten, Filets und Saft mit Zucker und Vanille einkochen. Sobald die Masse stark reduziert ist, im Mixer glatt pürieren. Bei Bedarf mit etwas Salz und Zucker abschmecken. Die Confit sollte säuerlich-erfrischend schmecken.

ROHER TOPINAMBUR

4 große Topinambur
½ TL Backpulver

Topinambur schälen und in hauchdünne Scheiben schneiden. Die Scheiben in Eiswasser mit Backpulver legen und kurz vor dem Anrichten trockentupfen.

TOPINAMBURPÜREE

200 g Topinambur
200 ml Vollmilch
Salz nach Geschmack

Topinambur schälen und in der Milch garkochen. Abgießen (Milch aufbewahren) und glatt pürieren. Nach Geschmack salzen und bei Bedarf etwas von der Milch hinzufügen.

KOHLRABI
1 Kohlrabi

Kohlrabi schälen und mit einer japanischen Mandoline in lange, dünne Streifen von 2 cm × 12 cm schneiden.

BRUNNENKRESSESOSSE

1 l Gemüsebrühe
2 Bund wilde Brunnenkresse
1 Knoblauchzehe
2 Avocados
100 g gehackter Lauch
etwas Salz und Pfeffer

Brunnenkresse zusammen mit Knoblauch, Lauch, Avocados und Gemüsebrühe in die Küchenmaschine geben. Pürieren, bis die Masse glatt und dunkelgrün ist. Nach Geschmack salzen und pfeffern und durch ein Sieb streichen.

BRUNNENKRESSEÖL

100 ml Rapsöl
200 g wilde Brunnenkresse

Öl und Brunnenkresse auf hoher Stufe 10 Minuten bei 60 °C pürieren. Durch ein feines Passiersieb streichen.

BUTTERMILCHSOSSE

200 ml Buttermilch
Saft von 1½ Zitronen
100 ml Sahne mit hohem Fettanteil
etwas Salz und Pfeffer

Buttermilch und Zitronensaft mischen, nach Geschmack salzen und pfeffern. Die Sahne schlagen, bis sie fluffig und glatt ist. Mit der Buttermilch zu einer cremigen Konsistenz verrühren.

ANRICHTEN

Das Gericht mit wilder Brunnenkresse anrichten.

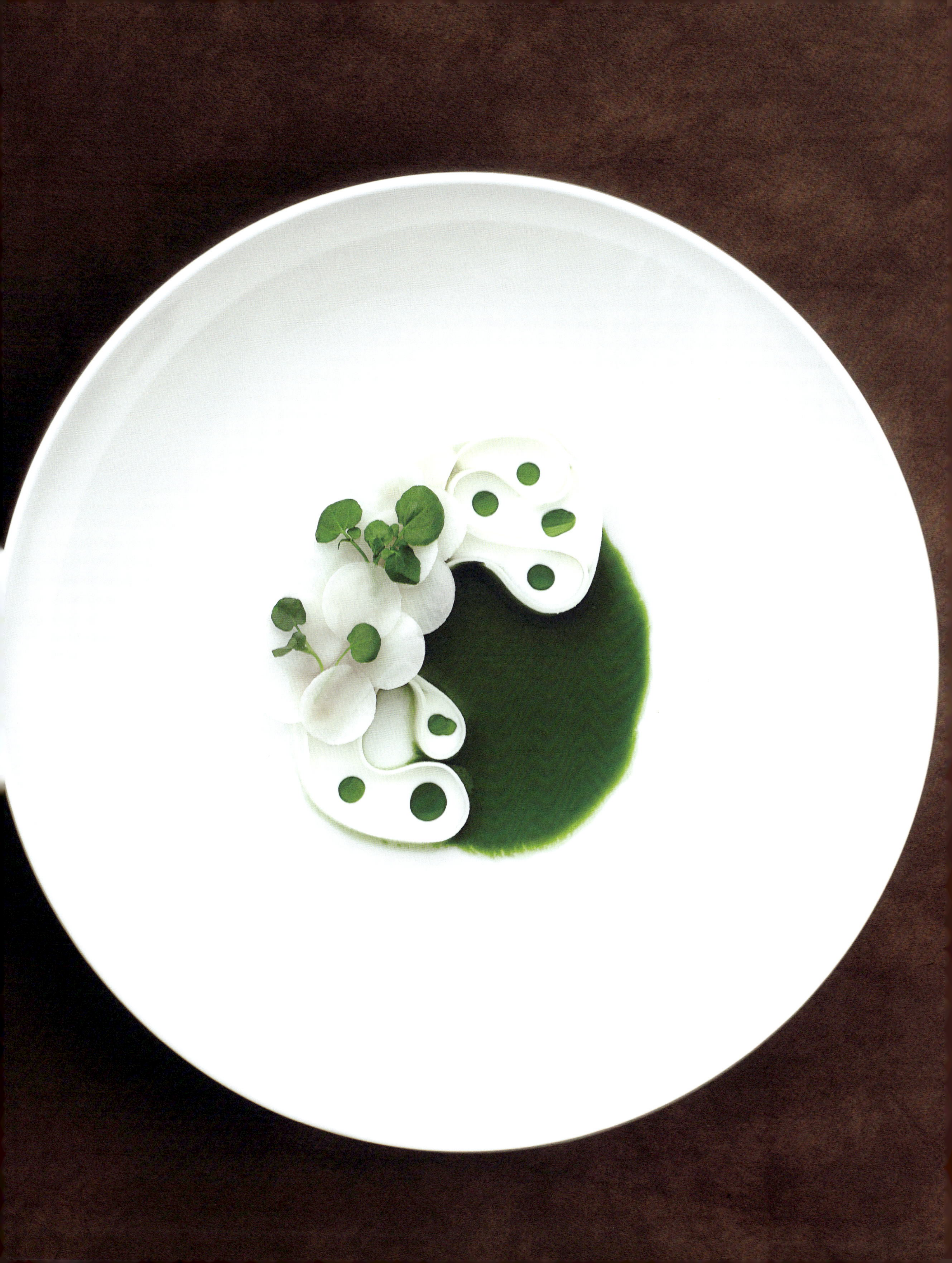

Französische Wachtel mit Pfifferlingen, gelben Beten und Rentierflechte

Zubereitung

WACHTEL IM SCHWEINE-NETZ MIT MORCHELN

- 2 Wachteln
- 200 ml Schlagsahne
- 150 g Hähnchenbrust
- 2 Eier
- 100 g gehackte Morcheln
- 100 g Schweinenetz
- Salz

Hähnchenbrust klein würfeln und in der Küchenmaschine mit Salz glatt pürieren. Die Eier nacheinander zugeben. Langsam die Sahne darübergießen und alles gut vermischen, dann die gehackten Morcheln mit einem Teigschaber unterheben. Die Wachtelbrust auslösen und die Schenkel erst am Ober-, dann am Unterschenkel entbeinen, sodass man eine Schlegelform erhält. Das Schweinenetz auf einem Schneidbrett ausbreiten und Schenkel darauflegen. Das Hühnerhack auf dem Schenkel verteilen und die Wachtelbrust darauflegen. Fest mit dem Netz umwickeln. Die Wachtel-Crépine fest in Klarsichtfolie hüllen, sodass sie die Form einer Eistüte annimmt. Das Geflügel für ein paar Stunden im Kühlschrank fest werden lassen und anschließend 14 Minuten in Wasser pochieren.

GEBRATENE PFIFFERLINGE

- 150 g Pfifferlinge
- 1 fein gehackte Schalotte
- Butter zum Anbraten
- etwas Salz

Die Pfifferlinge in einer heißen Pfanne anbraten. Die Schalotte hinzufügen und zum Schluss mit Butter und Salz abschmecken.

PFIFFERLINGPÜREE

- 100 g Pfifferlinge
- 1 gehackte Schalotte
- 1 Thymianzweig
- 200 ml Schlagsahne
- 1 EL Butter
- etwas Salz

Schalotte und Pfifferlinge mit dem Thymian in einer Pfanne anbraten. Butter dazugeben und alles sautieren, bis sie leicht braun wird. Sahne hinzufügen und um die Hälfte einkochen. Pürieren und salzen, dann durch ein feinmaschiges Sieb streichen.

PILZERDE

- 200 g Champignons
- 70 g Malzmehl
- 100 g Weizenmehl
- 200 g Mandelmehl
- 25 g / 5 EL Zucker
- 2 EL dunkles Bier
- Salz

Die Pilze mit dem Malz- und Weizenmehl in der Küchenmaschine pürieren. Die Paste auf ein Blech streichen und bei 180 °C knusprig backen. Abkühlen lassen, dann mahlen, Mandelmehl, Zucker, Bier und Salz hinzufügen und im Ofen bei 100 °C etwa 30–45 Minuten trocknen lassen.

EINGELEGTE UND GLASIERTE GELBE BETEN

- 250 g gelbe Beten

ESSIGSUD

- 100 g Zucker
- 100 ml Apfelessig
- 100 ml Wasser
- 1 EL schwarze Pfefferkörner

SIRUP

- 3 EL Honig
- 6 EL Butter
- 1 EL Wasser
- Salz

Gelbe Beten bei 160 °C eine Stunde im Ofen backen und anschließend schälen. Wasser mit Zucker und Essig zum Kochen bringen und die Rüben mit den Pfefferkörnern hineingeben. Zwei Tage ziehen lassen. Honig, Butter und Wasser aufkochen und mit einem Pürierstab zu einer Emulsion verbinden. Die Beten würfeln und mit dem Sirup glasieren.

KONFIERTE KARTOFFELN

- 2 große Backkartoffeln
- 200 ml Entenfett
- etwas Salz

Kartoffeln schälen, in 2 cm lange dicke Scheiben schneiden und diese dann tropfenförmig zurechtschneiden. Leicht salzen und 20 Minuten in etwas Wasser ziehen lassen. Aus dem Wasser nehmen, ins heiße Entenfett geben und im Ofen bei 160 °C je nach Kartoffelsorte 10 bis 15 Minuten konfieren lassen.

GEBRATENE RENTIERFLECHTE

- 160 g Rentierflechte
- Öl
- etwas Salz

Die Rentierflechte mit einer Pinzette säubern und in kaltem Wasser waschen. Zum Trocknen auf einem Handtuch auslegen. Öl auf 160 °C erhitzen und die Rentierflechte für ein paar Sekunden darin frittieren. Nach Belieben salzen.

SALMISSOSSE

- 500 ml hausgemachter Kalbsjus/Hühnerbrühe
- 500 ml Apfelsaft
- 500 ml Weißwein
- 6 reife Tomaten
- 4 dänische Belle-de-Boskoop-Äpfel
- 2 Thymianzweige
- 100 g kalte Butter

Jus oder Brühe, Apfelsaft und Weißwein in einer Kasserole aufkochen. Äpfel und Tomaten in kleine Stücke schneiden und mit dem Thymian zur Soße geben. Diese auf die Hälfte reduzieren, durch ein Sieb gießen und weiter auf 300 ml reduzieren. Mit Salz und Pfeffer abschmecken. Vor dem Servieren mit Butter emulgieren.

ANRICHTEN

Diesen Gang mit gebratener Rentierflechte und roter Oxalis (Sauerklee) anrichten.

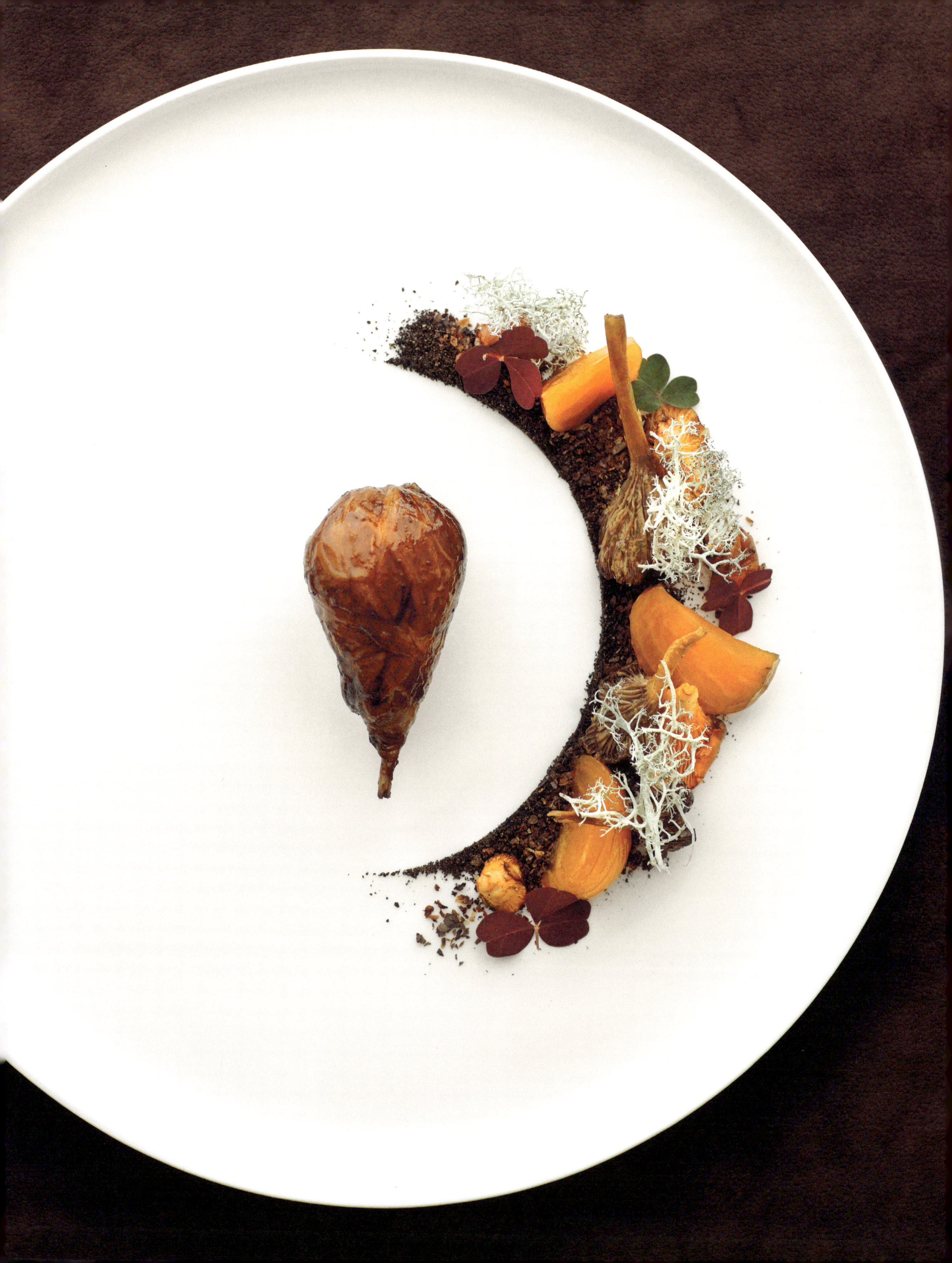

Alchemist | Kopenhagen, Seeland, Dänemark

Hier trifft molekulare Küche auf eine Mischung aus Nachtclub und Gruselmuseum. Vorhang auf für das Alchemist, das der Fantasie von Rasmus Munk entsprungen ist. Provokatives, außergewöhnliches, theatralisches Dinieren und Überraschungen sind in diesem intimen kulinarischen Paradies mit nur 15 Plätzen garantiert – ebenso wie Geschmack und Qualität.

Rasmus Munk
– Chefkoch & Gründer

Mit gehobener Küche bin ich in meiner Kindheit im Städtchen Randers in Jütland nie in Kontakt gekommen. Sauce béarnaise wurde mit Knorr-Pulver gemacht und zum Abendessen gab es oft Tiefkühlpizza. Statt zu kochen, habe ich Autos repariert. Nach meinem Schulabschluss begann ich mit einem Freund die Kochausbildung an der Teknisk Skole Silkeborg, weil ich keine bessere Idee hatte. Mein Freund brach schnell ab, doch ich hatte Blut geleckt. Die Schule eröffnete mir eine völlig neue Welt von Arbeitstechniken, Geschmack und basalen Kochprinzipien. Als ich zum ersten Mal eine einfache Vinaigrette machen sollte, dachte ich, der Lehrer mache einen Scherz, als er mir sagte, ich solle Olivenöl auf den Eisbergsalat geben. Ich hatte großes Glück, an der Schule und auch später einige brillante Köche kennenzulernen. Sie haben mir viel über Geschmack und die Stärken eines Gerichts beigebracht und meine Augen für unterschiedliche Esskulturen geöffnet.

Herausforderungen treiben mich an. In meiner Ausbildung habe ich an Wettbewerben teilgenommen und fand es großartig! Seit ich das Alchemist eröffnet habe, versuche ich ständig die Grenzen eines Gerichts zu erweitern. Ich will nicht das tun, was alle machen. Deshalb suche ich Inspiration außerhalb der Küche, zum Beispiel in sozialen und politischen Themen, die mir wichtig sind. Für mich ist das ultimative kulinarische Erlebnis nicht nur lecker, sondern regt zum Nachdenken an und verändert vielleicht sogar das Leben meines Gastes.

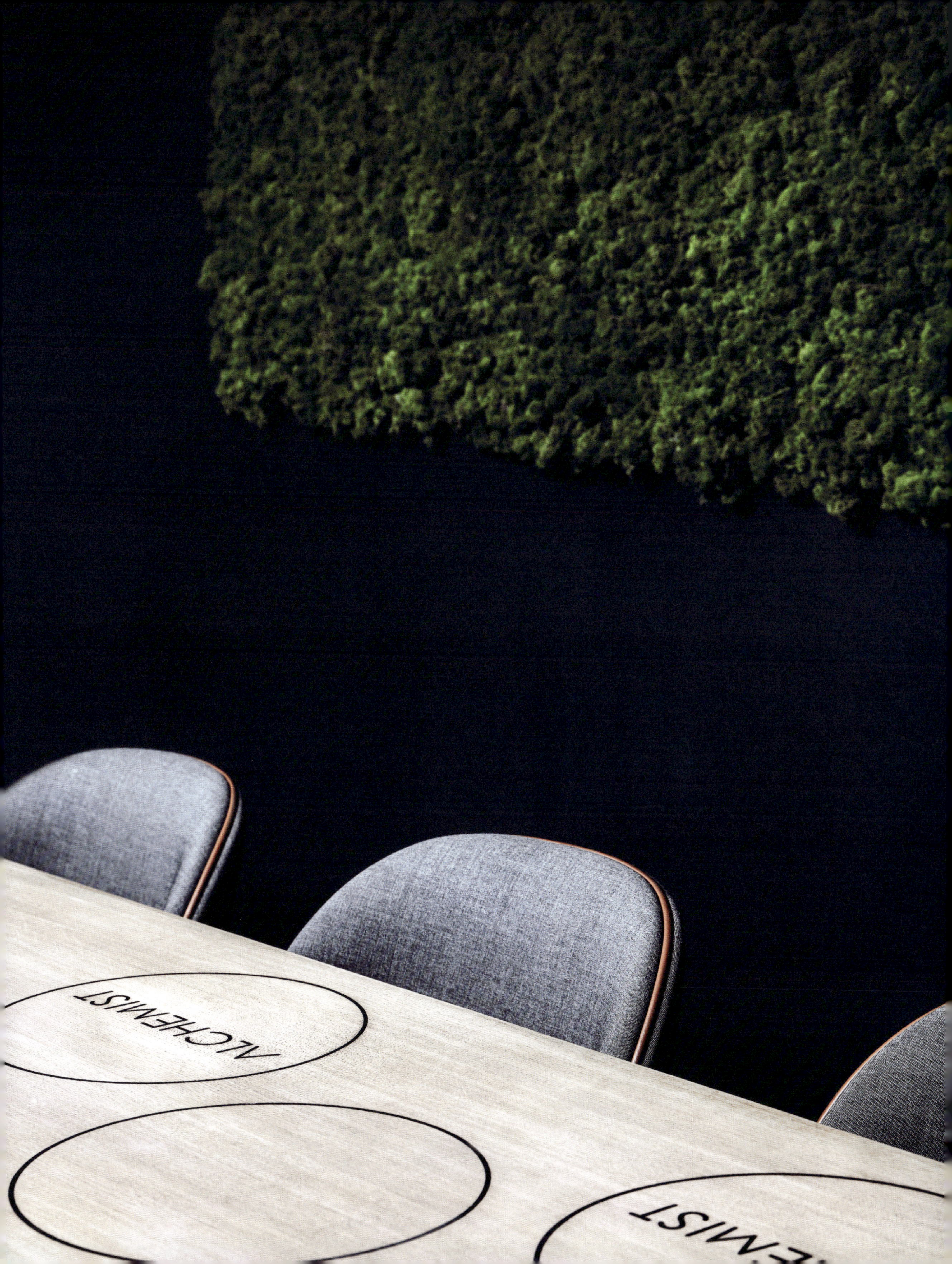
ALCHEMIST

Lammhirn

Über das Gericht

Das Mindeste, was man tun kann, um einem geschlachteten Tier Respekt zu erweisen, ist alles von Kopf bis Fuß zu verwenden. Mit diesem Gericht möchte ich unsere Vorstellungen davon herausfordern, was man essen kann und was nicht. Ähnlich wie Stopfleber steht Hirn heutzutage nur selten auf dem Menü. Das Alchemist war sogar das erste dänische Restaurant mit einer Zulassung für Lammhirn. Ich würde den Verzehr von Innereien in Restaurants und Zuhause gern wieder populär machen. Sie sind köstlich, oft günstig und voller Geschmack und Nährstoffe.

Als ich angefangen habe mit Lammhirn zu arbeiten, war ich über den hohen Nährwert und Fettanteil überrascht. Das war die Inspiration dafür, eine Pastete ähnlich der bekannten Foie gras zu kreieren. Da ich die Gäste trotzdem an die Herkunft des Gerichts erinnern will, serviere ich es in einem Lammschädel. Jeder Schädel wird ausgiebig gesäubert, bevor er zum Einsatz kommt. Die Mehlwürmer sind eine zusätzliche Überraschung und geben diesem geschmeidigen, cremigen Gericht die nötige Knusprigkeit.

Zubereitung

Für 4 Personen

LAMMHIRNCREME

- 500 g Lammhirn (oder Foie gras)
- 200 g Foie gras
- feines Salz und frisch gemahlener Pfeffer nach Geschmack
- 50 ml Sojasoße

Das Lammhirn in leicht gesalzenem Wasser 2 Minuten pochieren und durch ein Sieb zu einem homogenen Püree passieren.

Wird stattdessen Foie gras verwendet, muss sie 4 Stunden bei Zimmertemperatur stehen, bevor sie passiert werden kann. Mit Sojasoße, Salz und Pfeffer abschmecken.

MEHLWÜRMER

- 100 g Mehlwürmer
- 10 g Curry
- feines Salz nach Geschmack

Die Mehlwürmer in der Pfanne goldbraun und knusprig rösten. Das Curry in einer trockenen Pfanne ebenfalls anrösten. Die Mehlwürmer mit Curry und Salz abschmecken.

ZITRONENTHYMIAN UND ZITRONENAMEISEN

- 1 Bund frischer Zitronenthymian
- 10 g frische Zitronenameisen (oder 1 Fingerlimette)
- 100 ml Stickstoff

Die Blätter des Zitronenthymians beiseitelegen; sie werden später für die Garnitur benötigt. Die Ameisen vor dem Servieren in flüssigem Stickstoff einfrieren. Kommen Fingerlimetten zum Einsatz, so werden diese aufgeschnitten und die kleinen Perlen herausgepresst.

Anmerkung: Wenn Sie keinen flüssigen Stickstoff zur Hand haben, frieren Sie die Ameisen 1 Stunde vor dem Anrichten im Gefrierschrank ein.

„SCHÄDELDECKE"

- 200 g Essigpulver
- 410 g Laktose
- 110 g Milchpulver
- 30 g Eiweißpulver
- 60 g gefriergetrocknetes Knoblauchpulver
- 5 g feines Salz
- 25 g Zwiebelpulver
- 275 ml Wasser

Alle Zutaten zu einer homogenen Masse verrühren. Auf einer Silikonmatte ausstreichen. Die Masse bei 60 °C für 24 Stunden im Ofen trocknen. Die „Schädeldecken" mit einer entsprechenden Ausstechform ausstechen.

ANRICHTEN

Die Lammhirncreme auf 4 Tellern anrichten und mit Zitronenthymianblättern, Zitronenameisen und Mehlwürmern garnieren, dann eine Schädeldecke daraufsetzen. Mit Brot servieren.

Um das Lammhirn wie im Alchemist zu servieren, richten Sie die einzelnen Bestandteile in einem Lammschädel an, der zuvor natürlich gründlich gereinigt wurde, und lassen Sie die Mehlwürmer „herauskrabbeln".

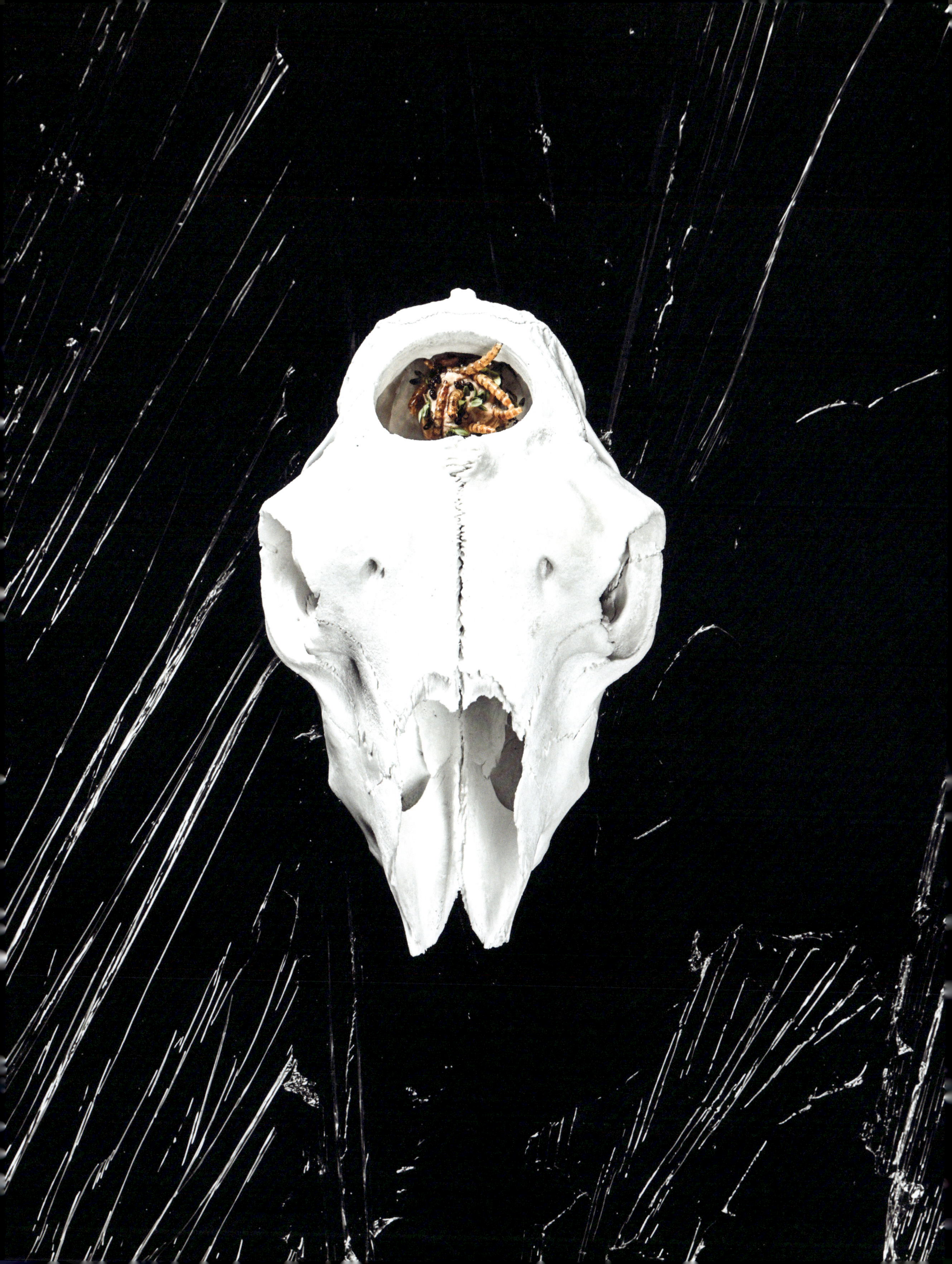

Lammherztatar

Über das Gericht

Die Inspiration für dieses Gericht kam nicht aus der kulinarischen Welt. Sie kam mir durch eine düstere Zahl: 2016 starben 29 Menschen in Dänemark beim Warten auf ein Organ. Darum servieren wir das Gericht mit einem Organspendeausweis. Ob man Organspender sein will oder nicht, ist eine persönliche Entscheidung, aber man sollte sie aktiv treffen. Dieses Gericht soll unsere Gäste zu einer Entscheidung ermutigen.

Humor ist oft der beste Weg, schwierige Themen anzusprechen, und daher servieren wir die Soße in einem Blutbeutel an einem Infusionsständer. Das bringt unsere Gäste immer zum Schmunzeln.

Bei diesem Thema war klar, dass wir mit Blut und Innereien arbeiten würden. Ich habe vorher allerdings kaum mit Blut gearbeitet. Früher wurde es für alle möglichen Gerichte verwendet, aber leider trifft man es heutzutage selten in der Küche an. Ich habe mich über die unterschiedlichen Verwendungsmöglichkeiten von Blut informiert. Mich hat besonders fasziniert, dass man geronnenes Blut als Verdickungsmittel benutzen kann. Das wurde zum Ausgangspunkt dieses Gerichts.

Zubereitung

Für 4 Personen

TATAR

- 400 g Lammherz (oder Oberschale vom Ochsen)
- 60 g Tomatenmark
- 90 g Mayonnaise
- 24 g Dijon-Senf
- 45 g fein gehackte Kapern
- 45 g fein gehackte Cornichons
- 20 ml Cognac
- 6 g Salz

Das Lammherz vorsichtig aushöhlen, dabei die „Hülle" erhalten und sofort in den Kühlschrank legen. Überschüssiges Fett und Sehnen vom Fleisch entfernen, dann in kleine Würfel schneiden (5 × 5 cm). Alle Zutaten bis auf den Cognac vermischen, sodass sie sich zu einer homogenen Creme verbinden. Dann nach und nach den Cognac zugeben und das Fleisch in der Creme wenden.

BLUTSOSSE

- 500 g Kirschsaft
- 1 l Hühnerfond
- 150 g Lammblut
- Salz und Pfeffer nach Geschmack

Den Kirschsaft über kleiner Flamme auf die Hälfte reduzieren. Den Hühnerfond dazugießen und nochmals um die Hälfte reduzieren. Unter ständigem Rühren das Blut hinzufügen (noch immer auf kleiner Flamme). Anschließend die Soße auf circa 16 °C abkühlen lassen.

ANRICHTEN

Das Tatar wird in dem ausgehöhlten Herz und auf zerstoßenem Eis serviert. Alternativ kann es auch auf einem Teller angerichtet werden. Beim Servieren am Tisch die Blutsoße behutsam über das Herz gießen.

Organdonor

Tag stilling sammen
med dine nærmeste

DONORKORT

www.sundhed.dk

DONORKORT

Sundhedsstyrelsen

No. 2 | Kopenhagen, Seeland, Dänemark

Christian Aarøs und Søren Selins No. 2 verfolgt das gleiche Prinzip wie ihr renommiertes AOC, mit simplerem Ansatz. Es liegt am Kanal von Christianshavn, mit Blick auf die spiegelnde Fassade der Bibliothek Den Sorte Diamanten, und bietet unter der Leitung von Nikolaj Køster erstklassige, saisonale Delikatessen an.

Nikolaj Køster

– Chefkoch

Das No. 2 öffnete im Juni 2014 seine Tore. Das Restaurant soll die nordische Küche präsentieren und gleichzeitig ein Pendant zum AOC bilden. Nachdem ich zunächst bei einer Bank gearbeitet hatte, ging ich mit 24 Jahren auf die Kochschule. Ich habe mich nach Kreativität gesehnt, und Kochen hat mich schon immer fasziniert. Nach meiner Ausbildung, dem Michelin-Stern für das AOC und meiner Arbeit in anderen Restaurants wie Umami, Kokkeriet und Pluto bin ich zu meinen Wurzeln zurückgekehrt, als Christian Aarø, der Besitzer vom AOC, das kleine Schwesterrestaurant No. 2 eröffnete.

Ein Großteil unserer Inspiration im No. 2 kommt von den kleinen Erzeugern, mit denen wir zusammenarbeiten. Bei ihnen finden wir nicht nur besondere Lebensmittel, sondern erfahren auch etwas über deren Herkunft und Anbau. Das reicht vom Fleisch, das wir verwenden, bis zu den Kräutern, die aus unseren Gerichten etwas Besonderes machen. So bleiben wir inspiriert und zeichnen uns als Restaurant aus. Es ist mir wichtig, dass unsere Gäste die konkreten Ideen hinter unseren Gerichten sehen können und sich die nordische Umwelt darin zeigt. Es muss allerdings nicht jedes Gericht eine besondere Bedeutung haben. Ich finde einfach, man sollte seine Gäste überraschen, indem man etwas Unerwartetes schafft.

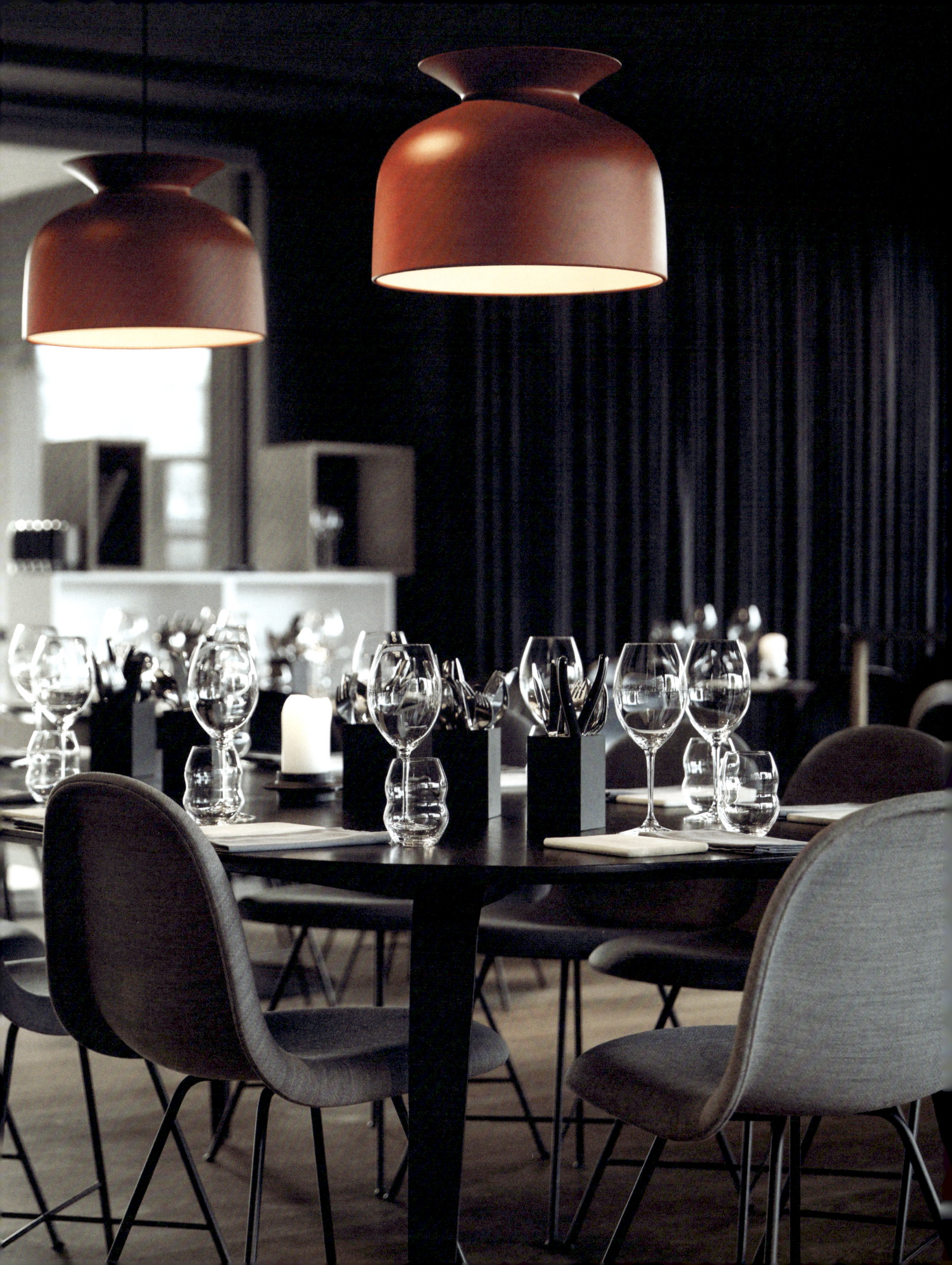

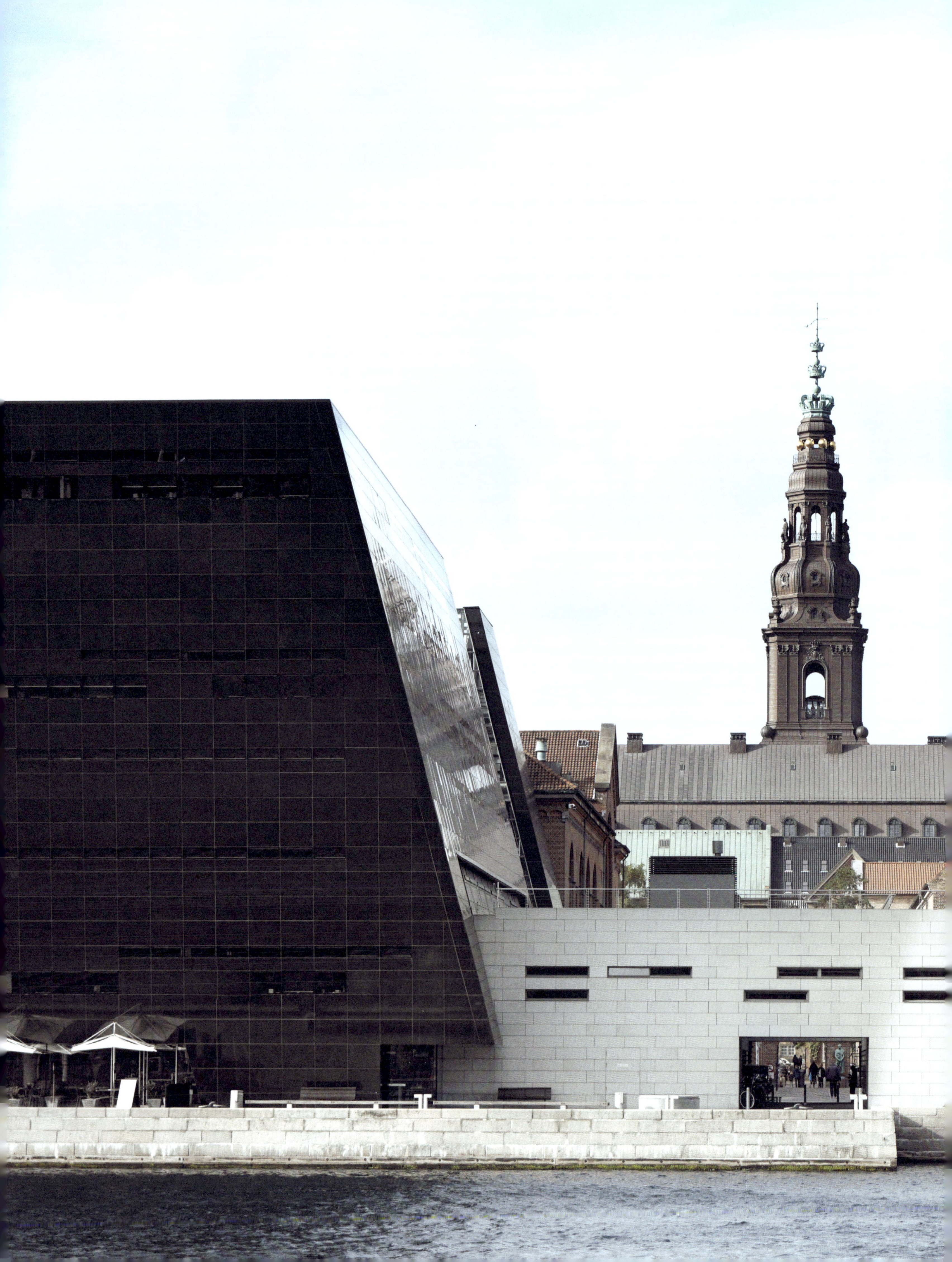

No. 2 – Kopenhagen, Seeland, Dänemark

Gereiftes Rindertatar mit Bärlauch

Zubereitung

Für 4 Personen

BÄRLAUCHÖL

500 ml Pflanzenöl
250 g Bärlauch

Bei 70 °C alles etwa 5 Minuten pürieren. Abkühlen lassen und durch ein Sieb streichen.

BÄRLAUCHEMULSION

120 g Eiweiß
8 g Salz
30 ml naturtrüber Apfelessig
270 ml Bärlauchöl

Alle Zutaten gut miteinander verschlagen.

ZWIEBELASCHE

10 große gelbe Zwiebeln

Zwiebeln in ihre einzelnen Schichten zerlegt bei 180 °C auf einem Backblech im Ofen rösten, bis sie ganz schwarz sind. Aus dem Ofen nehmen und abkühlen lassen. Zu feinem Pulver mahlen.

TATAR

280 g handgeschabtes Tatar (von der Innenflanke des Rindes)
Salz

Das Fleisch parieren. In kleine Würfel schneiden und in Bärlauchöl und Salz marinieren.

RÖSTZWIEBEL-KOMPOTT

4 Frühlingszwiebeln
Pflanzenöl
Salz

Die Frühlingszwiebeln in grobe Scheiben schneiden und gut waschen. In Pflanzenöl wenden und mit einem Gasbrenner anflammen, bis sie Farbe annehmen. Bärlauchöl, Salz und Zwiebelasche nach Geschmack hinzufügen.

BÄRLAUCHKAPERN

10 g Bärlauchknospen

Die Bärlauchsaison ist kurz und die Nachfrage groß, also sollte man einen möglichst großen Vorrat davon anlegen, falls sich die Gelegenheit bietet.

Für die Kapern werden die Knospen zwei Tage in Salz gelegt und anschließend in einer Essigmarinade aufbewahrt.

ANRICHTEN

10 g gehackte Schalotten
100 g Röstzwiebelkompott
40 ml Bärlauchemulsion
4 g Zwiebelasche
20 Stängel Meersenf

Fünf Tupfer der Bärlauchemulsion mit jeweils 1 cm Abstand auf dem Teller anrichten. Das Röstzwiebelkompott mit den fein gehackten Schalotten auf die Emulsion setzen. Das Tatar sollte so arrangiert werden, dass es die anderen Zutaten auf dem Teller bedeckt. Mit den Bärlauchkapern und dem Meersenf garnieren. Zuletzt mit ein wenig Zwiebelasche bestäuben, und es kann serviert werden.

Über das Gericht

Ich wollte ein Tatar entwickeln, bei dem man wirklich das Gefühl hat, etwas Rohes zu essen. Das Fleisch stammt von einem kleinen Biohof in Varde Ådal in Jütland. Nach dem Schlachten reift das Fleisch für vier Wochen, wodurch sich Geschmack und Konsistenz verbessern. Wir schneiden das Fleisch, um seine Rohheit zu unterstreichen. Obwohl das Tatar verrührt ist, sieht es irgendwie bedrohlich aus, weil es bewusst den größten Teil des Tellers einnimmt. Der Grundgedanke ist, die nordische Natur auf den Teller zu bringen. Deshalb verwenden wir verschiedene Zwiebeln und Kräuter. Insbesondere Bärlauch und europäischer Meersenf sorgen für unverwechselbare nordische Aromen.

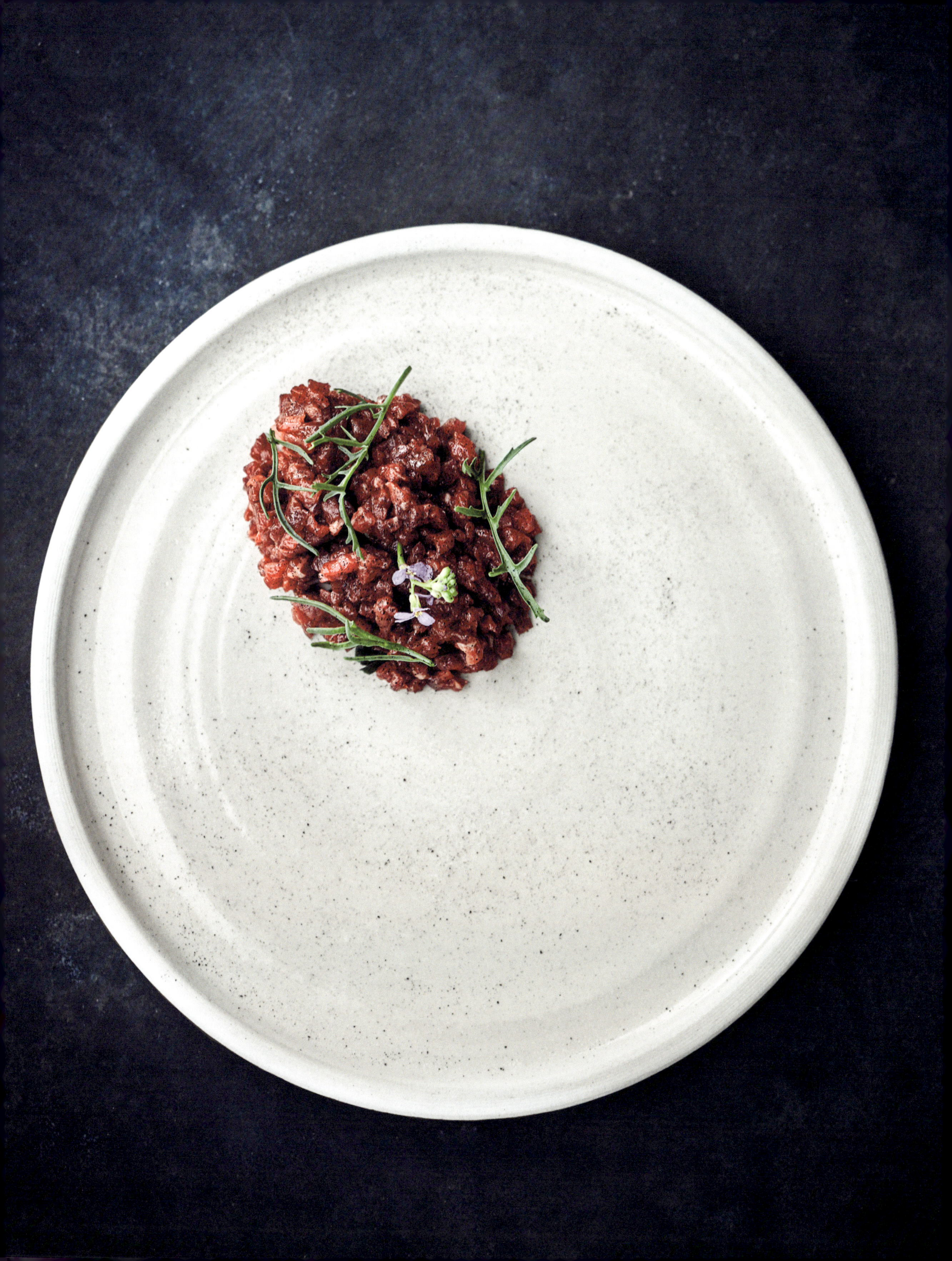

Pflaumendessert

Zubereitung

Für 4 Personen

FERMENTIERTE PFLAUMEN FÜR DAS SORBET

625 g entsteinte Pflaumen
207,5 g Zucker

Pflaumen und Zucker mischen und mit 90% vakuumieren. Bei Zimmertemperatur zwei Tage ruhen lassen, beziehungsweise bis der Fermentationsprozess abgeschlossen ist. Bei 80 °C in den Ofen geben – mit Dampf, damit der Beutel nicht aufreißt.

SIRUP FÜR DAS SORBET

612,5 ml Wasser
25 g Glukose
140 g Dextrose
462,5 g Zucker
7,5 g Melatin

Das Wasser mit der Glukose aufkochen. Alle trockenen Zutaten vermischen und unter ständigem Rühren zum Wasser geben. Alles muss erst aufkochen und anschließend wieder abkühlen. Die Masse geliert dann wie Götterspeise.

FERMENTIERTES PFLAUMENSORBET

500 ml Sirup für das Sorbet
425 g fermentierte Pflaumen
82,5 ml Wasser

Alles mischen und mit dem Pacojet zubereiten.

MALZSTREUSEL

250 g Zucker
250 g Butter
150 g Malzmehl
250 g Mehl

Alle Zutaten mit der KitchenAid verrühren. Die Streusel erst bei 140 °C für 30 Minuten backen, dann die Temperatur auf 120 °C senken und weitere 30 Minuten backen. Abkühlen lassen und zerbröseln.

WEISSE SCHOKOLADENCREME

400 ml Milch
150 ml Sahne
100 g weiße Schokolade
90 g Zucker
90 g Eigelb
50 g Maisstärke
100 ml Milch
50 g kalte Butter

Milch, Sahne, weiße Schokolade und Zucker in einem Topf erwärmen. In einem großen Topf Eigelb, Maismehl und Milch verschlagen. Die erwärmte Milchmischung in die Eigelbmischung rühren. Die Mischung zurück auf den Herd stellen und rühren, bis sie eindickt. Die kalte Butter hineinschlagen.

PFLAUMENPÜREE

90 g Pflaumen

Pflaumen entsteinen. Erwärmen und zu einem glatten Mousse pürieren.

ANRICHTEN

1 reife Pflaume

Einen Teelöffel Pflaumenpüree neben eine gleich große Menge weiße Schokoladencreme setzen. Das Sorbet als Nocke seitlich davon anrichten. Sorbet mit der Unterseite eines großen Löffels sanft flachdrücken. Eine Pflaume zum Dekorieren mondsichelförmig aufschneiden. Pflaumensicheln ansprechend seitlich des Sorbets, auf dem Püree und der Schokoladencreme platzieren. Zuletzt die Malzstreusel über die Pflaumen sprenkeln.

Über das Gericht

Hier in Dänemark gibt es vorzügliche Pflaumen. Leider ist die Pflaumensaison sehr kurz, weshalb es wichtig ist, ein gutes Gericht parat zu haben, wenn die Pflaumen reif sind. Wir haben viel mit Fermentation experimentiert und so neue und einzigartige Geschmacksnoten in vertrauten Zutaten entdeckt. Wir fanden es interessant, dieses Aroma in einem Sorbet zu verwenden, zusammen mit Malz und frischen Blüten.

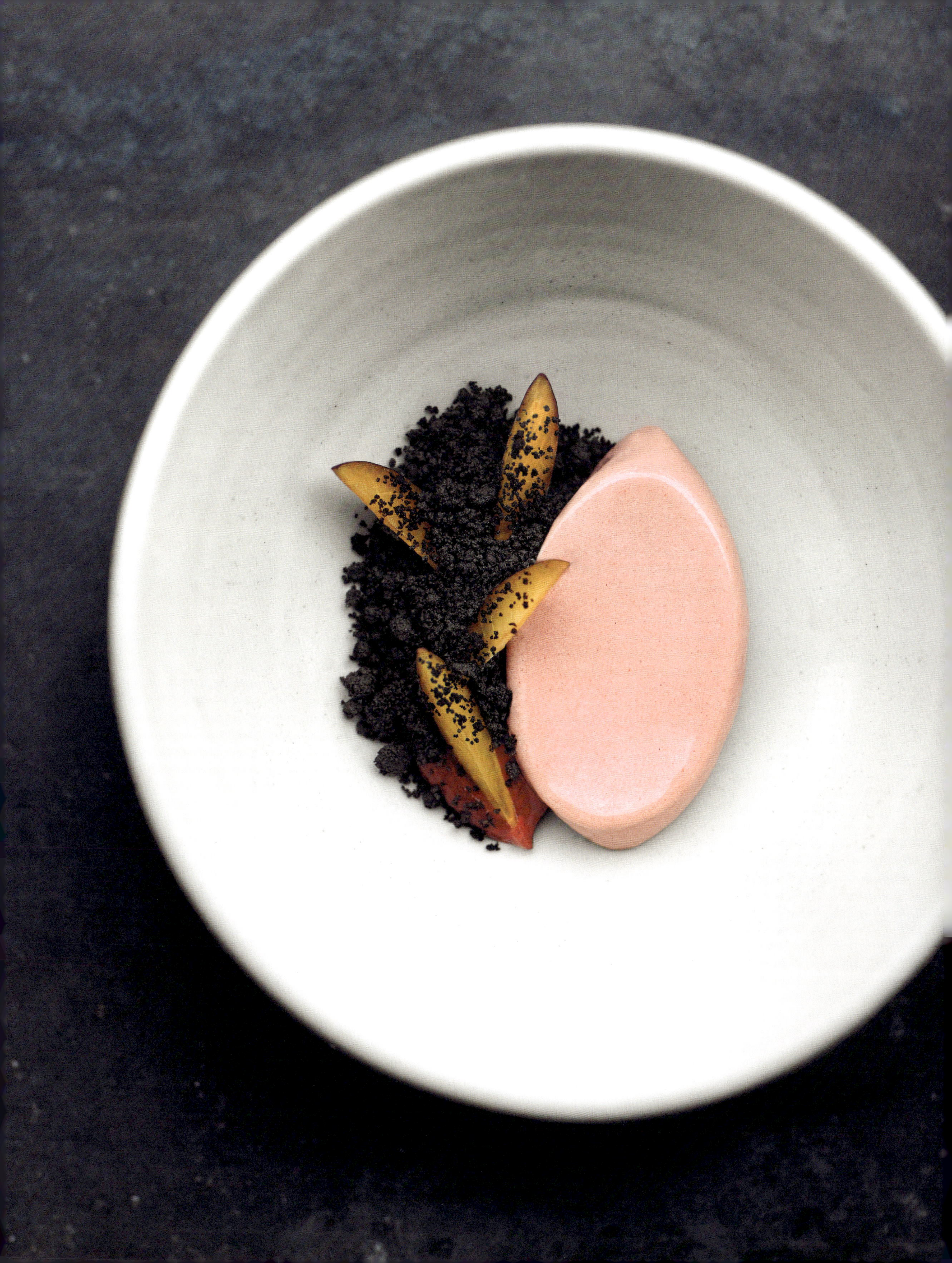

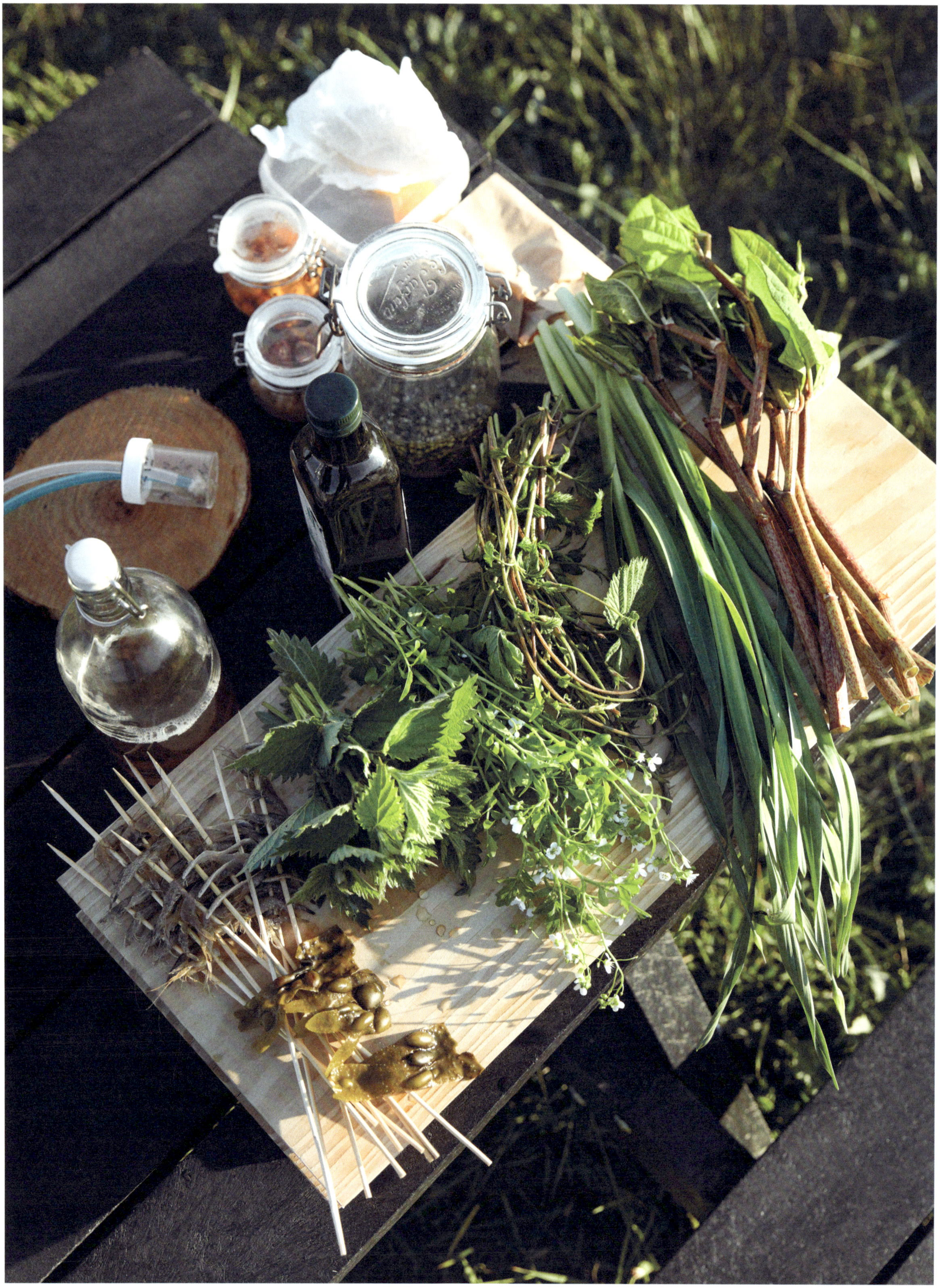

Auge in Auge mit dem Ameisenmann
von Thomas Laursen

Was war dein Einstieg ins Sammlerdasein? Schon mit fünf sammelte ich in der Normandie Austern und Miesmuscheln. Das hat meine Sammelleidenschaft geprägt. In der Natur nach schmackhaften Lebensmitteln zu suchen hat mich einfach begeistert. Von da an war ich meist allein unterwegs und habe die Fertigkeiten eines Sammlers gelernt.

Woher kennst du all die Pflanzen? Es hat 25 Jahre gedauert, mir mein heutiges Wissen anzueignen. Das Sammeln ist wie ein kompliziertes Puzzle, an dem ich mithilfe verschiedener Werkzeuge und Referenzen arbeitete. Dazu zählen Bücher, Menschen, Studien, die akademische Welt, neues Wissen, internationale Publikationen und Chemiker. Das Sammeln ist keine neue Erfindung, sondern uralt. Die Zeiten haben sich allerdings geändert und Wissen verbreitet sich heutzutage immer schneller. Es gibt aber keine Universität und kein Buch, das alles leistet. Ich lese, höre, schaue, schmecke, überprüfe, prüfe erneut.

Dein Geschäftsmodell, Restaurants mit wilden Lebensmitteln zu beliefern – wie fing das an? Ich hatte schon eine ganze Weile mit wilden Lebensmitteln gekocht und dann in sehr kleinem Maßstab einige örtliche Restaurants beliefert. Als dann das Noma das Thema Lebensmittelvielfalt ausweitete, wuchs das Interesse an wilden Lebensmitteln. Irgendwann habe ich dem Noma wilde Totentrompeten angeboten und den Köchen von den einzigartigen orangenen Rossameisen erzählt. Mit einem selbstgebauten Apparat habe ich sie vom Baum gesaugt und lebend zum Noma geschickt, wo sie für ein Gericht leicht gekühlt verwendet wurden. Seitdem bin ich der Ameisenmann! Über Nacht habe ich mein Unternehmen Wildfooding gegründet und langsam aufgebaut. Heute unterstütze, inspiriere und beliefere ich die besten Restaurants Dänemarks.

Gab es Vorgänger in der Branche, die dich inspiriert haben? Ohne Roland Rittman gäbe es Wildfooding nicht und vielleicht nicht einmal die Nordische Küche auf dem Niveau, wie wir es heute kennen. Ich verdanke ihm sehr viel. Zudem habe ich nach England geschaut, wo mich meine Freunde Miles Irving und John Wright besonders inspirieren. Heute habe ich Freunde und Sammler auf der ganzen Welt, die mit wilden Lebensmitteln arbeiten und ihr Wissen über die unaufhörliche Suche nach Vild Mad teilen.

Was sind die wesentlichen Aufgaben deines Unternehmens und was sind deine Tätigkeiten? Ich mache heute viele verschiedene Dinge. Ich kann mich sehr glücklich schätzen, neben meinem Unternehmen noch eine Vielzahl anderer Aktivitäten ausüben zu können. Ich sammle und beliefere, schreibe Bücher, halte Vorträge und leite Wildspaziergänge – manche sogar fürs Fernsehen. Außerdem bin ich in verschiedene Projekte involviert, um das Wissen von wilden Lebensmitteln über zahlreiche Festivals, Produkte etc. weiterzuverbreiten.

Geben deine Käufer Bestellungen bestimmter wilder Lebensmittel bei dir auf, oder läuft es umgekehrt und du bringst ihnen das, was du gesammelt hast? Ich schicke einen Newsletter herum, einen Informationskatalog darüber, was gut ist, was Saison hat, was es bald nicht mehr gibt und was es bald geben wird. Dann bekomme ich Bestellungen und schicke die Lieferungen an meine Kunden. Aber natürlich ist die Natur immer für eine Überraschung gut! Ich kenne inzwischen die Vorlieben vieler Köche, und wenn ich beim Sammeln etwas besonders Interessantes finde, schicke ich ihnen Fotos und packe es für sie ein, wenn sie es wollen.

Hast du manchmal Lieferschwierigkeiten? Eine Weile habe ich versucht zu kompensieren, wenn die Natur nicht zur Verfügung stellte, was bestellt wurde. Ich habe Stunden damit verbracht, nach etwas zu suchen, was einfach nicht da war. Das mache ich inzwischen nicht mehr. Ich sammle die Dinge, wenn sie am besten sind, und entschuldige mich nicht für die Natur.

Wer war dein erster Kunde? Das Noma in Kopenhagen und dann das Manfreds – seit langer Zeit einer meiner treusten Kunden.

Wer sind deine festen Kunden? Noma, Amass, AOC, Geranium, Relæ, Barr, Manfreds, Geist, Format, Taller, Molskroen, Alchemist, La Banchina und Mielcke og Hurtigkarl.

Gibt es ein wildes Lebensmittel, für das du besonders bekannt bist? Ich hoffe, dass ich dafür bekannt bin, fast alle wilden Lebensmittel zu liefern. Brunnenkresse ist aber sicher eines der Wildkräuter, die ich im Verlauf der Jahre in großen Mengen verkauft habe. Und natürlich die orange Rossameise.

THOMAS LAURSEN – *Silkeborg, Dänemark*
Sammler, Gründer von Wildfooding,
Autor und Ameisenmann

Nordlandet | Allinge, Bornholm, Dänemark

Es ist nur eine kurze Fahrt von Kopenhagen über die Öresundbrücke bis zum Fähranleger in Ystad. Nach 30 Seemeilen in trübem Licht auf der Ostsee legen wir auf der dänischen Insel Bornholm an und machen uns entlang der felsigen Nordküste auf den Weg zum Hotel Nordlandet.

Casper Sundin
– Chefkoch

Für mich ist Nordlandet – oder das Nordland – eher ein Restaurant mit Gästezimmern als ein Hotel mit Restaurant. Es ist ein Ort, an dem man den Blick auf die Ostsee genießen, mit einer Tasse Kaffee vor dem Kamin sitzen oder eine gute Mahlzeit zu sich nehmen kann. Oft wird es als Designhotel wahrgenommen, dabei wollte es nie Design ausstellen oder auffallen. Es ist eine Art Neuerfindung des klassischen Strandhotels mit viel frischer Luft, Licht, Stille, Natur und Raum zum Atmen, während man Essen und Wein genießt.

Alle unsere Gerichte beruhen auf dem, was Bornholm zu bieten hat: Sanddorn aus Ibsker, Waldmeister aus Rønne, Feigen aus Gudhjem und Haferflocken von der Valsemølle. Diese Zutaten bedeuten uns sehr viel. Wir haben großen Respekt vor allen, die auf Bornholm arbeiten, und wollen, dass sich das in unserem Essen zeigt. Inspirieren lassen wir uns für gewöhnlich von unseren Besuchen bei Bauernhöfen der Region, kleinen Läden, Märkten oder Spaziergängen im Wald und am Strand.

Im Verlauf meiner Kochkarriere habe ich die Klassiker gelernt, aber während meiner Zeit bei Søllerød Kro, Formel B, mit der Bornholmer Küche im Kadeau und im Stammershalle Badehotel auch innovative Arten zu Kochen. Ich versuche, eine Mischung all dieser Einflüsse in meinen Gerichten zu verwirklichen. Was mich antreibt, ist das Essen selbst, vor allem aber das Entwickeln neuer Gerichte. Ich finde es spannend, zuzusehen, wenn Gäste neue Speisen ausprobieren und daran ihre Freude haben.

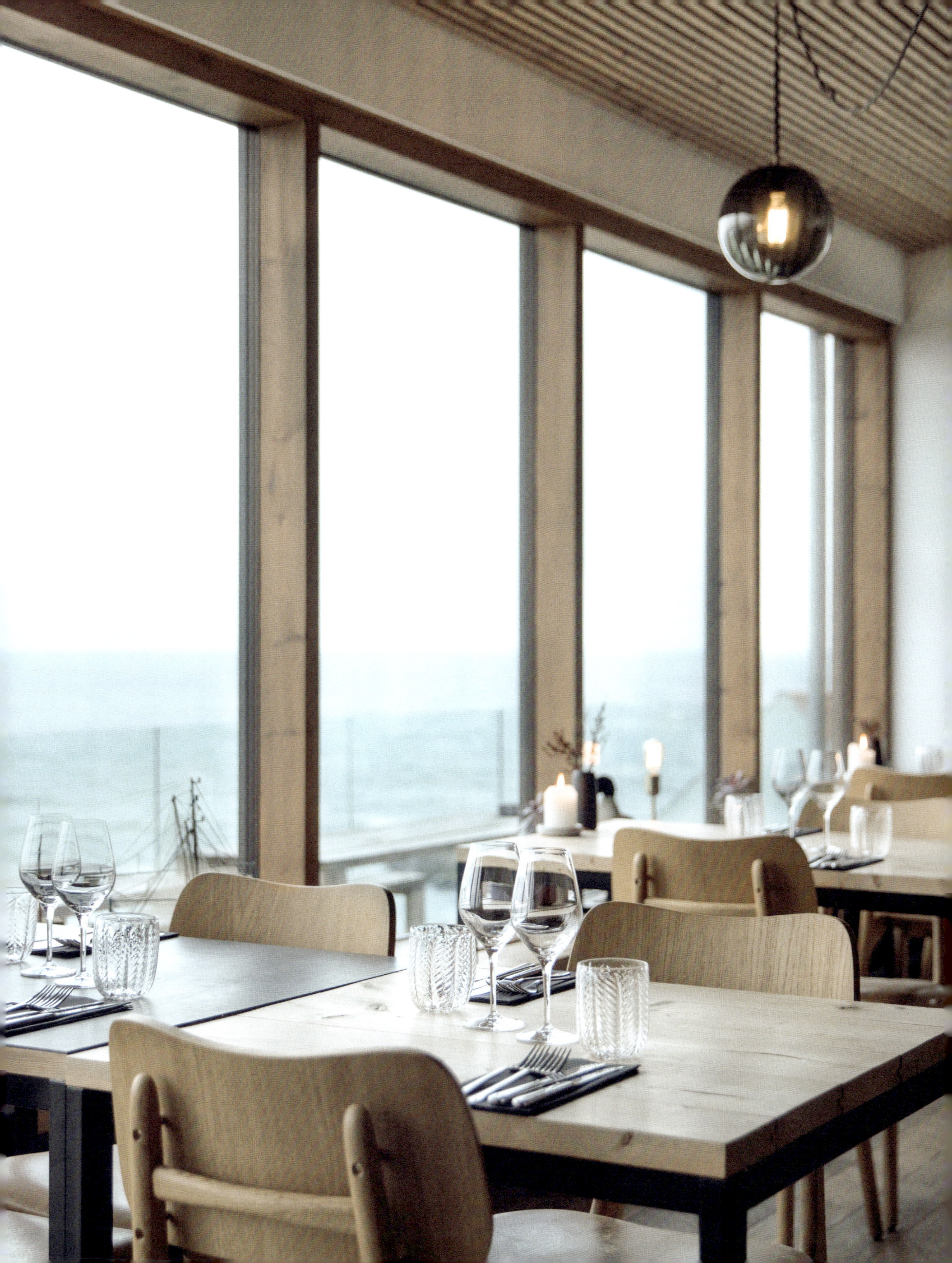

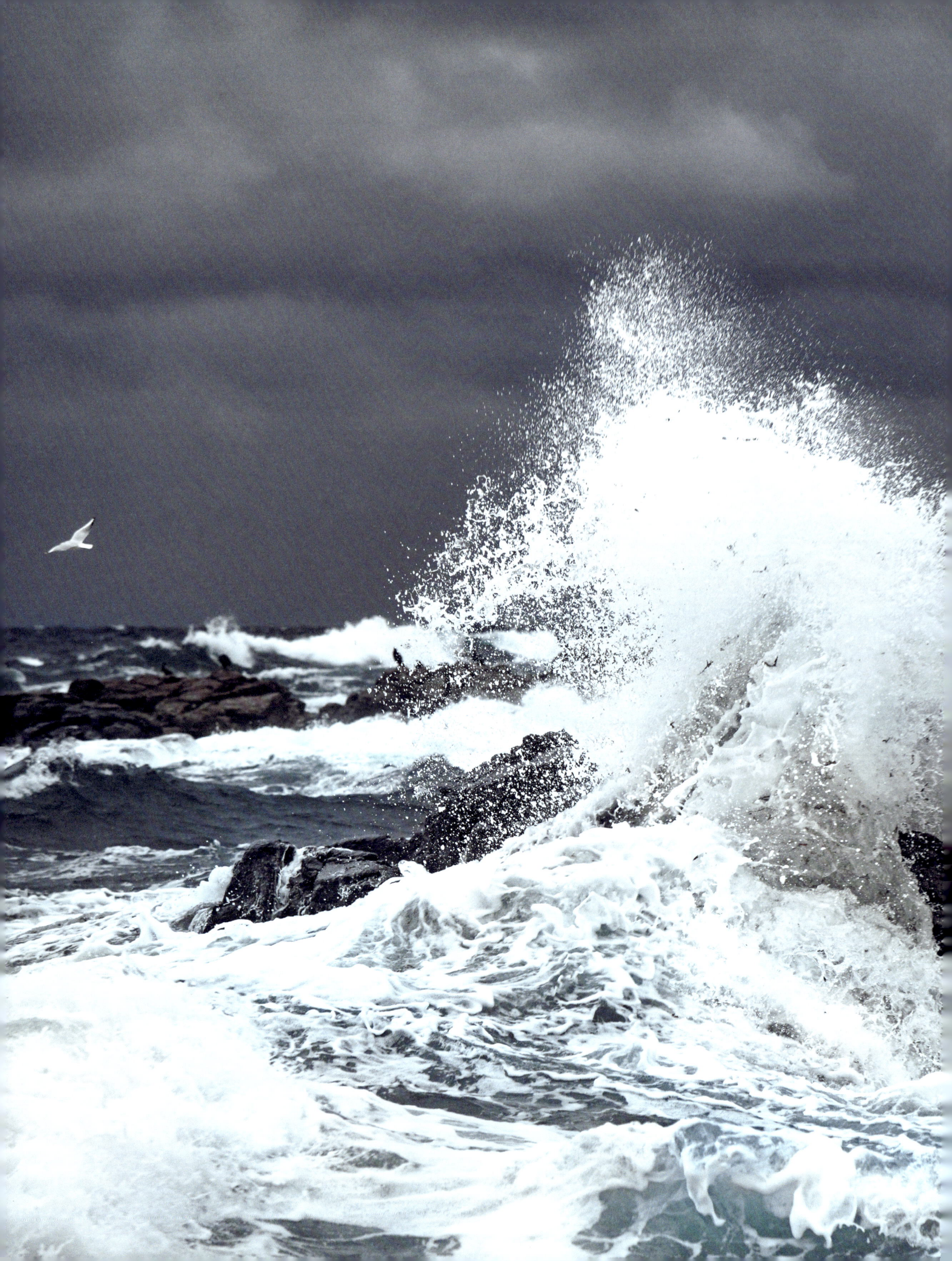

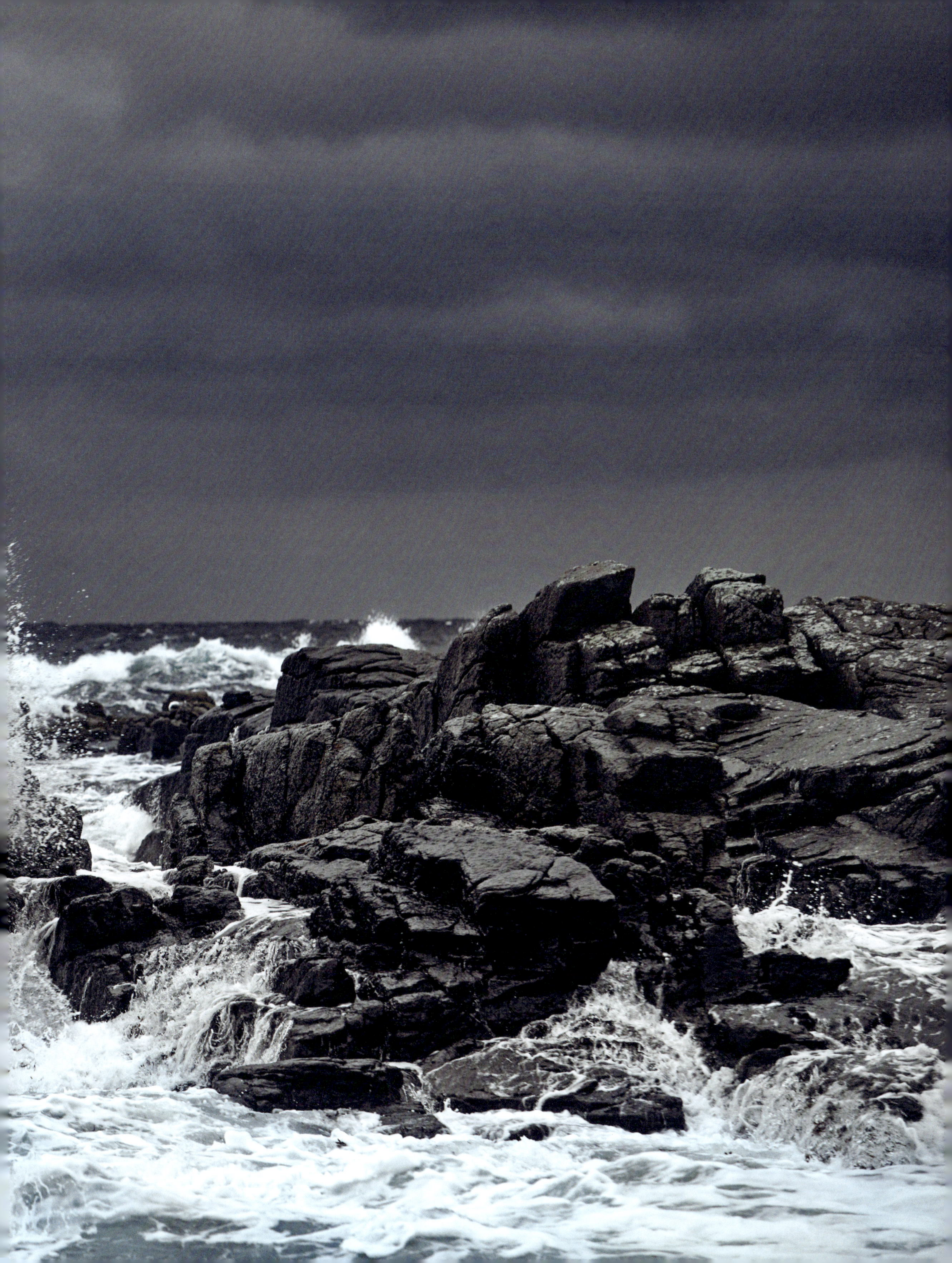

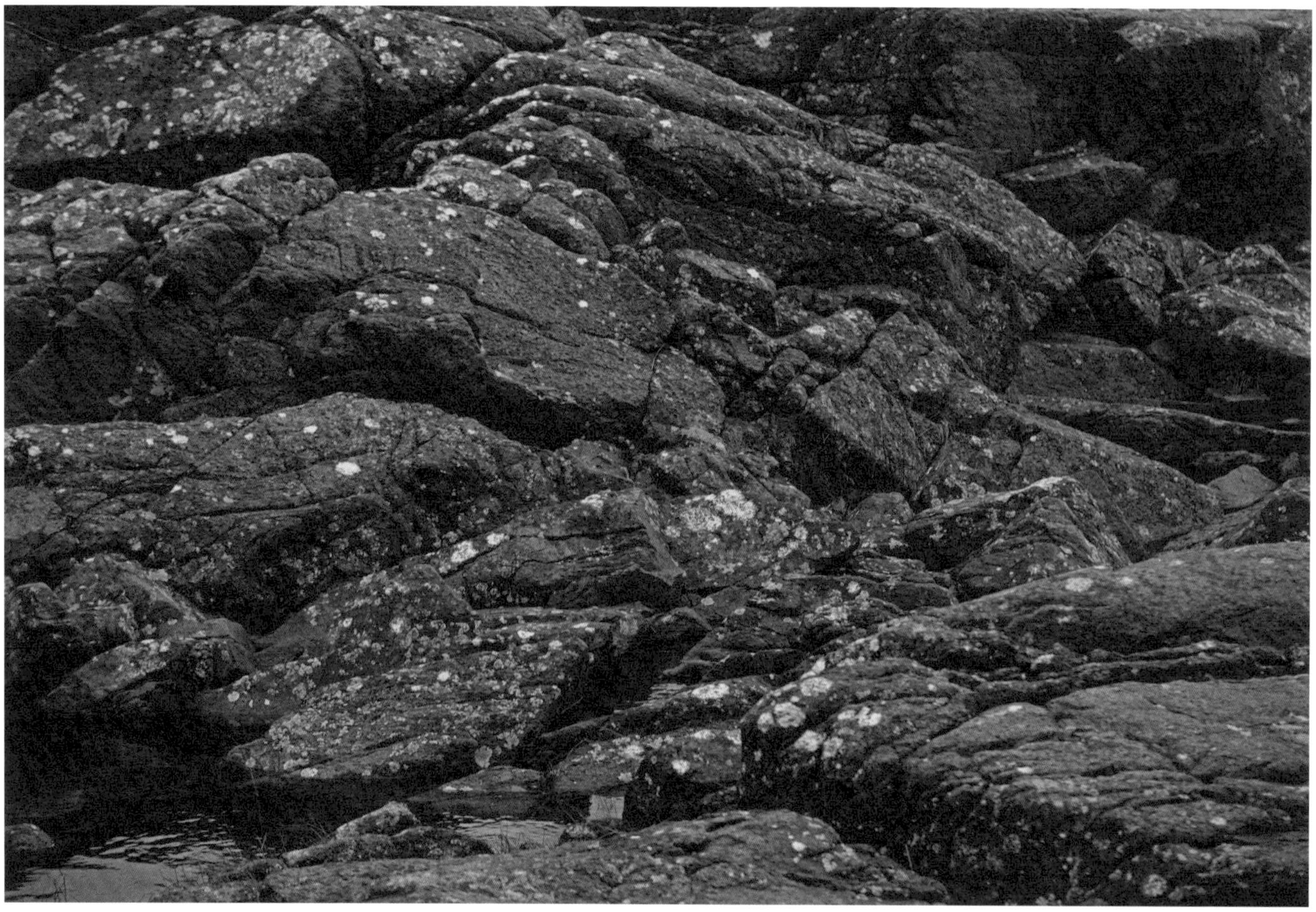

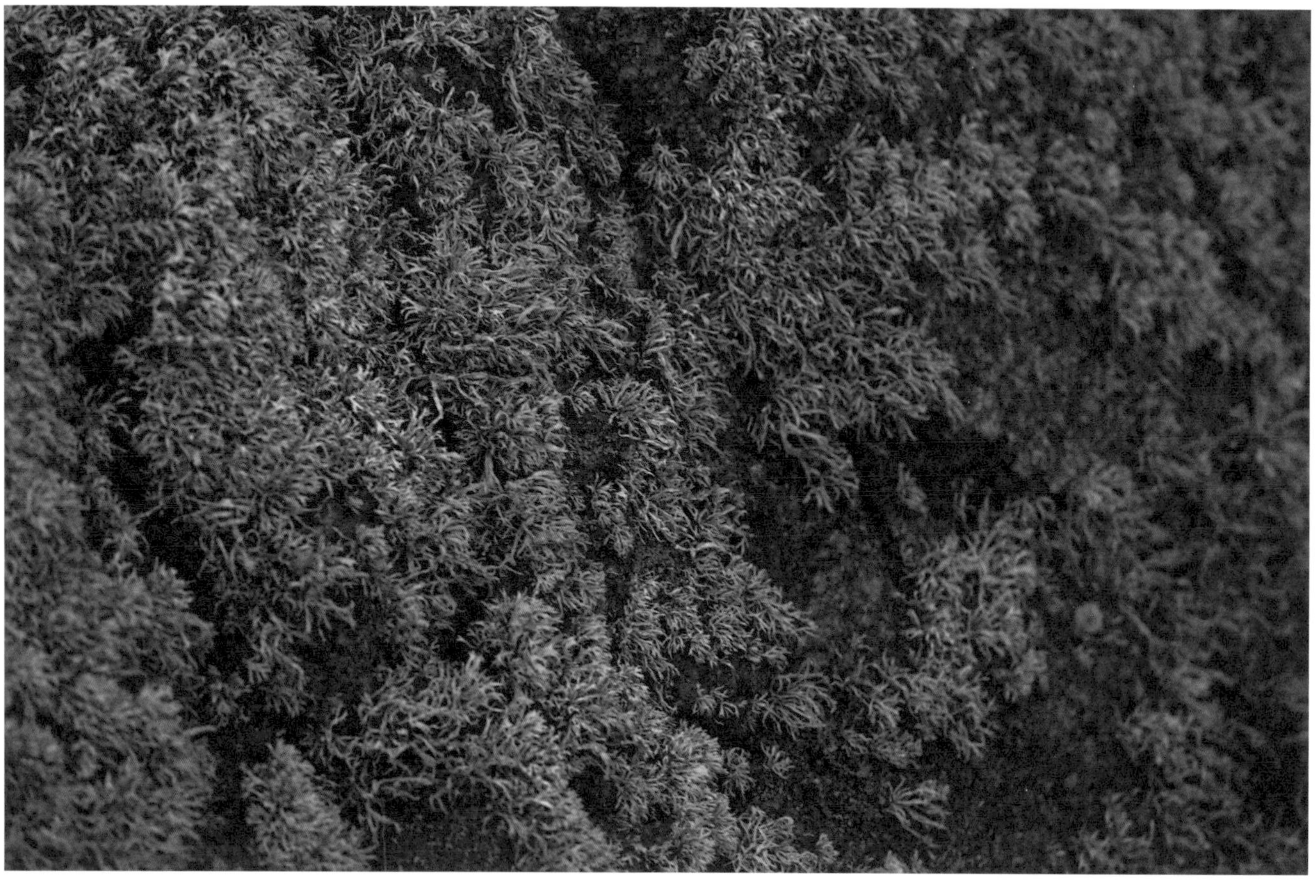

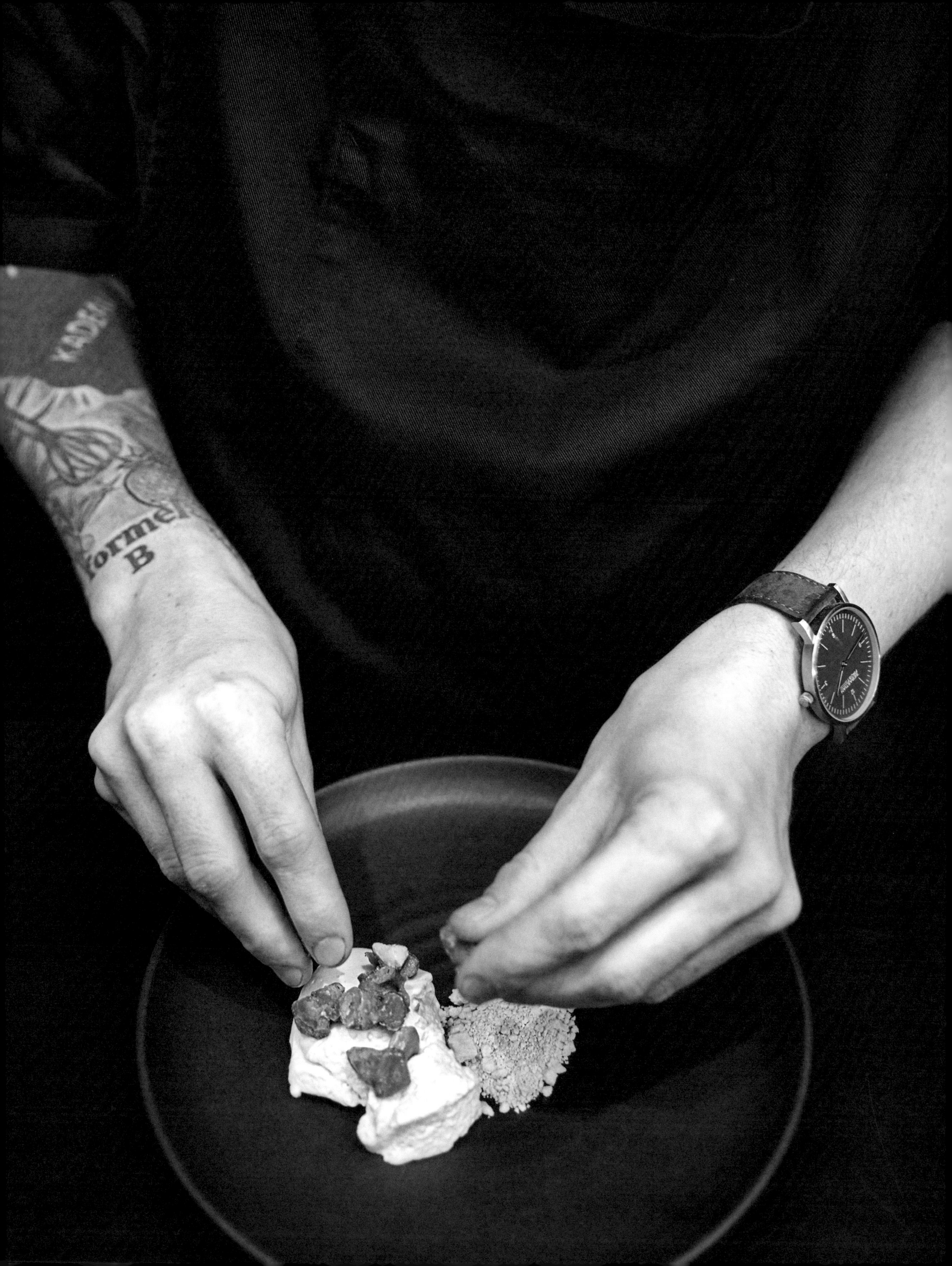

Dänischer Hummer in Ravioli, Lobster Bisque, Feigenblättern und Topinambur

Zubereitung

Für 6 Personen

TOPINAMBUR

- 2 **Topinambur**

Topinambur schälen, würfeln (1 × 1 cm) und bis zum Servieren in Wasser legen.

LOBSTER BISQUE

- 4 **Petersilienwurzeln**
- 3 **Pastinaken**
- 1 **Selleriestange**
- 4 **Zwiebeln**
- 3 EL **Tomatenmark**
- **Hummerschalen**
- 1 l **Weißwein**
- 300 ml **Cognac**
- 3 l **Wasser**
- 3 l **Geflügelfond**
- 10 g **Koriandersamen**
- 5 **Stängel Dill**
- **Schale von 2 Bio-Zitronen**
- 6 **Lorbeerblätter**
- 5 **Stängel Petersilie**
- **ein ordentlicher Schuss Sahne**
- 1 **Prise geräucherter Paprika**
- 1 **Schuss Pernod**

Petersilienwurzel, Pastinaken, Sellerie und Zwiebeln in einem Topf anbräunen. Das Tomatenmark dazugeben. Dann die Hummerschalen anrösten. Dafür die Schalen auf ein Blech (GN-Tablett) geben und in den Ofen schieben, rösten und anschließend mit Weißwein ablöschen. Cognac angießen und flambieren. Wasser, Geflügelfond, Koriandersamen, Dillstängel, Zitronenschale, Lorbeer und Petersilie dazugeben. Zum Kochen bringen und 30 Minuten ziehen lassen. Die Schalen abseihen und alles andere im Varimixer zerkleinern. Nochmals abseihen. Reduzieren, bis Geschmack und Konsistenz stimmen. Mit Sahne, geräuchertem Paprika und Pernod abschmecken.

HUMMERRAVIOLI

- 10 **frische Eier**
- 30 **frische Eigelb**
- 1600 g **italienisches Mehl, Typ 00**
- 800 g **Hartweizengrieß**
- 75 g **feines Salz**
- 2 kg **gehackter Hummer**
- **Topinamburpüree**
- **gehackter Dill**

Für den Pastateig die Eier per Hand mit dem Schneebesen zu einem festen Eischnee schlagen. Mehl und Salz einrühren. Vakuumieren und ein paar Stunden gekühlt ruhen lassen. Mindestens 2 Stunden vor Gebrauch aus dem Kühlschrank nehmen.

Für die Hummerfüllung gehackten Hummer, Topinamburpüree (dafür gedämpften Topinambur pürieren) und gehackten Dill vermischen. Dann den Pastateig ausrollen, bis er dünn genug ist (oder die Nudelmaschine einsetzen). Die Seite der Pasta, auf die die Füllung kommt, mit Eigelb bestreichen und die Füllung häufchenweise daraufsetzen. Die andere Hälfte der Pasta darüberschlagen und von Hand die Ravioli formen. Versuchen Sie, die Ravioli so rund wie möglich zu machen und keine Luft miteinzuschließen. Dann die Ravioli komplett rund ausstechen. Auf ein mit Hartweizenmehl bestäubtes Blech setzen und im Kühlschrank einige Stunden trocknen lassen. Je nachdem wie trocken sie dann sind, 2 bis 4 Minuten in Salzwasser kochen.

FEIGENBLATTÖL

- 100 g **Feigenblätter**
- 50 ml **Traubenkernöl**

Die Blätter und das Öl 8 Minuten pürieren und durch ein Tuch abseihen.

ANRICHTEN

Die Topinamburwürfel zuunterst anrichten, dann ein Hummerraviolo darauflegen und die schaumige Lobster Bisque darübergießen. Dann das Feigenblattöl rundherumträufeln.

Über das Gericht

Bornholm ist der einzige Ort in Dänemark, an dem Feigen wachsen. Das Feigenblattöl in dieser klassischen Lobster Bisque mit Ravioli verleiht diesem französisch-italienischen Gericht einen Hauch Bornholm.

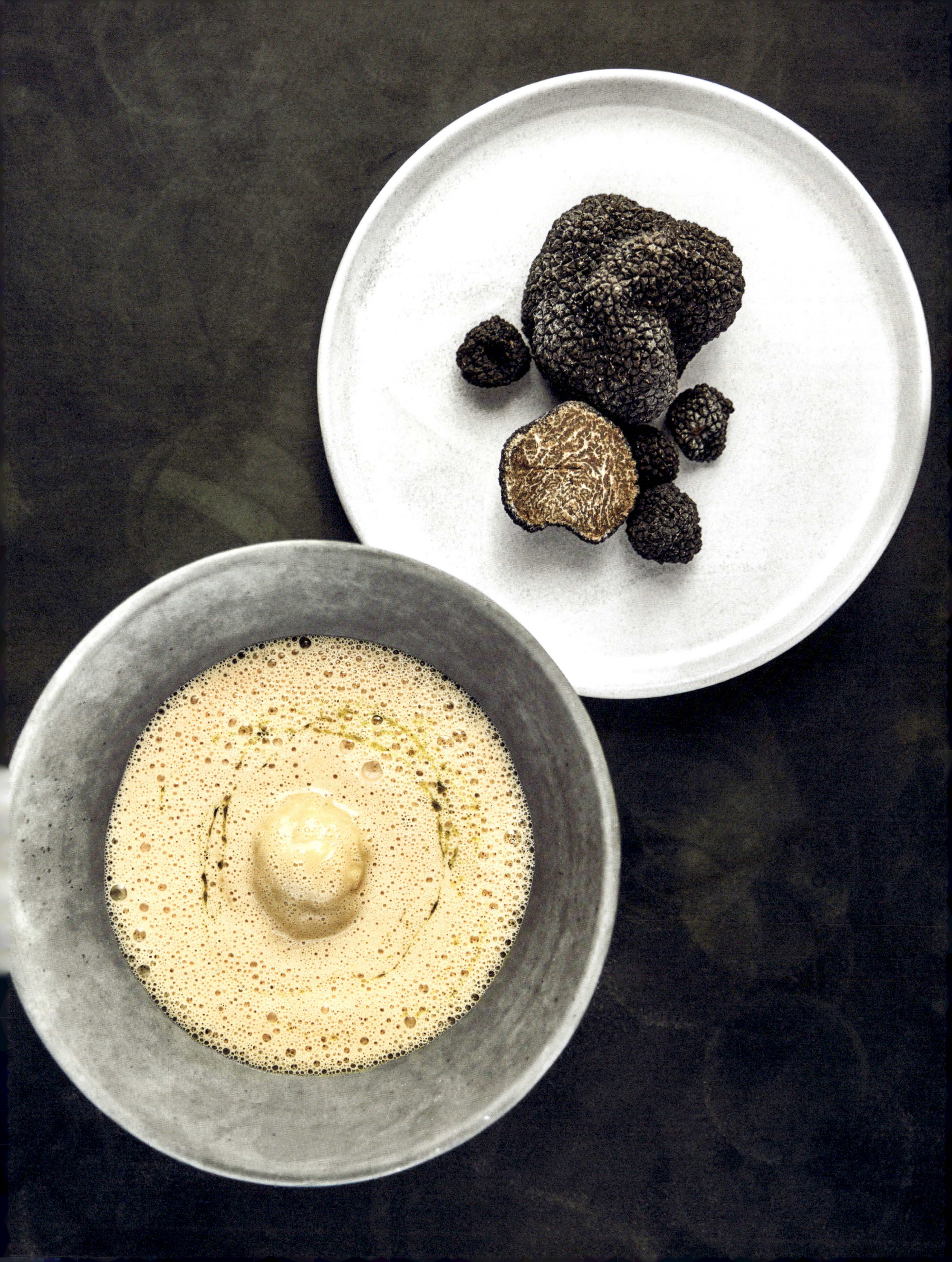

Sanddorn aus Ibsker, Schafsmilchjoghurtsorbet, weiße Schokolade und Hafer von Bornholm

Zubereitung

Für 6 Personen

EINGELEGTER SANDDORN

- eine Handvoll gefrorener Sanddorn
- 100 ml Wasser
- 100 g Zucker

Aus Wasser und Zucker einen Läuterzucker kochen. Den gefrorenen Sanddorn dazugeben. Über Nacht ziehen lassen.

SANDDORNPÜREE

- 100 g Sanddorn
- 200 ml Apfelsaft
- 10 g Citras
- 14 g Gellan pro Liter Zucker

Den Sanddorn mit dem Apfelsaft aufkochen. Die Mischung pürieren und die Kerne abseihen. Mit Zucker abschmecken und nochmals mit Citras und Gellan aufkochen. Eine Minute kochen, dann abkühlen lassen. Die kalte Flüssigkeit glatt pürieren.

SCHAFSMILCH-JOGHURTSORBET

- 1,8 l Wasser
- 450 ml Zitronensaft
- 1 kg Zucker
- 250 g Glukose
- 8 Blatt Gelatine
- 1,75 kg Schafsmilchjoghurt

Wasser mit Zitronensaft, Zucker und Glukose aufkochen und die eingeweichte Gelatine darin auflösen. Wenn die Mischung abgekühlt ist, den Joghurt unterrühren. Dann in die Eismaschine geben.

WEISSE SCHOKOLADENMOUSSE

- 2 Blatt Gelatine
- 700 ml Sahne
- 350 g weiße Schokolade

Gelatine einweichen. Die Hälfte der Sahne zum Kochen bringen und über die weiße Schokolade gießen. Die Gelatine darin auflösen. Masse auf etwa 40 °C abkühlen lassen. In der Zwischenzeit die andere Hälfte der Sahne luftig schlagen. Unter die Mischung heben. Auf den Tellern die Mousse als Unterlage für die anderen Bestandteile anrichten und vor dem Servieren für 2 bis 3 Stunden in den Kühlschrank stellen.

HAFERCRUMBLE

- 50 g Mehl
- 100 g Butter
- 100 g Haferflocken von Bornholm
- 50 g Zucker

Alles miteinander verrühren und auf einem Blech im Ofen bei 150 °C goldbraun rösten.

ANRICHTEN

Die leichteste (und hübscheste) Art und Weise dieses Dessert zu präsentieren sieht man auf dem schönen Foto gegenüber. Das Gericht besteht aus vielen verschiedenen Komponenten – man sollte sich einfach davon inspirieren lassen, kreativ werden und seinem eigenen Stil folgen.

Über das Gericht

Sanddorn wächst zwar nur auf der anderen Seite der Insel, aber wir können ihn trotzdem noch selbst ernten. Es ist ein Privileg, Zutaten verwenden zu können, die in der Umgebung wachsen, besonders wenn sie die Frische und Säure, Süße und Umami mitbringen, die ein Gericht ideal abrunden.

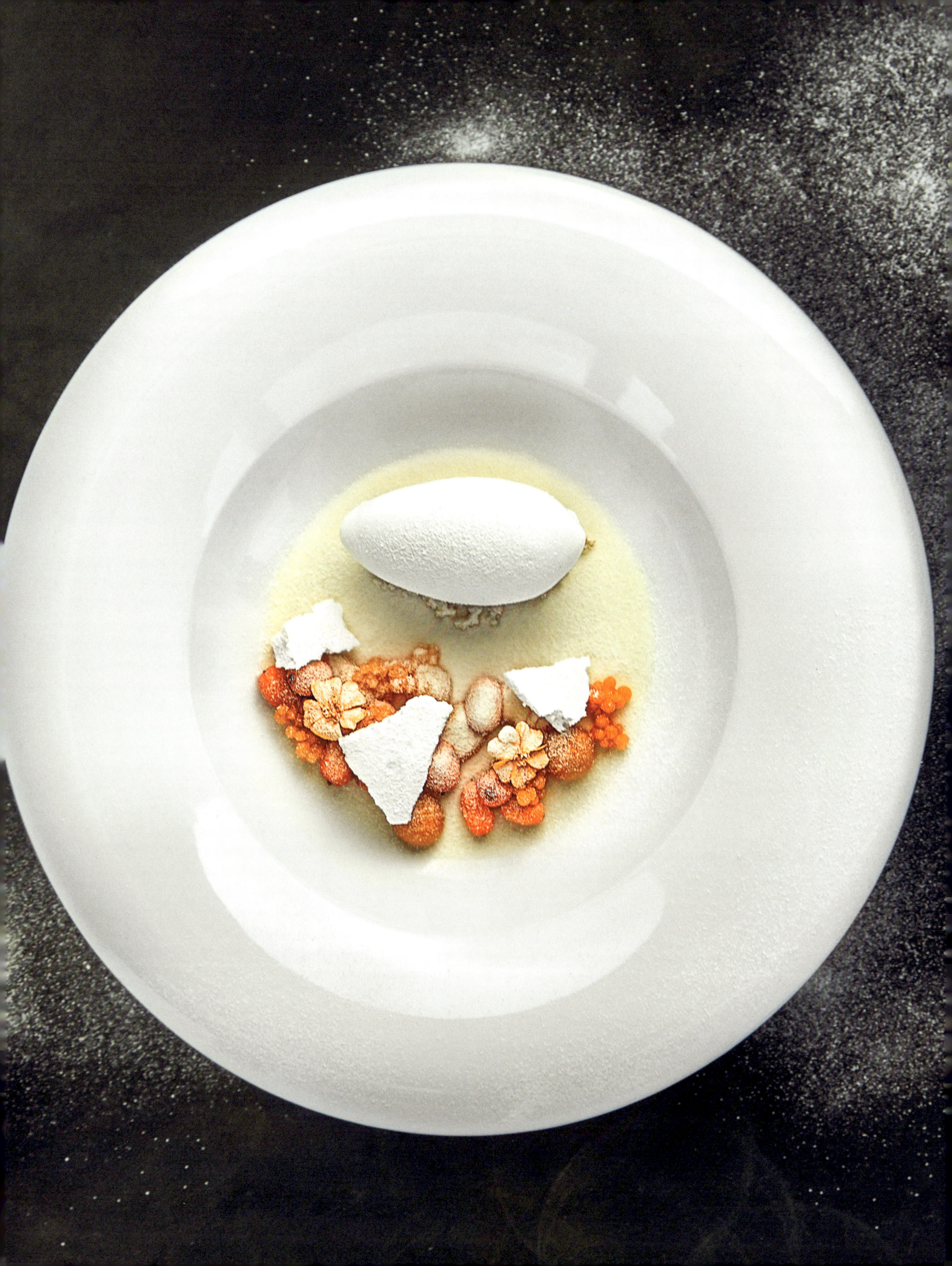

Radio | Kopenhagen, Seeland, Dänemark

Als sich der Gastronom Claus Meyer mit seinem engen Freund und Kollegen Jesper Kirketerp zusammentat, war das Restaurant Radio geboren. Das Produkt ihrer Synergie fand seinen Platz neben dem ehemaligen Kopenhagener Rundfunkgebäude. Die Biorohstoffe stammen von ihrem zwei Hektar großen Hof, wo im Verlauf der Jahreszeiten über 80 verschiedene Pflanzen angebaut werden.

Jesper Kirketerp
– Chefkoch & Mitgründer

Meine Inspirationsquellen sind oft ganz simple Dinge: saisonale Produkte, die Natur, meine Umgebung und das Team vom Radio. Eine meiner größten Prioritäten ist es, Zutaten zu verwenden, die möglichst in unmittelbarer Nähe produziert werden, um die Transportzeit zu minimieren und Frische zu garantieren. Dänische Produkte und die dänische Natur sind für meinen Schaffensprozess ganz entscheidend. Ich finde, dass Fisch und Meeresfrüchte aus dänischen Gewässern dank dem kalten Wasser großartig schmecken. Am besten komplementiert man sie mit regionalem Obst und Gemüse. Es macht mir Spaß, das Radio-Team bei der Zusammenstellung verschiedener Menüs und beim Kombinieren von Zutaten und Aromen miteinzubinden, da wir uns gegenseitig inspirieren und von unseren Ideen und jeweiligen Stärken profitieren.

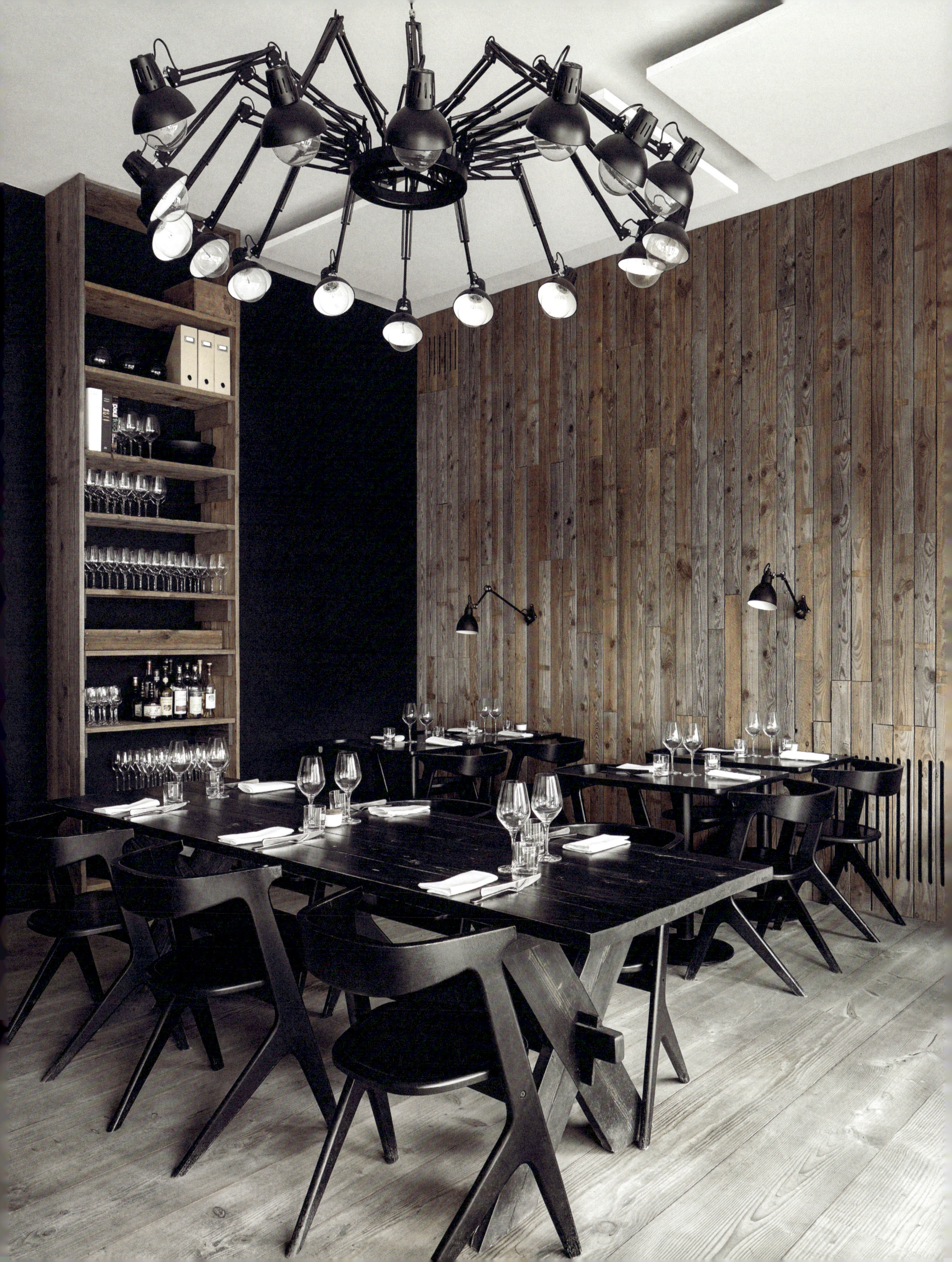

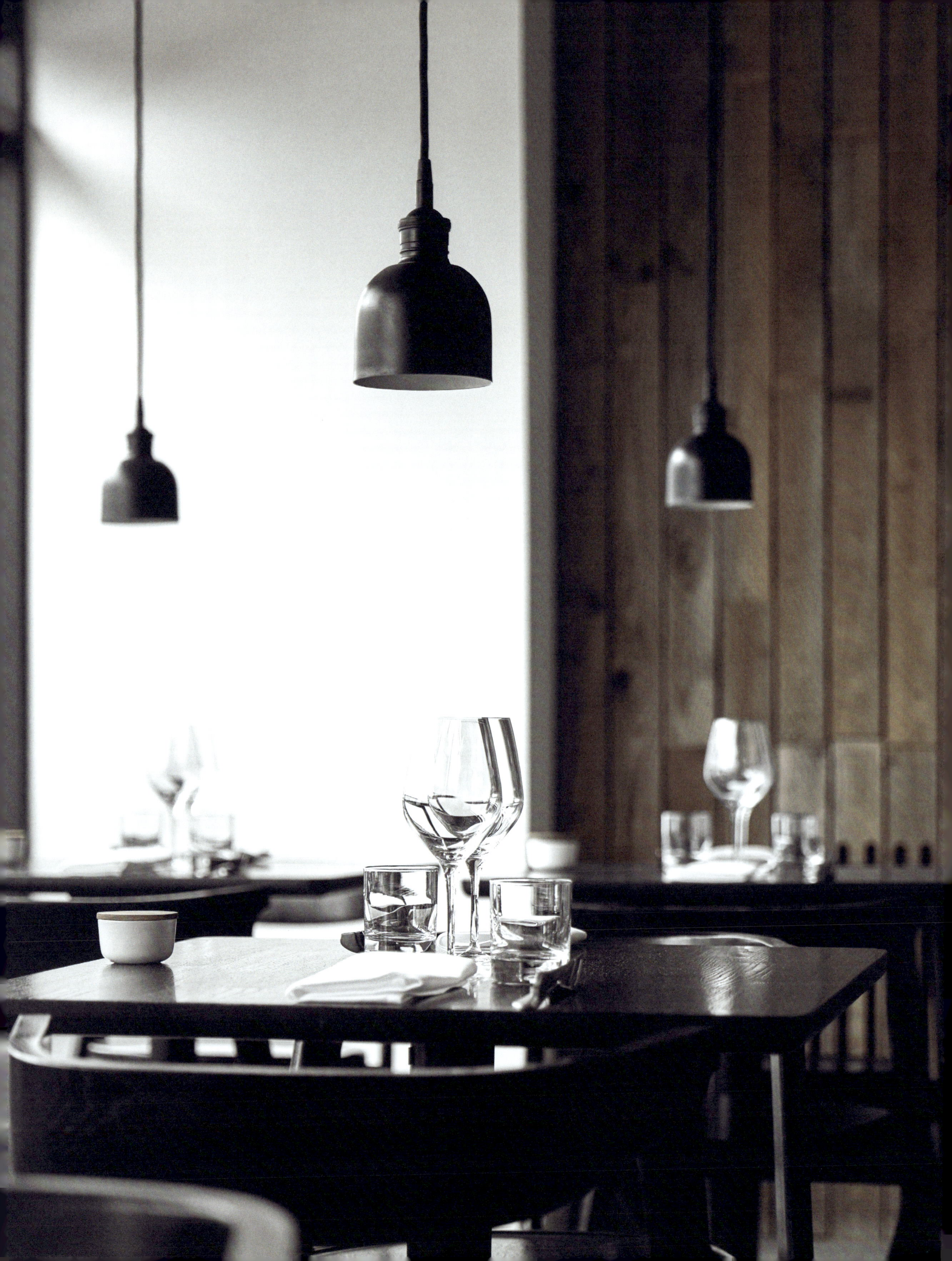

Radio – Kopenhagen, Seeland, Dänemark

Tintenfisch, Eigelb und Bakskuld

Zubereitung

Für 4 Personen

LAUCH
4 Lauchstangen

Das obere Ende vom Lauch abschneiden und die äußeren Blätter entfernen. Gründlich säubern, damit kein Dreck mehr zwischen den Blattschichten im Inneren steckt. Dann die Lauchstangen in Salzwasser gar kochen.

TINTENFISCH
2 Tintenfische zu je 300 g

Den Kopf, die Eingeweide und den Tintensack entfernen. Die Flügel entfernen und den Tintenfisch auf einer Seite aufschneiden, damit er sich flach auf den Tisch legen lässt. Zu einer Wurst rollen, fest in Klarsichtfolie wickeln und einfrieren. Wenn er gefroren ist, herausnehmen, Folie beseitigen und in sehr dünne längliche Streifen schneiden (am besten mit einer Aufschnittmaschine), solange er noch wurstförmig ist.

BAKSKULD

100 g Bakskuld (gesalzene, geräucherte und getrocknete Rotzunge)
400 ml Milch
150 ml Sahne
etwas Zitronensaft
Salz
200 g Eiweiß

Bakskuld in grobe Stücke schneiden, um den Geschmack zu maximieren. In einen Topf mit Milch und Sahne geben und zum Kochen bringen. Sobald die Masse anfängt zu kochen, den Topf von der Flamme nehmen und alles 20 Minuten ziehen lassen. Dann durch ein feines Sieb passieren. Mit Zitronensaft und Salz abschmecken. Anschließend das Eiweiß einrühren.

EIGELB
2 Eigelbe

Eigelb salzen und für ein paar Tage in den Kühlschrank stellen. Die gesalzenen Eigelb 36 Stunden bei 65 °C im Ofen trocknen.

ANRICHTEN

Den Lauch grillen und in Ringe schneiden. Den Tintenfisch im heißen Öl ganz kurz anbraten, da er sonst zäh wird. Den vorbereiteten Bakskuld erhitzen und in einen Sahnebereiter füllen. Dann den Lauch auf einem Teller anrichten und den Tintenfisch darauflegen. Einen Klacks Bakskuldschaum neben den Lauch setzen und die getrockneten Eigelbe darüberreiben.

Über das Gericht

Dieses Gericht steht symbolisch für das Radio: Das ganze Team hat daran mitgearbeitet und die Inspiration kommt von Menschen, die in direkter Verbindung zum Restaurant stehen. Wenn unser Fischhändler anruft, fangen wir direkt alle an von Tintenfisch zu träumen: Was man damit alles machen kann, wie man das Beste aus seinem Geschmack herausholt, welche Konsistenz er haben soll und wie wir ihn unseren Gästen auf aufregende, neue Weise servieren können. Als nächstes denken wir über das Gemüse nach: Was passt zum Tintenfisch? Was hat gerade Saison? Unsere Gäste sollen den echten, ehrlichen Geschmack des Tintenfischs erfahren, zusammen mit „fischfreundlichem", saisonalem Gemüse.

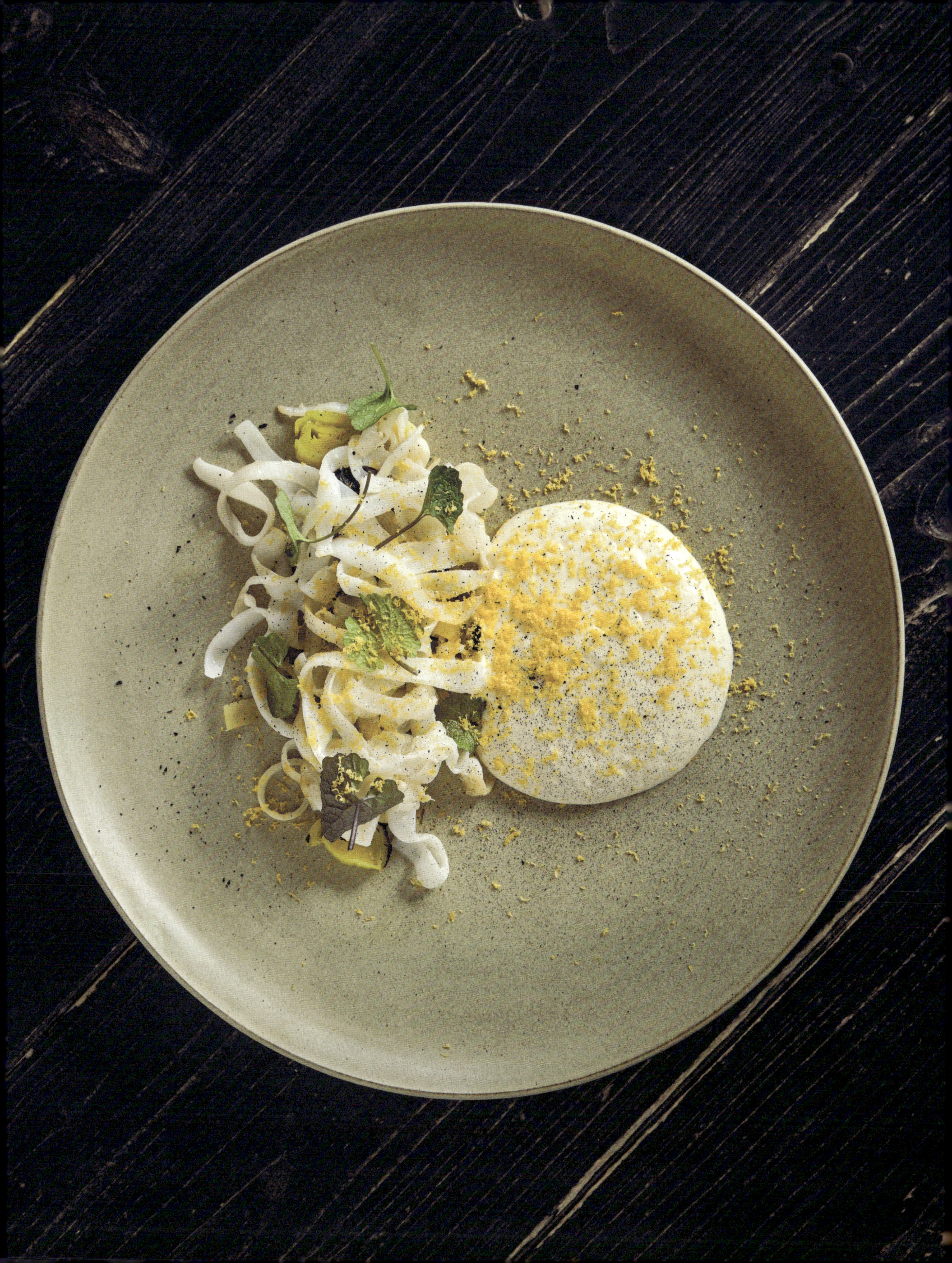

STUD!O | Kopenhagen, Seeland, Dänemark

In der Farbe korrodierter Kupferskulpturen erstrahlt im Hafenviertel Nyhavn das restaurierte alte Fährhaus, heute bekannt als The Standard. Das Art-déco-Gebäude beherbergt das beliebte, von Claus Meyer gegründete Restaurant STUD!O. Sein von der Natur inspiriertes und experimentierfreudiges Menü offenbart die nordische DNA der Küche von Torsten Vildgaard.

Torsten Vildgaard
– Chefkoch

Bei allem, was ich tue, folge ich dem Motto „keep testing". Den Großteil meiner Zeit im Noma war ich damit betraut, zu experimentieren, neue Zutaten auszuprobieren, neue Kochverfahren zu testen – oder gar nicht zu kochen –, und dabei stets den Charakter einer Zutat bezüglich Geschmack, Konsistenz, Geruch und Aussehen zu prüfen. Manchmal klappte es auf Anhieb, aber oft brauchte ich zehn bis fünfzehn Versuche über mehrere Tage, Wochen oder Jahre hinweg, um Geschmack, Aussehen und Ausdruck so hinzubekommen, wie wir das wollten. Denselben Ansatz verfolge ich auch im STUD!O. Ich möchte das bestmögliche Ergebnis erzielen, indem ich fortwährend experimentiere. Ich sporne auch meine Mitarbeiter dazu an, denn nur so lässt sich Größeres erreichen. Diese Gerichte sind das Resultat harter Arbeit und vieler Fehlschläge – aber letztlich sollen sie alle Perfektion verkörpern. Sie alle sind beispielhafte Ergebnisse meines Mottos „keep testing".

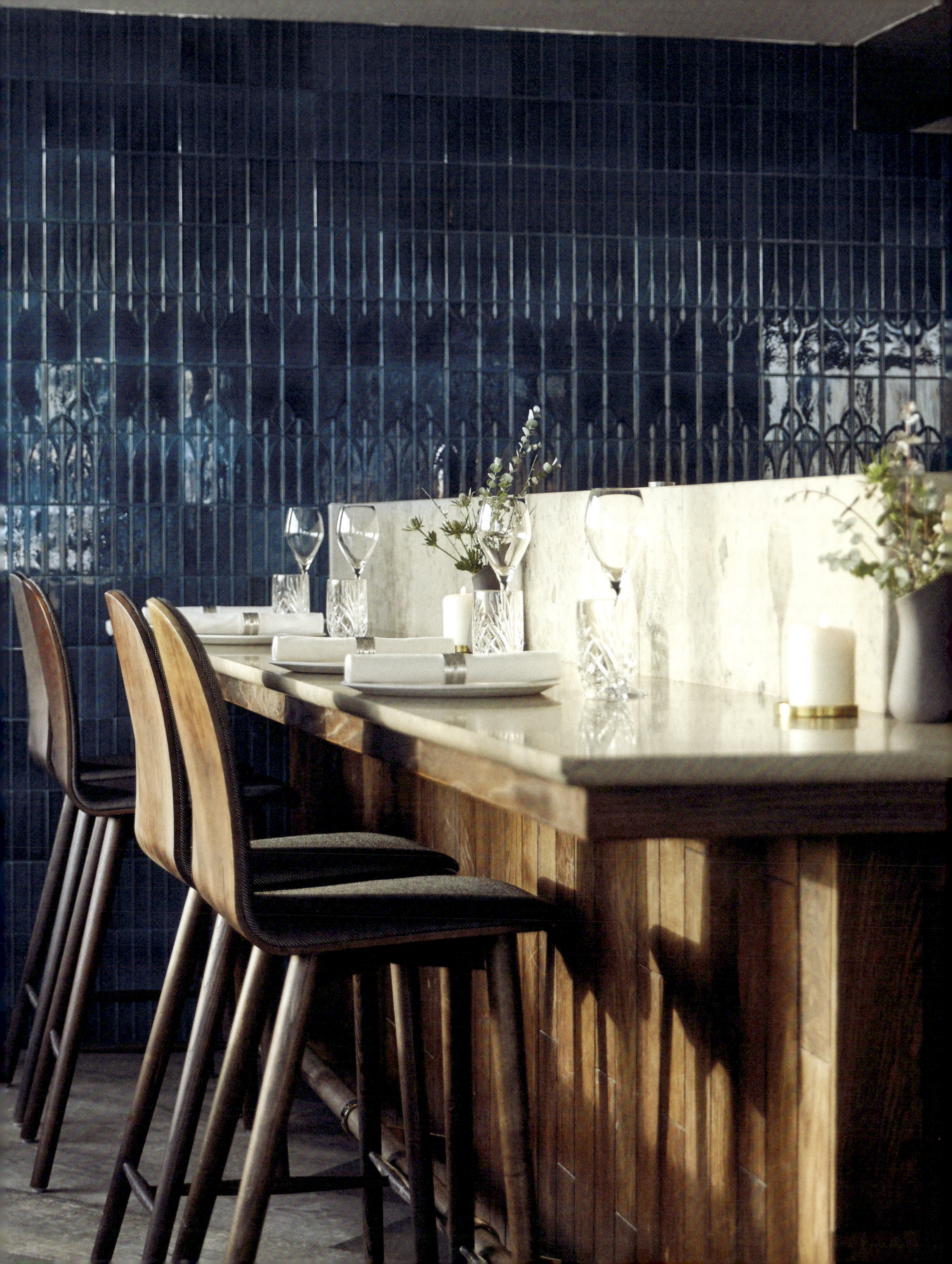

Gebackene Rotzunge mit Zwiebeln und Kräutern

Zubereitung

Für 4 Personen

ROTZUNGE

**1 gehäutete Rotzunge
Salz zum Abschmecken
10 g braune Butter
1 Zweig Zitronenthymian**

Fischflossen mit einer Schere entfernen. Schwanz und Kopf abschneiden und den Fisch im 90°-Winkel zum Rückgrat halbieren. Fischreste für die Soße aufheben. Eine Hälfte so filetieren, dass die Gräten freiliegen. Die herausragenden Gräten für 10 Sekunden in kochendes Wasser tauchen und mit einer Zahnbürste die Gräten säubern. Die andere Fischhälfte vorsichtig seitlich so öffnen, dass die Filets noch mit dem Rückgrat verbunden bleiben. Die Gräten zwischen den Filets mit einer Schere entfernen und diese wieder ordentlich aufeinanderlegen. Auf beiden Seiten salzen und 24 Stunden in den Kühlschrank legen. Zitronenthymian kurz in brauner Butter anbraten. Fisch mit der jetzt aromatisierten Butter bestreichen und in einen geschlossenen Behälter geben. Bei 75 °C etwa 12 Minuten backen.

BUTTTERSOSSE

FISCHBRÜHE

**1 kg Rotzungenreste
100 g Weißwein
Wasser zum Bedecken**

Für die Fischbrühe alles in einen Topf geben und zum Kochen bringen. Dann auf kleinster Flamme 45 Minuten ziehen lassen. Durch ein feinmaschiges Sieb abseihen und auf ⅓ der ursprünglichen Menge reduzieren.

REDUZIERTER WEISSWEIN

2 l Weißwein

Weißwein auf $1/15$ seines Volumens reduzieren.

SOSSENBASIS

**300 g Butter
75 g braune Butter
75 g Fischbrühe
50 g reduzierter Weißwein
2 Eigelb**

Alles außer dem Eigelb vermischen. Zum Kochen bringen und mit dem Pürierstab zu einer Emulsion verbinden. Sobald alles gut vermengt ist, die Eigelb dazugeben und kurz weiterpürieren.

SOSSE

**25 ml Soßenbasis
3 g fein gehackter Schnittlauch
5 g eingelegte Bärlauchkapern**

Die heiße Soße leicht aufschäumen und mit Schnittlauch und Bärlauchkapern mischen.

GEKOCHTE ZWIEBELN

**8 kleine Zwiebeln
125 g Butter
125 ml Wasser
5 g Zitronenthymian**

Den Zwiebelstrunk abschneiden und die Zwiebeln exakt in der Mitte halbieren. Die Zwiebeln in ihre Schichten zerlegen und die dünnen Häute beidseitig entfernen. Wasser und Butter verrühren und aufkochen. Dann mit einem Pürierstab zum emulgieren bringen. Zitronenthymian dazutun und 30 Minuten ziehen lassen. Durch ein feinmaschiges Sieb abgießen. Anschließend die Zwiebelschälchen 20 bis 30 Sekunden in die kochende Butteremulsion geben.

ANRICHTEN

**1 Bärlauchspross
(5 Sek. in der Zitronenthymian-Butteremulsion gekocht)
2 Zweige Vogelmiere
1 Schafgarbe
2 Kapuzinerkressen
2 Zweiglein Dill
1 Zweig Giersch
1 rosa Zwiebelblume**

Die Garnitur auf und neben dem gebackenen Fisch anrichten. Dazu die Soße reichen.

Über das Gericht

Dieses Gericht ist die Geschichte eines hässlichen Entleins: Mit ein wenig Mühe und Zeit wird aus einem hässlichen Plattfisch mit schiefem Schädel ein wunderschöner Schwan – der Mittelpunkt eines Gerichts in einem Sternerestaurant. Unser Ausgangspunkt ist ein günstiger dänischer Plattfisch, den wir auf ein völlig anderes Niveau bringen, indem wir ihn am Tag zuvor tranchieren und salzen und die Gräten mit Zahnbürsten säubern – eine grundlegende Verwandlung, deren Endergebnis eine echte Innovation darstellt.

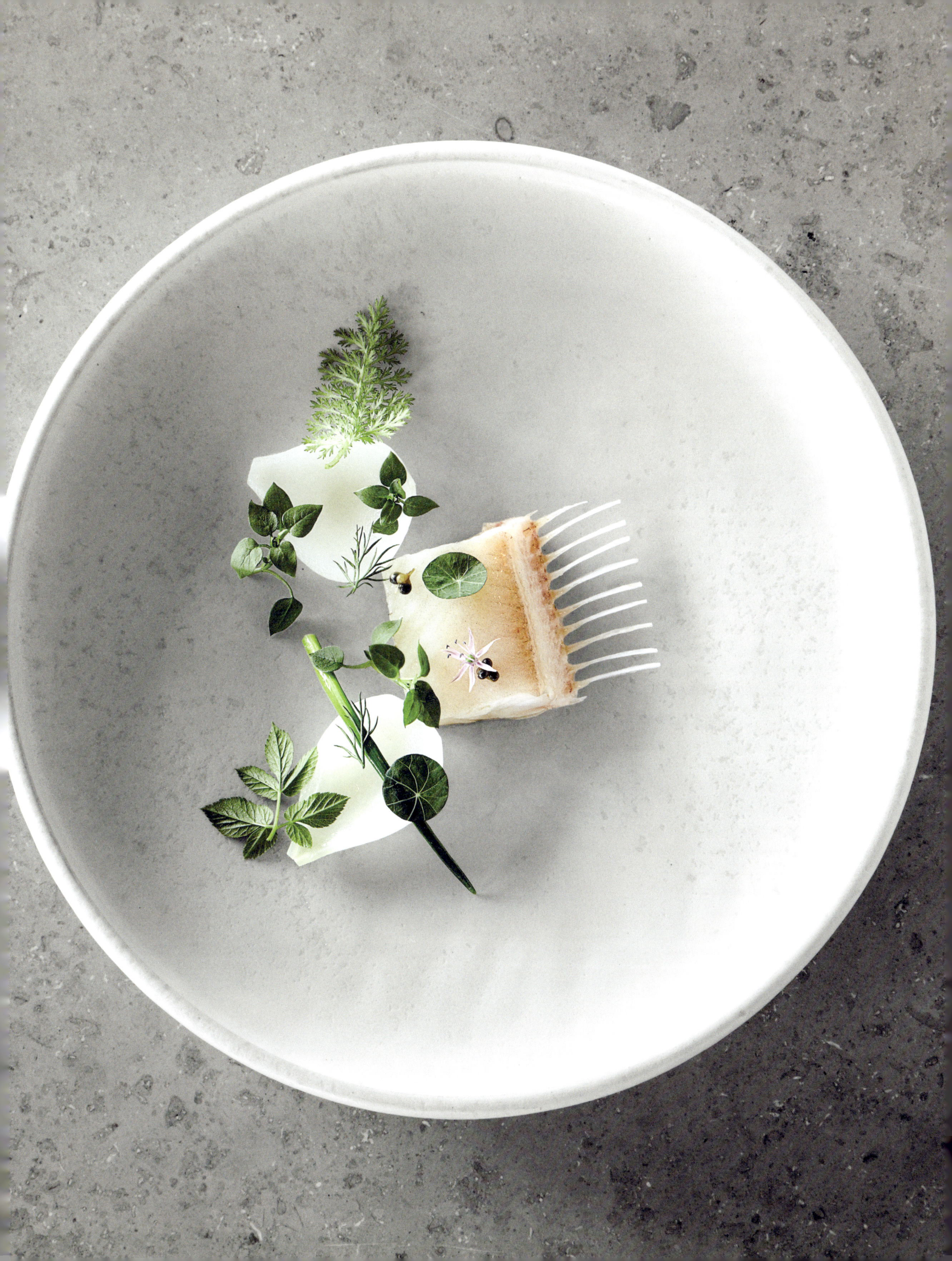

Tatar mit Kiefer und getoastetem Roggenbrot

Über das Gericht

Bei diesem Gericht haben wir uns vom „Terroir" des Fleisches inspirieren lassen. Da seine Ursprünge im Kiefernwald liegen, räuchern und marinieren wir das Fleisch mit Kiefer und legen Fichtennadeln darauf. Dazu würzen wir das Gericht mit Aromen, die die intensive, säuerliche Kiefernote ausbalancieren. Mit der Kiefer wollen wir bei den Gästen dieselbe Stimmung erzeugen, die wir empfinden, wenn wir das Gericht in der Küche zubereiten. Der Duft ist äußerst anregend und wir wecken die Sinne, indem wir die Kiefer vor unseren Gästen anzünden.

Zubereitung

Für 4 Personen

DOUGLASIENÖL

33,5 g Douglasiennadeln
268 g Traubenkernöl

Die Zutaten vakuumieren und bei 80 °C über Nacht dämpfen. Durch ein feinmaschiges Sieb abseihen.

TATAR MIT DOUGLASIENÖL

100 g Wildfilet
20 g getrocknete Douglasiennadeln
8 ml Douglasienöl

Das Filet leicht anfrieren. Dann das halbgefrorene Fleisch in kleine Würfel von 5 × 5 mm schneiden. Mit einer Räucherpistole zusammen mit den getrockneten Douglasiennadeln leicht anräuchern. Im Douglasienöl marinieren.

DOUGLASIEN-MAYO

64 g Eigelb
24 ml Weißweinessig
260 ml Douglasienöl
7 g Salz

Alles außer dem Öl in den Thermomix geben, bei mittlerer Stufe schleudern, dann Öl dazugießen, bis eine Emulsion entsteht.

PASTE AUS SCHWARZEM KNOBLAUCH

40 g schwarzer Knoblauch

Den schwarzen Knoblauch durch ein feinmaschiges Sieb passieren.

GETOASTETES ROGGENBROT

½ Laib Roggenbrot
Geklärte Butter
feines Salz

Das Roggenbrot einfrieren. Mit einer Aufschnittmaschine in 1,5 mm dicke Scheiben schneiden. Mit einem 6 cm-Kreisausstecher Scheiben ausstechen. Dann die Brotscheiben nebeneinander auf Backpapier legen, mit der geklärten Butter bestreichen und leicht salzen. Mit einem weiteren mit geklärter Butter bestrichenen Stück Backpapier zudecken, beschweren und 10 Minuten bei 180 °C backen.

ANRICHTEN

50 g Rotkieferntriebe
Blätter vom Zitronenthymian

Das marinierte Wildfilet in einem Knochen anrichten, fünf Tupfer Douglasien-Mayo und schwarzen Knoblauch daraufgeben. Mit den Rotkieferntriebe und den Zitronenthymianblättern dekorieren. Auf einer Serviette servieren und dazu das knusprige Roggenbrot reichen.

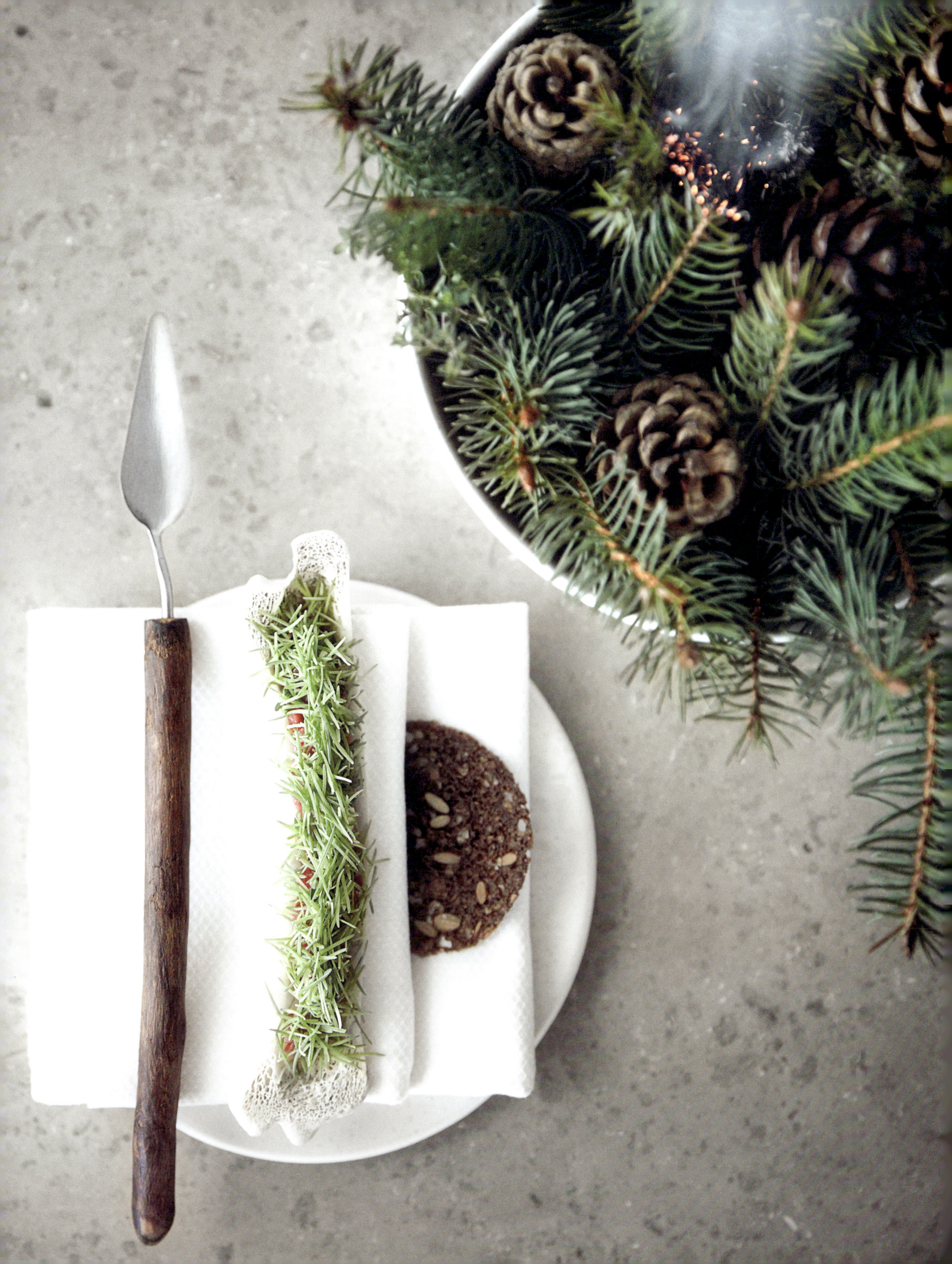

Auster mit weißen Johannisbeeren und Söl

Zubereitung

Für 4 Personen

GILLARDEAU-AUSTERN
4 Gillardeau-Austern

Die Austern sorgfältig öffnen, überschüssigen Saft abgießen und gründlich nach Schalensplittern absuchen. Die Austern aus der Schale nehmen, halbieren und wieder hineinlegen.

WEISSER JOHANNISBEERSAFT
150 g frische weiße Johannisbeeren

Die weißen Johannisbeeren entsaften, den im Fruchtbrei verbliebenen Saft herauspressen und alles durch ein feinmaschiges Sieb passieren.

BOUILLON AUS WEISSEN JOHANNISBEEREN

100 ml Weißer Johannisbeersaft
70 ml gefiltertes Wasser
Läuterzucker aus 50% Wasser und 50% Zucker

Für die Bouillon Saft und Wasser mischen und mithilfe eines Refraktometers auf 12 Grad Brix bringen.

SÖL-ÖL

60 ml getrocknetes Söl (Dulse)
200 ml Rapsöl

Söl und Öl 7 Minuten im Thermomix bei 70 °C pürieren und dann durch ein feinmaschiges Sieb passieren. Vor dem Anrichten das Öl gut durchrühren, da es Söl-Rückstände enthalten kann.

ANRICHTEN

3 gefrorene weiße Johannisbeeren
3 kleine Stücke frisches Söl (Dulse)
3 bis 4 Stengel Senfkresse

Die drei weißen Johannisbeeren auf der Auster platzieren und mit den Blättern bedecken. Bouillon und Öl darübergießen.

Über das Gericht

Der Kniff fast aller meiner Austerngerichte sind saure Beeren. Wir haben bereits grüne Erdbeeren und unterschiedliche Johannisbeersorten verwendet. Die Balance zwischen Süße und Säure ist extrem wichtig, denn viele meiner Gäste haben noch nie zuvor Austern gegessen oder sie mal probiert, aber nicht gemocht. Aber in dieser Kombination sind 99,9 Prozent der Leute von Austern begeistert. Um dem Gericht neben dem Saft weißer Johannisbeeren noch etwas Besonderes zu geben, haben wir es mit Söl-Öl probiert, einem roten Öl aus dem roten Lappentang, der Heilkräfte besitzt und seit Jahrhunderten an den Küsten des Nordatlantik, insbesondere auf Island, gegessen wird. Später entdeckten wir dann Shiso – ein rotes Kraut, das wunderbar mit dem Austernaroma harmoniert, und verwendeten roten Seetang, um den Geschmack abzurunden. Als Ausgangspunkt diente uns also etwas Vertrautes, und die rote Farbe bildet den roten Faden.

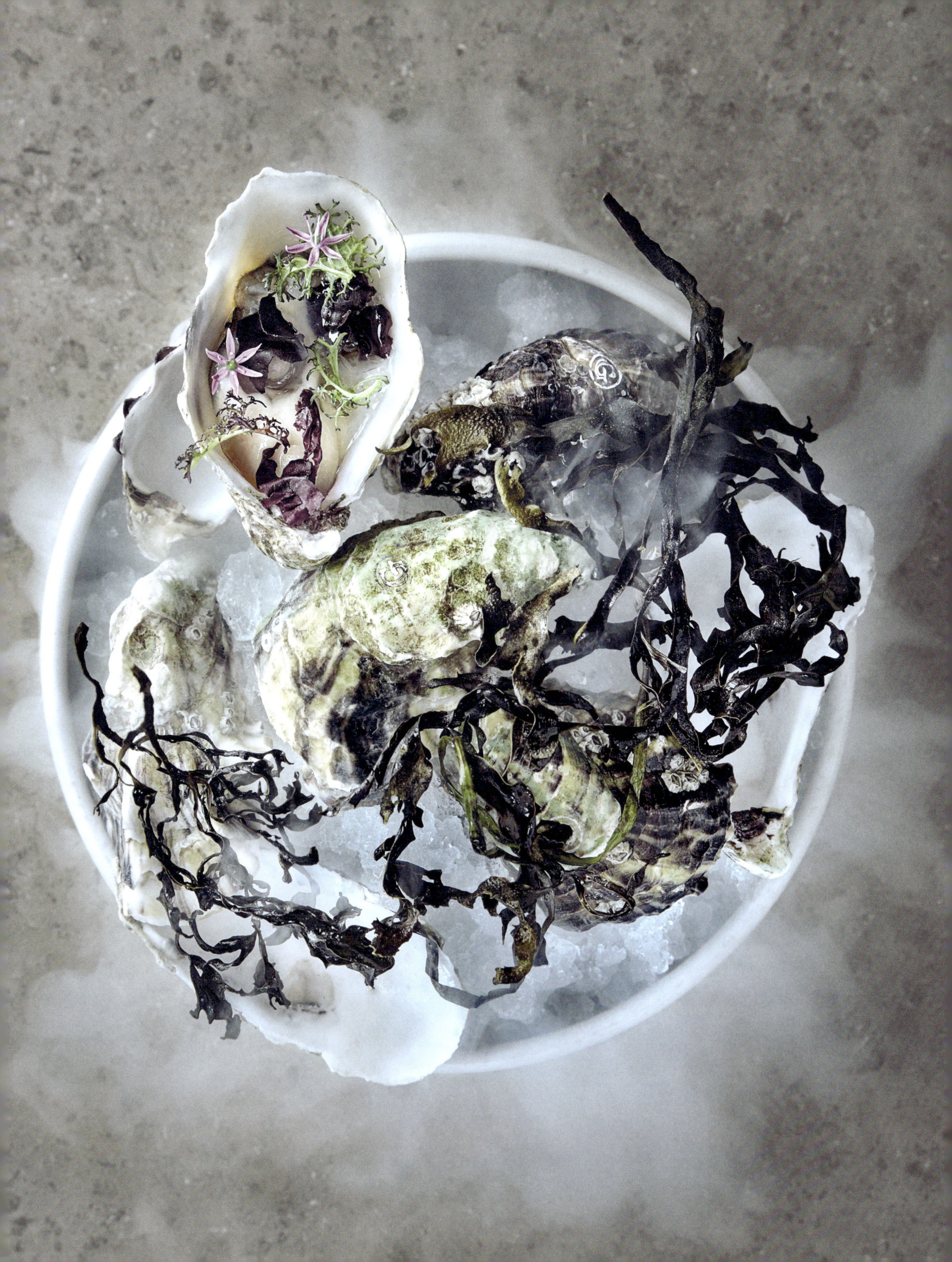

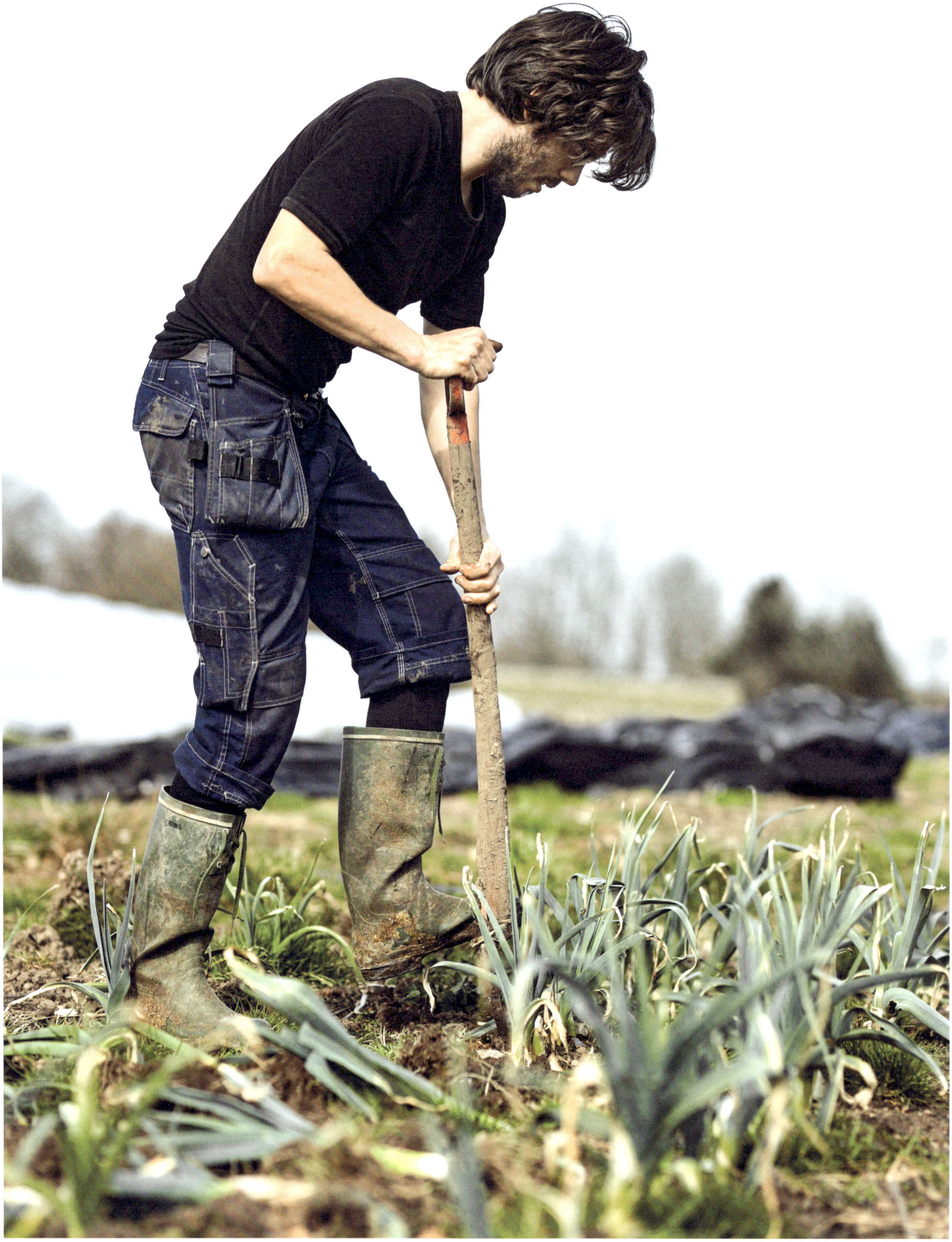

Bauernhof der Ideen
von Christian F. Puglisi

Qualitätsbewusstes Kochen beruht auf den Lebensmitteln, die man bezieht, den Menschen, die dahinterstehen, und den Menschen, für die und mit denen man kocht. Lebensmittel müssen nachhaltig sein – der Umwelt, einem selbst und allen Beteiligten zuliebe.

Als ich 2011 Vater wurde, begann ich zu verstehen, dass Kochen nicht nur das Herz der Gastronomie ist, sondern auch ein Akt des Nährens, der Liebe und der Fürsorge. Es reichte mir nicht, meinem Sohn leckeres Essen zu geben, ich wollte ihn auch vor schlechten Lebensmitteln, Zusatzstoffen, Antibiotika, Pestizidresten etc. schützen. Ich erkannte, was für ein haarsträubendes Lebensmittelsystem die meisten von uns für selbstverständlich halten und dass die Gastronomie ein Ausweg sein kann – dass die Leidenschaft für Geschmack, Kochen, Restaurants und Gastlichkeit helfen kann, das Wissen um und die Wertschätzung für gute Praktiken in der Landwirtschaft zu vermehren und die Natur besser zu verstehen. Wenn man das mit dem Bemühen verbindet, die Qualität des Essens zu verbessern, kann man ein wirkungsvolles, autarkes Netzwerk aus Synergien, Leidenschaft und Visionen schaffen.

Wir haben diese Ideen verwirklicht, als wir das Manfreds eröffneten. Es ist eine simplere Version des Relæ, teilt aber den Grundgedanken, einfach zubereitetes Gemüse aus guter Quelle anzubieten. Dass es größer ist, erleichtert uns, hochwertige Lebensmittel zu beziehen und unser Personal auszubilden. Wir konnten unser eigenes Weinimportgeschäft Vinikultur aufbauen, bei dem wir in direktem Austausch mit den Produzenten stehen und so neues Wissen erlangen, das wir unseren Mitarbeitern weitergeben können.

Ich hatte schon lange von einer eigenen Pizzeria geträumt. Also eröffneten wir das Bæst – ein Zuhause für meine Liebe zur italienischen Küche. Auch wenn unser Fokus auf Gemüse und preisgünstiger Gastronomie liegt, haben wir uns mit dem Schlachterhandwerk vertraut gemacht. Im Bæst konzentrieren wir uns darauf. Schließlich kam noch unsere Bäckerei Mirabelle hinzu, die nicht nur das Brot für alle unsere Restaurants bäckt, sondern auch Erfahrung in der Herstellung von Pizzateig hat. Pizza ohne Mozzarella macht für uns ebenso wenig Sinn wie ihn aus Italien zu importieren, und so wagten wir uns außerdem an die Käseproduktion.

Neugier, Prozesse und Weiterentwicklung sind meine Inspirationsquellen. Ich hatte immer das Glück, gut besuchte Restaurants und erfolgreiche Unternehmen zu leiten. Aber ich glaube nicht, dass dies das Ergebnis von Opportunismus ist, sondern des täglichen Dazulernens. Brot hat mich seit meinen frühen Tagen als Koch fasziniert. Mein erstes Brotrezept war aber Mist, und seit einigen Jahren sind es eher meine Mitarbeiter als ich selbst, die das weiterentwickeln. Aber das ändert nichts daran, dass ich die Ergebnisse nur deshalb wertschätzen kann, weil ich die Mühe auf mich genommen habe, die Verfahren zu verstehen. Mein Unternehmen habe ich aufgebaut auf Basis dessen, was meine Neugier weckt, sich mit dem Rest verbinden lassen und ihm Wert, Kraft und Synergien hinzufügt. Ich will keinen Bäcker einstellen, der das Brot bäckt, ohne dass ich an der Entwicklung des Brotes und der Bäckerei mitwirke. So haben wir auch unseren Bauernhof der Ideen gestaltet. Ich bin überzeugt, dass wir die gleiche Entwicklung, die wir beim Kochen und Gastgeben erlebt haben, auch in der Landwirtschaft erreichen können. Ich finde es unglaublich inspirierend, in einer Welt zu leben, die uns mit großartigen Lebensmitteln versorgt und allein durch die zunehmende Qualität der Rohmaterialien die Restaurants verbessert. Zuerst wollten wir auf dem Bauernhof einfach nachhaltig Gemüse anbauen. Dann haben mein Geschäftspartner Lasse und ich Kühe angeschafft, die die Rohmilch für die Mozzarellaproduktion im Bæst liefern. Jetzt denke ich nicht mehr nur über den Käse nach, sondern auch darüber, wo die Kühe weiden und wie wir sie melken sollten (nur einmal am Tag ergibt bessere Qualität), mit welchen Methoden wir ihr Heu trocknen und wie wir sie züchten sollen, um unsere eigene Rasse zu entwickeln und unsere Milch einzigartig zu machen. Sobald man anfängt, tiefer in die Materie einzudringen und Kochen und Landwirtschaft miteinander verbindet, kann man die Welt aus einer anderen Perspektive betrachten. Meine Liebe zu Kochen und großartigem Essen war noch nie größer und ich will mein Wissen weiter vertiefen statt mich noch breiter aufzustellen.

CHRISTIAN F. PUGLISI – *Kopenhagen, Dänemark*
Koch, kulinarischer Unternehmer und Gründer des Restaurants Relæ und der Relæ Community

Relæ | Kopenhagen, Seeland, Dänemark

Auf dem Kopfsteinpflaster der Jægersborggade wichen die Drogendealer allmählich den Möpsen und französischen Bulldoggen, als Christian Puglisi nach acht bahnbrechenden Jahren seit Gründung des Relæ Chefkoch Jonathan Tam das Ruder in der Küche überließ. Das Restaurant arbeitet zu über 90% mit Bioprodukten.

Jonathan Tam
– Chefkoch

Ich werde dauernd gefragt, was ich im Relæ koche. Ganz ehrlich? Ich bin seit der Eröffnung hier, ich arbeite seit acht Jahren mit Christian zusammen, und ich weiß immer noch nicht, wie ich darauf antworten soll. Ich habe viele verschiedene Antworten, aber es ist mir unmöglich, das Relæ in ein paar Worten zu beschreiben. Meine jüngste Theorie ist, dass genau das mich weiter antreibt: dass ich keine Antwort habe.

Wir haben uns nie in eine bestimmte Schublade gezwängt, aber wir haben uns selbst Grenzen gesetzt. Wir sind ein kleines Team und mussten möglichst einfach kochen, wollten unsere Gäste aber trotzdem überraschen. Die Gerichte mussten einfach umsetzbar, aber auf hohem technischen Niveau sein. Sie haben immer zwei oder drei Komponenten, häufig mit Gemüse als Hauptzutat, weil wir wollen, dass es bezahlbar bleibt. Wir sind stolz auf die erstklassige Qualität unserer Zutaten. Statt ausgefallene Lebensmittel zu importieren, haben wir einen eigenen Bauernhof aufgebaut, wo wir unser Gemüse ernten und es noch am selben Tag servieren. Wir reduzieren kontinuierlich alles Überflüssige und verfeinern das Wesentliche. Diese scheinbaren Widersprüche zwangen uns dazu, all unsere Überzeugungen und Philosophien auf kreative Weise in das Menü einfließen zu lassen. Dabei sind wir pragmatisch: Aus einem Verantwortungsgefühl gegenüber unseren Gästen heraus entschlossen wir uns für eine Bio-Zertifizierung, mit der wir einen transparenten, hohen Standard garantieren können. Wir mussten zwar auf einige Zutaten verzichten, die wir zunächst für unverzichtbar hielten, konnten aber auch neue Kontakte zu Menschen aufbauen, die unsere Prioritäten und Standards teilen.

Wir wachsen mit unseren Ideen weiter, und das stellt uns vor neue Herausforderungen. Trotz der vielen Schritte bis zum fertigen Gericht hinterfragen wir immer noch jeden einzelnen davon. Mit Lebensmitteln zu arbeiten ist im Relæ viel mehr als nur kochen.

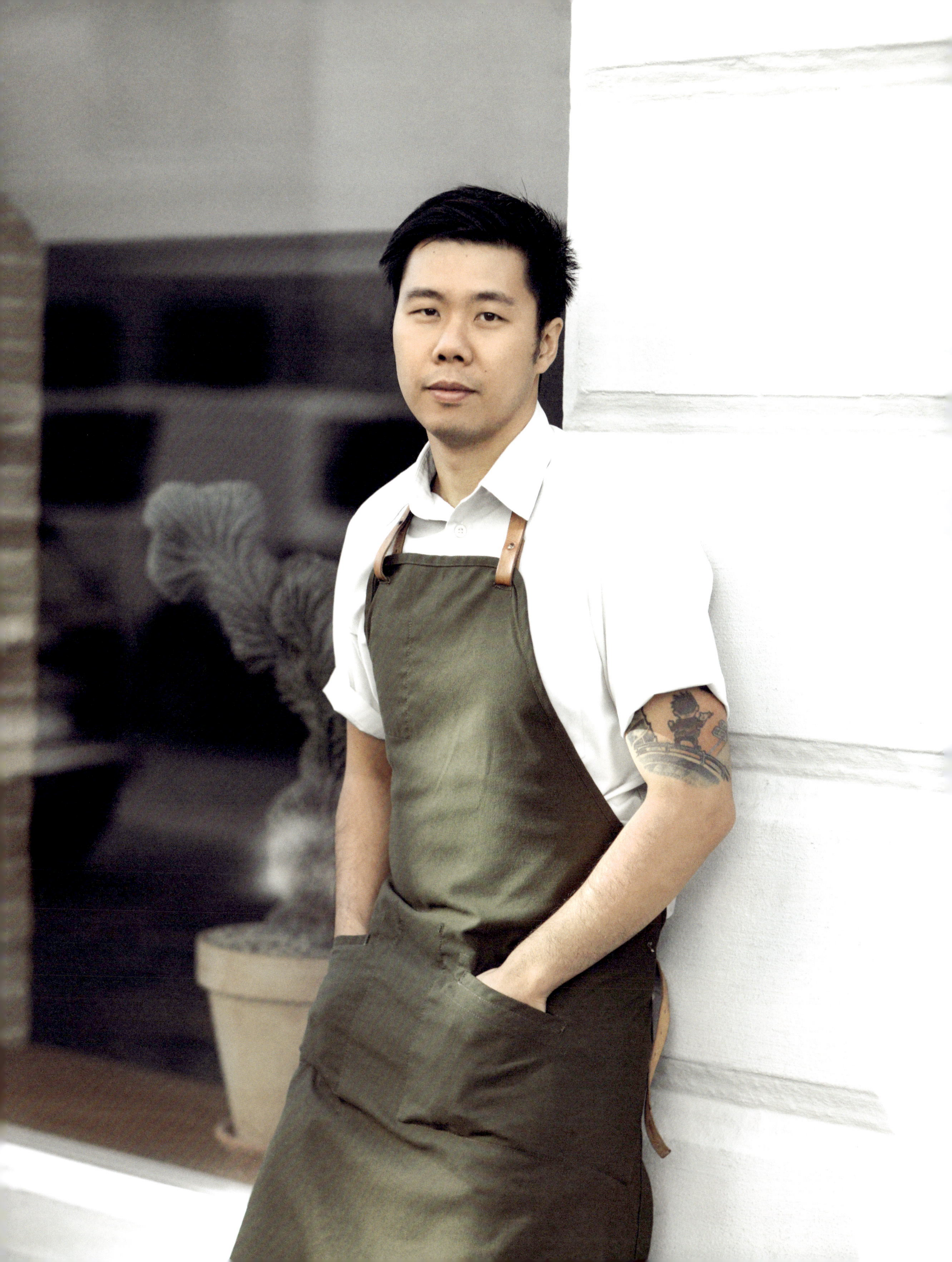

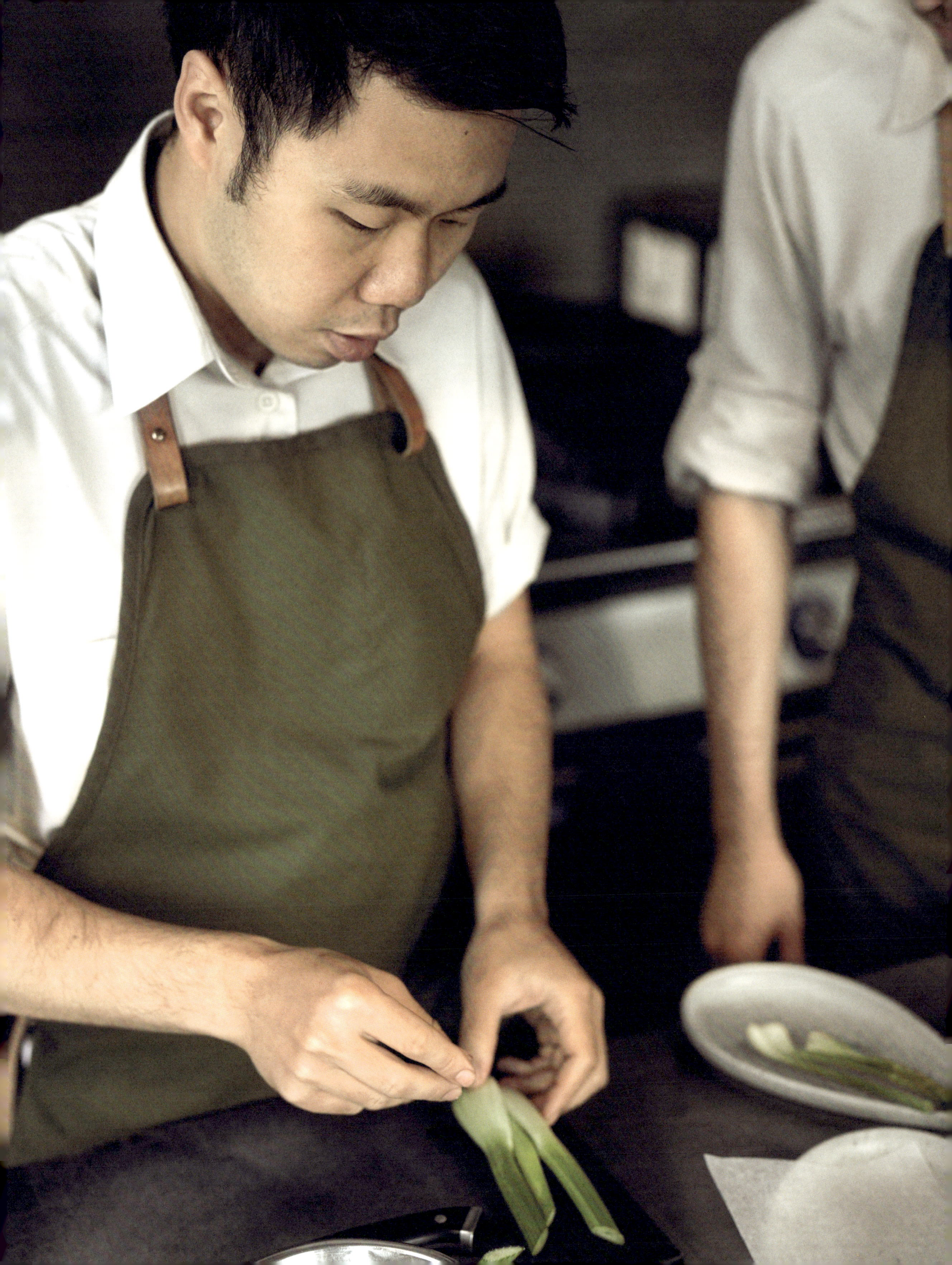

Relæ – Kopenhagen, Seeland, Dänemark

Karotten, Brühe aus gerösteten Karotten und Zitronenthymian

Über das Gericht

Im Relæ beginnen wir eine Mahlzeit gern mit einem leichten Gemüsegericht. Im Herbst beschlossen wir, unseren Gästen als angenehmen Einstieg eine warme Vorspeise zu servieren.

In diesem Gericht finden sich Karotten unterschiedlicher Art und Farbe. Jede Sorte hat ihren eigenen Geschmack und ihre eigene Konsistenz. Die Karotten werden für 90 Minuten bei 85 °C gedünstet und dann in schmale Streifen geschnitten. Durch diese Zubereitung bekommen sie eine gute Konsistenz. Es wäre nicht das Gleiche, wenn wir sie einfach schneiden und blanchieren würden.

Uns ist es wichtig, die gesamte Zutat zu verwenden und nichts zu verschwenden. Daher rösten wir die Schale und die Enden, so wie wir Knochen für eine Brühe rösten würden. Dann nehmen wir die karamellisierten Karotten und lassen sie wie Tee in Wasser ziehen. Das ergibt eine sehr intensive Brühe, die einer Rinderbrühe wirklich sehr nahekommt, aber das Gericht ist komplett vegan. Zum Schluss geben wir für einen noch vertrauteren Geschmack etwas Zitronenthymian dazu, der an eine herzhafte Schüssel Pot-au-feu erinnert, gewürzt mit klassischen französischen Kräutern.

Zubereitung

Für 4 Personen

KAROTTEN

1 orange Karotte
1 weiße Karotte
1 gelbe Karotte

Karotten schälen (Reste aufbewahren) und jede in einem eigenen Beutel vakuumieren. Bei 85 °C für 90 Minuten dämpfen. Die Karotten im Eisbad abkühlen. Wenn die Karotten kalt sind, jede mit einer Aufschnittmaschine längs 1 mm dick aufschneiden. Die Karottenbänder der Länge nach zusammenfalten und übereinanderlegen. Jeden Karottenstapel auf eine Länge von 4 cm zurechtschneiden. Die verschiedenen Farben so übereinander arrangieren, dass man eine regenbogenartige Terrine erhält. Jede Terrine in die Mitte einer tiefen Schüssel setzen.

GERÖSTETE KAROTTENBRÜHE

Schalen und Reste der Karotten
Wasser
reduzierter Weißwein
5 Zweige Zitronenthymian
Salz

Alle Karottenreste in einen Bräter geben. Im Ofen bei 150 °C für 45 Minuten rösten. Die Ränder sollten dunkelbraun sein. Die Karotten abwiegen. Die doppelte Menge Wasser zum Kochen bringen, Karotten hineingeben und dann 45 Minuten wie einen Tee ziehen lassen. Die Brühe durch ein Sieb gießen und dabei die Karottenreste zerdrücken, um das ganze Aroma herauszuziehen.

Die Brühe, den reduzierten Weißwein und den Thymian in einen Topf geben und zum Köcheln bringen. Den Thymian abseihen und entsorgen. Mit Salz abschmecken.

ANRICHTEN

Die Karottenterrine etwas salzen und die geröstete Karottenbrühe am Tisch angießen.

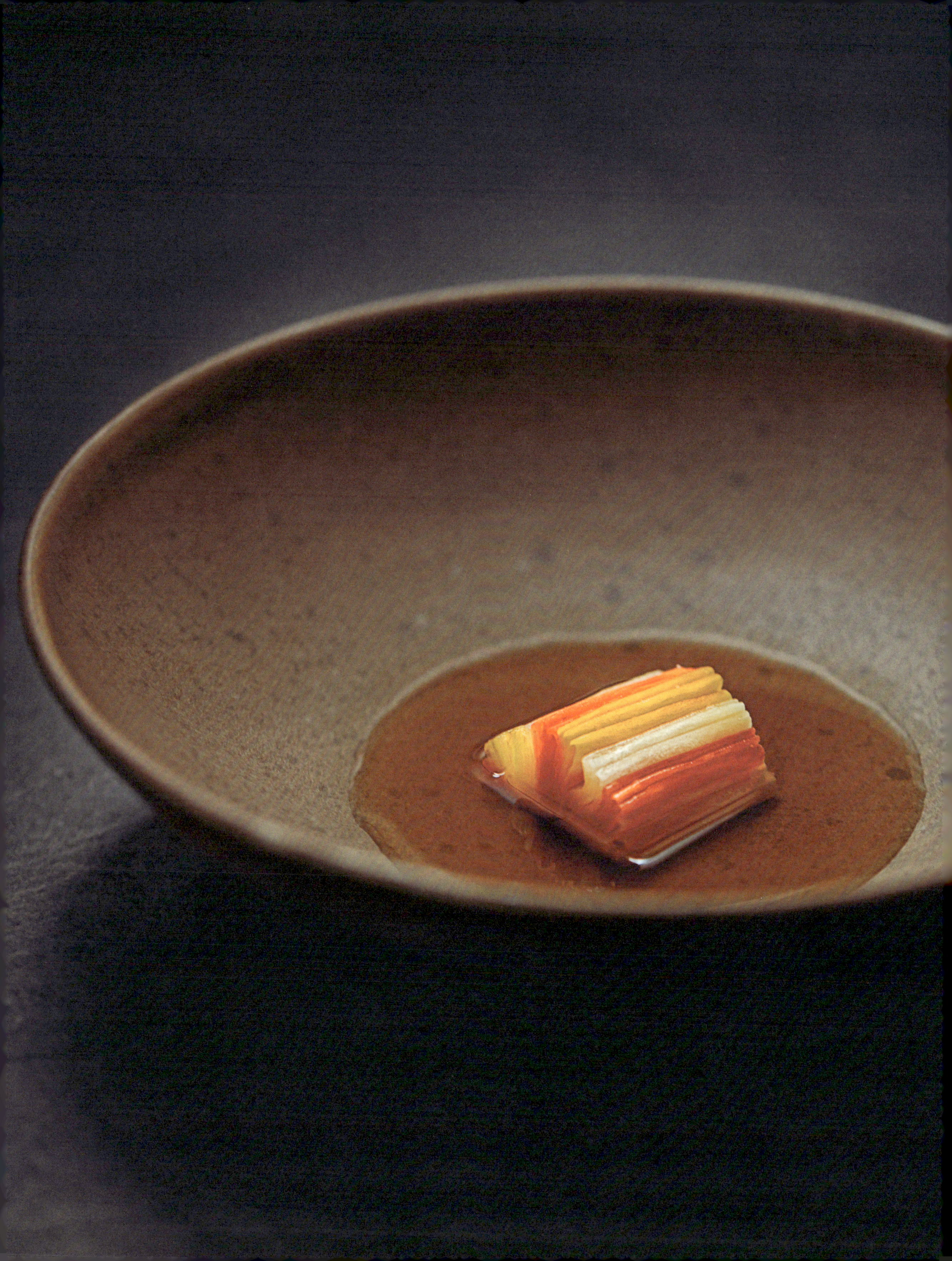

Roggencracker, Emulsion vom geräucherten Dorschrogen und gedämpfter Rosenkohl

Über das Gericht

Dieser Snack ist eine spielerische Abwandlung des traditionellen dänischen Roggenbrots mit Butter und geräuchertem Dorschrogen – der allerdings oft aus der Dose kommt. Wir freuen uns immer auf die Dorschrogensaison, weil wir ihn zur späteren Verwendung gern selbst räuchern und trocknen. Hier wollten wir den Dorschrogen jedoch frisch verwenden und haben ihn in einer zweiprozentigen Salzlake eingelegt, wodurch die Eier fester werden. Dann wird der Rogen ein paar Minuten heiß geräuchert, um den rohen Eiern ein leichtes Raucharoma zu geben. Daraus machen wir dann eine Mayonnaise mit dem geräucherten Dorschrogen als einzigem Bindemittel.

Damit es ein leichter Snack bleibt, servieren wir kein normales Roggenbrot, sondern machen daraus dünne Cracker. Dafür nehmen wir das großartige Roggenbrot aus unserer Schwesterbäckerei Mirabelle, zerkleinern es im Mixer mit etwas Wasser, breiten es dünn auf dem Blech aus und backen es, bis es knusprig ist. Um den Snack abzurunden, dünsten wir einzelne Rosenkohlblätter und legen sie auf das getoastete Roggenbrot und den geräucherten Dorschrogen. Dieser Snack löst bei einheimischen Gästen ein vertrautes, heimeliges Gefühl aus und eignet sich wunderbar, um ausländischen Gästen ein Stück dänische Kultur näherzubringen.

Zubereitung

Für 4 Personen

ROGGENCRACKER

400 g Roggenbrot
400 ml Wasser
1,6 g Xanthan

Roggenbrot, Wasser und Xanthan im Thermomix pürieren, bis man eine glatte Masse erhält. Durch ein Mehlsieb passieren. Auf einem mit Backpapier belegten Backblech 2 mm dick ausstreichen. 30 Minuten lang bei 145 °C backen, bis die Masse trocken und knusprig ist. In kleine, etwa 4 × 4 cm große Stücke brechen.

EMULSION VOM GERÄUCHERTEN DORSCHROGEN

35 g geräucherter Dorschrogen
10 ml kaltes Wasser
30 ml Öl
10 ml Zitronensaft
50 Rosenkohlblätter
Salz

Mit 5 g Dorschrogen und dem Wasser im Thermomix starten. Der Rogen sollte weich und schaumig werden. Auf hoher Stufe das Öl dazugießen, damit eine Emulsion entsteht, die luftig ist und eine mayonnaiseartige Konsistenz hat. Den restlichen Rogen unterheben. Mit Zitronensaft und Salz abschmecken, nach Bedarf mit Wasser verdünnen. Die Masse sollte aussehen wie Eier, die gerade so von der Emulsion zusammengehalten werden.

ROSENKOHLBLÄTTER

Die Blätter 10 Sekunden dämpfen, damit sie grün bleiben und gerade ausreichend gegart sind. In Eiswasser abkühlen und dann auf Küchenpapier trocknen lassen.

ANRICHTEN

Die Dorschrogenemulsion auf einen Cracker spritzen. Nicht den ganzen Cracker damit bedecken, sonst wird alles zu schwer und der Cracker weicht auf. Die Rosenkohlblätter so auf den Cracker setzen, dass sie alle in dieselbe Richtung zeigen. Man sollte am Ende einen Cracker erhalten, der wie ein ganzes Kohlblatt aussieht. Mit Zitronensaft besprühen und salzen. Sofort servieren.

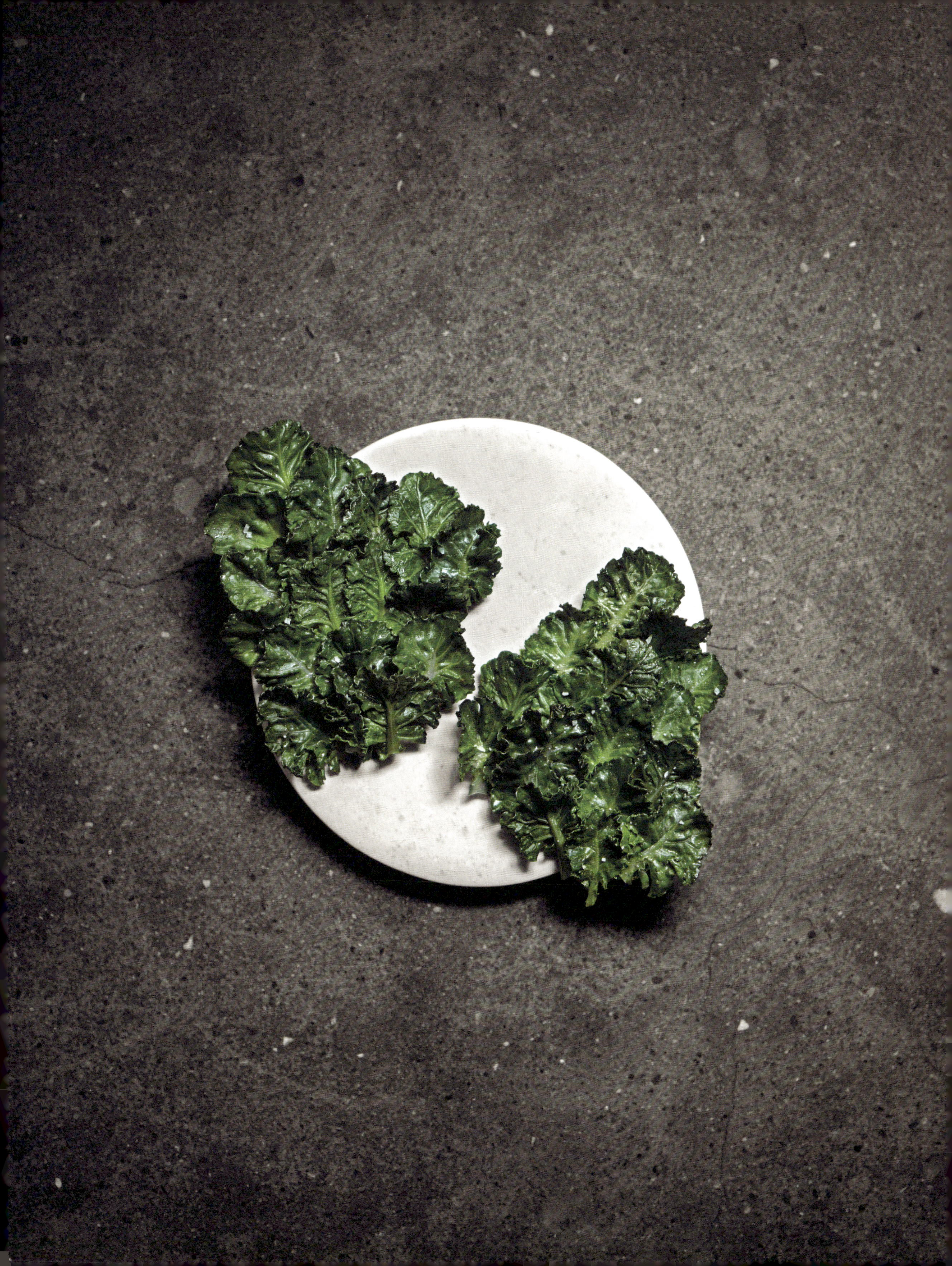

Tintenfisch, Wacholder und Zwiebelbrühe

Über das Gericht

Tintenfisch ist die Hauptzutat dieses Gerichts. Wird er mit all seinem Aroma und seiner speziellen Konsistenz richtig zubereitet, so ist er für sich genommen schon eine Delikatesse. Darum verwenden wir nur ein wenig grünen Wacholder und Zwiebeln, um ihn zu unterstreichen.

Bei diesem Gericht dreht sich alles um die Konsistenz. Nach dem Reinigen wird der Tintenfisch bei 61,5 °C vakuumgegart, damit er zart wird. In der chinesischen Küche schneidet man Tintenfisch häufig ein, sodass er einem im Mund zerfällt, und auch wir schneiden ihn auf beiden Seiten vorsichtig ein. Grüner skandinavischer Wacholder ist sehr kräftig und passt damit perfekt zu Meeresfrüchten. Weil er so aromatisch ist, zerstoßen wir die grünen Beeren nur mit Meersalz und würzen den Tintenfisch damit. Wir nehmen ein paar Zwiebeln, karamellisieren sie und machen daraus eine süße, vollmundige Brühe. Dann verbrennen wir Wacholderzweige über Kohle und geben sie in die Brühe, um die Süße mit ein paar grünen Noten abzurunden. Außerdem duftet es herrlich, wenn man das Restaurant betritt.

Zubereitung

Für 4 Personen

TINTENFISCH

1 ganzer Tintenfisch, ohne Haut, Innereien und Tentakel

Den Tintenfisch vakuumieren und 8 Minuten in einem Wasserbad von 61,5 °C garen. Den Beutel herausnehmen und in Eiswasser abkühlen. Sobald der Tintenfisch kalt ist, die beim Garen ausgetretenen Proteine abschaben. In Rechtecke von 2 × 6 cm schneiden. Ein feines rautenförmiges Muster in die Rechtecke ritzen. Das macht den Tintenfisch zarter. Beiseite stellen.

WACHOLDERÖL

30 g grüne Wacholderbeeren
20 g grüne Wacholdernadeln
100 ml Öl

Das Öl, die Wacholderbeeren und -nadeln 9 Minuten bei 90 °C pürieren. Durch ein Sieb abseihen und das Öl aufbewahren.

ZWIEBELBRÜHE

250 g in Julienne geschnittene Zwiebeln
500 ml Wasser
2 Wacholderzweige (ca. 15 cm lang)

Die Zwiebeln leicht goldbraun anschwitzen. Wasser zugeben und 3 Stunden köcheln lassen. Dann die Wacholderzweige anzünden und in die Zwiebelbrühe geben. Vom Herd nehmen und 30 Minuten ziehen lassen. Abseihen und beiseite stellen.

ANRICHTEN

Den Tintenfisch in einer großen Pfanne auf mittlerer Hitze sanft anbraten. Er sollte sich leicht zusammenrollen, ohne Farbe anzunehmen und schön weiß und durchscheinend bleiben. Salzen. Zum Servieren in die Mitte einer Schüssel setzen. Die Stücke möglichst so übereinander anrichten, dass das schöne Rautenmuster zu sehen ist. Die warme Zwiebelbrühe über den Tintenfisch gießen, dann mit ein paar Tropfen Wacholderöl fertigstellen.

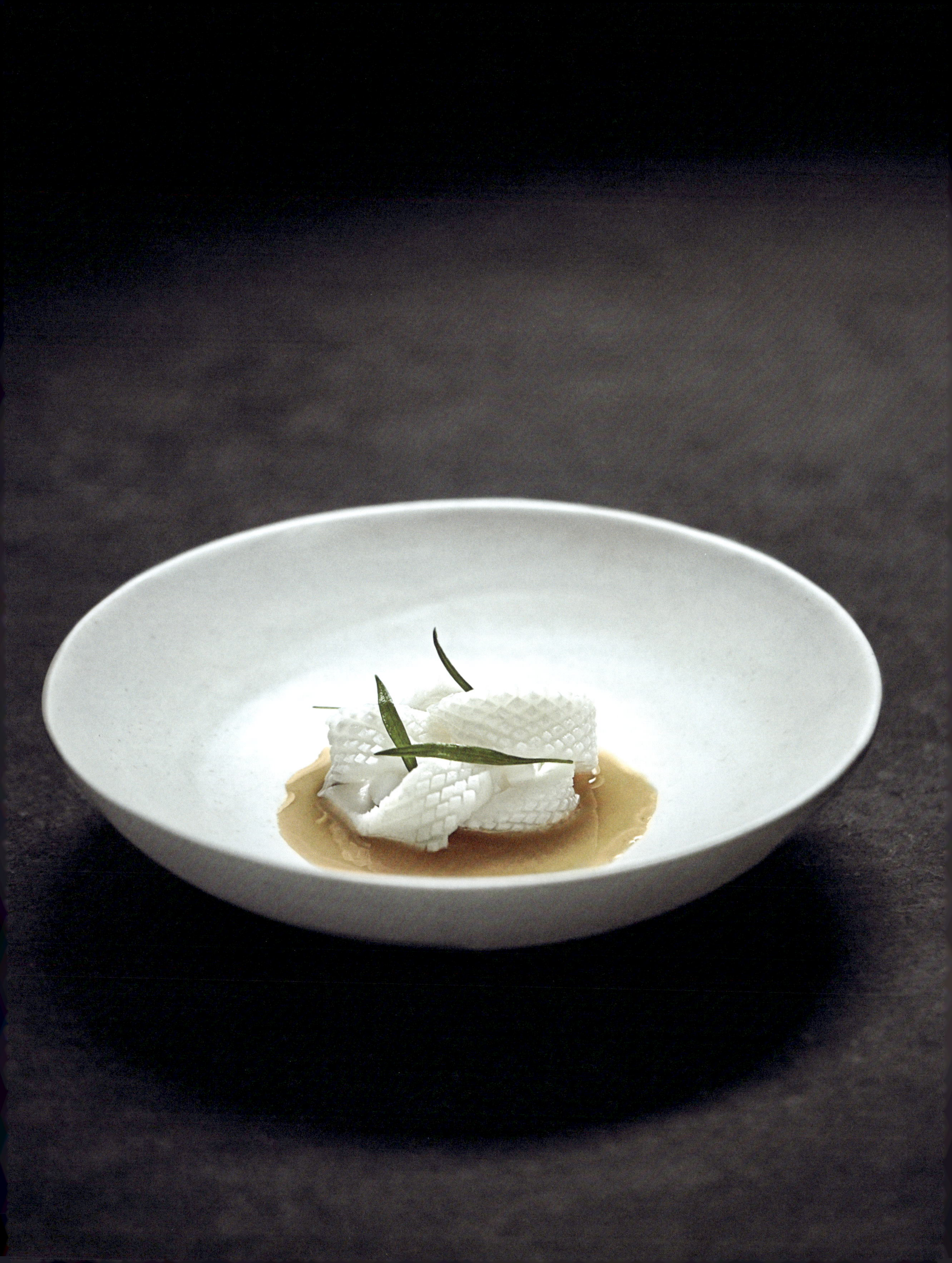

Kødbyens Fiskebar | Kopenhagen, Seeland, Dänemark

Kødbyen, Kopenhagens Schlachthofviertel, ist das kulturelle Zentrum von Vesterbro. Hier befindet sich auch Kødbyens Fiskebar, eine beliebte Anlaufstelle für *frisk fisk* – frischen Fisch. Jamie Lee kocht hier mit Tintenfisch, schwarzem Knoblauch, frischen Kieferntrieben, Blaubeeren und anderen Delikatessen.

Jamie Lee
– Chefkoch

Die nordische Küche begeistert Köche auf der ganzen Welt. Auch mich. Meine Inspirationsquellen sind vielfältig: die klassische französische Küche, der Wechsel der Jahreszeiten, die Märkte, die ich auf meinen Reisen besucht habe und die Menschen, mit denen ich arbeite. Mein Umzug nach Kopenhagen hat meine Kochkunst um eine völlig neue Dimension erweitert. Ich habe gelernt, dass sich aus allem, was um uns herum wächst und gedeiht, etwas kochen lässt. Das Sammeln, Einlegen, Räuchern und Pökeln von Lebensmitteln prägt die kulinarische Kreativität der Fiskebar. Diese Ideen und neue Kochstile spornen uns an, ungewöhnliche Konzepte und Ideen auszuprobieren. Ich werde immer weiter nach neuen Ideen suchen in dieser Branche, die keinen Stillstand kennt und mich immer wieder aufs Neue überrascht.

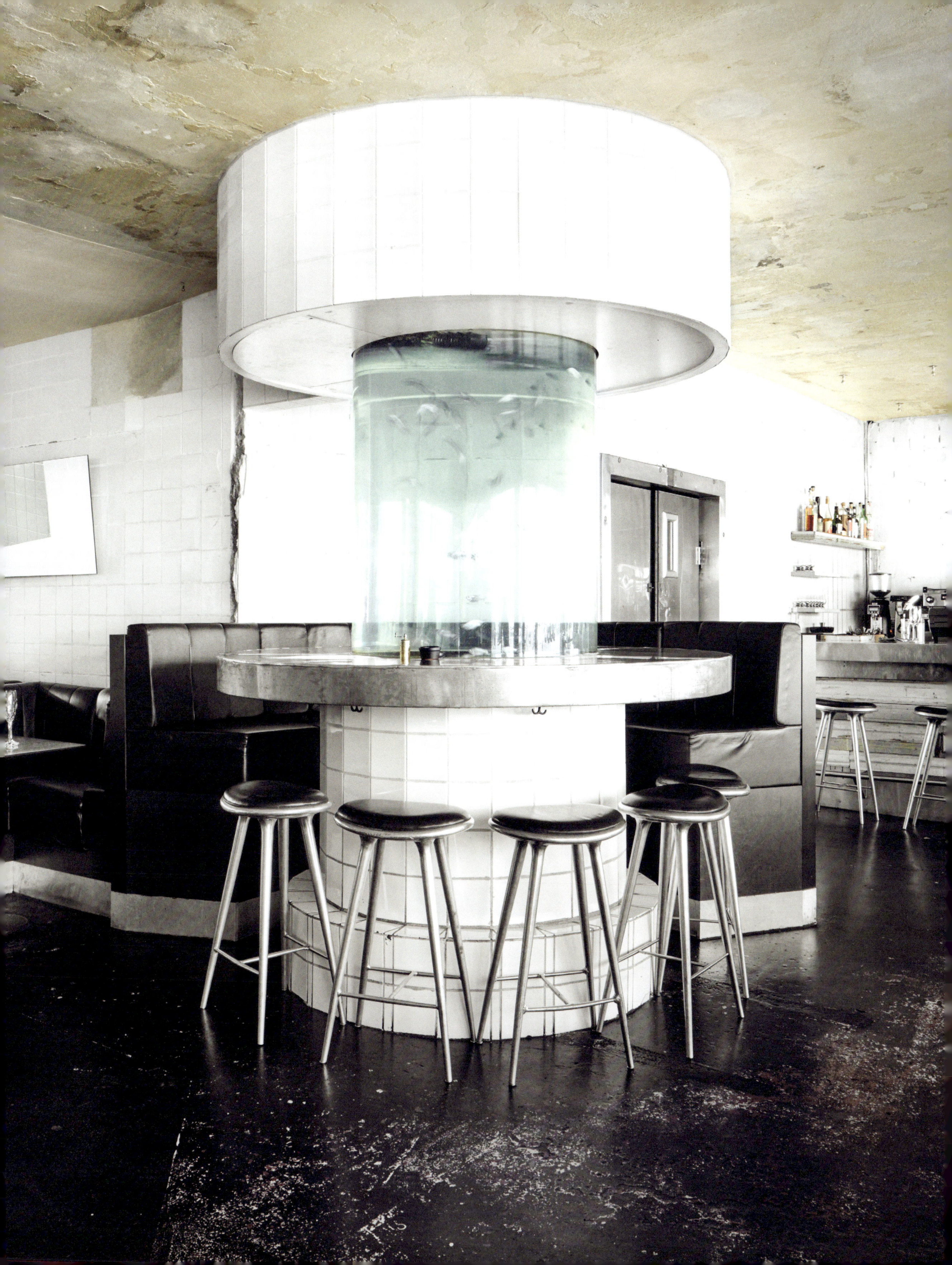

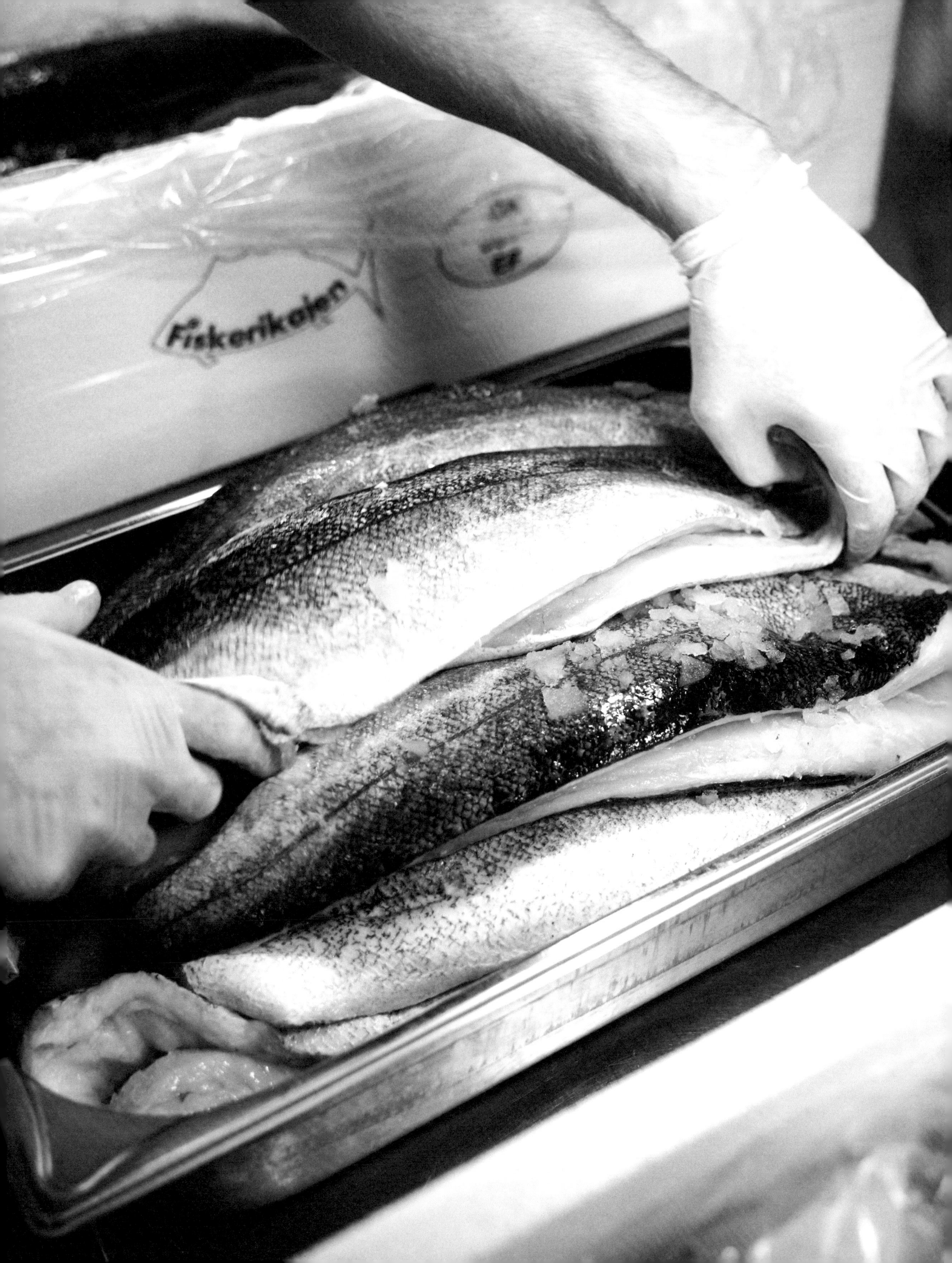
Fiskerikajen

Kødbyens Fiskebar – Kopenhagen, Seeland, Dänemark

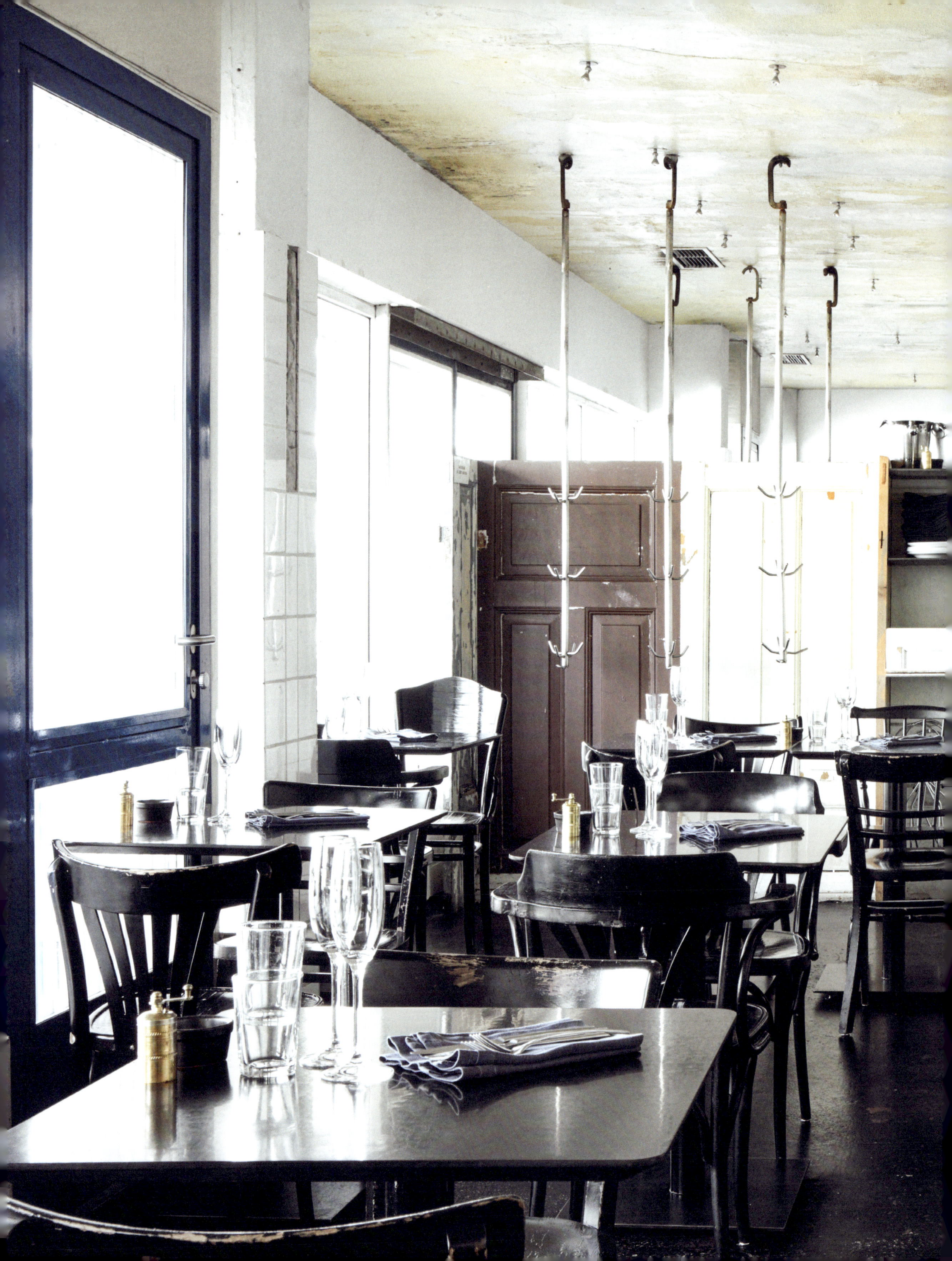

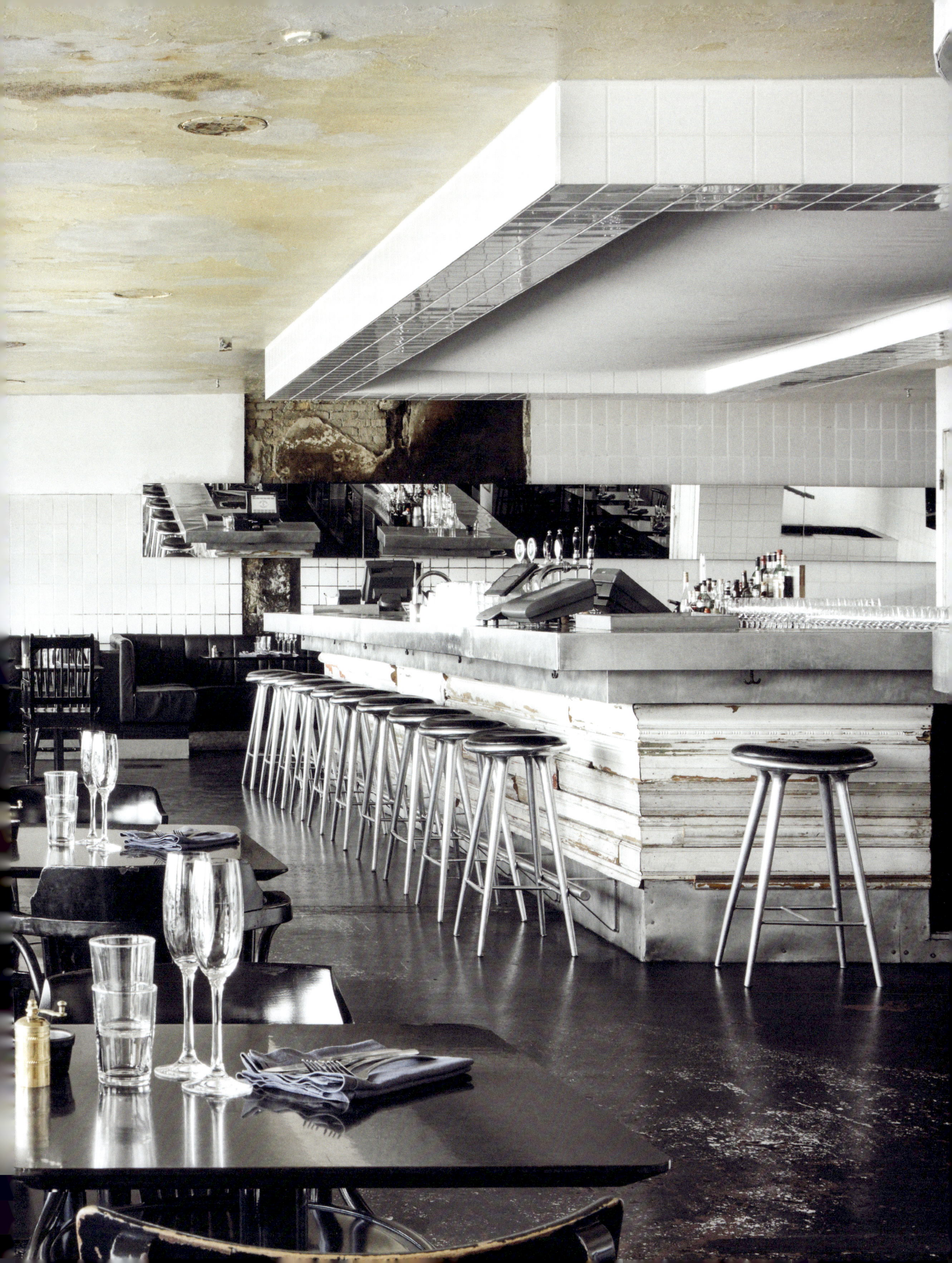

Tintenfisch, Schwarzes Knoblauchpüree, eingelegte Algen, Blaubeeren und frische Kieferntriebe und Blaubeeren

Über das Gericht

Unsere Zutaten in der Fiskebar sind saisonal. Für ein abwechslungsreiches Wintermenü greifen wir daher auf alte Traditionen wie Einlegen, Räuchern und Pökeln zurück. Ich arbeite besonders gern mit Tintenfisch und seiner speziellen Konsistenz. Er wird sehr zart, fast samtweich, wenn man ihn 45 Minuten im Ofen dünstet. Dann zergeht er einem geradezu auf der Zunge. Wir karamellisieren ihn anschließend in der Pfanne, damit er knusprig und goldbraun wird. Die widersprüchlichen Geschmacksnoten von süßen Blaubeeren und herzhaftem Püree aus fermentiertem Knoblauch und Knollensellerie verbinden sich mit den sauren eingelegten Algen in diesem Gericht zu einer harmonischen Komposition.

Zubereitung

Für 4 Personen

TINTENFISCH

340 g Tintenfisch von der dänischen Westküste
Olivenöl
Estragon
Thymian
Salz
Abrieb von 1 Zitrone

Tintenfisch bei 55 °C für 40 bis 45 Minuten mit Olivenöl, Estragon, Thymian, Salz und Zitronenschale im Vakuumbeutel garen. In 1 cm breite und 7 cm lange Streifen schneiden.

SELLERIE

1 Sellerieknolle
Butter
Salz
Thymian
20 g Estragon

Sellerie schälen und in 6 cm dicke Scheiben schneiden. Die Scheiben zusammen mit Butter, Salz, Thymian und Estragon in einen Vakuumbeutel geben. Bei 80 °C für 30 Minuten garen. Sobald sie gar sind, genauso zuschneiden wie den Tintenfisch.

SCHWARZES KNOBLAUCHPÜREE

1 Sellerieknolle
500 ml Milch
500 ml Sahne
1 Zehe fermentierter Knoblauch
75 g Butter
Sherry-Essig
25 ml Tintenfischtinte
Salz

Den Sellerie schälen und in 2 cm große Würfel schneiden. In einer Mischung aus halb Milch, halb Sahne kochen. Wenn er gar ist, mit dem fermentierten schwarzen Knoblauch, Butter, Sherry-Essig und Tintenfischtinte pürieren, bis alles glatt und homogen ist. Mit Salz abschmecken.

IN BLAUBEEREN MARINIERTE RADIESCHEN

frische Blaubeeren
Blaubeer-Essig
Zucker
Salz
längliche Radieschen

Zur Herstellung des Blaubeersuds müssen die Blaubeeren 3 Minuten geköchelt werden. Von der Flamme nehmen und gut auspressen. In einem Topf 3 Teile Blaubeersaft, 2 Teile Blaubeer-Essig und 1,5 Teile Zucker und Salz zum Abschmecken mischen. Erwärmen und rühren, bis sich Zucker und Salz aufgelöst haben. Die Radieschen in 1 mm dicke Scheiben schneiden und in den warmen Sud geben.

EINGELEGTE ALGEN

25 eingelegte Algen
Kiefernessig

Die Algen in Julienne schneiden und mit dem Fichtenessig vakuumieren.

BLAUBEERPULVER

500 g gefriergetrocknete Blaubeeren

Die gefriergetrockneten Blaubeeren im Mixer pulverisieren.

FRISCHE BLAUBEEREN

60 g frische Blaubeeren

Die Blaubeeren dünne Scheiben schneiden und nur die inneren Scheiben aufbewahren, nicht die Randstücke.

ANRICHTEN

20 g frische Kieferntriebe
Salz
Zitrone
roter Oxalis (Sauerklee)

Den Tintenfisch in möglichst wenig Öl braten, die Selleriescheiben hinzufügen, wenn der Tintenfisch fast fertig gebräunt ist. Mit Salz und Zitronensaft abschmecken. Das Gericht mit schwarzem Knoblauchpüree, Algen, marinierten Radieschen, Blaubeerpulver und rotem Oxalis garnieren. Mit den frischen Blaubeerscheiben toppen und die frischen Kieferntriebe darüber krümeln.

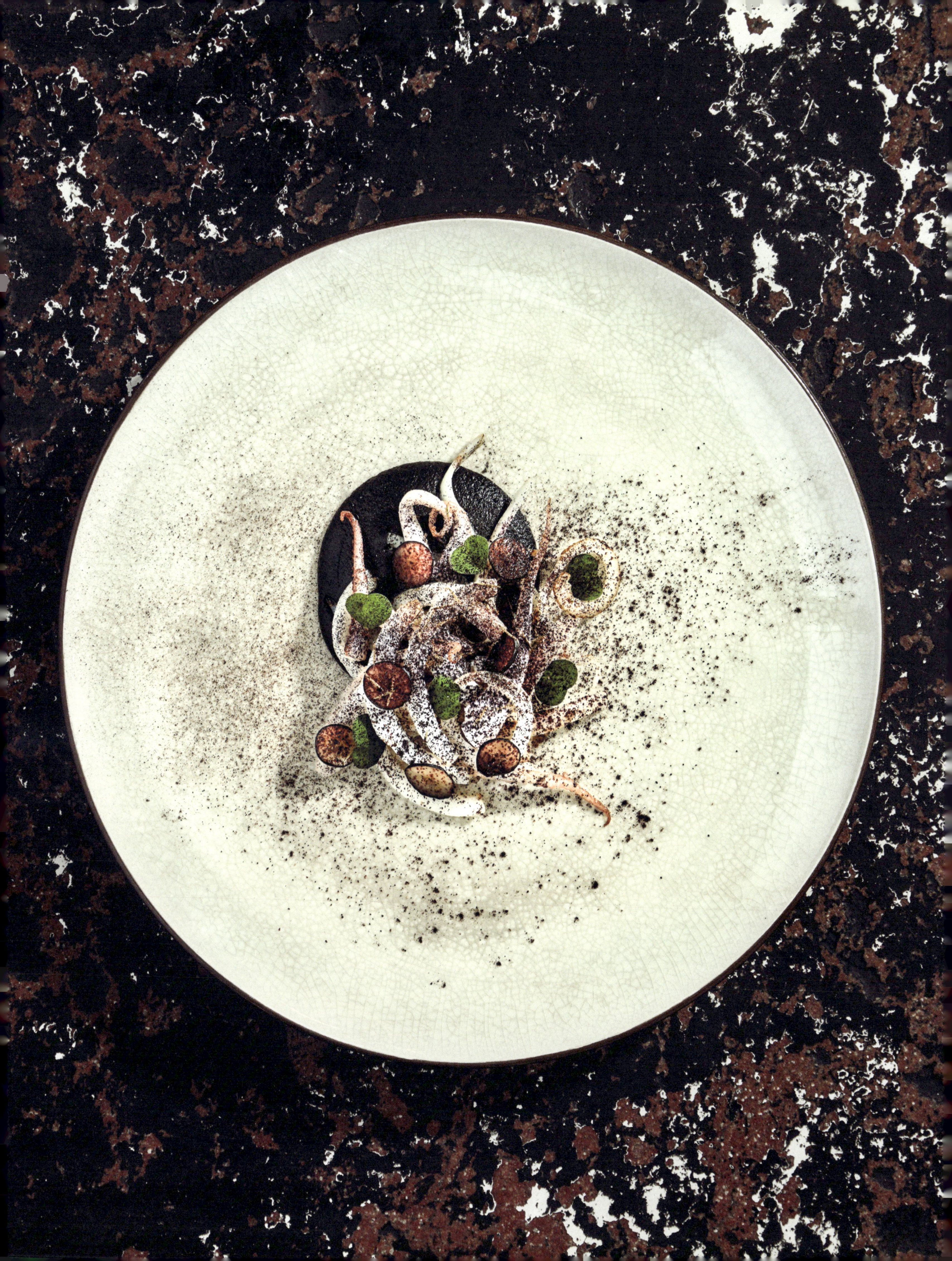

Forelle mit Rosenkohl

Zubereitung

Für 4 Personen

PETERSILIENWURZEL-
PÜREE

- 500 g **Petersilienwurzel**
- 500 ml **Milch**
- 500 ml **Sahne**
- 100 g **Butter**
- 20 ml **naturtrüber Apfelessig**
- **Schale von 1 Bio-Zitrone**
- 1 Prise **Salz**

Petersilienwurzel schälen und den Strunk herausschneiden. Den Rest der Wurzel in Milch und Sahne garkochen. Mit der Butter glatt pürieren. Mit Salz, Apfelessig und Zitronenabrieb abschmecken. Rühren, bis die Masse homogen ist.

LIEBSTÖCKELPÜREE

- 200 g **Babyspinat**
- 100 g **Liebstöckel**
- **Salz**

Babyspinat und Liebstöckel blanchieren. Pürieren und mit Salz abschmecken.

ZWIEBELFOND

- 2 **Schalotten**
- 40 g **Dillblütendolden**
- 2 **Sternanis**

Schalotten anschwitzen und dann mit Wasser bedecken. Sternanis und Dillblütendolden hinzufügen. 10 bis 15 Minuten köcheln, anschließend passieren.

KNUSPRIGER
ROSENKOHL

- 400 g **Rosenkohl**
- **Butter**
- **Salz**

Den Rosenkohl entblättern, die harten äußeren Blätter entsorgen. Die Hälfte der Blätter mit der zerlassenen Butter und etwas Salz auf Backpapier ausbreiten. Mit einem weiteren Blatt Backpapier bedecken und beschwert bei 150 °C etwa 15 Minuten backen, bis sie goldbraun und knackig sind. Im Trockner 3 bis 4 Stunden dehydrieren, bis die Blätter ganz knusprig sind.

GEDÄMPFTER
ROSENKOHL

Die restlichen Rosenkohlblätter mit etwas Salz in Zwiebelfond und Zitronenbutter dämpfen.

GEBRATENER APFEL

- 2 **grüne Äpfel**
- **Zitronensaft**

Die grünen Äpfel in 1 cm große Würfel schneiden und in Wasser mit Zitronensaft legen. Dann in etwas Olivenöl anbraten und salzen.

PILZE

- 100 g **Kräuter-Seitlinge**
- **etwas Butter**

Seitlinge in der Butter anbraten.

EINGELEGTE
SENFKÖRNER

- 40 g **Senfkörner**
- 20 g **naturtrüber Apfelessig**
- **Zucker**
- **Salz**

Die Senfkörner in Wasser weichkochen. Einen Sud aus Apfelessig, Zucker, Salz und dem Kochwasser herstellen und die Körner darin einlegen.

PORTULAK

- 40 g **Portulak**

Pflücken, waschen und trocknen lassen.

ANRICHTEN

- 90 g **Forelle aus Bisserup**

Die Forelle in Butter anbraten. Sie sollte in der Mitte noch rosa sein. Mit Salz und Zitronensaft würzen. Die Forelle auf dem Liebstöckelpüree anrichten. Petersilienwurzelpüree in einer Linie über die Forelle hinwegtupfen und Pilze und Äpfel, gedämpften Rosenkohl und Rosenkohlchips daraufsetzen. Mit Portulak garnieren.

Über das Gericht

Timing ist in der Küche das A und O. Fleisch ist weniger empfindlich und hält Hitze länger aus, Fisch kann hingegen in Sekunden verkocht sein. Wenn wir für hundert oder mehr Gäste kochen, ist das also ein schwieriges Unterfangen und alles richtig machen zu wollen setzt einen ganz schön unter Druck. Dieses Gericht ist ein Loblied auf regionale Zutaten und nachhaltige Ernährung. Den Rosenkohl bekommen wir von einem biodynamischen Bauernhof nördlich von Kopenhagen und die Forellen von einer lokalen Biofischzucht. Dank ihrer fantastischen Qualität muss die Forelle nur leicht in Butter angedünstet werden und wird zartrosa serviert; so schmeckt sie am besten. Wir servieren sie mit frischem Apfel, um die Fülle des Geschmacks zu kontrastieren, und verbinden die verschiedenen Aromen mit eingelegten Senfkörnern und Petersilienwurzelpüree. Der getrocknete Rosenkohl gibt dem Gericht eine nussige Note und seine knusprige Konsistenz.

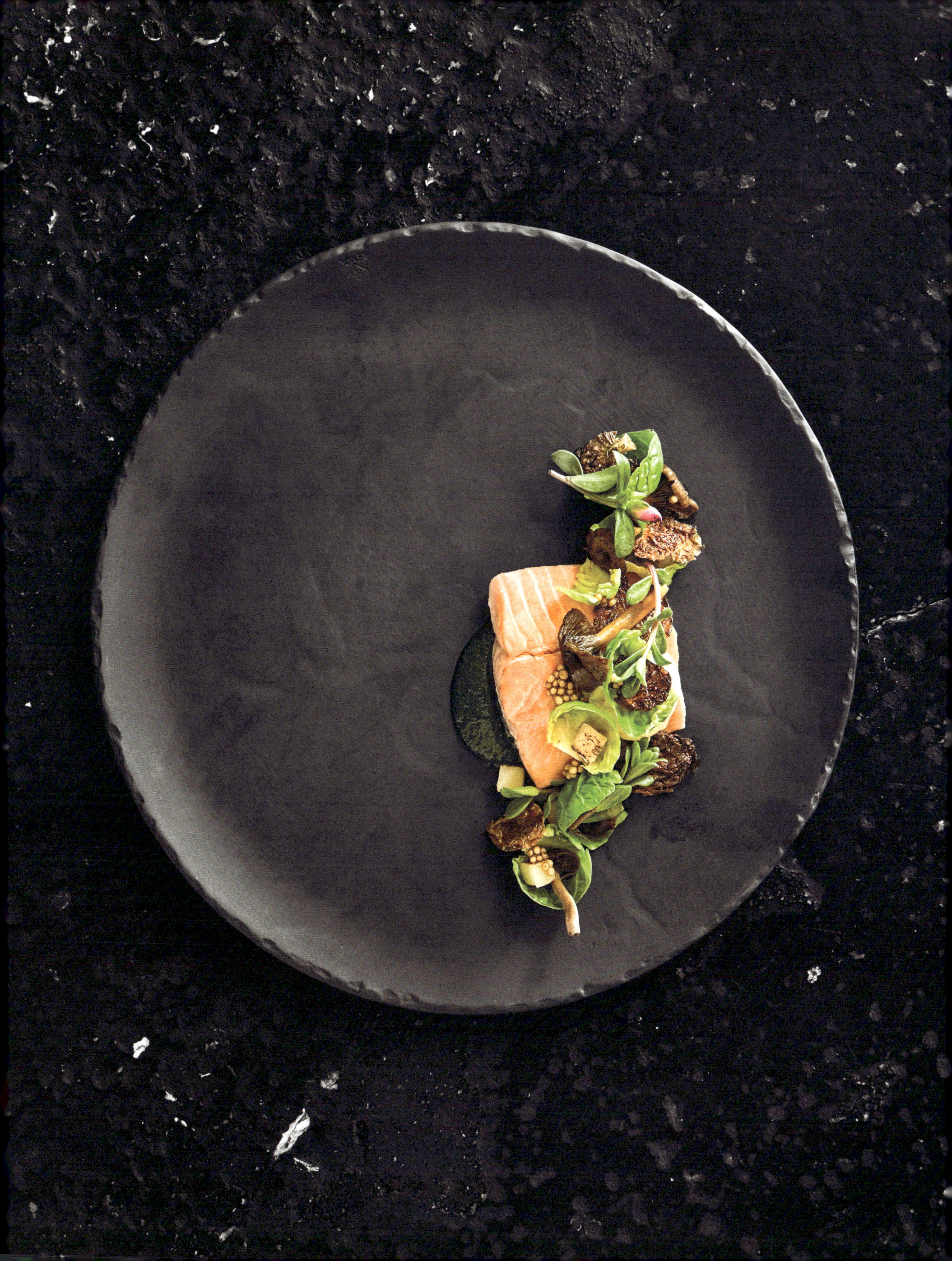

Rohe Garnele

Über das Gericht

Wenn man rohe Meeresfrüchte serviert, müssen diese unbedingt ganz frisch sein. Zwischen April und Oktober, besonders im Juni und Juli, lassen sich in unseren Gewässern kleine Garnelen fangen. Serviert man sie roh, wird man ihrem süßen, buttrigen Geschmack am besten gerecht.

Für dieses Gericht bekommen wir morgens saisonales Gemüse von einem biodynamischen Hof nördlich von Kopenhagen und am Nachmittag frische Kräuter von unserem Sammler Alexander. Außerdem arbeiten wir eng mit Jesper, unserem Fischhändler, zusammen, der sicherstellt, dass seine Meeresfrüchte in Küstennähe und nur in kleinen Mengen gefangen werden. Aus den Köpfen und Schalen machen wir als Dressing für die Garnelen ein Öl, das ihren süßen Geschmack maximiert. Die rohen Garnelen servieren wir mit einem Kohlpüree, um ihren frischen, buttrigen Geschmack zu unterstreichen, während der fermentierte Apfel für einen Schuss Säure sorgt.

Zubereitung

Für 4 Personen

GARNELEN

45 g Garnelen aus dem Kattegat
20 ml Hummeröl
Salz

Die Garnelen schälen. Die Schalen bei 190 °C für 10 Minuten rösten, dann dehydrieren und salzen. Die Garnelen mindestens 72 Stunden bei −18 °C einfrieren. Herausnehmen und auftauen. Mit Hummeröl anmachen (ein neutrales, mit gerösteten Hummerschalen und -köpfen aromatisiertes Öl). Abschließend mit dem Garnelenschalensalz würzen.

SPITZKOHLPÜREE

500 ml Milch
250 g Butter
1 Spitzkohl
1 Prise Salz

Milch und Butter in einem großen Topf erhitzen. Spitzkohl in Streifen schneiden und in die warme Milchmischung geben. Rühren, bis er ganz mit Milch bedeckt ist, und weichkochen. Die Flüssigkeit abgießen und den Kohl mit Salz glatt pürieren.

ESTRAGONPÜREE

100 g Petersilie
150 g Estragon
300 g Spinat
100 ml frisches, kaltes Wasser
Salz

Petersilie, Estragon und Spinat blanchieren. Sobald die Stängel weich sind, ins Eisbad geben. Wenn alles abgekühlt ist, das Wasser herausdrücken. Mit dem frischen, kalten Wasser und Salz in einen Mixer geben und glatt pürieren.

FERMENTIERTE APFELSCHEIBEN
1 kg Discovery-Äpfel

750 g Äpfel auspressen und den Saft aerobisch 10 Tage fermentieren lassen. Mit der Mandoline die restlichen Äpfel in 2 mm dicke Scheiben schneiden und daraus mit einem 1,5 cm-Kreisausstecher Kreise ausstechen. In den fermentierten Apfelsaft legen.

EINGELEGTE KOHLRABI-SCHEIBEN UND -RINGE

500 g Kohlrabi
300 ml Wasser
180 ml Weißweinessig
120 g Zucker
Estragon
1 Lorbeerblatt
5 weiße Pfefferkörner
10 ml Zitronensaft
10 ml Olivenöl
Salz

Mit einer Mandoline den Kohlrabi in 2 mm dicke Scheiben hobeln. Mit einem 1,5 cm-Kreisausstecher den Kohlrabi in perfekte Kreise schneiden. Dann mit einem 1 cm-Kreisausstecher die Mitte der Kohlrabikreise ausstechen. Die Ringe kommen in eine Einlegeflüssigkeit, die aus Wasser, Weißweinessig, Zucker, Salz, Estragon, Lorbeer und weißem Pfeffer besteht. Die übriggebliebenen Scheiben in eine Vinaigrette aus Zitronensaft, Öl und Salz legen.

EINGELEGTE LAUCHBLÜTEN
Lauchblüten

Die einzelnen Lauchblüten vom Stängel schneiden und über Nacht einlegen. Der Sud ist der gleiche wie im Kohlrabirezept.

ANRICHTEN

Auf dem Teller die Garnelen in einem Ring so anrichten, dass der Kopf der einen den Schwanz der nächsten berührt. Einen Kreis Estragonpüree in die Mitte spritzen. In diesen Kreis den Spitzkohlpüree spritzen. Fünf Apfelscheiben und fünf Kohlrabischeiben senkrecht in das Spitzkohlpüree stellen. Darauf dann eine Kuppel aus 15 Kohlrabiringen bauen, die am Rand die Garnelen berühren. Zum Schluss acht eingelegte Lauchblüten auf die Kohlrabiringe setzen. Den Hohlraum möglichst nicht füllen.

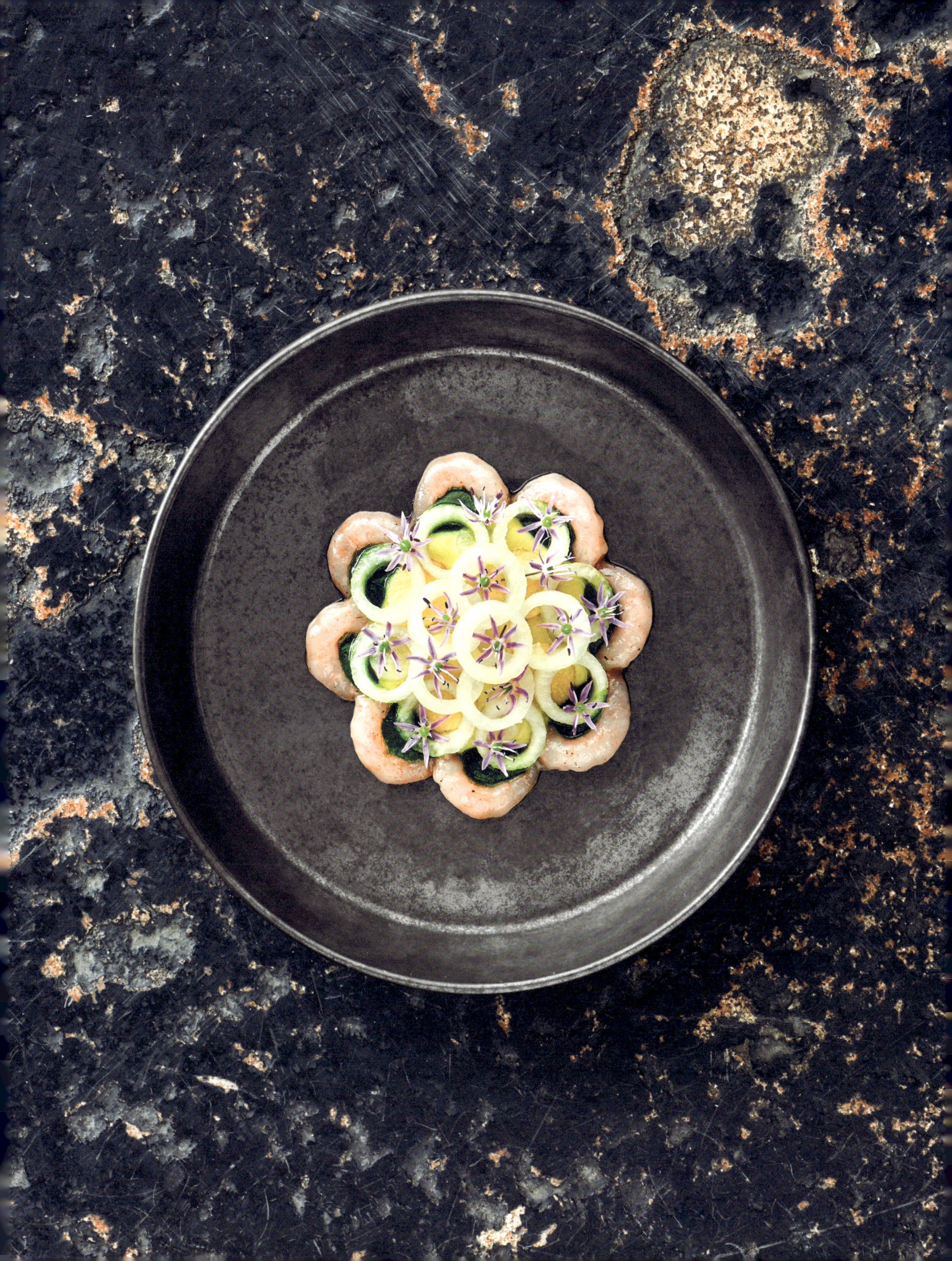

Köchin des Wandels
von Kamilla Seidler

Alles begann in Meyers Wohnzimmer. Claus, nach einem Tennismatch noch in Shorts, weihte uns in seine Vision für die gemeinnützige Melting Pot Foundation (Stiftung Schmelztiegel) ein: die einmalige Gelegenheit, die Welt durch Essen zu einem besseren Ort zu machen. „Kann man Armut mit gutem Essen bekämpfen?"

Geplant wurde für Bolivien, eines der ärmsten Länder Südamerikas, mit zwei Millionen hungerleidenden Menschen. Zugleich zeichnet es sich durch eine wachsende Wirtschaft, eine große Artenvielfalt und eine lebendige einheimische Kultur aus – großes Potenzial also. Ich war begeistert von der Idee, der Gesellschaft etwas zurückzugeben, und es schien mir der richtige Schritt, mich und mein Können mit einer Kochschule in einer völlig anderen Umgebung auf die Probe zu stellen. *Melting Pot Bolivien* wurde als hybrides gemeinnützig-kommerzielles Integrationsmodell gegründet; als Ökosystem mit vier Säulen: 1.) Bildung, als Motor für gesellschaftlichen Wandel, der den Beteiligten zu mehr Selbstständigkeit verhilft und das Selbstbewusstsein der lokalen Bevölkerung stärkt; 2.) Kommerzielle Produkte und Dienstleistungen, als langfristiger Beitrag zur Gesellschaft mittels kommerzieller Initiativen mit sozialer Mission. Zwei untrennbare Einheiten, die aufeinander aufbauen; 3.) Forschung und Entwicklung, für Innovation und Fortschritt sowie Förderung der örtlichen Gemeinschaft; und 4.) Außendarstellung und Werbung, um das Projekt bekannt zu machen, für seine Werte zu werben und andere zu inspirieren.

Angepasst an den lokalen Kontext entstand ein Manifest der bolivianischen Küche, das als Richtlinie dienen sollte. Es war inspiriert von denselben Ideen und Prinzipien des respektvollen Umgangs mit Herstellern, Köchen, Verbrauchern und der Umwelt des Manifests der Neuen Nordischen Küche.

Auf Basis dieser Werte und beeinflusst vom Ansatz des Noma eröffnete das Gustu als Kochschule und Restaurant für die Menschen in La Paz. Es erntete bereits im ersten Jahr internationale Anerkennung für seine Spitzenküche in zwangloser Atmosphäre und landete auf der Liste der 50 besten Restaurants Lateinamerikas. Plötzlich fanden wir uns in einer völlig neuen Situation wieder.

Um Claus' Traum von einer bolivianischen Food-Bewegung zu verwirklichen, mussten wir einen Unterschied machen und die Menschen in ihrem Alltagsleben erreichen. So entstand das Konzept der Manq'a-Kochschulen, einem regionalen Bildungsprogramm mit Nachbarschaftskantine.

Abgesehen von der Tatsache, dass ich als Frau in einer männlich dominierten Branche arbeite, standen wir vor einer Reihe weiterer Herausforderungen: vom Umgang mit kulturellen Unterschieden über die Logistik bis zur Aneignung neuer Traditionen, Lebensmittel, Kochmethoden und dem Kochen in großer Höhe. Ich hatte nicht gedacht, dass Letzteres ein Problem sein würde, bis ich Reis, Kartoffeln oder Brot zubereitete und nichts gar werden wollte. Es fühlte sich an, als wäre ich wieder Schülerin – allerdings stand ich vor einer Gruppe von 30 echten Schülern, die ihre Fragen beantwortet haben wollten. Bis zu diesem Zeitpunkt dachte ich, dass das Kochen selbst mein Antrieb ist, aber ich stellte fest, dass es in Wahrheit der menschliche Aspekt war, der mich anspornte: das Lächeln im Gesicht, die Freude in den Augen, wenn man jemandem sagt, dass er oder sie sich verbessert hat, und die Schüchternen, die sich zu selbstbewussten Souschefs entwickelten.

Kann man die Welt mit Essen verändern? Manq'a wächst immer weiter. Seit Kurzem sind wir in Kolumbien aktiv und planen, in weitere Teile der Welt zu expandieren. Das Programm bildet junge Menschen in einigen der ärmsten Regionen aus, um ihr Wissen über gesunde Ernährung zu erweitern und ihnen ein bewussteres Essverhalten zu ermöglichen. Damit sollen Diabetes und andere ernährungsbedingte Krankheiten bekämpft werden.

Nach fünf Jahren sind nun alle vier Säulen selbsttragend und werden von Einheimischen selbstständig geleitet. Innerhalb weniger Jahre haben wir es geschafft, nationale und internationale Aufmerksamkeit für die Gastronomie eines kleinen Landes mit einem niedrigen Entwicklungsstand zu generieren, indem wir nur regionale Lebensmittel verwenden, nur bolivianische Weine und Spirituosen anbieten und ein weltweites Netzwerk von Fachleuten aufgebaut haben. Das Ergebnis unserer Arbeit ist eine große Gruppe professionell ausgebildeter und selbstbewusster Menschen, die an sich selbst glauben und an das, was ihr Land zu bieten hat. Wir haben den Menschen in Bolivien nur die Werkzeuge bereitgestellt, damit sie sich weiterentwickeln und wachsen können – eine Grundsatzphilosophie, die, so glaube ich, an den meisten Orten der Welt anwendbar ist.

Zurzeit haben wir mit einer Ernährungskrise zu kämpfen, obwohl es einen Überschuss, eine Überproduktion an Nahrungsmitteln gibt. Wir müssen sicherstellen, dass die Hersteller genug verdienen, um ihre Familien ernähren zu können und dass die Köche, die das Essen zubereiten, gegen die Verschwendung von Lebensmitteln Stellung beziehen und sie einzudämmen wissen – und dass die Verbraucher über einen abwechslungsreichen Speiseplan informiert sind, der auch pflanzliche Speisen umfasst und bei dem sämtliche Teile eines Tieres statt nur einige wenige verwertet werden. Wenn all dies mit einem Blick auf die Herkunft und Herstellungsweise unserer Lebensmittel einhergeht, dann bin ich mir sicher, dass die Welt ein besserer Ort sein kann und wird.

Lebensmittel, ihre Verwendung und Herstellung geht uns alle etwas an; Kochen ist etwas Alltägliches. Es ist also klar, dass es an uns selbst liegt, durch bewusste Ernährung für eine bessere Zukunft zu sorgen. Dazu fühle ich mich verpflichtet – nicht nur als Köchin, sondern als Bewohnerin dieser Erde.

KAMILLA SEIDLER – *La Paz, Bolivien*
Ehemalige Chefköchin im Gustu, ausgezeichnet als *Beste Köchin Lateinamerikas 2016*

Domestic | Aarhus, Jütland, Dänemark

In einem der begehrten Gebäude an der Mejlgade im Herzen des historischen Latiner-Viertels von Aarhus liegt das Domestic. Wie der Name vermuten lässt, fühlt man sich in der lockeren Atmosphäre gleich wie zu Hause. Die Chefköche Morten Rastad und Christoffer Norton kommen an den Tisch, um die Zubereitung der regionalen Bioprodukte für das Menü des Abends zu erklären.

Christoffer Norton & Morten Frølich Rastad, Ditte Susgaard & Christian Neve

– Gründer

Eines unserer Hauptanliegen bei der Eröffnung des Domestic war es, eng mit kleinen Erzeugern und Bauern zusammenzuarbeiten, damit wir einfache Gerichte mit erstklassigen Produkten zubereiten können. Wir wollen ausschließlich Zutaten verwenden, bei deren Produktion Tierwohl und Nachhaltigkeit zentral sind. Einer der Hersteller ist Troldgården, ein Biobauernhof, der Schweine- und Lammfleisch höchster Qualität anbietet. Die Tiere werden im hofeigenen kleinen Schlachthof geschlachtet und vollständig an das Restaurant geliefert – alles andere ergäbe für uns keinen Sinn. Eine andere nachhaltige Praxis, mit der wir in unserer Küche ziemlich viel Zeit verbringen, ist das Fermentieren. Wir arbeiten gerne mit unterschiedlichen Fermentationsverfahren, um Zutaten konservieren zu können, die nicht zu jeder Jahreszeit erhältlich sind. Dadurch steht uns nicht nur eine wunderbare Vielfalt an Lebensmitteln zur Auswahl, sondern wir schätzen die Zutaten und ihre Komplexität auch umso mehr.

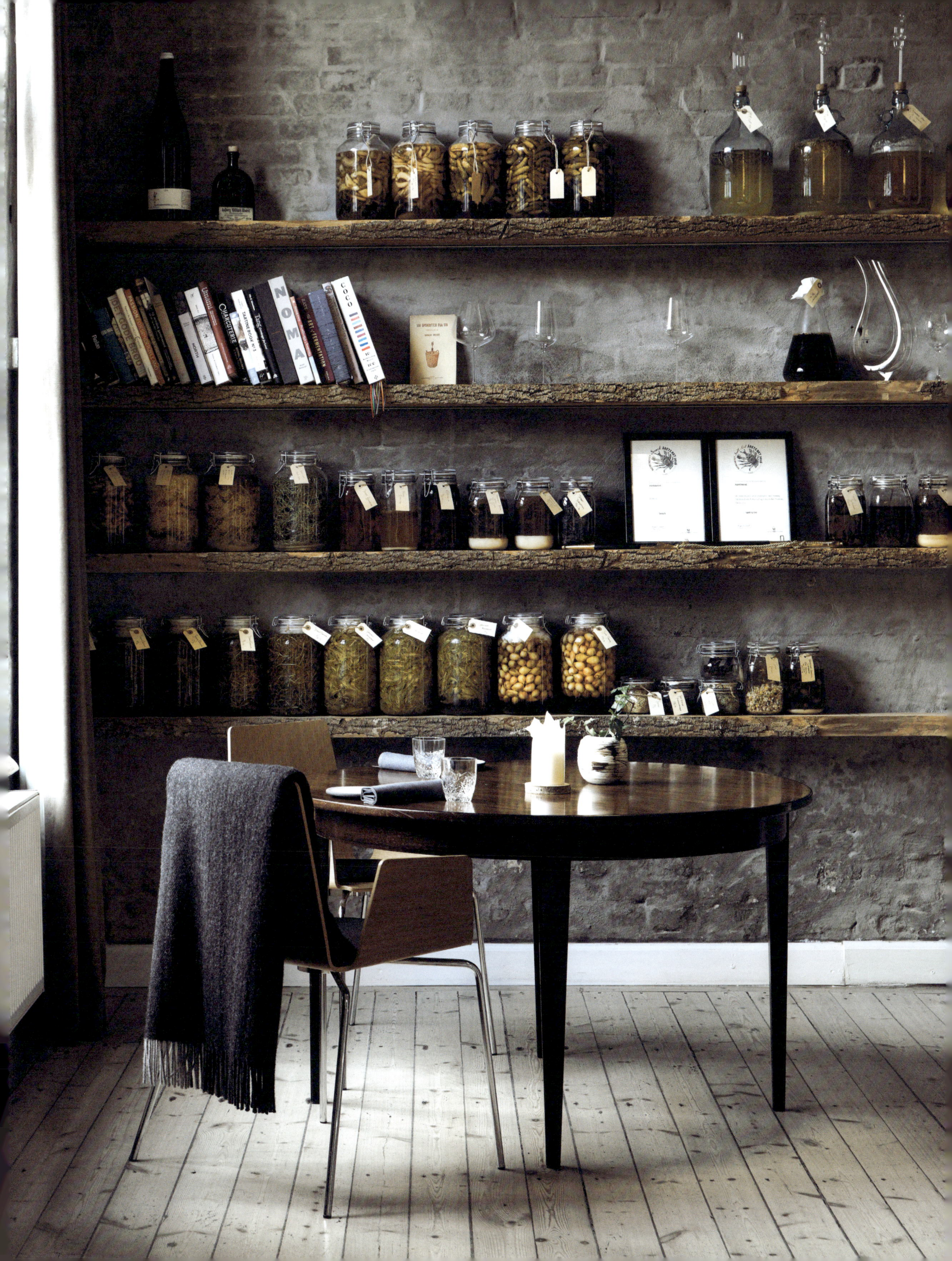
COCO
NOMA

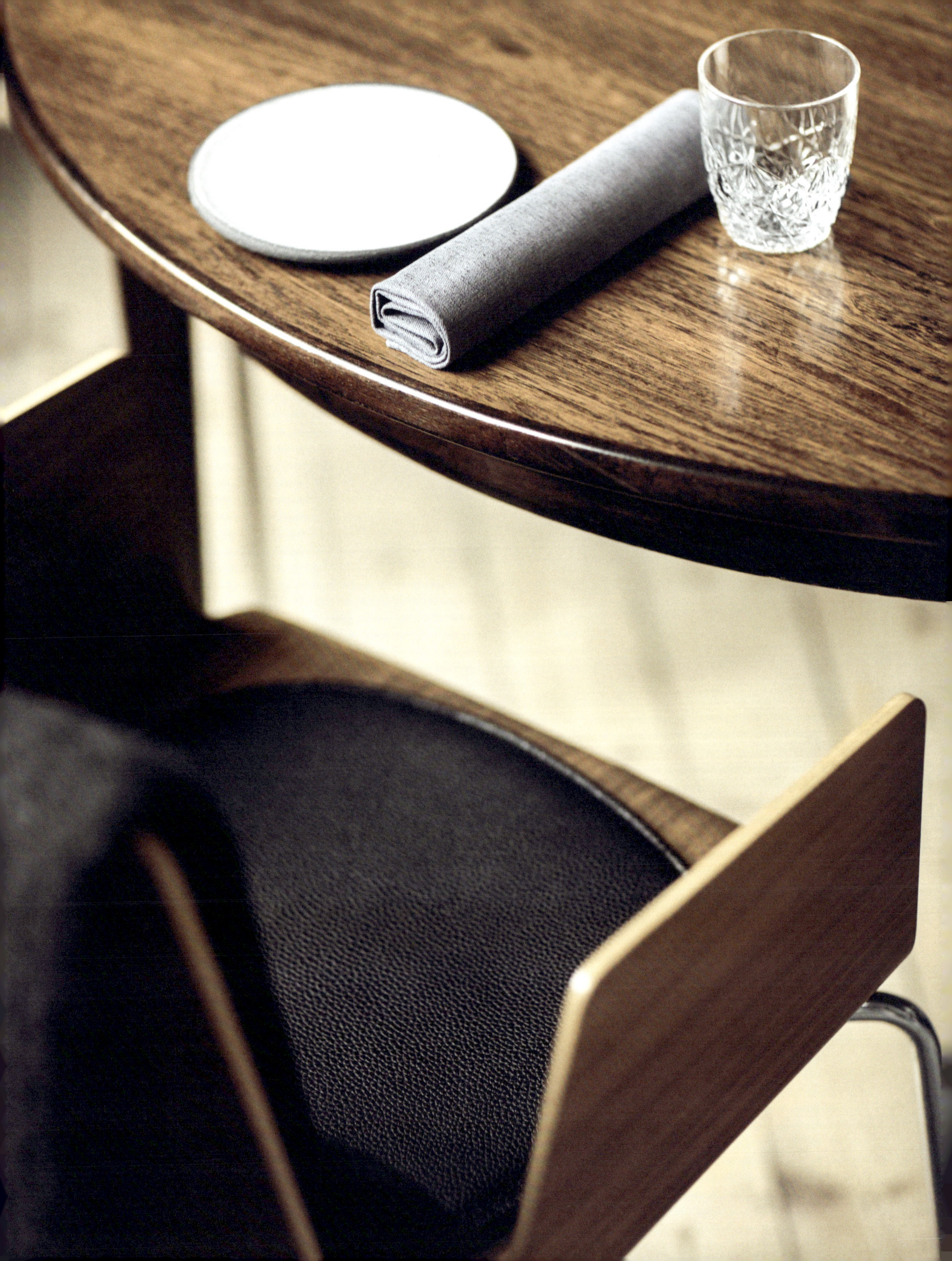

Domestic – Aarhus, Jütland, Dänemark

Bioschweinefilet, milchsauer vergorener Rhabarber mit getrockneten Pilzen und frittierter Hopfen mit Garum und Haselnüssen in einer Buttersoße

Zubereitung

Für 4 Personen

SCHWEINEFILET

600 g Bioschweinefilet
200 g Schweineschmalz

Das Bioschweinefilet bei Zimmertemperatur mit Schmalz einstreichen. Bei 5 °C 21 Tage reifen lassen. Das Filet in einer Pfanne anbraten und anschließend bei 85 °C bis zu einer Kerntemperatur von 60 °C garen lassen. Salzen.

MILCHSAUER VERGORENER RHABARBER

200 g Rhabarber
6 g Salz
10 g Pilzpulver
braune Butter

Den Rhabarber mit 3%iger Salzlösung vakuumieren und bei Zimmertemperatur 7 Tage gären lassen. Anschließend bei 5 °C für 6 Monate lagern. Dann in der Butter erhitzen und mit Pilzpulver bestreuen.

HOPFEN

4 wilde Hopfenblüten pro Portion

Den Hopfen bei 180 °C 20 Sekunden lang frittieren.

GARUM

2 kg frische Makrele
400 g Salz

Makrele in kleinere Stücke schneiden und mit dem Salz vermischen. In einen Plastikbehälter geben und bei 60 °C etwa 3 Monate fermentieren lassen. Nach der Fermentation durch ein Spitzsieb passieren und pasteurisieren. Um feste Stücke aus der Mischung zu beseitigen, durch einen Superbag passieren.

BRAUNE BUTTER

150 g Butter
20 g Garum
20 frische Haselnüsse

Butter in einem kleinen Topf zerlassen und karamellisieren. Durch ein Spitzsieb gießen und sanft erhitzen. Mit Garum abschmecken und frische Haselnüsse dazugeben.

ANRICHTEN

Das Schweinefilet in vier große Stücke schneiden und je ein Stück in die Mitte eines Tellers setzen. Die Hopfenblüten auf und neben das Fleisch geben. Den milchsauren, Rhabarber etwas vom Fleisch abgerückt platzieren. Die Soße zwischen Fleisch und Rhabarber gießen.

Über das Gericht

Für dieses Gericht verwenden wir Troldgårdens traditionelle alte dänische Schweinerasse und nehmen das Schwein selbst auseinander. Wir bedecken mit Vorliebe das ganze Filet – oder Rückenstück – mit Schweinefett, da das Fleisch so geschmackvoller und zarter wird. Um den Geschmack auszubalancieren, fügen wir milchsauer vergorenen Rhabarber hinzu und würzen mit selbstgemachtem Garum. Mit frittiertem wilden Hopfen runden wir das Gericht ab. Normalerweise benutzen wir den Hopfen, um unser eigenes Bier zu brauen, aber wir haben festgestellt, dass er durch Braten an Bitterkeit verliert und ein würziges Aroma bekommt – der perfekte Kontrast zum fetten Schweinefleisch.

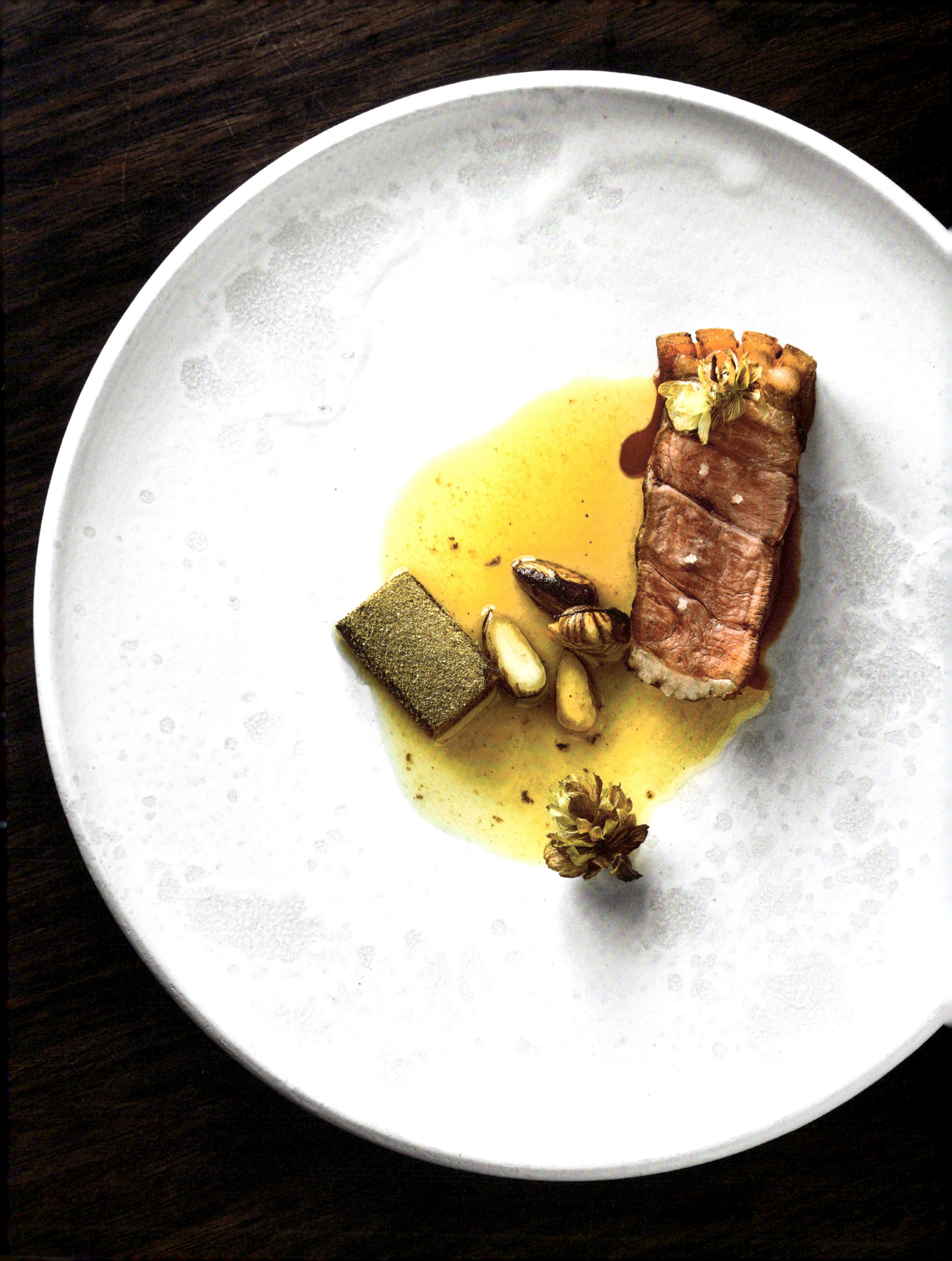

Musling | Kopenhagen, Seeland, Dänemark

Gegenüber der Markthalle Torvehallerne und dem lebhaften Israels Plads in der Kopenhagener Innenstadt bietet das Musling, geführt von den Gründern der Kødbyens Fiskebar, frischen, nachhaltigen Fisch und Meeresfrüchte in Bistroatmosphäre an. Die von Henrik Vibskov gestaltete Inneneinrichtung stimuliert die Sinne mit geometrischen Mustern und einer Fülle von Farben.

Simon Sundby
– Chefkoch

Hier im Musling arbeiten wir ökologisch, nachhaltig und mit Respekt vor der Natur. Unser Gemüse kommt von Birkemosegaard, einem biodynamischen Hof in Sjællands Odde. Die Fische werden mit der Angel oder anderen nachhaltigen Methoden gefangen. Unsere Miesmuscheln, die aus dem Limfjord stammen, werden auf ähnliche Weise gewonnen. Wir sind überzeugt, dass man Fisch und Meeresfrüchte so am besten fängt, damit auch in Zukunft noch ausreichend Ressourcen verfügbar sind. Manche Köche haben das Glück, ihr Gemüse direkt von den Menschen geliefert zu bekommen, die es noch am Morgen geerntet haben. Da ist es nur natürlich, großen Respekt vor den Rohprodukten zu entwickeln, mit denen man arbeitet.

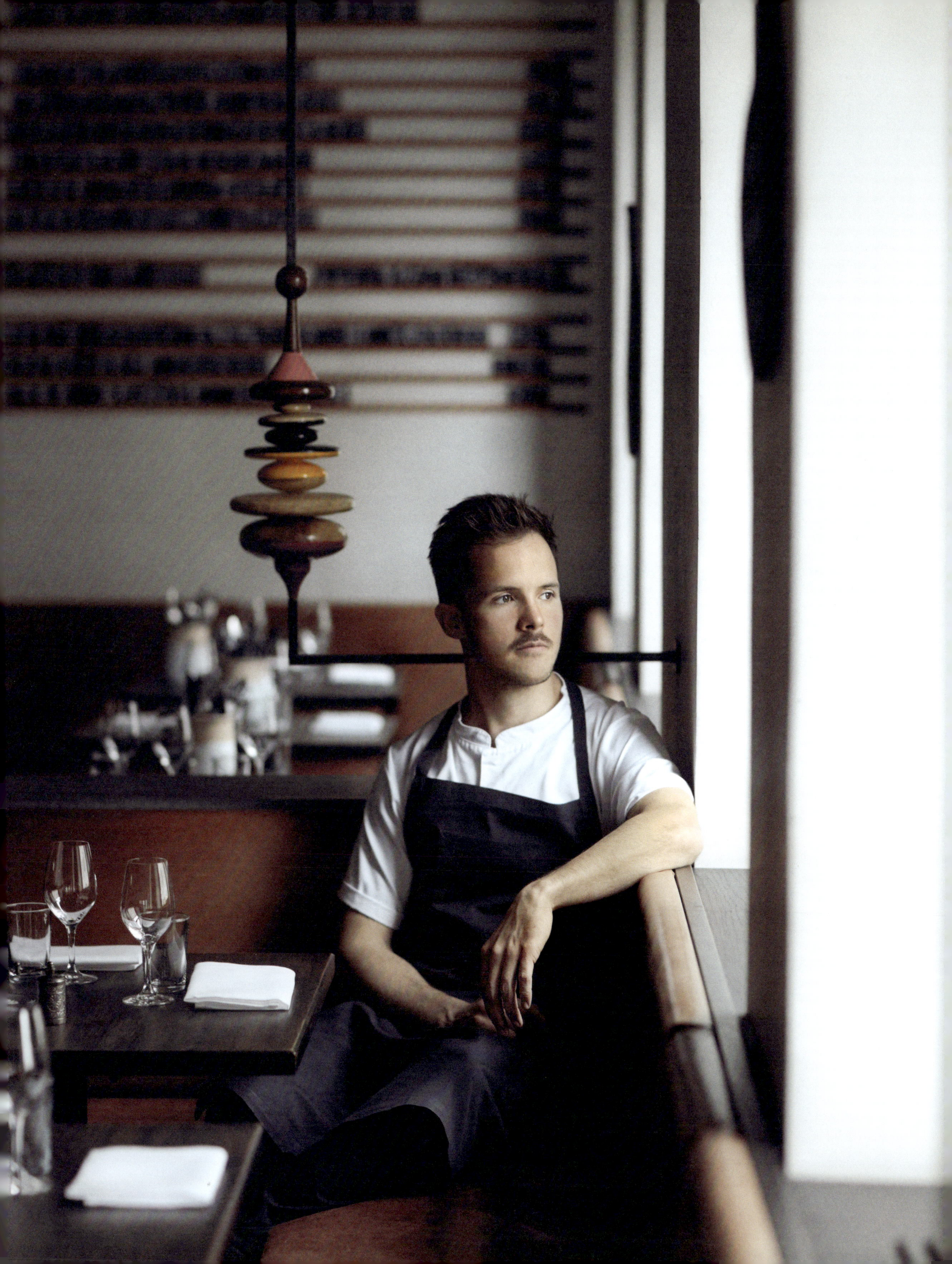

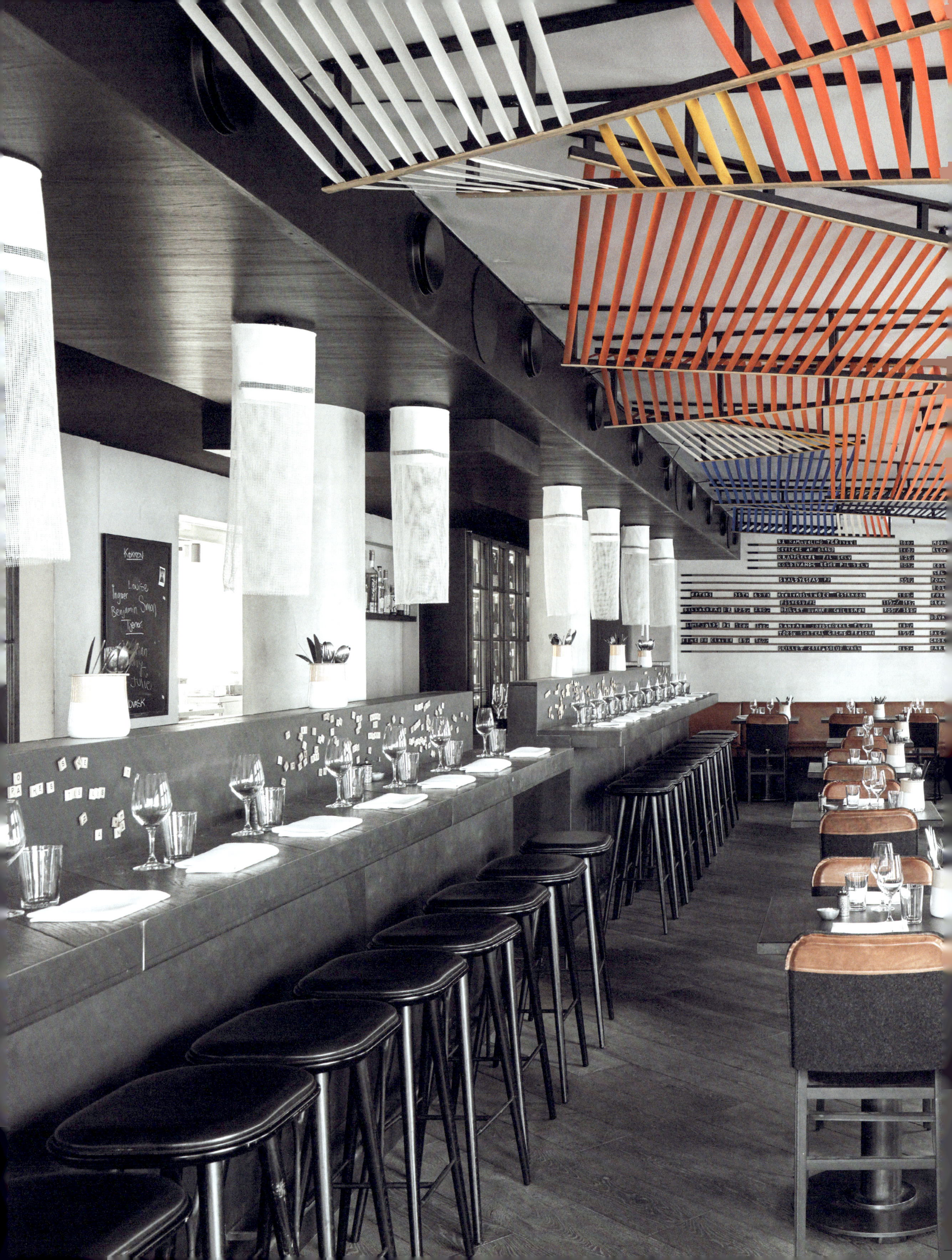

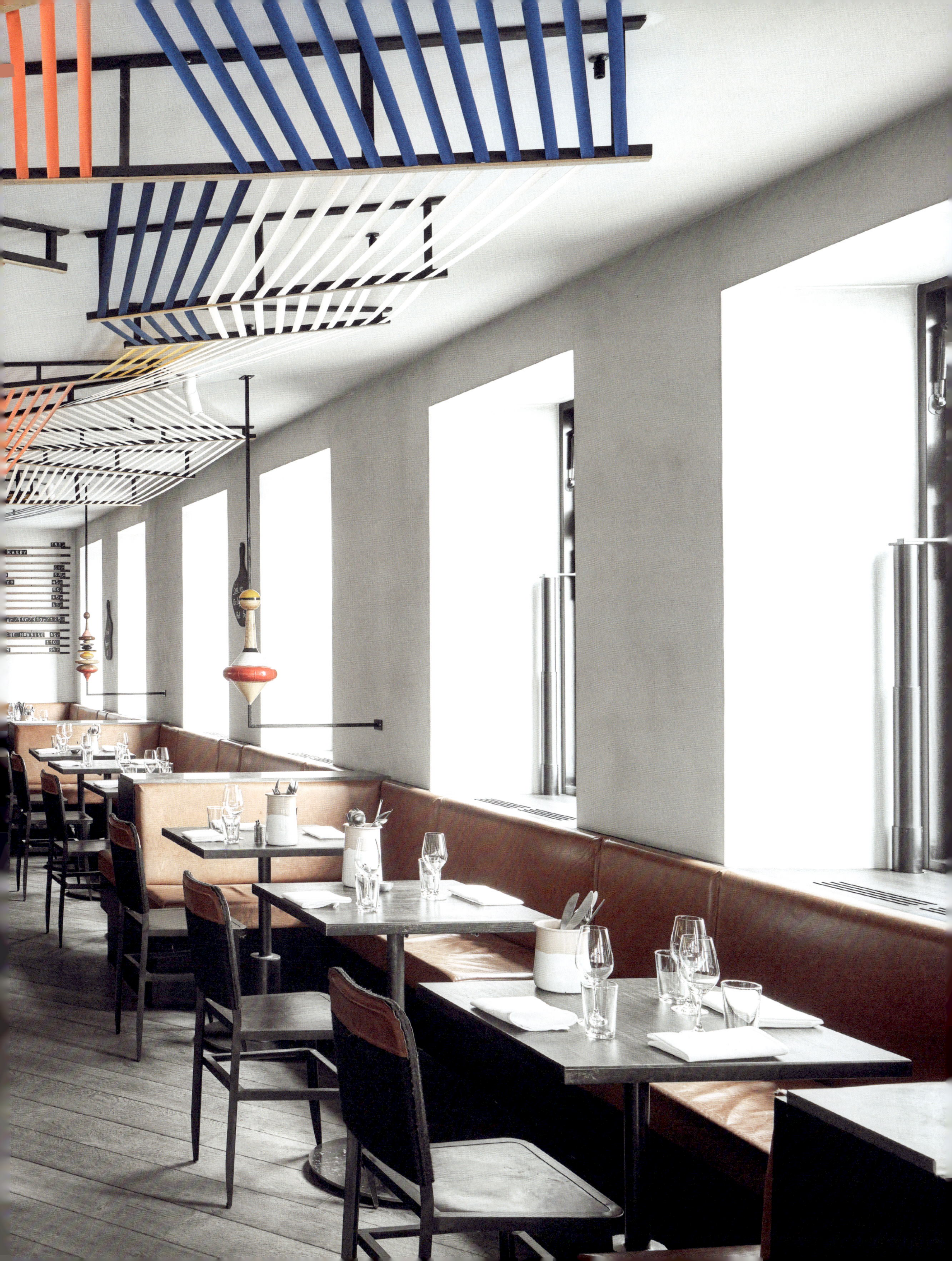

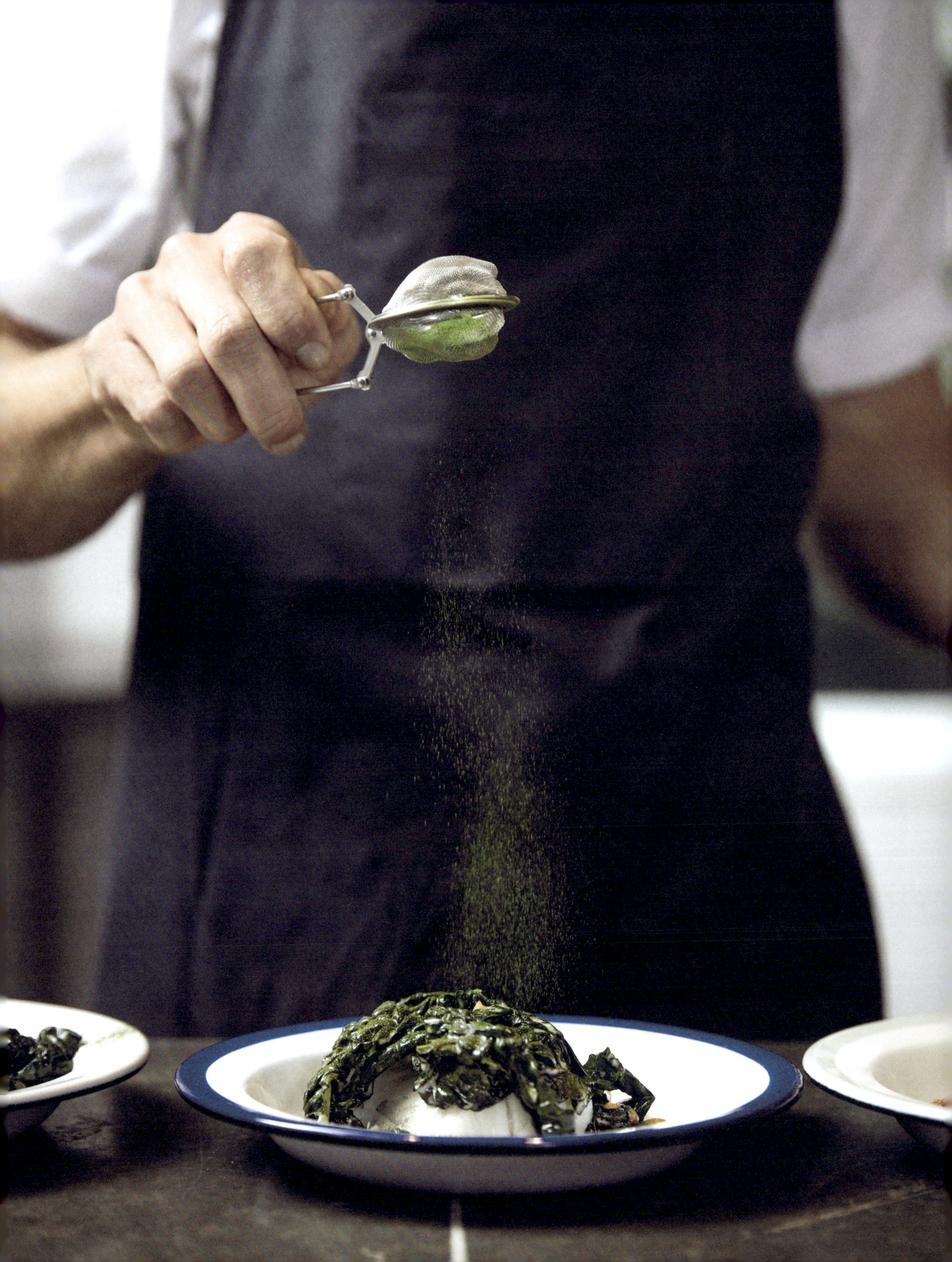

Musling – Kopenhagen, Seeland, Dänemark

Gebackener Dorsch mit Schwarzkohl, Muschelsoße und geräuchertem Petersilienöl

Zubereitung

Für 4 Personen

EINGELEGTE GRÜNE ERDBEEREN

- 1 kg frische grüne Erdbeeren
- 500 ml Apfelessig
- 500 ml Wasser
- 205 g Zucker
- 10 Pfefferkörner
- 3 Lorbeerblätter

Am besten während der Saison beim nahe gelegenen Erdbeerhof grüne Erdbeeren kaufen. Manchmal bekommt man sie auch in einem gut sortierten Supermarkt. Erdbeeren waschen und trockentupfen. In ein gutes Mason-Einmachglas geben. Essig, Wasser, Zucker, Pfefferkörner und Lorbeerblätter in einem Topf zum Kochen bringen. Die heiße Flüssigkeit über die Erdbeeren gießen, bis sie vollständig bedeckt sind. Das Glas sofort verschließen. Vor Gebrauch mindestens eine Woche ziehen lassen.

MUSCHEL-BUTTER-SOSSE

- 250 ml Muschelfond
- 200 g Biobutter
- 100 g Biosahne mit 38 % Fettanteil
- 15 g Apfelessig
- etwas Salz

Muschelfond zum Kochen bringen, von der Flamme nehmen und mit einem Handmixer oder Schneebesen die kalte Butter und die Sahne hineinrühren. Zuletzt mit Essig und Salz abschmecken.

GERÄUCHERTES PETERSILIENÖL

- 200 g neutrales Öl
- 100 g Petersilienblätter
- 100 g trockenes Heu

Etwas Heu in einen großen Topf geben. Eine Schüssel mit dem Öl auf das Heu stellen. Das Heu anzünden, den Deckel auf den Topf legen und warten, bis sich kein Rauch mehr entwickelt. Nun das Öl und die Petersilie in der Maschine mixen, bis das Öl langsam heiß wird und sich dunkelgrün verfärbt. Durch ein feines Sieb gießen. Im Kühlschrank abkühlen lassen.

GEBACKENER DORSCH

- 600 g Dorsch mit Gräten, nachhaltig gefischt
- 400 g Cavalo Nero (Schwarzkohl) oder ein anderer Biogrünkohl
- 100 g eingelegte grüne Erdbeeren
- 400 ml Muschel-Butter-Soße
- 100 ml Petersilienöl
- 100 g gesalzene Butter
- Salz und Pfeffer

Den Ofen auf 160 °C vorheizen. Die Muschel-Butter-Soße in einer Stielpfanne erhitzen. Jede Erdbeere in 8 Stücke schneiden. Den Dorsch salzen und pfeffern und in einer ofenfesten Form auf ein ordentliches Stück Butter setzen. Für 6–8 Minuten in den Ofen schieben. Den Grünkohl in einer Pfanne anbraten. Er sollte ein wenig Farbe annehmen, um dem Gericht Geschmack zu verleihen. Salzen und pfeffern nicht vergessen. Den Kohl und das Petersilienöl zur Soße in der Schmorpfanne geben.

ANRICHTEN

Den fertigen Dorsch auf einer tiefen Platte anrichten. Die Haut entfernen. Erdbeeren darüber streuen. Soße und Kohl dazugeben. Ein gutes Sauerteigbrot dazu reichen.

Über das Gericht

Essen zubereiten heißt sich von Gefühlen leiten zu lassen. Sie können durch Kindheitserinnerungen, die eigene Stimmung oder das Wetter hervorgerufen werden.

Dieses Gericht beruht auf der Erinnerung an einen warmen Sommerabend in Dänemark. Ich hatte in einem kleinen Boot auf dem Meer einen Fisch gefangen. Der Grünkohl und die Milchprodukte kamen von dem Bauernhof, auf dem ich aufgewachsen bin. Wenn man alles einfach über dem offenen Feuer kocht, erhält man ein Gericht mit saftigem Fisch, geröstetem Kohl und dem Rauchgeschmack des Feuers.

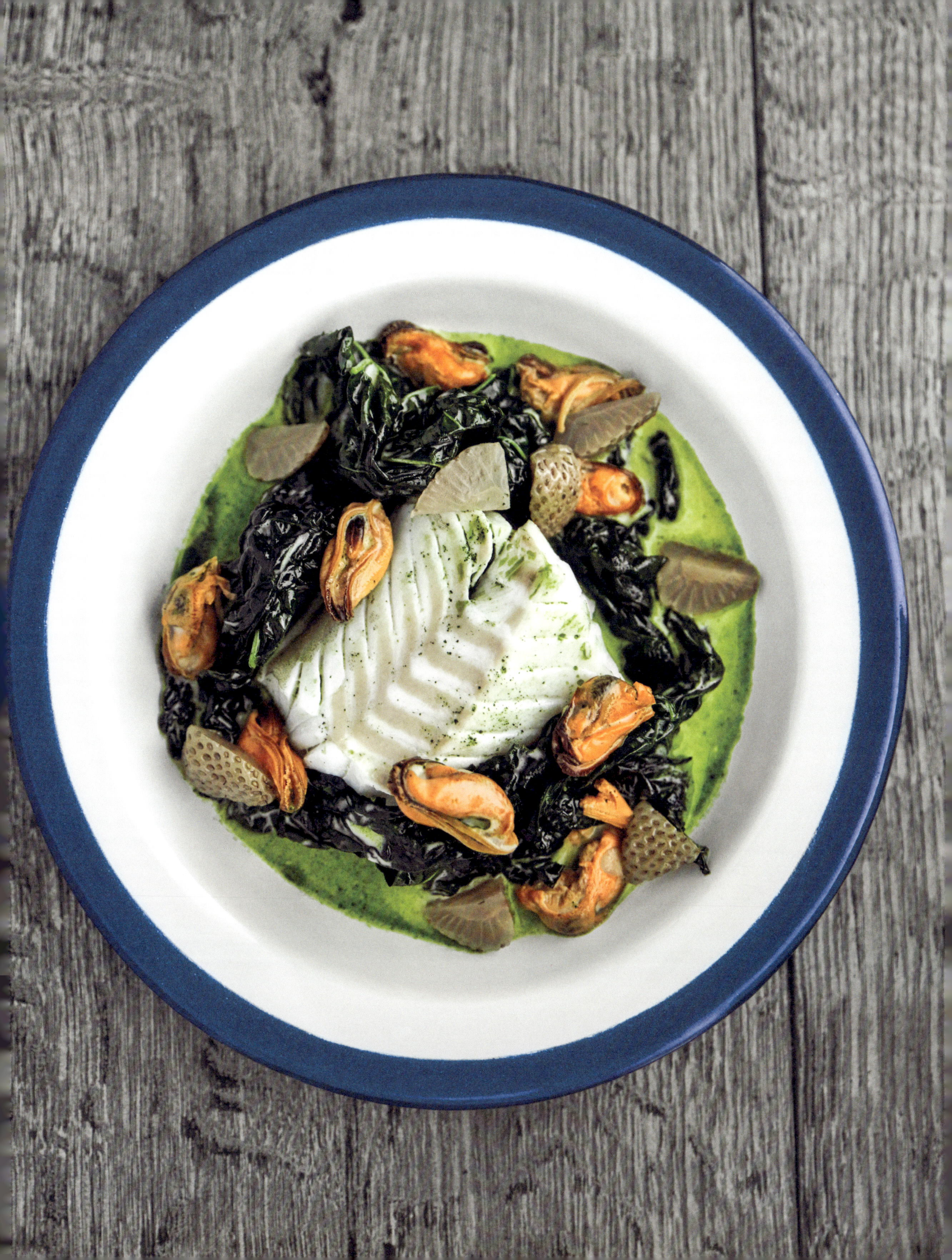

Falsled Kro | Millinge, Fünen, Dänemark

Falsled Kro, ein idyllisches Haus aus dem 16. Jahrhundert, ist umgeben von gepflegten Gärten und Wiesen. Aus der Räucherei weht der Duft von geräuchertem Lachs über das Areal. Das Restaurant, auf der als „Garten Dänemarks" bekannten Insel Fünen gelegen, spiegelt mit seinem saisonalen Menü die üppige Umgebung wider.

Per Hallundbæk
– Chefkoch

Jeder Tag ist eine Prüfung, und unsere Gäste sind die Prüfer.

Nach neun Jahren in Norwegen bin ich auf die Insel Fünen heimgekehrt. Dank meiner Ausbildung in klassischer französischer Küche zu Beginn meiner Karriere und meiner Expertise darin bekam ich die einmalige Gelegenheit, das Falsled Kro zu leiten – eine idyllische Perle der dänischen Gastronomie an Fünens Westküste.

Mit Ehrfurcht vor dem Vermächtnis des legendären ehemaligen Chefkochs Jean-Louis Lieffroy, dessen Ruf und Leidenschaft fast vierzig Jahre lang große Schatten warfen, begann ich meine neue Arbeit. Ohne Kompromisse bei der Qualität unseres Gemüses einzugehen – egal ob es aus Frankreich, Spanien oder aus der Region kommt – habe ich einen nordischeren Ansatz eingeführt, indem ich schwere und typisch französische Elemente wie Sahne und Butter reduziert habe. Wir haben unsere eigenen Kräuter- und Gemüsegärten von 200 auf 1.000 Quadratmeter erweitert und sind dank ihnen sowie dank dem Sammeln von Wildpflanzen aus der Umgebung inzwischen zu fast 80 Prozent Selbstversorger.

Meine Leidenschaft dafür, die Erwartungen unserer Gäste zu erfüllen oder zu übertreffen, treibt mich an. Die „Prüfung" beginnt hier, wenn morgens der Hahn kräht und die Gäste weckt. Unzählige Eindrücke machen im Falsled Kro jeden Tag zu einem sinnlichen Gesamterlebnis.

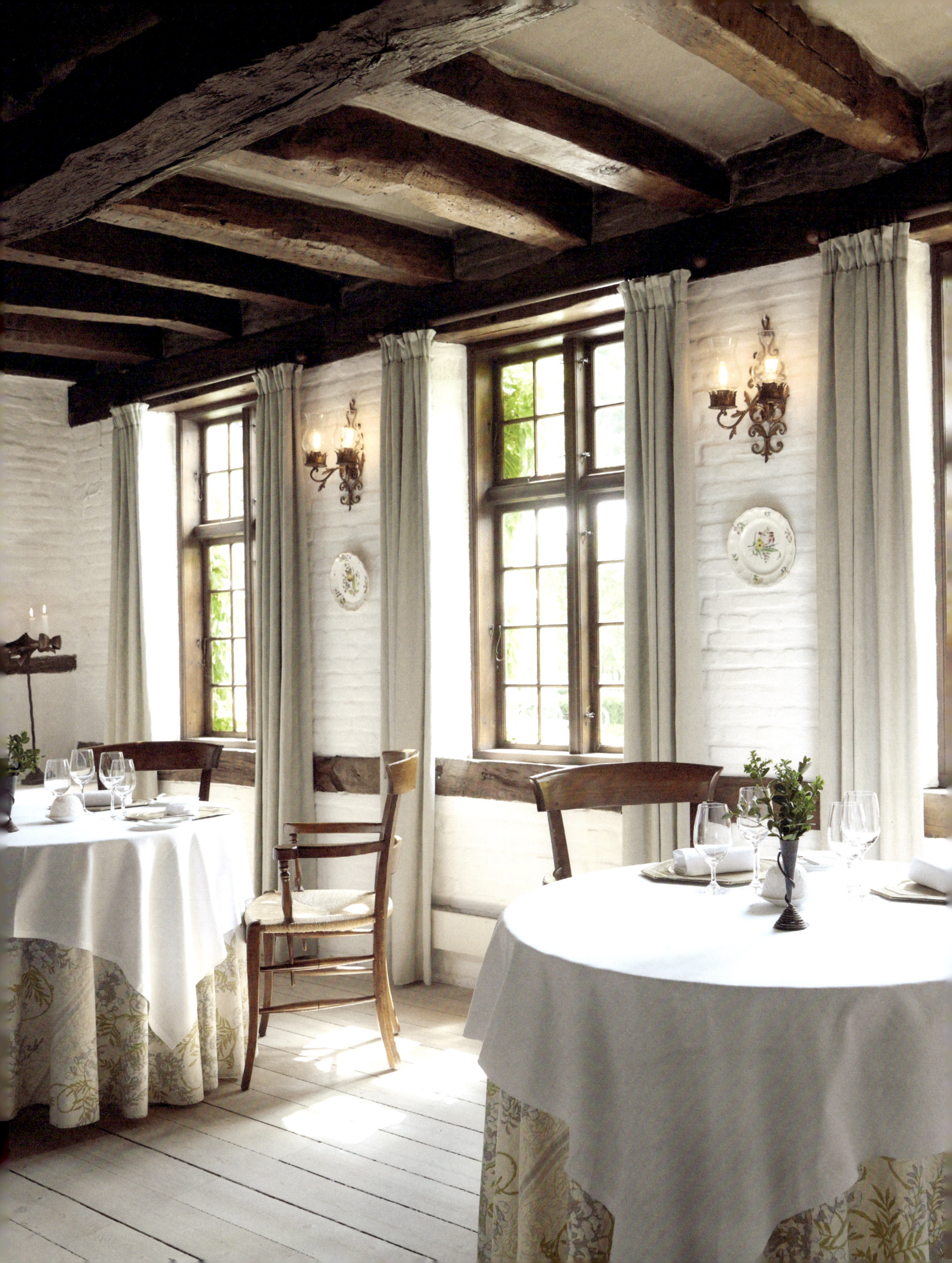

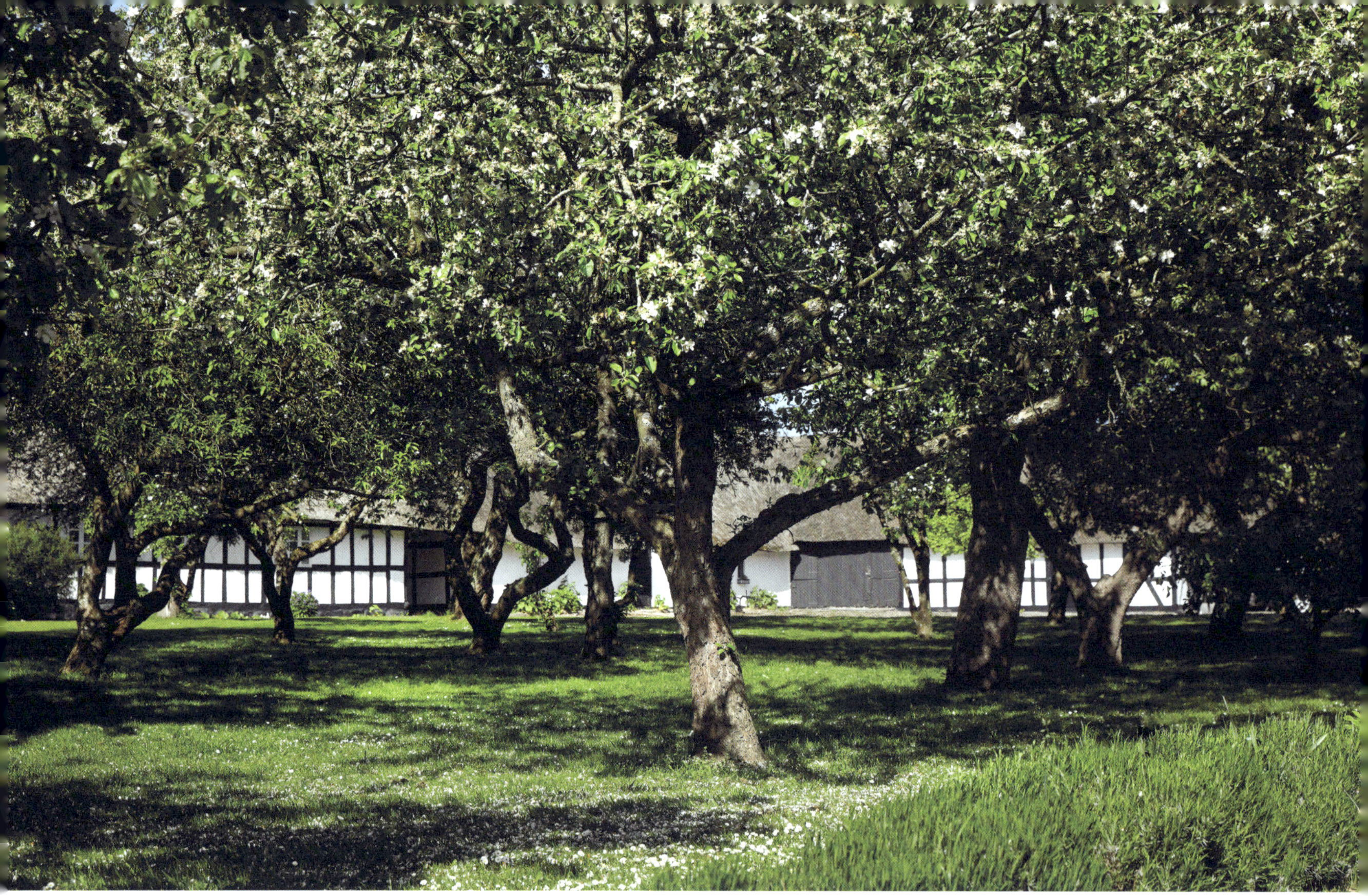

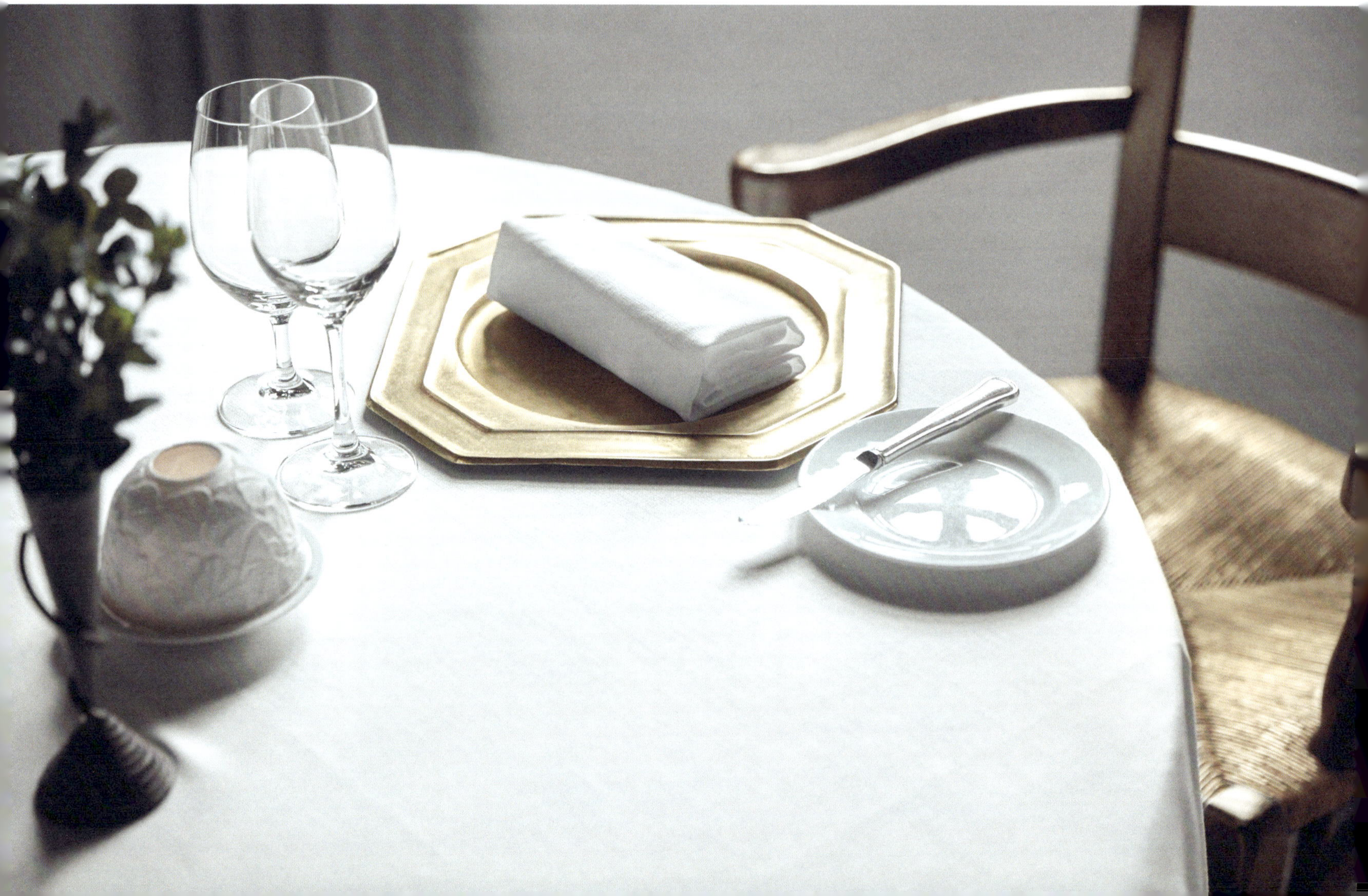

Falsled Kro – Millinge, Fünen, Dänemark

Seeigel mit Piment d'Espelette und Zitronenaromen

Zubereitung

Für 4 Personen

SEEIGEL

    12 kleine, lebende Seeigel
      aus Island
    300 ml Sahne
    100 ml Muschelfond
    1 Limettenblatt
    1 gehackter Stängel
      Zitronengras
    3 Eigelb
    Salz und Pfeffer
      nach Geschmack
      grobes Salz
    Saft und Zesten
      von 1 Limette

Die Unterseite der 12 Seeigel abschneiden, Fleisch vorsichtig herauskratzen und die Innereien entfernen. Das Innere der Schalen gründlich säubern. Den Rest der Masse durch ein feines Sieb passieren.

Die Sahne mit dem Muschelfond, Limettenblatt und Zitronengras aufkochen. 10 Minuten ziehen lassen. Mit dem ausgekratzten Seeigelfleisch zusammen in den Mixer geben, mixen und durch ein Sieb gießen. Dann 200 ml davon mit den Eigelb mixen. Mit Salz, Pfeffer, Limettensaft und -zeste abschmecken. Den Rest der Mischung für die Soße aufheben.

Die gesäuberten Seeigelgehäuse mit dem Loch nach oben auf grobes Salz setzen. Die Eigelbmischung hineingießen. Für 15 Minuten bei 80 °C dämpfen, bis die Masse gestockt ist.

ANRICHTEN

    Piment d'Espelette
    (Espelette-Pfeffer)
    Salz und Pfeffer

Die restliche Soße salzen und pfeffern. Aufschäumen und in die gefüllten Seeigel gießen. Mit Piment d'Espelette bestäuben.

Über das Gericht

Die Idee für dieses Gericht stammt aus meiner Zeit in Norwegen, wo ich leicht an frische Seeigel kam. Die sehr empfindlichen Tiere können nicht weit transportiert werden. Seeigel aus dem Mittelmeer schmecken nach Eisen, weil sie in warmem Wasser schneller wachsen. Skandinavische Seeigel wachsen dagegen durch das kältere Klima viel langsamer, sind zarter und haben andere Aromen. Ich finde, sie haben eine besonders herrliche Zitrusnote und habe darum beschlossen, dieses Aroma zu unterstreichen.

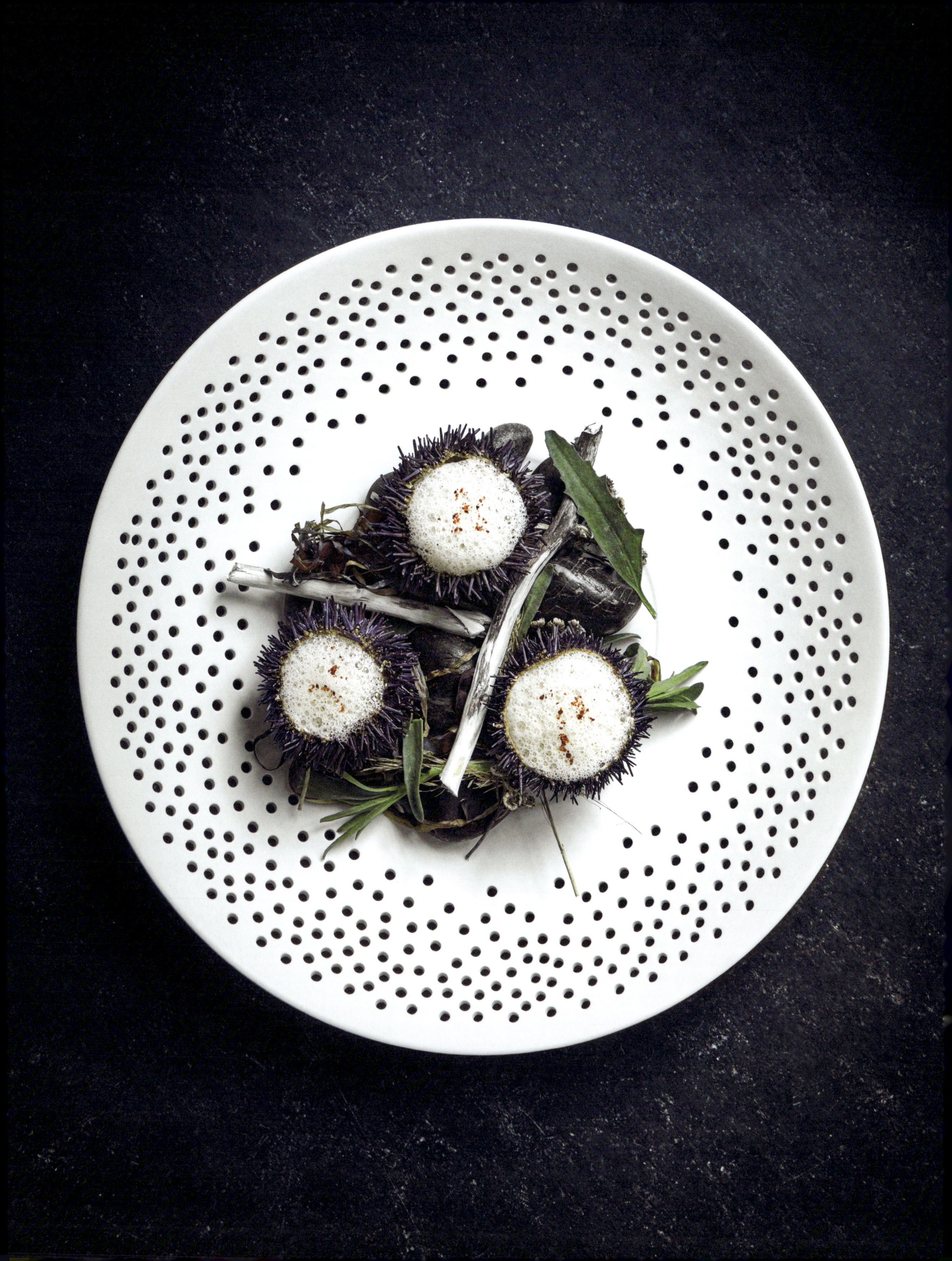

Mit Kräuterseitlingen gratinierter Kaninchenrücken, Sellerieroulade, Knoblauch, Salbei und Trüffelsoße

Zubereitung

Für 4 Personen

KANINCHENRÜCKEN

2 Kaninchenrücken mit Nieren
25 g getrocknete Kräuterseitlinge (essbar), eingeweicht und gehackt
100 g Butter
25 g Semmelbrösel
1 Eigelb
braune Butter
Salz und Pfeffer

Die Sattelstücke aus dem Kaninchenrücken lösen, dabei Gewebe und Sehnen entfernen. Die Nieren herausschneiden. Die Filets 2 bis 3 Minuten in brauner Butter anbraten. Abkühlen lassen.

Die Kräuterseitlinge mit Butter, Semmelbrösel und Eigelb mischen, salzen und pfeffern. Die Masse zwischen zwei Backpapierblättern sehr dünn (ca. 2 mm) ausrollen, dann kühl stellen. Wenn die Masse kalt ist, zurechtschneiden und auf die Filets legen. Vor dem Anrichten 3 Minuten bei 175 °C garen.

SELLERIEROULADE

1 geschälte Sellerie
2 EL gehackter Estragon
2 EL gehackte Petersilie
2 EL gehackter Kerbel

Mit einer Mandoline den Sellerie hauchdünn zu einem langen, 1,5 cm breiten Streifen hobeln. Den Streifen in Salzwasser circa 1 Minute kochen, damit er ein wenig weich wird. In Eiswasser legen, herausnehmen und mit den Kräutern bestreuen. Zu einer Roulade rollen, in Frischhaltefolie wickeln und kühl stellen. Sobald die Roulade kalt ist, in 5 mm dicke Scheiben schneiden und vor dem Anrichten im Dampfgarer aufwärmen.

KNOBLAUCH UND SALBEI

8 große Knoblauchzehen
8 Salbeiblätter
Öl

Die Knoblauchzehen fünfmal in Salzwasser aufkochen lassen, dann in Olivenöl marinieren. Die Salbeiblätter in Öl anbraten.

TRÜFFELSOSSE

40 ml Himbeeressig
50 ml Rinderfond
200 ml Kaninchenfond
25 g gehackte schwarze Trüffel
Olivenöl
Salz und Pfeffer

Den Himbeeressig einkochen. Rinder- und Kaninchenfond dazugeben, auf 100 ml reduzieren. Die gehackten Trüffel dazugeben. Mit Salz und Pfeffer abschmecken. Die Nieren circa 3 Minuten anbraten, dann halbieren.

ANRICHTEN

Den gratinierten Kaninchenrücken auf einem Teller neben der Sellerieroulade anrichten. Die angerösteten Nieren auf die Sellerieroulade setzen und die Trüffelsoße rund um die Roulade träufeln.

Über das Gericht

Wenn die Meinungen schon auseinandergehen, wenn Kaninchen auf dem Menü steht – wie soll das erst bei Kaninchennieren sein? Ich glaube, die meisten Leute wissen gar nicht, wie köstlich sie sind. Wir verwenden daher sowohl bei unseren Lamm- als auch bei unseren Kaninchengerichten immer auch die Nieren. Da wir nur mit Zutaten höchster Qualität arbeiten, ist es uns hier im Falsled wichtig, sie in ihrer natürlichen Form zu präsentieren statt sie mit kreativen Verfahren unkenntlich zu machen. Die Gäste sollen auf dem Teller sehen können, was ihnen Mutter Natur zu essen gibt. Deshalb habe ich der Niere einen prominenten Platz auf dem Sellerie gegeben.

Sellerie und Trüffel sind zudem ein perfektes Paar und in Kombination mit dem zarten Kaninchenfleisch ist dieses Gericht ein einfaches, leichtes Vergnügen.

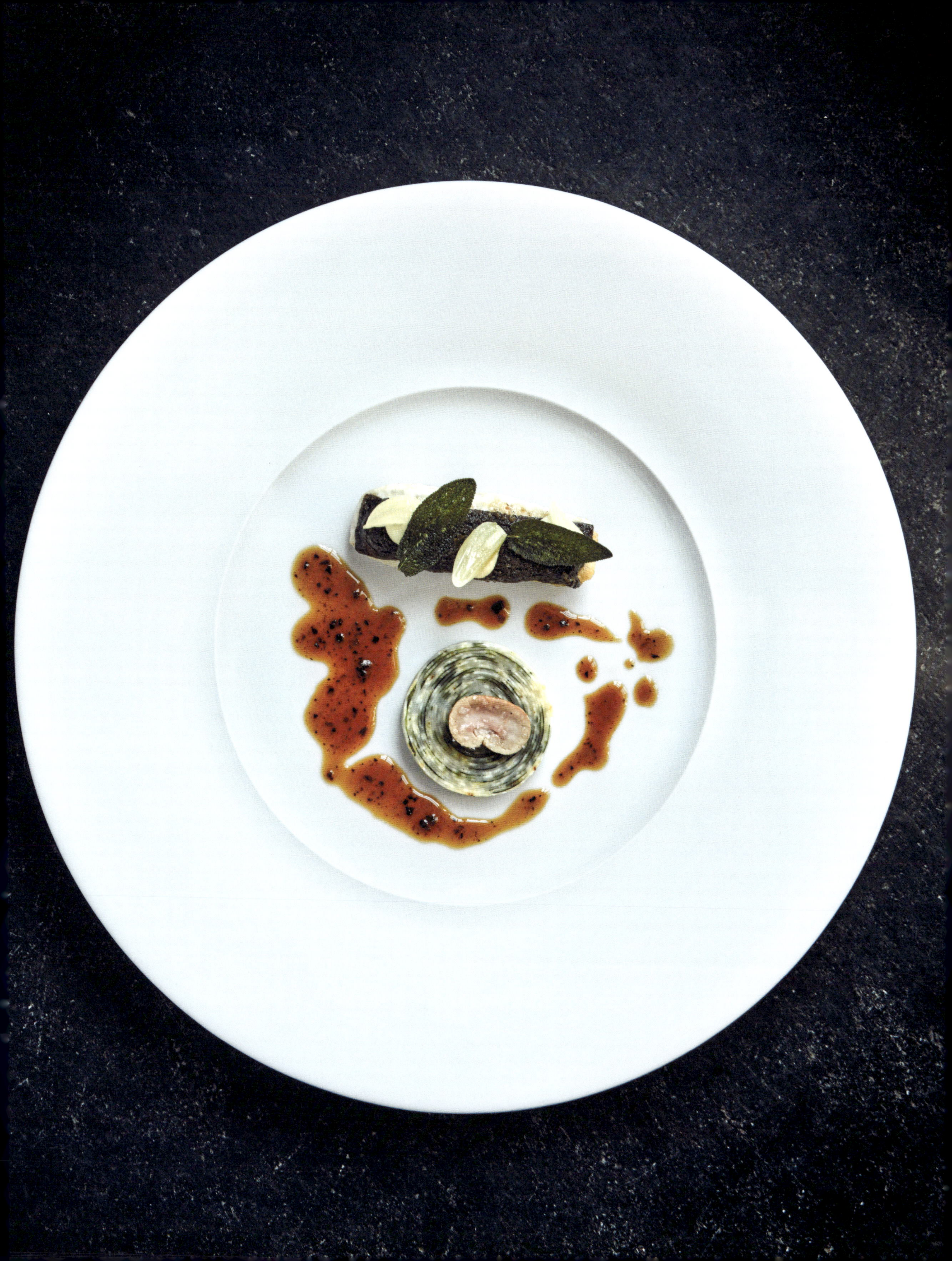

Paustian | Kopenhagen, Seeland, Dänemark

Die Werften Nordhavns: Letzte Station in Kopenhagen vor einer Reise durch den „Whiskeygürtel" Nordseelands. Hier liegt das Paustian mit moderner dänischer Küche in einer makellos gestalteten Umgebung – wie zu erwarten in einem Gebäude des renommierten Architekten Jørn Utzon. Ein Hafenrestaurant für den anspruchsvollen Gaumen.

Henrik Jensen Junker & Chris Ladegaard Jensen

– Besitzer, Restaurantmanager & Chefkoch

Henrik Jensen Junker: Meine Neugier auf neue Geschmäcker, Zutaten und Kulturen und meine Liebe zur Ästhetik prägen meine Leidenschaft für die Gastronomie. Ich habe mit vielen tollen Köchen zusammengearbeitet und will immer weiter lernen. Im Prémisse, im Kong Hans Kælder und als junger Koch in Frankreich habe ich viel gelernt. Meine Arbeit im Herman hatte einen großen Einfluss auf meine Ausrichtung als Koch, talentierte Köche wie Thomas Herman, Ronny Emborg und Thomas Parry inspirieren mich. Aber erst in Mittelamerika, Asien und Afrika habe ich erlebt und verstanden, was Esskultur ist. Das hat mein Verständnis davon vertieft, was regionale Küche für die nordische Region bedeutet: saisonale, vom Klima beeinflusste Produkte. Es ist eine Herausforderung, aber auch eine Chance, etwas Einzigartiges zu schaffen, und ich glaube, nordisches Essen hat deshalb seinen Platz in der Welt der Spitzenküchen gefunden. Als Koch und Gastronom empfinde ich es als meine Pflicht, eine Inspiration für unsere regionale Küche zu sein, sonst laufen wir Gefahr, unsere Esskultur zu verlieren. Das ist hier im Paustian unser Ziel.

Chris Ladegaard Jensen: Ich versuche mich jeden Tag zu verbessern. Der Anfang war hart, ich musste Opfer bringen, aber inzwischen liebe ich meinen Beruf. Als junger Koch im Henne Kirkeby Kro, damals von Allan Poulsen geführt, habe ich gelernt, was Gastronomie wirklich ausmacht. Während meiner Zeit als Souschef im Kong Hans Kælder habe ich mein Wissen weiter vertieft und wende noch immer an, was mir der damalige Chefkoch Thomas Rode beigebracht hat. In meinem eigenen Restaurant wähle ich die Gerichte und Zutaten aus, die ich servieren möchte. Aber letztlich entscheidet der Gast, ob man als Koch etwas taugt. Ich möchte die Gäste herausfordern, nicht provozieren. Deswegen koche ich Essen, zu dem sie eine Beziehung haben.

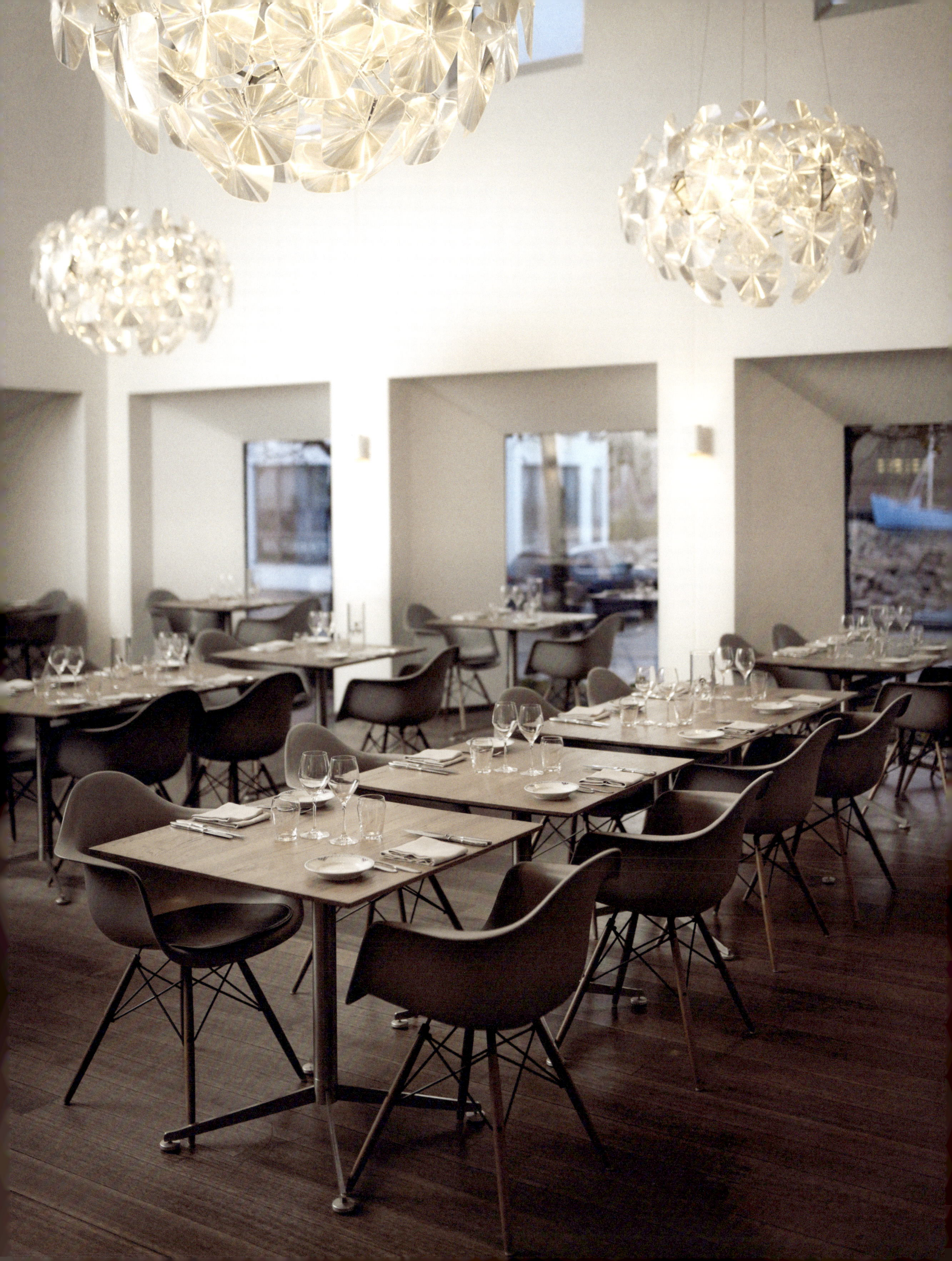

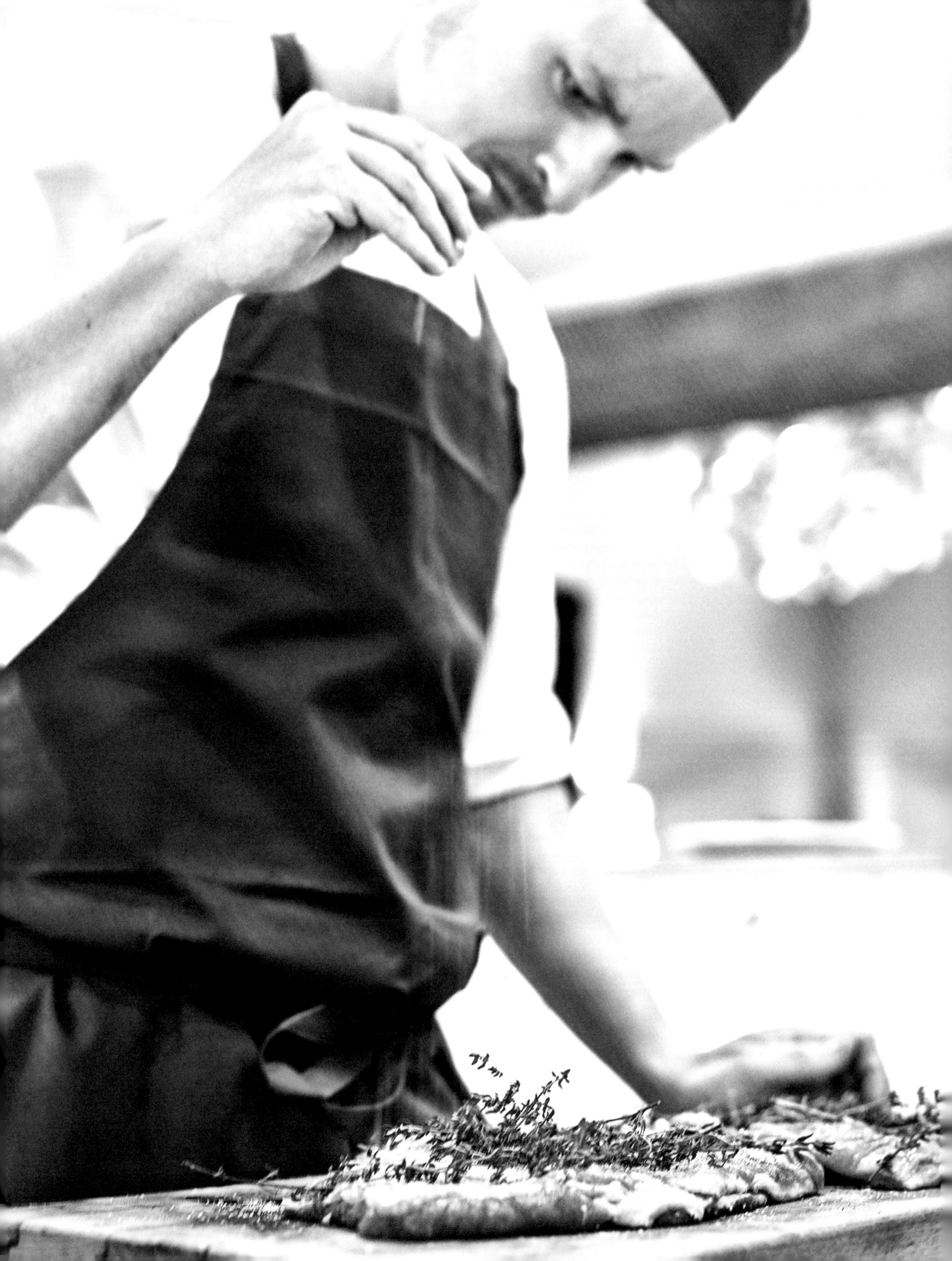

Paustian – Kopenhagen, Seeland, Dänemark

Dänisches Schwein

Zubereitung

Für 4 Personen

SCHWEINEBAUCH

**1 dänischer Schweine-
bauch aus Weidehaltung
Kräutersalz**

Das Schweinefleisch
mit 10 g Kräutersalz pro Kilo
würzen und 24 Stunden
ziehen lassen. Das Fleisch
auf ein Blech legen
und im Ofen bei 75 °C für
8 Stunden niedergaren.
Abkühlen lassen und in vier
Stücke schneiden. Das
Schweinefleisch vor dem
Servieren grillen.

ZWIEBELSCHALE
4 weiße Zwiebeln

Die Zwiebeln schälen und
bei 160 °C 10 Minuten backen.
Halbieren und auf mittlerer
Flamme bräunen. Die
einzelnen Zwiebelschichten
voneinander trennen.

EINGELEGTE PREISEL-
BEEREN UND
BÄRLAUCHKAPERN

**200 g Weißweinessig
200 ml Wasser
200 g Zucker
50 g Preiselbeeren
50 g Bärlauchkapern**

Weißweinessig in einen
Topf gießen, Wasser und
Zucker dazugeben. Zum
Kochen bringen und
Preiselbeeren und Bärlauch-
kapern damit bedecken.

SAGOPERLEN
50 g Sago

Sago kochen, bis er durchsichtig
ist. Abseihen und gründlich
unter kaltem Wasser abspülen.

THYMIANÖL

**50 g Thymianblätter
100 g neutrales Öl
 (Raps oder
 Traubenkern)
25 g Babyspinat**

Alle Zutaten mixen und dann
auf 65 °C erhitzen; Öl abseihen.

SOSSE

**1 kg Spareribs
2 Zwiebeln
1 Knoblauchknolle
7 Thymianzweige
100 ml Sherryessig
1 l Geflügelfond**

Die Rippchen grillen, bis
sie dunkel sind. Zwiebeln und
Knoblauch schälen. Grob
hacken und anschwitzen,
bis sie weich sind. Sherryessig,
gegrillte Rippchen und
Thymianzweige hinzufügen.
Geflügelfond darübergießen
und köcheln, bis er zu
einer guten Konsistenz
reduziert ist. Abseihen.

PÜREE AUS WEISSEN
ZWIEBELN

**10 weiße Zwiebeln
200 ml Schlagsahne**

Die Zwiebeln fein würfeln
und anschwitzen, ohne dass sie
Farbe annehmen. Sahne
zugeben und garen, bis die
Zwiebeln weich sind.
Durch ein Sieb passieren und
zu einem glatten Püree mixen.

ANRICHTEN

**grüne Kräuter
Haselnüsse**

Den Schweinebauch auf
einer Tellerseite platzieren. Die
Zwiebelschalen lose auf der
anderen Seite verteilen und
mit Zwiebelpüree füllen.
Behutsam Sago, eingelegte
Preiselbeeren und Bärlauchkapern über den Teller
verstreuen. Die Soße dazugeben
und das Thymianöl darüberträufeln. Mit leuchtend grünen
Kräutern und feinen Haselnuss-
scheiben dekorieren.

Über das Gericht

Dänemark ist bekannt für seine
lange Tradition in Herstellung und
Konsum von Schweinefleisch.
Da unser Land auch einer der Welt-
marktführer für nachhaltiges
Schweinefleisch ist, entschlossen wir
uns für Schwein aus Freiland-
haltung als Star unseres Gerichts.
Bei einem Schweinegericht kann
man auf Zwiebeln kaum verzichten.
Wir interpretieren die Zwiebel
auf zweierlei Art als Hommage an
die dänische Natur. Zudem
verwenden wir wilde Preiselbeeren
und Bärlauchkapern aus unseren
Wäldern. So fügen wir dem Gericht
nicht nur Säure hinzu, sondern
zollen auch unseren Naturprodukten,
unserer Esskultur und
unserer Landwirtschaft Tribut.

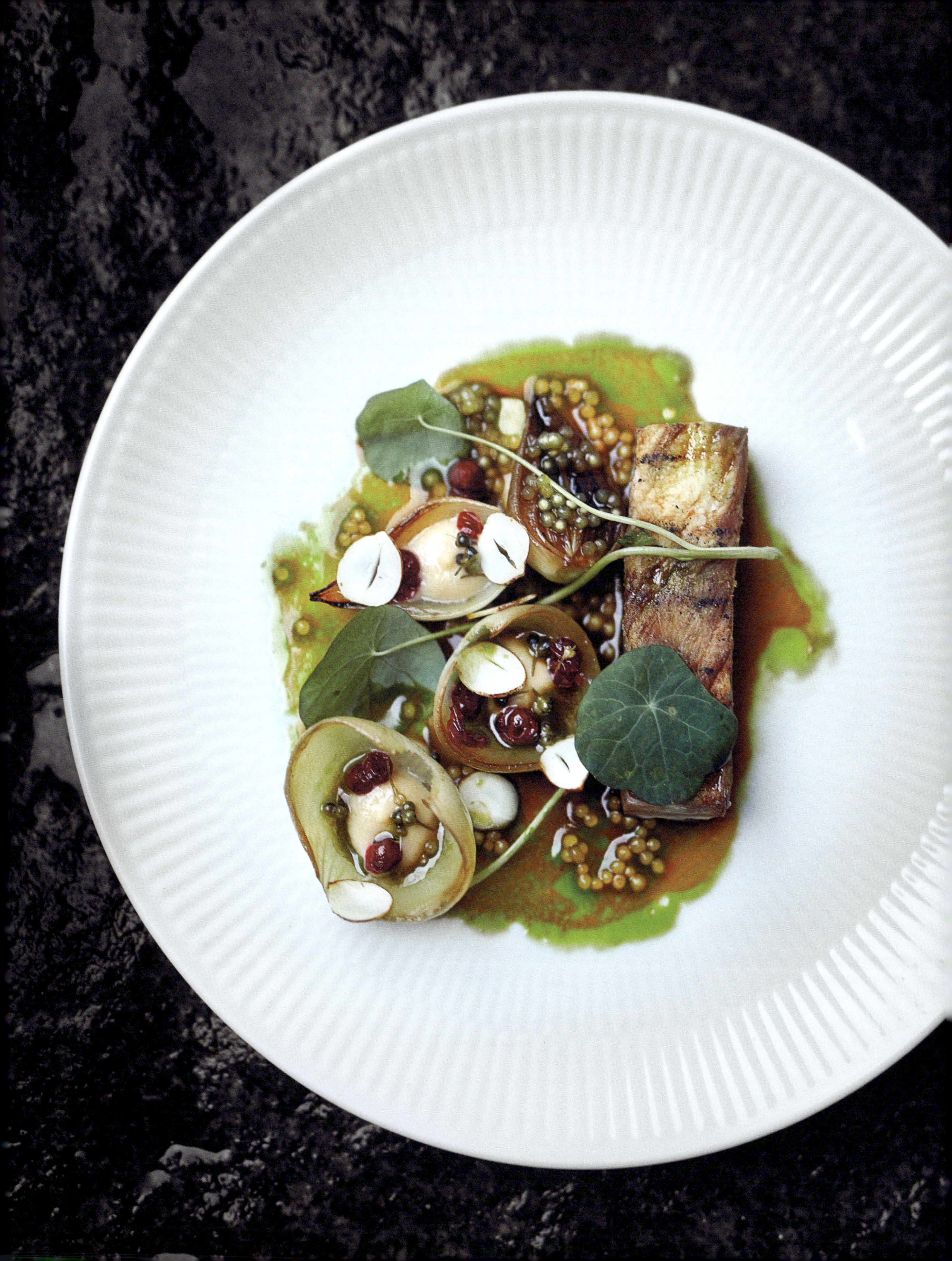

Dänisches Lamm

Zubereitung

Für 4 Personen

FLEISCH UND SOSSE

- 130 g Lammbrust aus Vibygård (4 Stück insgesamt)
- 2 Zwiebeln
- 1 Knoblauchknolle
- 1 Lauch
- Rapsöl
- 5 Thymianzweige
- 2 Rosmarinzweige
- 1 l Rote-Bete-Saft
- 50 ml Sherryessig
- Salz und Pfeffer

Knoblauch und Zwiebeln schälen. Alles Gemüse grob hacken. Fleisch und Gemüse in einer Pfanne mit Rapsöl scharf anbraten, bis alles leicht gebräunt ist. Mit Wasser bedecken und die Kräuter hinzufügen. 4 Stunden köcheln lassen. Das Lamm herausnehmen und mit einem schweren Gegenstand beschweren. Den Fond abseihen und auf 200 ml reduzieren. Rote-Bete-Saft und Sherryessig in einen Topf geben und ebenfalls auf 200 ml reduzieren. Den Fond dazuschütten und weiter reduzieren, bis die Soße eine leicht dickliche Konsistenz hat. Mit Salz und Pfeffer abschmecken. Das Fleisch rundum anbraten, um Geschmack und Textur zu verbessern. Das Fleisch in vier Stücke schneiden.

EINGELEGTE FEIGEN

- 4 Feigen
- 200 ml Portwein
- 50 g brauner Zucker

Den braunen Zucker karamellisieren und Portwein hinzugeben. Zu einer karamellartigen Soße reduzieren und über die Feigen gießen.

GLASIERTE ROTE BETE

- 4 große Rote Beten
- 1 l Rote-Bete-Saft
- Salz und Pfeffer

Rote Beten al dente kochen. Schälen und in große Würfel schneiden. Den Saft auf 100 ml reduzieren. Beten dazugeben und in der Soße glasieren. Mit Salz und Pfeffer abschmecken.

ANRICHTEN

Ein Stück Lamm auf einen heißen Teller legen. Behutsam die eingelegten Feigen und die glasierten Roten Beten um das Fleisch drapieren. Die reduzierte Soße über die Speisen gießen und mit roten Blättern dekorieren.

Über das Gericht

Dieses Gericht kombiniert Elemente aus allen Jahreszeiten und repräsentiert unsere nordische Esskultur aufs Beste. Es verbindet typische Winterzutaten wie Rote Bete, die in den kalten Monaten geerntet wird, und Lammbrust vom Viby-Hof mit Spätsommerzutaten wie der Feige, die wir durch Einlegen konservieren. Indem das Lamm gegrillt wird, erhält das Gericht eine sommerliche Note, die von der Säure und Süße der eingelegten Feigen ausbalanciert wird. Wir servieren dieses Gericht gerne im März, wenn Rote Bete und Lamm erhältlich sind und am besten schmecken.

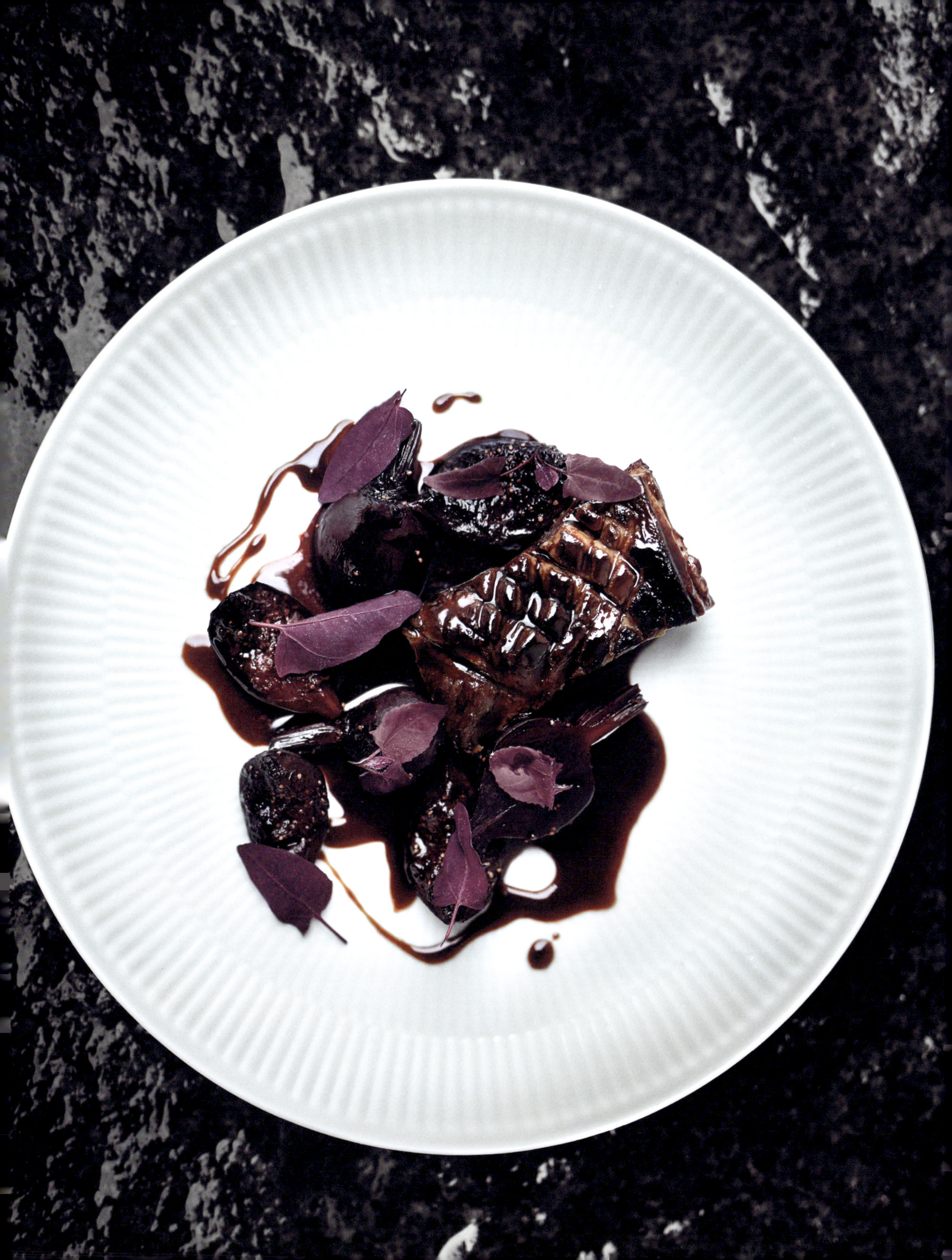

Substans | Aarhus, Jütland, Dänemark

René und Louise Mammen gründeten das Substans mit dem Ziel, ein zugleich klassisches und gewagtes Menü mit regionalen und saisonalen Bioprodukten zusammenzustellen. Zwischen Holz und Backstein werden zu den neun oder zwölf Gängen passende biodynamische Weine und eine Auswahl mit Tee versetzter Bio-Säfte serviert.

René Mammen
– Chefkoch & Mitgründer

Heute Morgen briet mir meine Tochter ein Ei und servierte es garniert mit zwei Basilikumblättern und einem Stück Lomo, trocken gepökelter Schweinelende. Eier und Basilikum – warum eigentlich nicht? Einfache Dinge können inspirierend sein, wenn man guter Laune und unvoreingenommen ist.

Das Substans begann mit einer simplen Idee: einen Ort zu schaffen, an dem sich jeder willkommen fühlt; eine Oase, in der man einfaches, gutes und bezahlbares Essen und Wein genießen kann. Dieser bescheidene Wunsch, unsere Liebe zum Essen mit anderen zu teilen, ist noch immer unser Ankerpunkt, auch wenn unser Ehrgeiz und unsere Kreativität in der Küche seitdem organisch gewachsen sind.

Tradition und altmodische Handwerkskunst treffen auf einfache Innovation. Vorhang auf für die dritte Dimension und das Rückgrat unserer Küche: unseren „Gärkeller". Hier findet man allerlei eingelegtes, getrocknetes und fermentiertes Gemüse, dank dem wir in jeder Jahreszeit experimentieren und uns etwas Neues ausdenken können.

Wir sind stolz darauf, zu über 90% mit Bioprodukten zu arbeiten, auch beim Essen für unsere Mitarbeiter. Natürlich bringt das Einschränkungen mit sich, aber ich empfinde es als Luxus, in der Natur sammeln zu gehen und das beste Biogemüse und Biofleisch von lokalen Bauern zu besorgen, ohne Angst vor ein bisschen Öl oder Pfeffer zu haben.

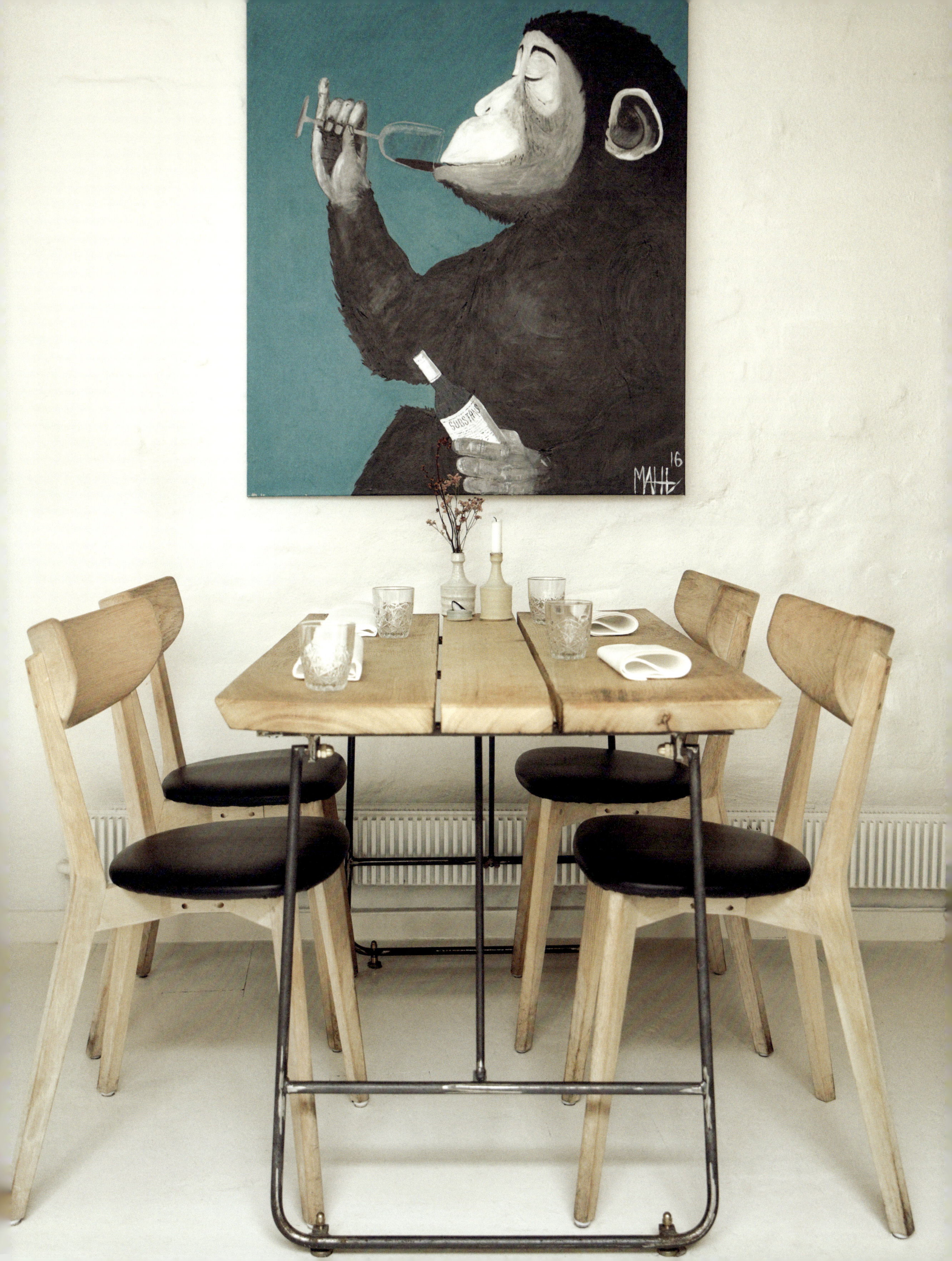
SUBSTANS
16

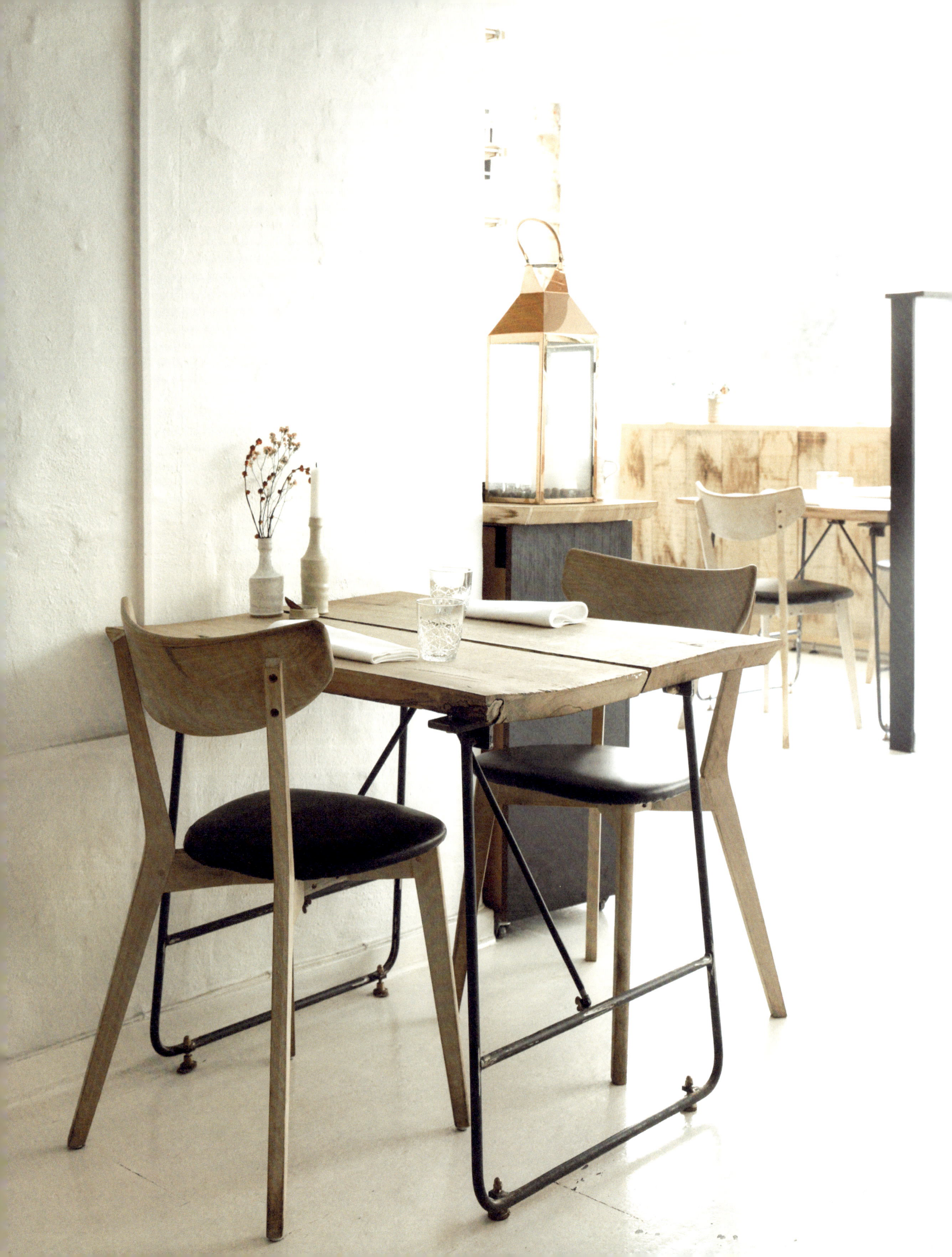

Substans – Aarhus, Jütland, Dänemark

Pie

Zubereitung

Für 4 Personen

TEIGBODEN FÜR
DEN PIE

**150 g Weizenmehl
40 g Gerste
8 g Salz
100 ml Bier**

Alles gut von Hand verkneten. Sollte der Teig noch am Tisch kleben bleiben, mehr Mehl dazugeben. 2 Stunden in den Kühlschrank legen. Den Teig dann mithilfe einer Nudelmaschine dünn ausrollen (bei unserer Maschine ist es die Stufe 5 für mittlere Dicke). Behutsam in 4 kleine Pieformen drücken. 12 Minuten bei 175 °C backen. Abkühlen lassen.

FÜLLUNG FÜR DEN PIE

**100 g gedämpfte und gesäuberte Miesmuscheln
1 geschälte Gurke
1 geschälte Kohlrabi
1 große geschälte Backkartoffel
eingelegte Salzmiere: in 200 ml naturtrübem Apfelessig und 200 g Zucker eingelegt, die zusammen aufgekocht wurden (frische Salzmiere geht aber auch)
Salz und Pfeffer**

Gurke, Kohlrabi und Kartoffel würfeln. Die Kartoffelwürfel eine Minute blanchieren. Abkühlen lassen. Die Muscheln mit einem großen Messer hacken und unter das gewürfelte Gemüse mischen. Mit Salz, Pfeffer und Salzmiere abschmecken.

LAKE-GEL

**100 ml Lake
2 g Gellan**

Die Flüssigkeit mit Gellan aufkochen. Abkühlen lassen und dann glatt rühren.

GERÄUCHERTER
FRISCHKÄSE

**200 g geräucherter Käse
100 ml Vollmilch
Salz und Pfeffer
1 TL Honig**

Alles miteinander vermischen.

ANRICHTEN
Queller

Einen halben Teelöffel Lake-Gel auf dem Teigboden verstreichen. Die Füllung hineingeben. Mit dem geräucherten Frischkäse toppen und mit Queller garnieren.

Über das Gericht

Dieses Gericht gibt es bei uns schon länger und es ist oft die erste Vorspeise auf dem Menü, manchmal mit Tintenfisch, manchmal mit Miesmuscheln. Trotz seiner bescheidenen Größe enthält es viele verschiedene Konsistenzen und Geschmacksebenen. Vom knusprigen, malzigen und bitteren Boden bis zur gelierten Salzlake mit Anklängen an einen traditionellen dänischen Mittagstisch mit Hering; vom frischen Salat mit knackigem Kohlrabi, Kartoffeln und dem Umami der Miesmuscheln bis zum geräucherten Frischkäse mit leichter Honignote. Dieses Allroundtalent repräsentiert alles, was dänisch ist.

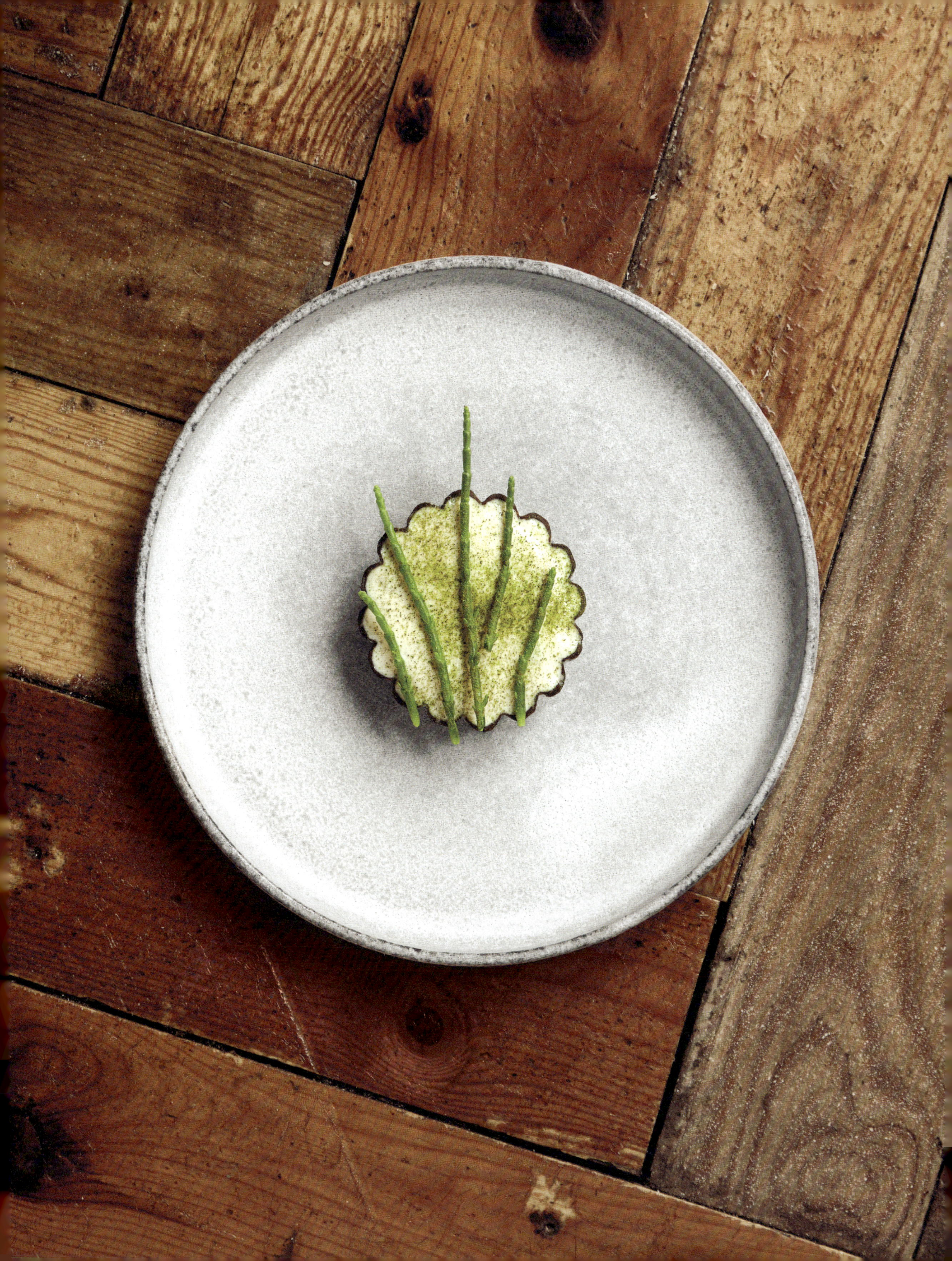

Schweinebrust

Zubereitung

Für 4 Personen

SCHWEINEBRUST

1200 g Schweinebrust

Das Fleisch 24 Stunden einsalzen. Salz abspülen und Schweinebrust bei 78 °C für 12 Stunden im Ofen backen. Abkühlen lassen. In Portionen schneiden und vor dem Servieren auf hoher Temperatur grillen.

ZITRONENPÜREE

3 Bio-Zitronen
80 g Zucker
40 g Butter

Zitronen schälen und die Zesten 10 Mal blanchieren; dabei jedes Mal frisches Wasser verwenden. Die Zitronen auspressen und den Saft mit dem Zucker auf die Hälfte reduzieren. Die Zitronenmasse, die Zesten und die Butter zu einem Zitronenpüree verrühren.

KNOLLENSELLERIE

1 Sellerieknolle
Butter

Die ungeschälte Knolle 3 Stunden bei 100 °C backen, bis sie durchgegart ist. Abkühlen lassen und in Stücke zerteilen. In der Pfanne scharf in Butter anbraten.

ANRICHTEN

Estragon und
Rote-Bete-Blätter

Die Schweinebrust rechts der Tellermitte platzieren. Die Sellerie kommt auf die linke Seite, liebevoll mit ein wenig Zitronenpüree betupft. Mit Estragon und Rote-Bete-Blättern garnieren. Servieren.

Über das Gericht

Ein Klassiker im Substans. Es macht uns Spaß, einem einfachen Stück Fleisch extrem viel Aufmerksamkeit zu schenken. Dieser Ansatz ist wesentlich für unsere Küche. Hier nehmen wir dänische Bio-Schweinebrust – die wahrscheinlich für Speck gedacht war – und werten sie zu einem köstlichen Stück Fleisch auf.

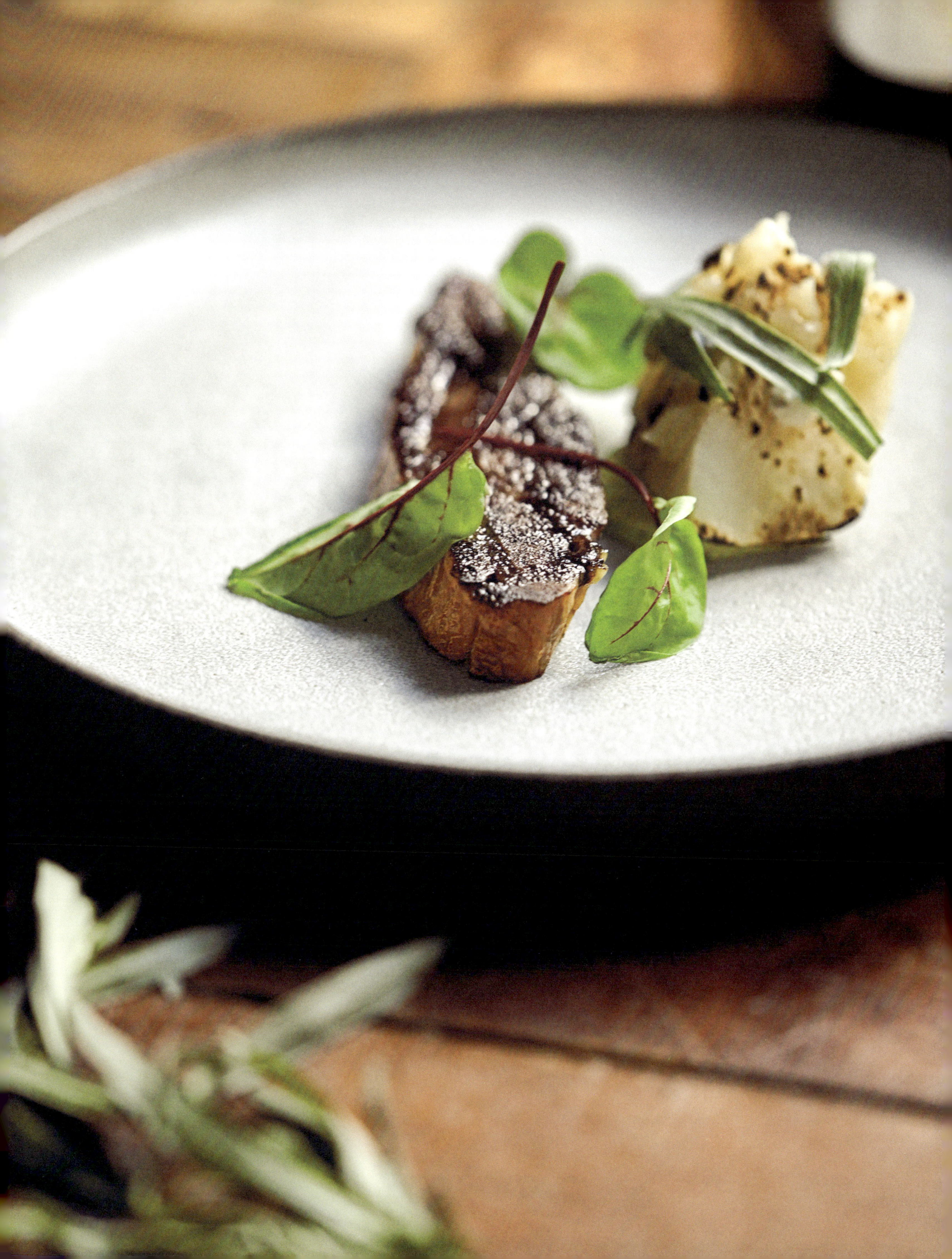

Ti Trin Ned | Fredericia, Jütland, Dänemark

Zehn Stufen hinab ins Kellergewölbe des Gebäudes aus dem 19. Jahrhundert und man ist im Restaurant – dem gastronomischen Universum von Gassner und Gassner, den kreativen Köpfen hinter dem Ti Trin Ned. Von der üppigen Ernte vom Landhaus des Paares bis hin zu den Hans-Wegner-Stühlen ist das Ti Trin Ned wahrlich Ausdruck seiner Umgebung.

Mette & Rainer Gassner

– Gründer, Restaurantmanagerin & Chefkoch

Die Grundlage und das Herz der Gerichte unserer intimen Küche wird immer das Gemüse aus unserem Garten in Himmerigskov sein.

Zu Frühlingsanfang sehnen wir uns im Restaurant nach leichten, zarten Gerichten. Wenn im Sommer die Sonne scheint, wollen wir frische, lebendige und pflanzliche Aromen kreieren. Im regnerischen Herbst denken wir uns cremige und gemütliche Gerichte aus.

Und im kalten dänischen Winter feiern wir Weißkohl, Grünkohl und die anderen Feldfrüchte, die noch stehen, und die mit der spätsommerlichen Ernte gut gefüllte Speisekammer.

Wir sind fasziniert von Authentizität, Reinheit, Sicherheit und dem Zauber, der entsteht, wenn man sich langsam vortastet. Wir werden überrascht, machen Fehler und freuen uns jedes Jahr aufs Neue über die allerersten Kartoffeln, die fragilen Radieschen, die winzigen Roten Beten, die intensiv duftenden Kräuterbeete und die späten Himbeeren, wenn es langsam Herbst wird.

Mit tiefem Respekt für unsere Zutaten, ihren Geschmack und ihre Qualität treffen wir unsere Entscheidungen im Ti Trin Ned im Wandel der Jahreszeiten.

Wir pflanzen an und säen aus, wir ernten und sammeln – und lassen uns von der Natur und den Jahreszeiten inspirieren.

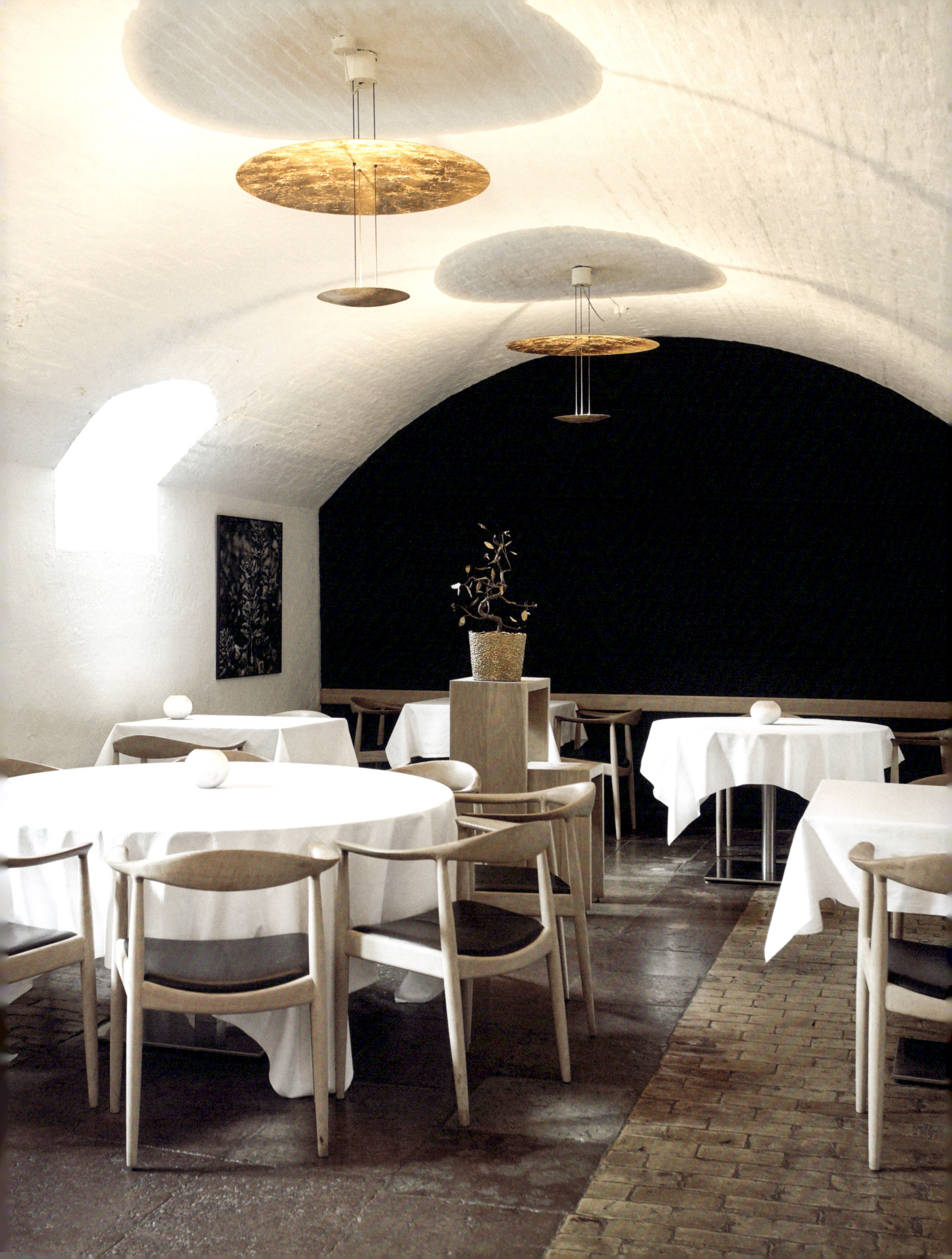

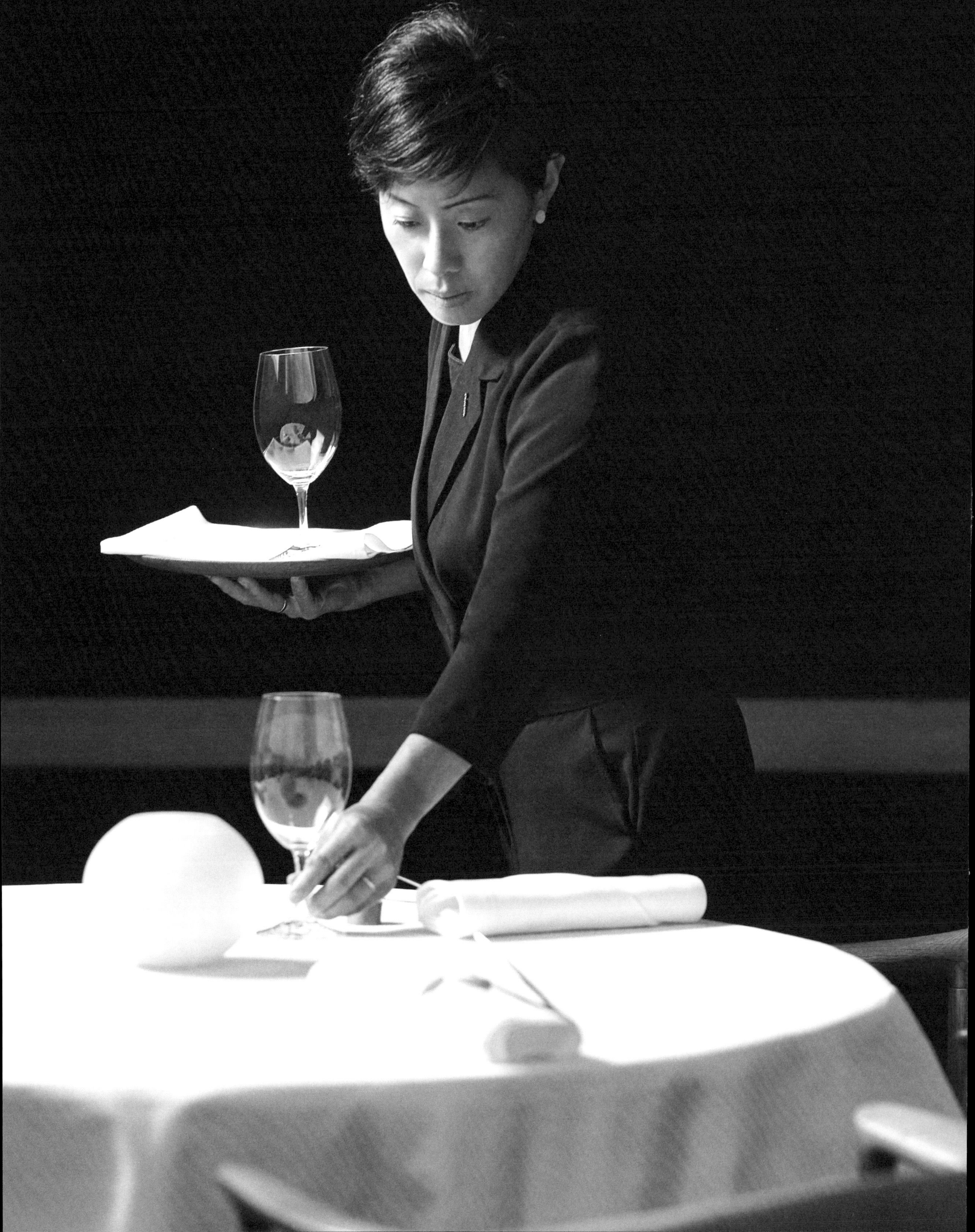

Ti Trin Ned – Fredericia, Jütland, Dänemark

Gegrillter weißer Spargel mit pochiertem Bioei, geschmolzenem Havgus-Käse von Arla Unika und Kaviar der Rossini Gold Selection

Zubereitung

Für 4 Personen

GEGRILLTER WEISSER SPARGEL MIT POCHIERTEM BIOEI

**4 Stangen weißer Spargel
4 Eier von Biohühnern
Essig fürs Pochieren
zerlassene Butter**

Ei im siedenden Wasser (1 TL Essig pro Liter Wasser) je nach Frische des Eies 5 bis 6 Minuten pochieren.

Während das Ei pochiert, den Spargel mit der zerlassenen Butter bestreichen und auf einem Yakitori oder einem anderen kleinen Grill grillen. Noch mit Salz abschmecken, und der Spargel ist fertig zum Servieren.

GEBRATENE BROTWÜRFEL

**4 Scheiben altbackenes Brot
8 EL zerlassene Butter**

Das grob gewürfelte Brot in der Butter knusprig braten.

ANRICHTEN

**40 g Kaviar der Rossini Gold Selection
4 dünne quadratische Scheiben Havgus-Käse von Arla Unika von der Molkerei Tistrup
frischer Kerbel**

Das Ei mit einer dünnen Scheibe (1 mm) Arla Unika Havgus-Käse bedecken und ihn schmelzen lassen. Mit Rossini Gold Kaviar, frischem Kerbel und den in Butter gebratenen Brotwürfeln garnieren.

Über das Gericht

Wir wollten die Spargelsaison feiern und fanden nach einiger Suche genau die richtigen Komponenten, um die zarten Aromen eines perfekt zubereiteten Spargels zu unterstreichen: cremige pochierter Eier, das Umami des Havgus-Käses von Arla Unika, die salzigen Noten des milden Kaviar und knuspriges Brot.

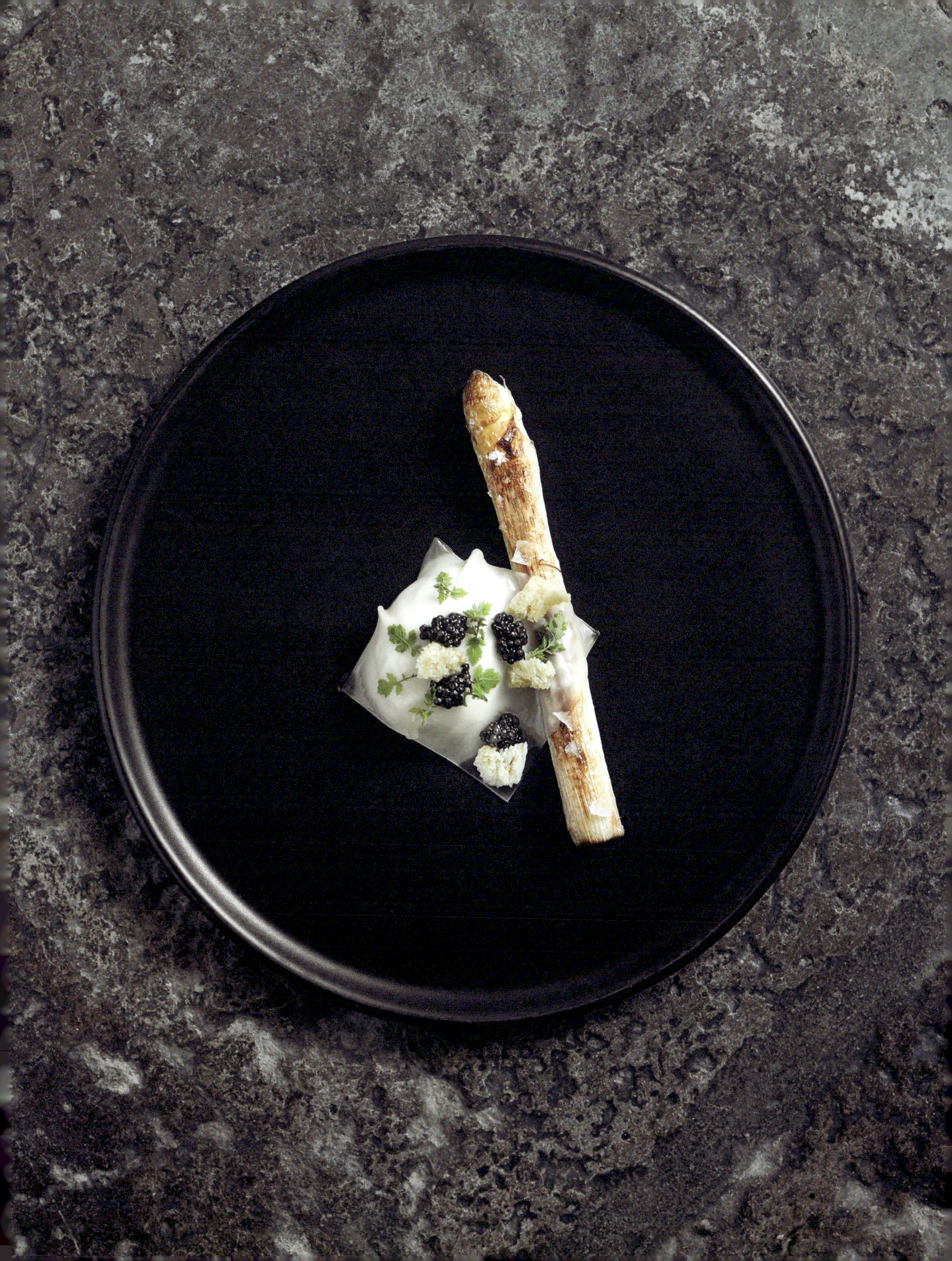

Sommerliche Zwiebelaromen und Göteborger Biohähnchenbrust an reduziertem Hühnerfond und Bärlauchöl

Zubereitung

Für 4 Personen

BÄRLAUCHÖL

800 ml Sahne
200 g Bärlauch
200 g Spinat
Salz und Muskat zum Würzen

Die Sahne auf die Hälfte reduzieren und Spinat- und Bärlauchblätter hinzufügen. Erhitzen und pürieren, bis das Ganze eine cremig-sämige Konsistenz annimmt. Mit Salz und Muskat abschmecken.

REDUZIERTER HÜHNERFOND UND BÄRLAUCHÖL

800 ml reduzierter Hühnerfond
100 ml Bärlauchöl (in Rapsöl pürierte Bärlauchblätter)

100 ml Hühnerfond 5 Minuten einkochen lassen, dann das Bärlauchöl hinzufügen und die Soße ist servierfertig.

GÖTEBORGER BIOHÄHNCHENBRUST
4 Hähnchenbrüste

Die Hähnchenbrust langsam mitsamt der Haut braten, bis diese knusprig ist.

SPARGEL

4 Stangen grüner Spargel
Butter

Den Spargel im restlichen Hühnerfond mit Butter pochieren.

ANRICHTEN

8 Bärlauchblätter
Knoblauchsrauke
Bärlauchblüten
Salz

Den Spargel in die Mitte setzen und mit den Bärlauchblättern, der Knoblauchrauke und den frischen Bärlauchblüten garnieren. Eine weiche Bärlauchcreme-Nocke rechts und die Hühnerbrust links davon platzieren und diese mit Salz bestreuen.

Über das Gericht

Dieses Gericht kombiniert die zarten Aromen des Hähnchens mit frühsommerlichen Kräutern. Hier verwenden wir den ersten Bärlauch und junge Knoblauchsrauke aus Himmerigskov.

Als wir die Biohühner aus Göteborg entdeckten, überlegten wir uns ein Gericht, in dem ihre feinen Aromen richtig zur Geltung kommen würden. Frische, grüne Zwiebelnoten unterstreichen und ergänzen sie perfekt.

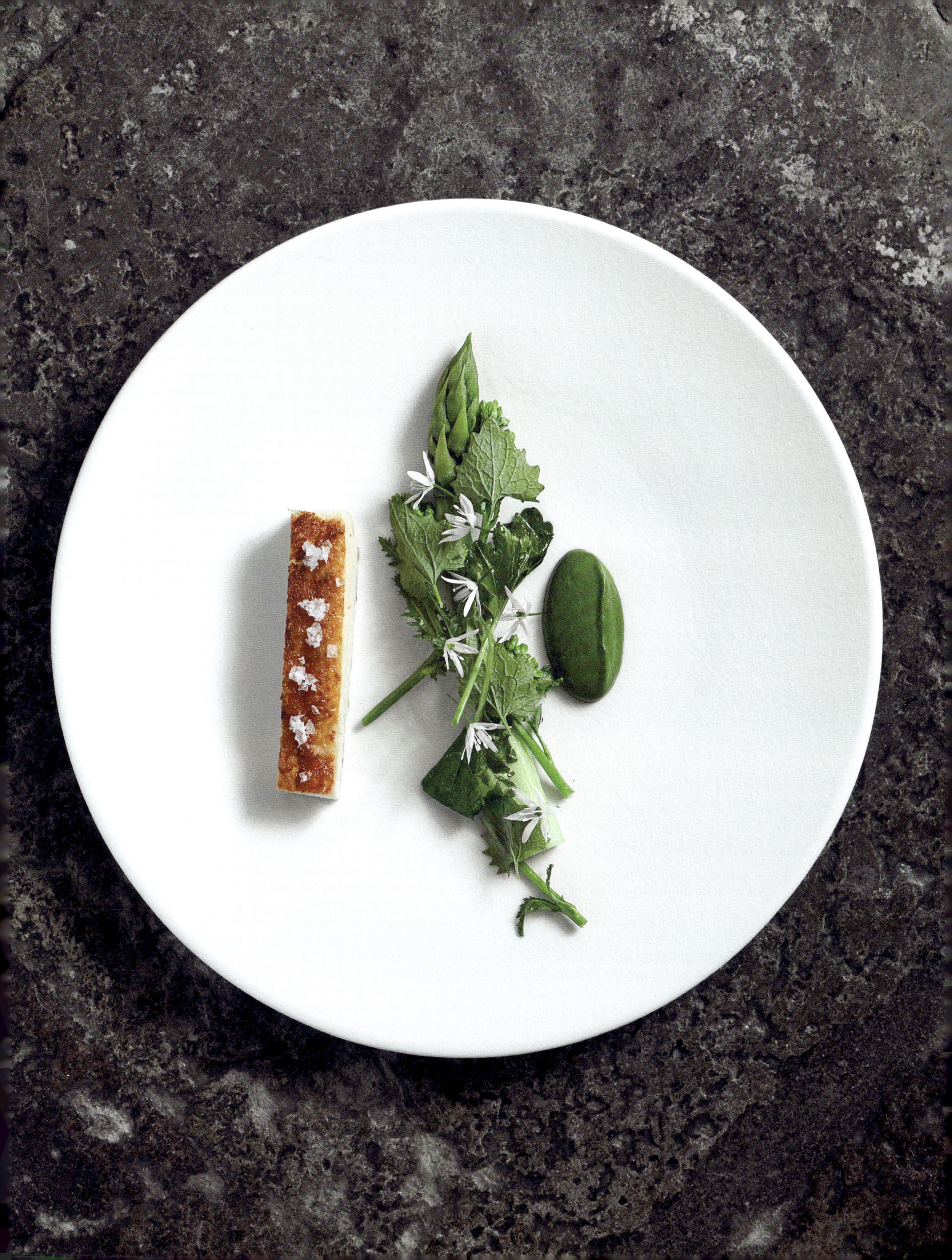

Schwarze Johannisbeeren mit Pastinake und rohen Lakritzen

Zubereitung

Für 4 Personen

PASTINAKENEIS

200 ml Pastinakensaft
 (von 6 frischen,
 geschälten Pastinaken)
300 ml Sahne
300 ml Vollmilch
140 g Zucker
2 Blatt Gelatine

Sahne, Milch und Zucker erhitzen und die Gelatine hinzufügen. Abkühlen lassen und den Pastinakensaft dazugeben. Die Mischung in die Eismaschine geben. Herausnehmen, sobald sie cremig-luftig ist.

SAFT AUS SCHWARZEN JOHANNISBEEREN

250 g schwarze
 Johannisbeeren
200 ml Wasser
50 g Zucker

Alle Zutaten zum Kochen bringen und durch ein Etamin (Passiertuch) streichen.

SCHWARZE JOHANNISBEERKUGELN

4 Ballons
400 ml flüssiger Stickstoff
250 ml schwarzer
 Johannisbeersaft
 (siehe oben)

60 ml schwarzen Johannisbeersaft in jeden Ballon füllen und auf circa 10 cm Durchmesser aufblasen. Sicherheitshandschuhe anziehen und den Ballon in flüssigem Stickstoff rollen.

Wenn die Kugel sich wie ein fester Ball anfühlt, ist sie fertig. Bis zum Servieren gefroren aufbewahren.

ANRICHTEN
 etwas rohe Lakritze

Beim Anrichten ein Loch mit einem Durchmesser von 4 cm in die Unterseite der Kugel schneiden und den Ballon abpellen. Eine Kugel Pastinakeneis auf den Teller geben, großzügig rohe Lakritze darüberreiben und die schwarze Johannisbeerkugel auf das Eis setzen.

Über das Gericht

Wir haben festgestellt, dass Pastinake, schwarze Johannisbeere und rohe Lakritze sich wunderbar ergänzen und wollten daraus ein einfaches, zartes und erfrischendes Dessert machen.

Die weichen, süßen und cremigen Noten der Pastinake, die herben und fruchtigen Noten der schwarzen Johannisbeere und die schwarze Lakritze ergeben ein harmonisches Ganzes.

Wir freuen uns immer darüber, neue Dessertzutaten zu entdecken – in diesem Fall war es die Pastinake. Wir wollten ihre süßen Mandelnoten in einem Dessert verwenden und die Gäste beim Genießen vergessen lassen, dass sie ein Wurzelgemüse essen.

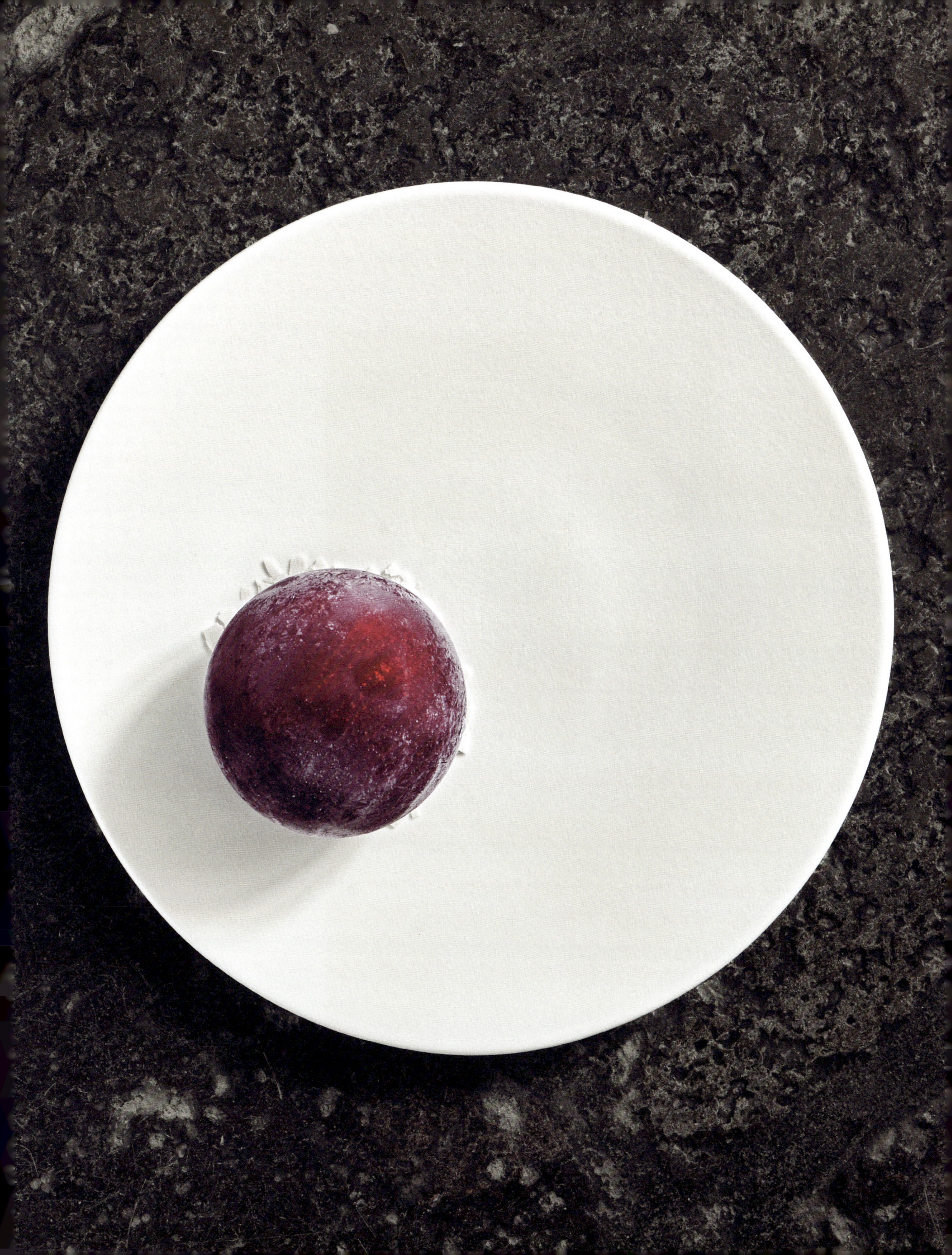

CLOU | Kopenhagen, Seeland, Dänemark

Kaviar und Schwertmuscheln: „Der nicht servierbare gesalzene Rogen wird getrocknet, zu Kaviarblöcken gepresst und dann zum Würzen geraspelt." Laut Chefkoch Jonathan Berntsen ist Wein die wichtigste Quelle für Inspiration und Kreativität im Restaurant. Das CLOU bietet ein intimes Ambiente und garantiert herausragende Qualität.

Jonathan K. Berntsen

– Chefkoch & Gründer

Wir haben uns von komplexem Luxus („mehr ist mehr") hin zu schlichter Eleganz („weniger ist mehr") bewegt – trotzdem bleiben Kaviar und Trüffel tonangebend. Wir verwenden Kaviar aber nicht, weil er extravagant ist, sondern weil er ein Gericht aufwertet. Jedes Element auf dem Teller muss unverzichtbar sein. Unser Ursprungskonzept von 58 Schritten und 15 Minuten zum Anrichten jedes Gerichts hat sich zu einer Vielzahl simplerer, trotzdem provokativer Kreationen gewandelt.

Ich habe meine kulinarische Mission und die Liebe zur mediterranen Küche entdeckt, als ich mit unterschiedlichen Zutaten auf den Straßen Bangkoks und im Hinterland der Côte d'Azur jongliert habe. Ich hatte das Privileg, beim französischen Chefkoch Christophe Dufau zu lernen.

Im CLOU geht es um die Symbiose zwischen Essen und Wein. Wir wählen sogar zuerst den Wein aus, bevor wir ein Gericht entwickeln. Diese Leidenschaft wurde schon mit diversen Preisen ausgezeichnet – etwa beim Copa Jerez, dem wichtigsten internationalen Foodpairing-Wettbewerb. Ich würde das Essen im CLOU als klassisch und überwiegend französisch beschreiben; nicht zu experimentell, aber mit ganz eigener Note.

Meeresfrüchte, Fisch und Gemüse stammen größtenteils aus Dänemark, aber wir beschränken uns nicht auf Lebensmittel aus einer bestimmten Region. Qualität und Geschmack sind das Wichtigste, und Zitronen von der Amalfiküste schmecken einfach am besten. Punkt.

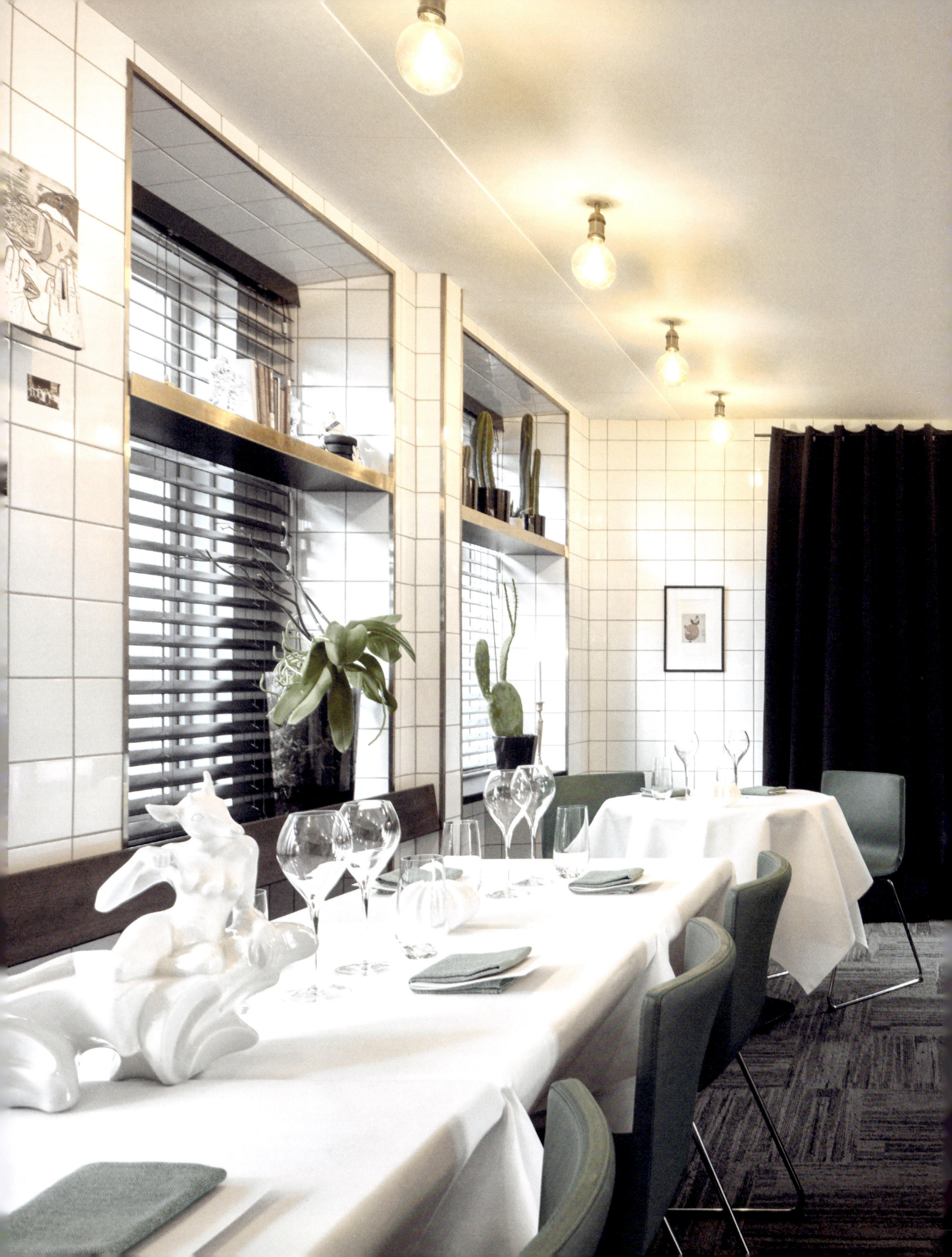

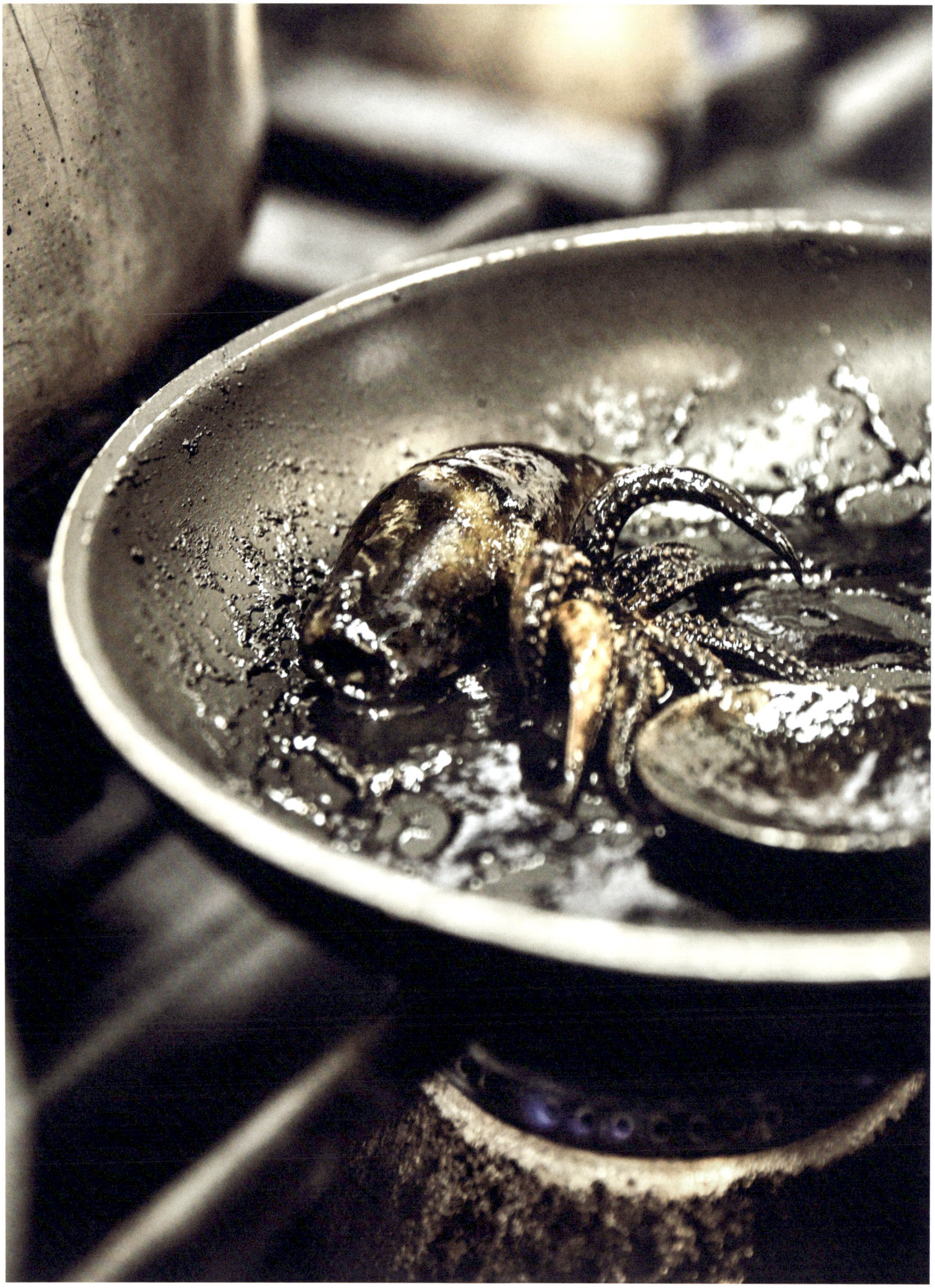

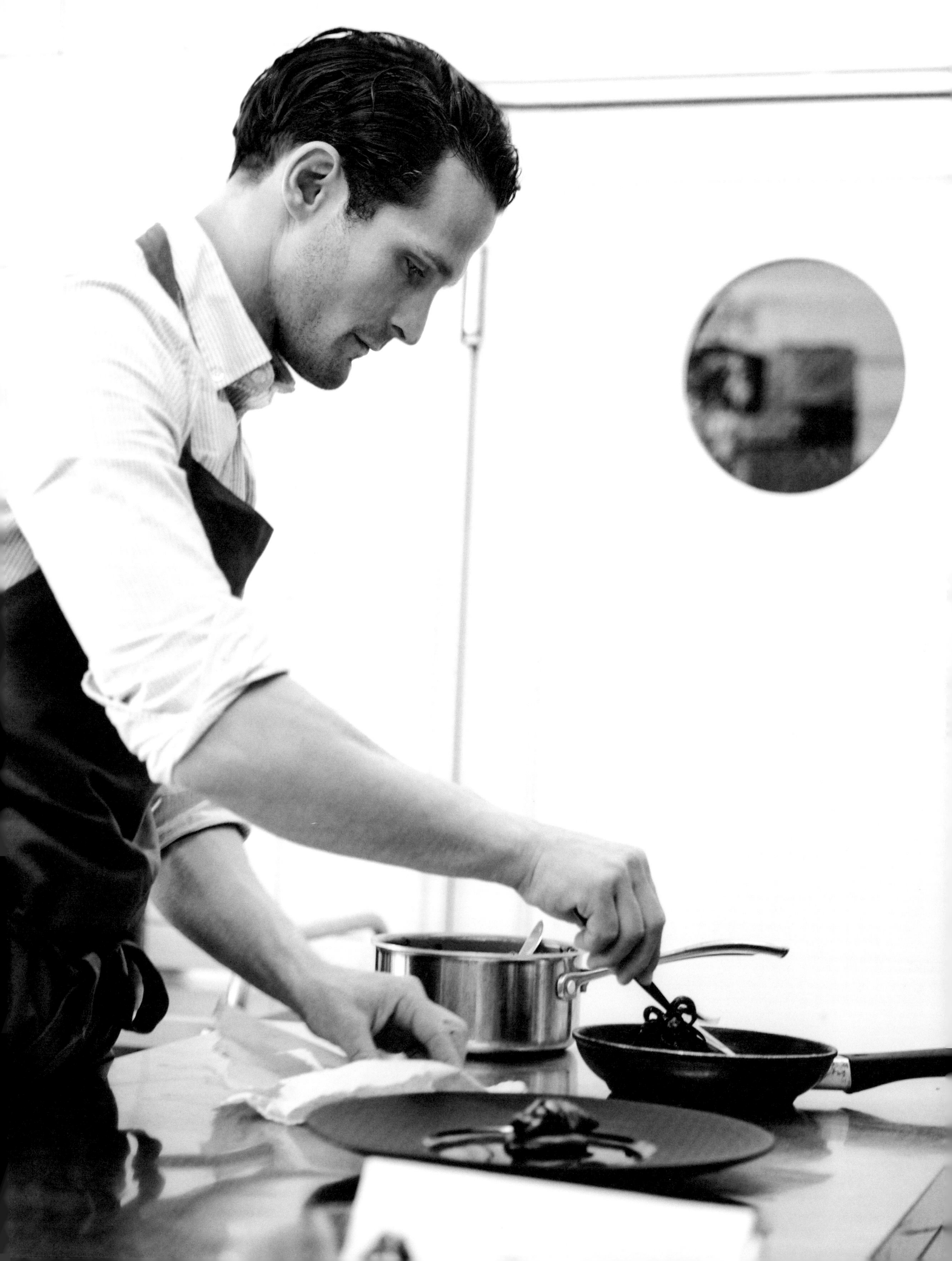

Schwertmuschel-Royale, Zitrus, Ossietra-Kaviar und Kaviargitter

Über das Gericht

Dieses Gericht ist Ausdruck unserer Ursprungsidee von „mehr ist mehr". Zuerst bestand es aus einem altmodischen Royale aus Schwertmuscheln mit Kaviar. Meine Köche haben das Gericht gelobt und ich habe gefragt: „Wie können wir es noch besser machen?" Ein junger französischer Koch meinte: „Wie wärs mit einem Gitter aus Kaviar?" Ein Scherz. Aber genau das haben schließlich gemacht. Auf unserer Kaviarfarm, die wir oft besuchen, entdeckten wir einen „Goldbarren" aus Rogen, der aussortiert wurde – aufgrund uneinheitlicher Farbe oder Größe – und getrocknet und gesalzen zu einem Block gepresst wurde. Das wurde die Blaupause für unser Kaviargitter. In diesem Gericht finden sich alle möglichen Texturen und Konsistenzen: Das Royale ist fettig und sehr zart, die kleinen gedünsteten Schwertmuscheln sind viskos, die gerösteten Mohnsamen kross und das getrocknete Kaviargitter sehr knusprig. Das Zitronenöl sorgt für Säure. Dazu empfehle ich den 2016er Zind Humbrecht, „Der Wein, den es nicht gibt", Clos Windsbuhl, Elsass, Frankreich.

Zubereitung

Für 4 Personen

RAZOR CLAM ROYALE

40 große lebende Schwertmuscheln
Olivenöl
1 Schalotte
2 Thymianzweige
20 g Butter
100 ml Sahne
Salz
Saft von 2 Zitronen

Die lebenden Schwertmuscheln öffnen und aus der Schale lösen. „Magen" entfernen und das Fleisch abwaschen. 10 Schwertmuscheln für 20 Sekunden blanchieren, dann in Eiswasser abkühlen. In kleine Stücke schneiden und in etwas Olivenöl marinieren. Die Schalotte fein schneiden und die Thymianzweige rebeln. Butter in einem Topf erhitzen und Schalotte und Thymian darin anschwitzen. Die restlichen Schwertmuscheln für etwa 3 Minuten hinzufügen. Sahne dazugießen und auf die Hälfte reduzieren, dann salzen. Die Mischung in einen Mixer geben und auf hoher Stufe pürieren (ein Thermomix ist empfehlenswert). Alles durch ein feinmaschiges Sieb passieren und mit etwas Zitronensaft abschmecken. Vier bauchige Schüsseln damit auskleiden und darauf achten, dass keine Luftlöcher in der Creme sind. Die Schüsseln mit Klarsichtfolie abdecken, damit die Creme im Kühlschrank keine anderen Aromen aufnimmt. Mindestens 4 Stunden kühl stellen. Die Royale ist fertig.

GERÖSTETER MOHN
20 g Blaumohn

Den Blaumohn in einer trockenen Pfanne unter ständigem Rühren anrösten, bis die Samen einen köstlichen Röstgeschmack angenommen haben.

ZITRONENÖL

50 ml fruchtiges Olivenöl
Zitronensaft

Das Olivenöl mit dem restlichen Zitronensaft mischen.

KAVIARGITTER

50 g getrockneter Kaviar
10 g Butter
10 g Eiweiß
20 g Weizenmehl
10 g Zucker

Den getrockneten Kaviar in eine Schüssel reiben und mit Mehl und Zucker mischen. Die restliche Butter zerlassen und dazugeben, dann das Eiweiß untermischen. Die Masse in eine Spritztüte füllen und an der Spitze ein winziges Loch hineinschneiden. Vier Gittermuster auf eine Silikonmatte spritzen und im Ofen bei 100 °C etwa 10 Minuten trocknen. Die Kaviargitter vorsichtig lösen, wenn sie noch lauwarm sind.

ANRICHTEN
40 g Ossietra-Kaviar von Rossini

Das Zitronenöl über die Royale gießen, sodass die Oberfläche bedeckt ist. Den gerösteten Mohn gleichmäßig darübersprenkeln. Dann vorsichtig die pochierten Schwertmuscheln hineinsetzen. Den Ossietra-Kaviar entweder in kleineren Portionen verteilen oder gesamt in die Mitte setzen. Zum Schluss das Kaviargitter dekorativ darüber platzieren.

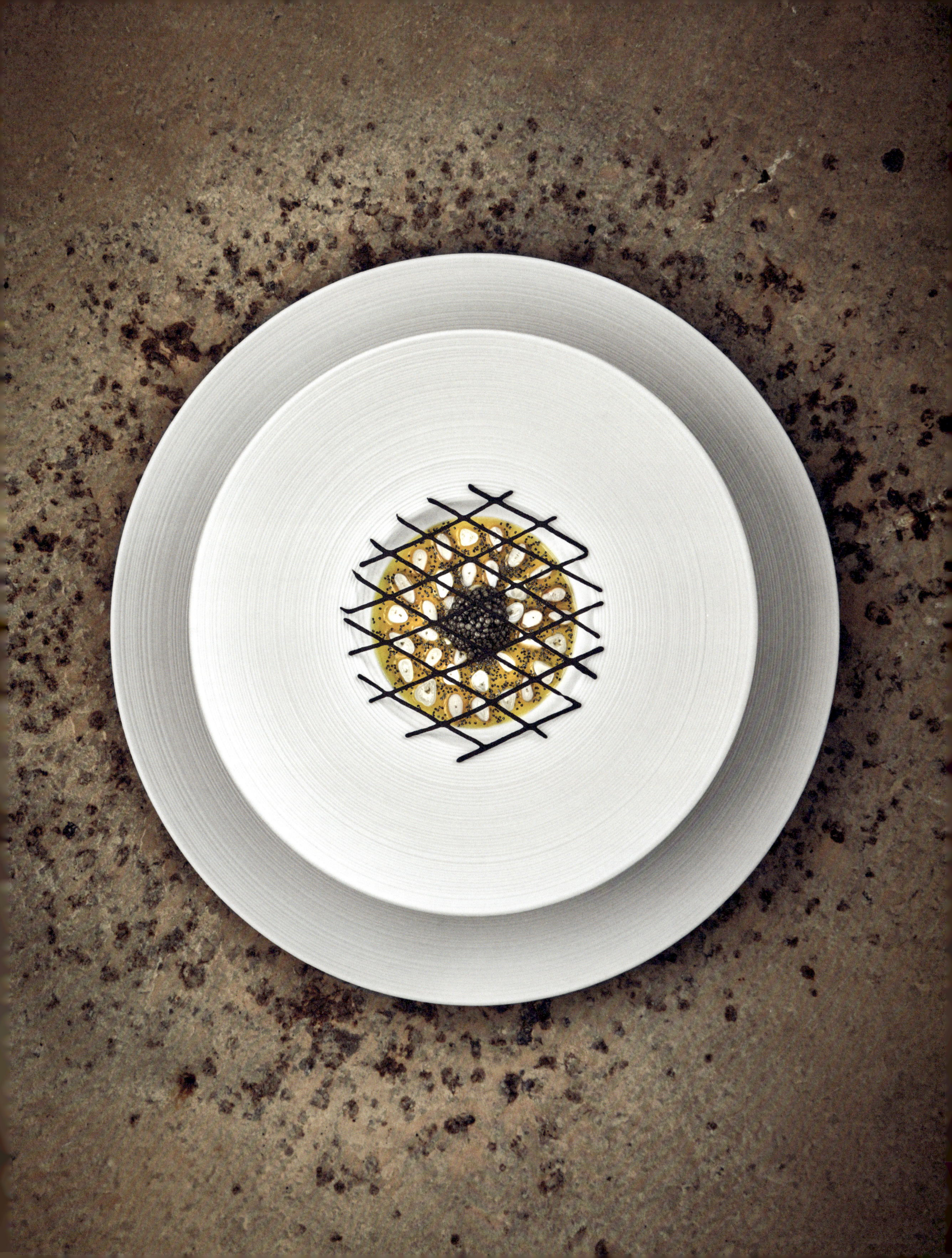

Tintenfisch, Pluma vom iberischen Schwein, Chips und Tintenfischtinte

Über das Gericht

Ich halte nicht viel von Spezialitäten des Hauses – als Koch muss man sich weiterentwickeln. Aber zu manchen Gerichten kehrt man immer wieder zurück. Das ist für uns der Fall bei dem delikaten mediterranen Gericht *chipirones en su tinta* (Spanisch für „Tintenfisch in seiner eigenen Tinte"). Der glasierte Tintenfisch wird mit frischem schwarzen Ibérico-Schwein oder *pata negra* (Spanisch für „schwarzer Huf") gefüllt, in Rotwein und Kräutern geschmort und mit Aligot serviert, einem französischen Gericht aus Käse und Kartoffelpüree. Zum Abrunden verwenden wir die Tintenfischtinte und damit eingefärbte Chips. Alles wird zusammen auf einem schwarzen Teller angerichtet. Ein klassisches Gericht, das wir in dieser Version zu etwas Eigenem gemacht haben – rustikal, aber äußerst dramatisch. Dazu empfehle ich NV 1730 Oloroso VORS, Álvaro Domecq, Jerez, Spanien.

Zubereitung

Für 4 Personen

CHIPS MIT TINTENFISCHTINTE

- 1 große Kartoffel
- 10 g Tintenfischtinte
- Salz
- 300 ml neutrales Öl

Kartoffel schälen und in kleinere Stücke schneiden. Im Salzwasser weichkochen und abgießen. Die Kartoffel im Mixer mit 10 g Tintenfischtinte pürieren. Salzen. Eine dünne Schicht auf Backpapier verstreichen und einen Tag bei Zimmertemperatur trocknen lassen. In kleine Stücke brechen und in neutralem Öl bei 190 °C frittieren, bis sie ganz aufgepufft sind. Die Chips auf Küchenpapier legen und salzen.

TINTENFISCH UND PLUMA VOM IBERISCHEN SCHWEIN

- 4 Tintenfische
- 3 EL Olivenöl
- 1 fein gehackte Schalotte
- ½ EL gehackter Rosmarin
- 50 g fein gehackte Sellerieknolle
- 150 g „Pluma" (Stück aus dem vorderen Rücken) vom iberischen Schwein, entweder gehackt oder grob durch den Fleischwolf gedreht
- 1 TL geräucherter Paprika
- 1 EL Tomatenmark
- 1 EL dunkler Balsamico
- 200 ml kräftiger, dunkler Geflügelfond
- Zesten und Saft von 1 Zitrone
- Salz und schwarzer Pfeffer
- 10 g Butter
- 10 g Tintenfischtinte

Die Tintenfische vorsichtig waschen und innen säubern. Die dünne äußere Haut abziehen. Die Tentakel und den Schnabel am Kopf entfernen.

Olivenöl in eine große Pfanne gießen und Schalotte, Rosmarin und Sellerie anschwitzen. Wenn die Schalotte glasig ist, die Pluma und den Paprika zufügen. Rösten, bis das Fleisch goldbraun ist, dann das Tomatenmark hinzufügen.

Die Zutaten mit dem Tomatenmark karamellisieren lassen. Dann den Balsamico und 100 ml Geflügelfond angießen. Den Fond einkochen lassen, damit er sich gut mit den anderen Zutaten verbindet. Mit Zitronenzesten, Salz und schwarzem Pfeffer würzen.

Die Mischung abkühlen lassen. Einen kleinen Löffel zur Hilfe nehmen, um die Tintenfische mit der Mischung zu befüllen. Dann mit einem Spieß oder Zahnstocher verschließen.

Die Butter in einer Pfanne bräunen. Die Tintenfische etwa 5 Minuten anbraten, bis sie rundum goldbraun sind. Den Rest vom Geflügelfond und Tintenfischtinte hinzufügen, um die Tintenfische zu glasieren. Kurz bevor die schwarze Soße an den Tintenfischen haften bleibt, die Tentakel dazugeben. Sie sollten nur 30 Sekunden in der Pfanne bleiben, weil sie sonst zäh werden.

ANRICHTEN

Dieses schwarze, dramatische Gericht auf einem ebenfalls schwarzen Teller anrichten, dabei den Körper der Tintenfische und die Arme aneinanderlegen und mit den schwarzen Chips obenauf garnieren.

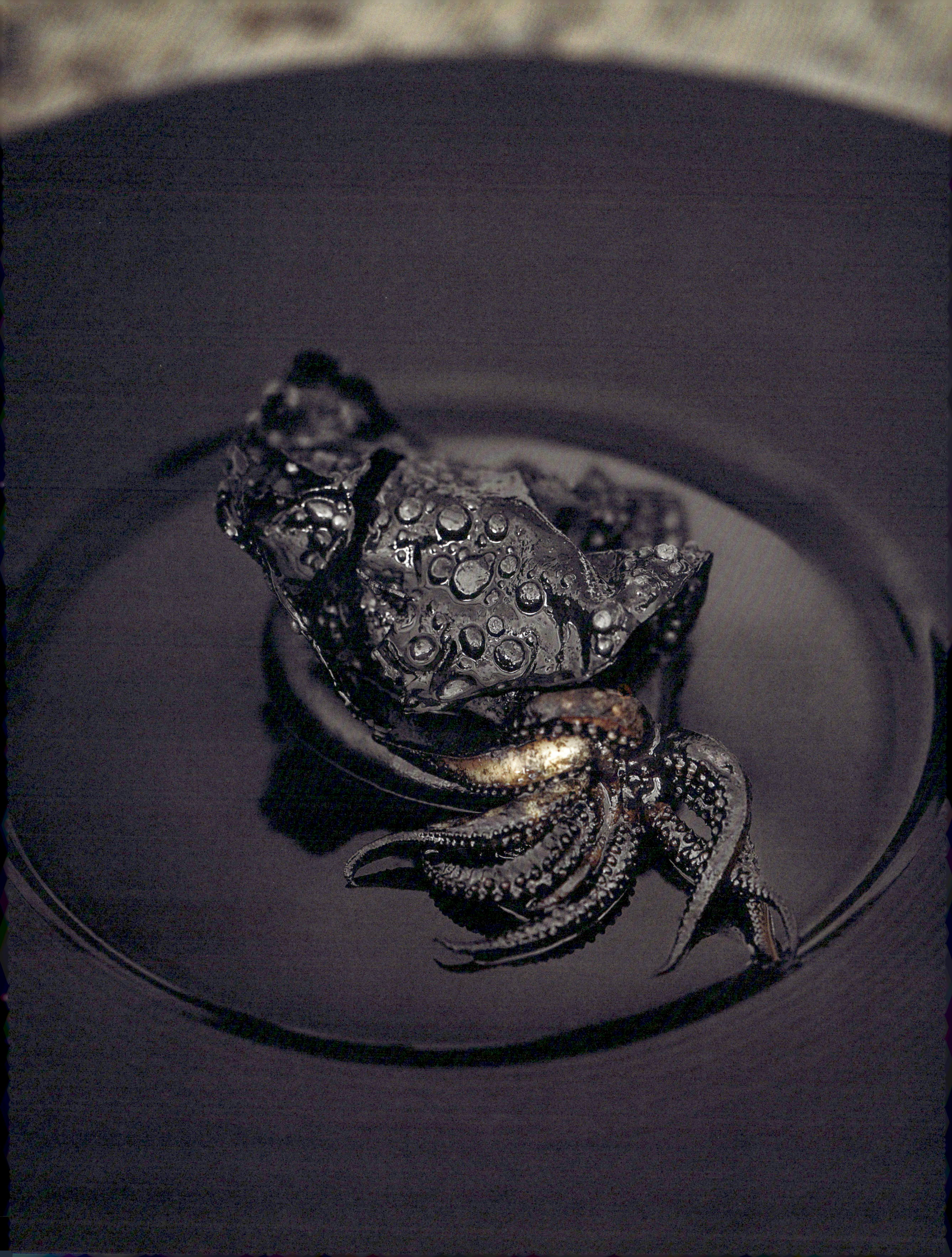

Kokkeriet | Kopenhagen, Seeland, Dänemark

Das Kokkeriet liegt zwischen dem wohlgepflegten Königsgarten und dem berühmten Viertel Nyboder. Dank der großzügigen Glasfassade können Passanten einen Blick in die offene Küche werfen. Das Restaurant bietet eine moderne Interpretation der traditionellen dänischen Küche serviert in klassisch-zeitgenössischem Ambiente.

David Johansen
– Chefkoch

Unser Ausgangspunkt war die Frage: Warum sollte eine regionale Küche nicht auch erstklassig sein können? Die nordische Küche beruht auf Zutaten aus dem Norden, und weiter nichts. Unsere Küche ist dänisch – im Geschmack, in der Ausprägung und was die Wahl der Zutaten angeht. Die dänische Küche dient uns als Inspirationsquelle, der wir eine weitere Ebene hinzufügen, die sorgfältig mit Erinnerungen und Vertrautem verknüpft ist. Beim Essen entstehen Bindungen und Beziehungen; der Tisch ist der Ort, an dem wir uns mit unseren Lieben versammeln. Mit diesem Ansatz sind wir das einzige Restaurant auf Sternenniveau mit einem Menü aus rein dänischem Essen.

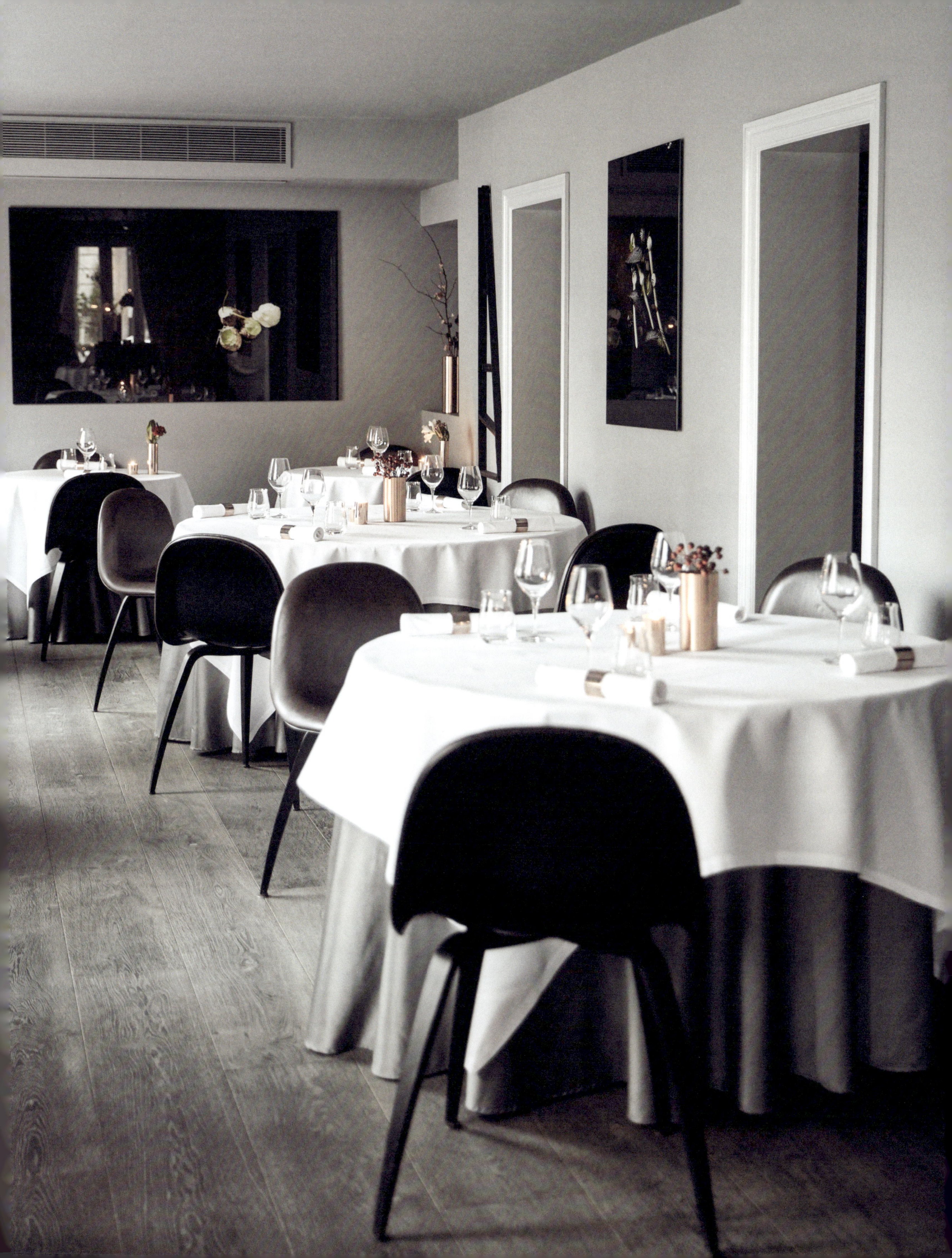

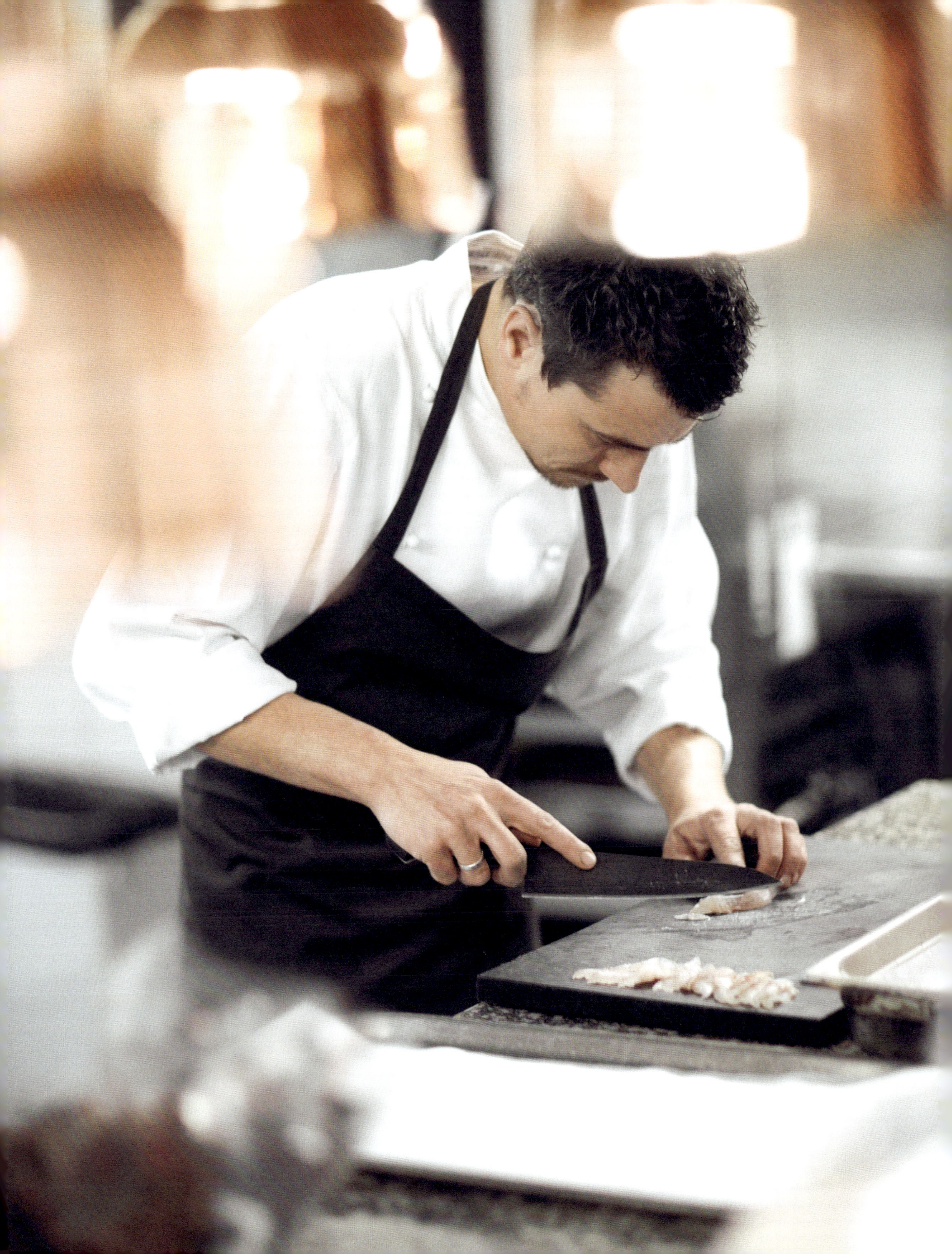

Kokkeriet – Kopenhagen, Seeland, Dänemark

Jakobsmuscheln in Rosenkohl mit Miesmuschelcreme, Birnenpüree und Zitronenverbene

Zubereitung

Für 4 Personen

JAKOBSMUSCHELN IN ROSENKOHL

- 8 Rosenkohlröschen
- 4 Jakobsmuscheln
- ½ EL gehackte Zitronenverbene
- 1 EL Zitronenabrieb
- Salz und Pfeffer

Den Rosenkohl in einzelne Blätter zerlegen. Diese 1 Minute in Salzwasser blanchieren, dann in Eiswasser geben. Die Jakobsmuscheln zu feinem Tatar hacken und mit Zitronenverbene, Zitronenschale, Salz und Pfeffer abschmecken. Die blanchierten Rosenkohlblätter trockentupfen und dann so um das Tatar hüllen, dass das Ganze wieder wie Rosenkohl aussieht. Die gefüllten Blätter vor dem Servieren etwa 2 Minuten dämpfen.

MIESMUSCHELCREME MIT VERBENEÖL

- 1 kg Miesmuscheln
- 100 ml Weißwein
- 1 Knoblauchzehe
- 1 gehackte Zwiebel
- 500 ml Sahne
- Zitronensaft
- Salz und Pfeffer
- 100 g neutrales Öl
- 100 g frische Zitronenverbene
- Salz und Pfeffer

Die Muscheln säubern. Im geschlossenen Topf mit Weißwein, Knoblauch und Zwiebeln dämpfen. Den Muschelsud abseihen und reduzieren. Dann die Sahne kochen, bis sie eindickt. In den Muschelsud rühren. Mit Zitronensaft, Salz und Pfeffer abschmecken. Anschließend die frische Zitronenverbene mit dem Öl zu einem glatten, grünen Öl pürieren und abseihen. Beim Servieren durchsetzt die warme Miesmuschelcreme das Verbenenöl.

BIRNENPÜREE

- 3 geschälte und gewürfelte Birnen
- Saft von ½ Zitrone
- 50 ml Wasser
- 1 EL Zucker
- 1 EL gehackte Zitronenverbene

Alle Zutaten zusammenmischen und in einem geschlossenen Topf so lange dämpfen, bis sie ganz weich sind. Zu einem glatten Püree mixen. Bis zum Servieren warmhalten.

ANRICHTEN

- getrocknete Zitronenverbene

Zuerst etwas Birnenpüree auf den Teller streichen. Dann die gedämpften, mit Jakobsmuscheltatar gefüllten Rosenkohlröschen darauflegen. Mit der warmen, marmorierten Miesmuschelcreme und bestäubt mit getrockneter Zitronenverbene servieren.

Über das Gericht

Dieses Gericht ist von gedünstetem Kohl inspiriert, einer traditionellen Fleischbeilage. Aber diese leichtere Version passt wunderbar zu Schalenweichtieren. Die Verbindung aus bitterem Rosenkohl und süßer Birne, den mineralischen Aromen der Jakobsmuschel und der leicht säuerlichen Zitronenverbene erzeugt ein ausgewogenes, klares und zugleich komplexes Geschmacksspektrum, aus dem man jede einzelne der Zutaten, die unser nordisches Klima widerspiegeln, herausschmecken kann.

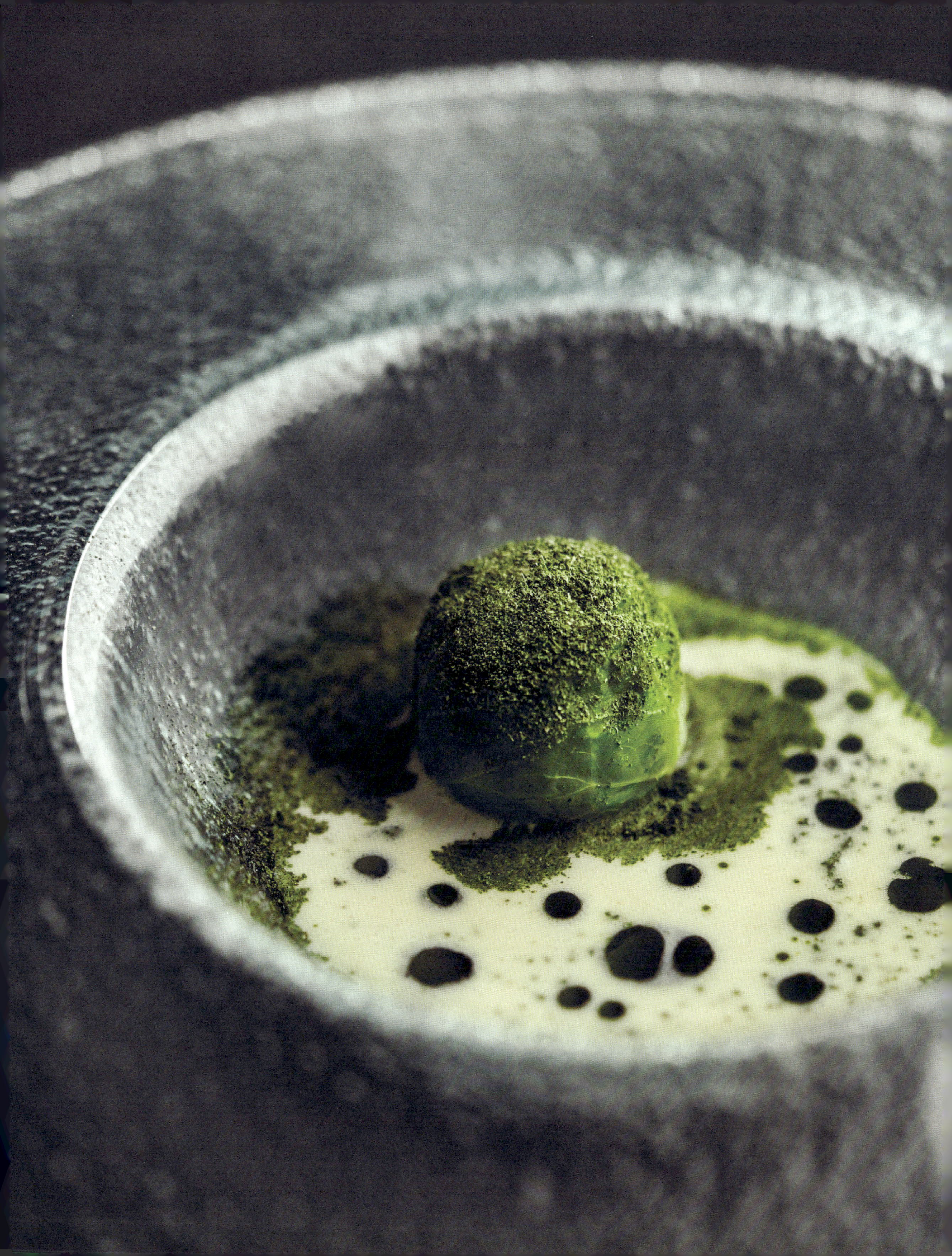

Zander und gegrillte Karotten mit gelben Erbsen, Kiefernessig und gebräunter Butter

Zubereitung

Für 4 Personen

ZANDER UND GE-
GRILLTE KAROTTEN

125 g Zander (eingesalzen mit 10 g Salz pro kg)
4 geschälte und gewaschene kleine Karotten
Salz und Pfeffer

Den Zander in dünne Scheiben schneiden. Die Karotten grillen, bis sie etwas weicher sind, dann abkühlen lassen. Die Zanderscheiben um die Karotten hüllen und unmittelbar vor dem Servieren etwa eine Minute dämpfen.

PÜREE VON GELBEN ERBSEN

100 g eingeweichte gelbe Erbsen
1 gehackte Zwiebel
1 Knoblauchzehe
1 Gazebeutel mit etwas Thymian, schwarzem Pfeffer und Lorbeerblättern
500 ml Geflügelfond
50 g Butter
Salz und Pfeffer
Apfelessig zum Würzen

Die eingeweichten Erbsen mit Zwiebel, Knoblauch und Kräutern im Geflügelfond weichkochen, Flüssigkeit abseihen. Butter zugeben und zu einem feinen Püree mixen. Mit Salz, Pfeffer und Apfelessig abschmecken. Bis zum Servieren warmhalten.

SOSSE AUS KIEFERN-
ESSIG UND BRAUNER BUTTER

50 ml warmer, starker, geschmacksintensiver Geflügelfond
100 g braune Butter
2 EL Kiefernessig
50 g kalte Butter
Salz und Pfeffer

Den Fond, die braune Butter und den Kiefernessig mischen. Mit kalter Butter verrühren, bis eine homogene Masse entsteht. Mit Salz und Pfeffer würzen. Bis zum Servieren warmhalten.

ANRICHTEN

12 Blätter Kapuzinerkresse
12 Thymiantriebe
1 fein gehackte Frühlingszwiebel

Das Erbsenpüree sauber auf dem Teller anrichten. Die in Fisch gewickelte gedämpfte Karotte daraufsetzen. Mit den frischen Kräutern garnieren und mit warmer Soße aus Kiefernessig und brauner Butter servieren.

Über das Gericht

Dieses Gericht basiert auf der Geschichte eines müden Bauern, der nach einem harten Arbeitstag nach Hause kam. Gelbe Erbsen sind in der traditionellen bäuerlichen Küche Dänemarks ein Grundnahrungsmittel und werden oft mit gesalzenem oder geräuchertem Fleisch serviert. Ich hatte die Idee, sie stattdessen mit einem Süßwasserfisch zu kombinieren, als ich einmal von einem Bauernhof mit nahegelegenem See nach Hause kam. Ich finde es eleganter, das Erbsenspüree mit Fisch statt mit Fleisch zu servieren. Es ergibt Sinn, wenn man sich die dänische Natur ansieht: Fisch aus dem See, Kiefern aus dem Wald und Erbsen vom Feld.

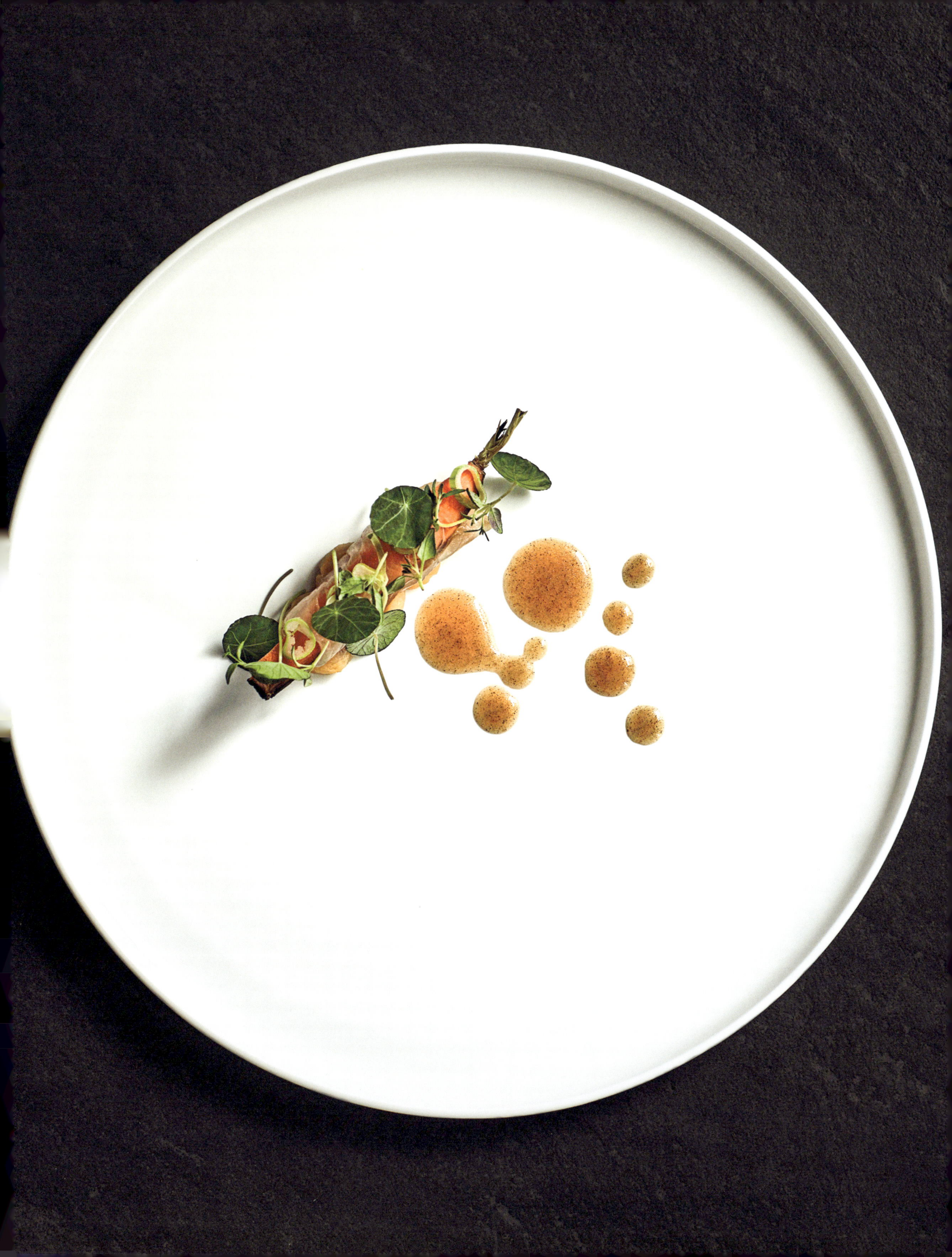

Dänische Zitronenmousse mit Lakritzbaiser und Sauerampfersorbet

Zubereitung

Für 4 Personen

MOUSSE AUS GEGRILLTEN ZITRONEN

- 150 ml Saft von gegrillten Zitronen
- 100 g Zucker
- 1 Ei
- 1 Eigelb
- 4 Blatt eingeweichte Gelatine
- 350 ml leicht geschlagene Sahne

Den Saft der gegrillten Zitronen mit dem Zucker kochen. Mithilfe von Ei und Eigelb eine dicke Emulsion herstellen. Gelatine und Sahne zugeben. Das Mousse über Nacht kühlstellen.

SAUERAMPFERSORBET

- 500 ml Apfelsaft
- 50 g Zucker
- 35 g Glukose
- 1 Blatt eingeweichte Gelatine
- 4 Bund frischer Sauerampfer
- Saft von 1 Zitrone

Apfelsaft mit Zucker und Glukose aufkochen. Gelatine hinzufügen. Die Mischung auf 40 °C abkühlen und zusammen mit dem Sauerampfer pürieren. Mit Zitronensaft abschmecken und durch ein Sieb abseihen. In die Eismaschine geben.

LAKRITZBAISER

- 50 g Puderzucker
- 40 g Eiweiß
- ½ TL schwarze Lebensmittelfarbe
- ½ TL geraspelte rohe Lakritze

Puderzucker und Eiweiß steif schlagen. Nach Geschmack Lakritze dazugeben, dann mit Lebensmittelfarbe einfärben. Zum Abschluss das Baiser in einer dünnen Schicht ausstreichen und über Nacht bei 80 °C im Ofen trocknen.

ANRICHTEN
frischer Bronzefenchel

Das Zitronenmousse in Tupfern anrichten und mit Bronzefenchel dekorieren. Das Sorbet hinzufügen und alles mit knusprigen Baiserflocken bedecken.

Über das Gericht

Dieser Nachtisch ist vielleicht eines der bekanntesten dänischen Desserts. Er kann ziemlich schwer sein, aber die Balance zwischen der Säure der Zitronen, der fetten Creme und der grünen Note des Sauerampfers erzeugt ein angenehmes Gesamterlebnis. Wir haben uns zusätzlich für Lakritze entschieden, weil sie eine traditionelle dänische Zutat sind.

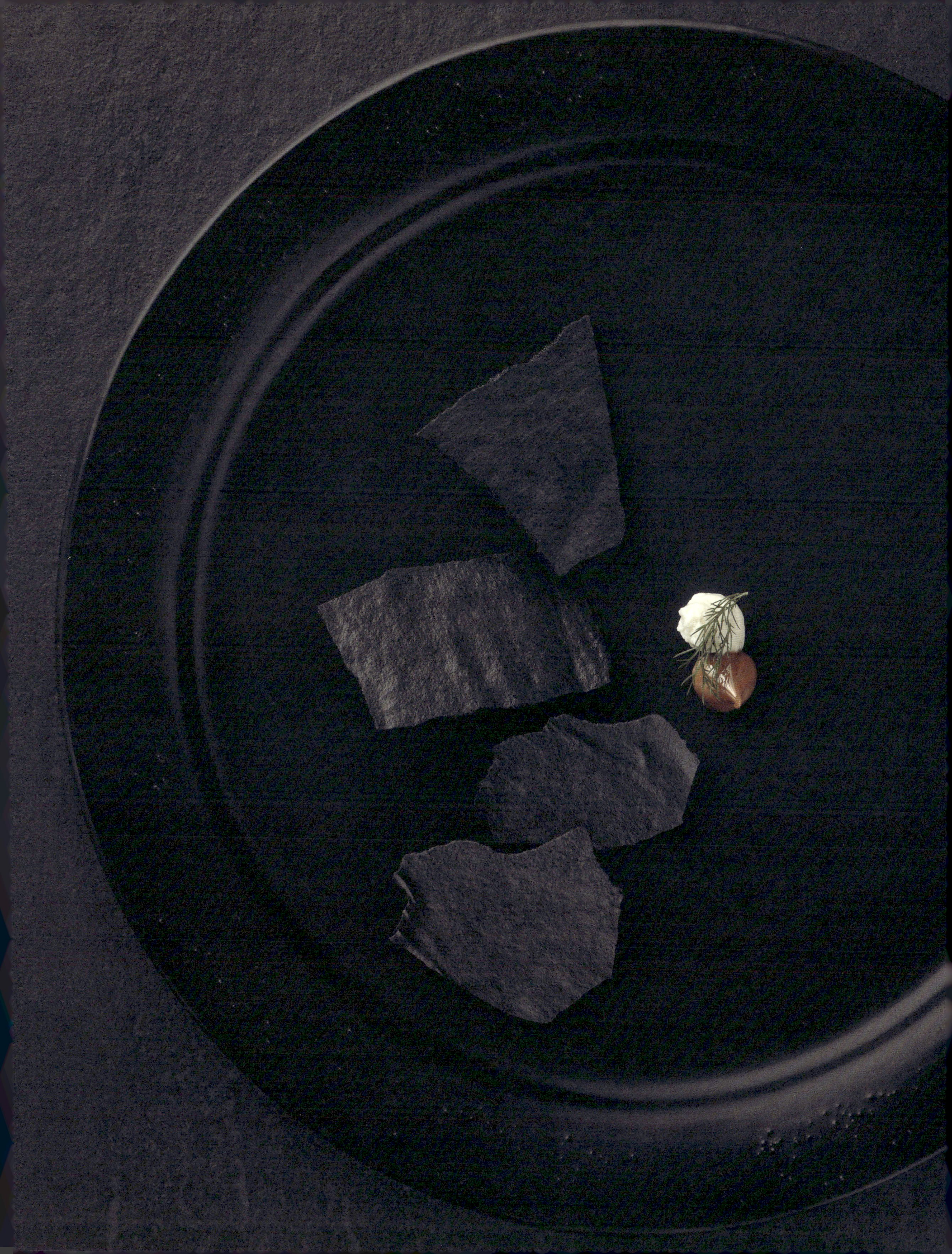

Dragsholm Slot | Odsherred, Seeland, Dänemark

In unserer Einladung stand: „Es wäre großartig, wenn ihr das Schloss im dänischen Frühherbst besuchen könntet, dann beginnt Claus mit frisch geerntetem Hanf zu kochen." Gesagt, getan: Wir trafen Claus bei Tagesanbruch im Hanffeld. Das Slotskøkkenet im Keller eines Schlosses aus dem 13. Jahrhundert bietet ein naturbewusstes, sinnliches kulinarisches Erlebnis.

Claus Henriksen
– Chefkoch

Geschmack steht an erster Stelle. Mich inspiriert die Natur, die das Schloss umgibt und sich mit den Jahreszeiten verändert. Deshalb koche ich auch mit saisonalen Produkten. Ich bin der Meinung, dass man am Essen ablesen können sollte, wo man sich gerade befindet – auf welchem Kontinent, in welchem Land, welcher Region und welcher Jahreszeit. Das macht für mich authentisches und ehrliches Kochen aus. Und deswegen bezeichne ich meine Küche als naturbewusst und regional.

Ich hatte das große Glück, über die Jahre mit vielen talentierten, kreativen und, wie manche wohl sagen würden, verrückten Menschen zusammenzuarbeiten. Menschen, die mich unterstützt und inspiriert und mich wach und beweglich gehalten haben. Ich bin dankbar für mein unglaubliches Team und bescheiden angesichts der 800-jährigen Geschichte des Schlosses und der wunderschönen Landschaft, von der ich täglich lerne und überrascht werde. Immer wieder entdecke ich jede Menge neue Pflanzen und wilde Kräuter, die als Rohmaterialien in der Küche enormes Potenzial haben. Nach neun Jahren im Schloss habe ich immer noch das Gefühl, ich hätte gerade erst damit angefangen, die Gegend zu erkunden. Es gibt einfach unzählige Möglichkeiten, die Natur und die Umgebung zu nutzen. Wahrscheinlich bin ich deshalb so fasziniert vom Konzept einer naturbewussten Küche.

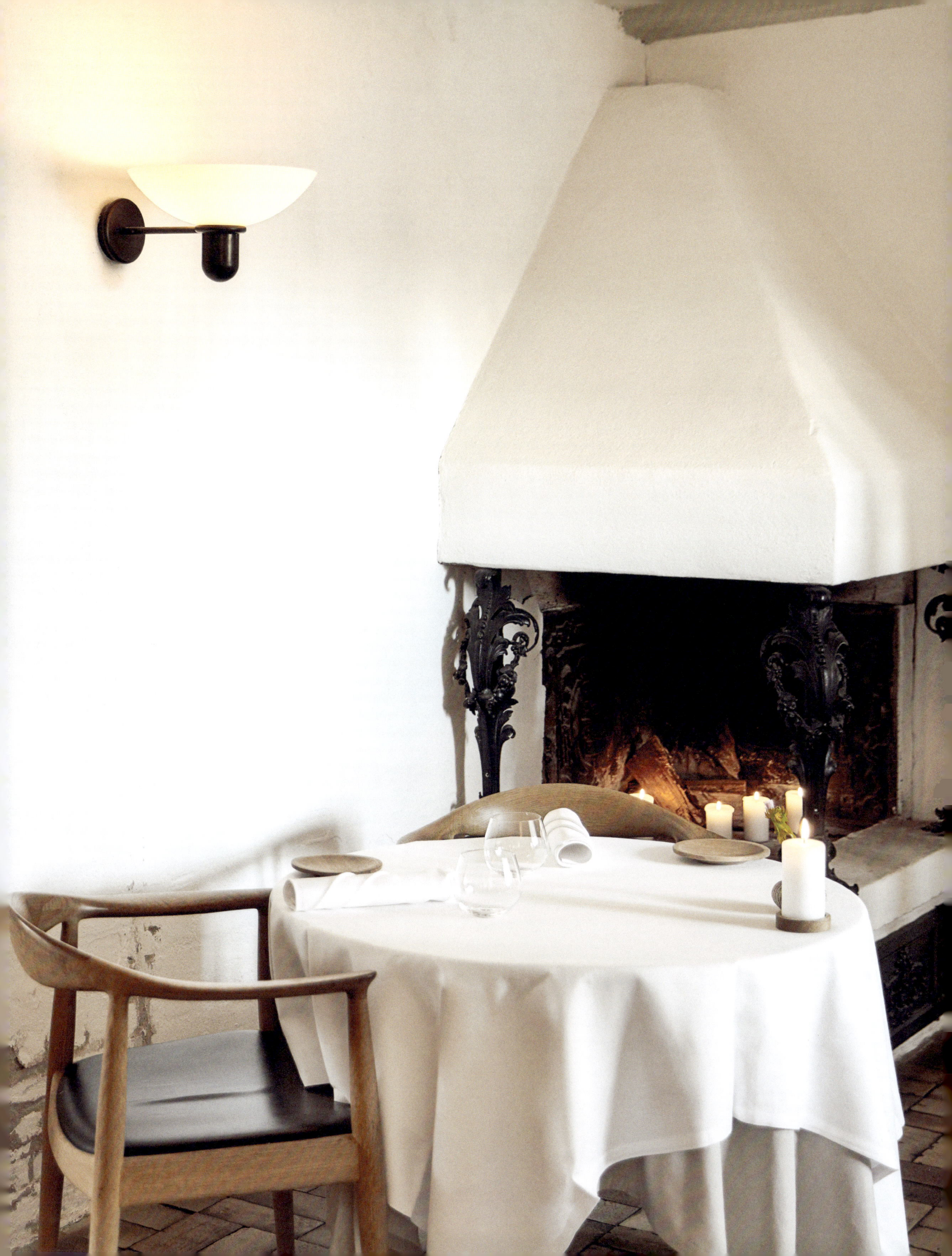

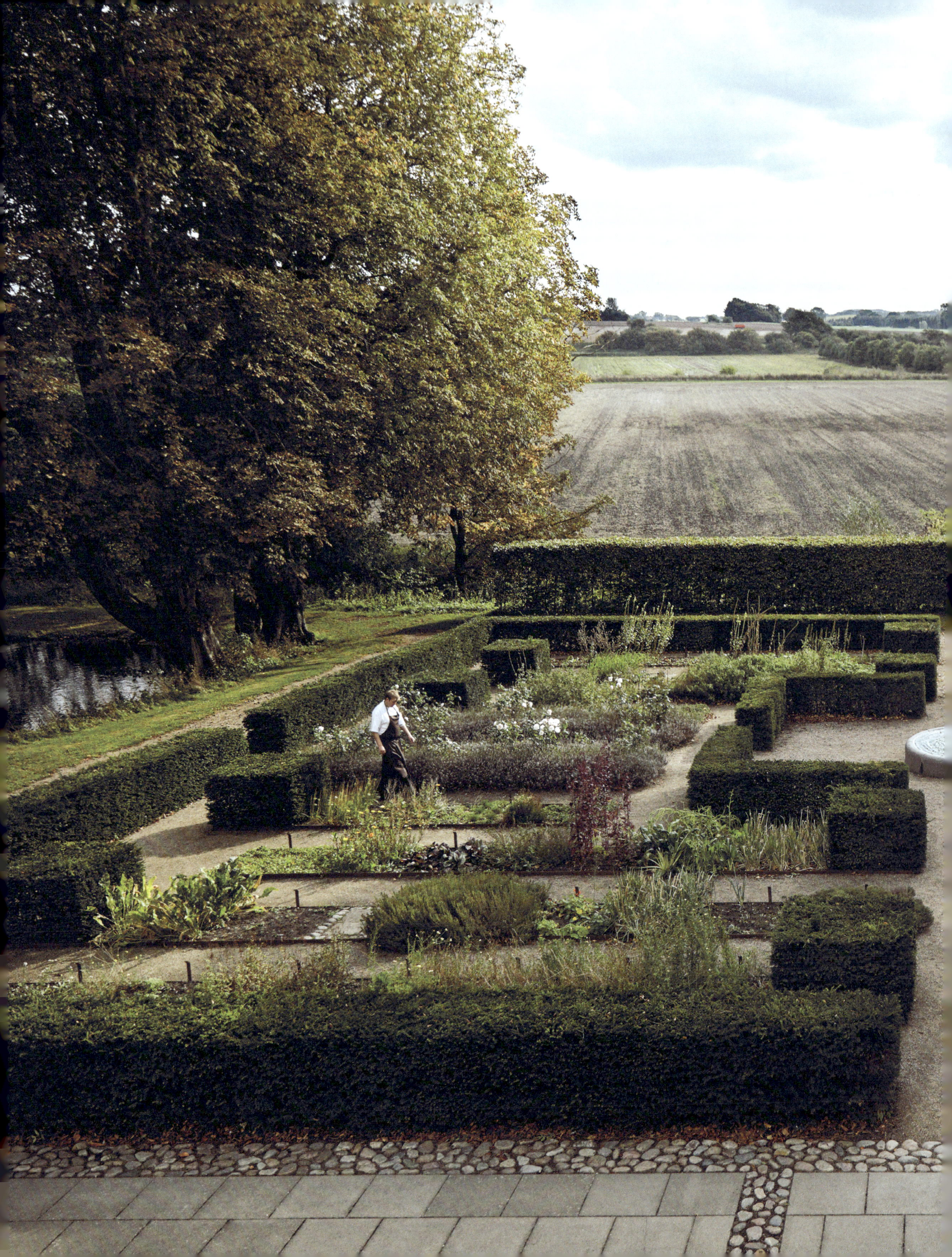

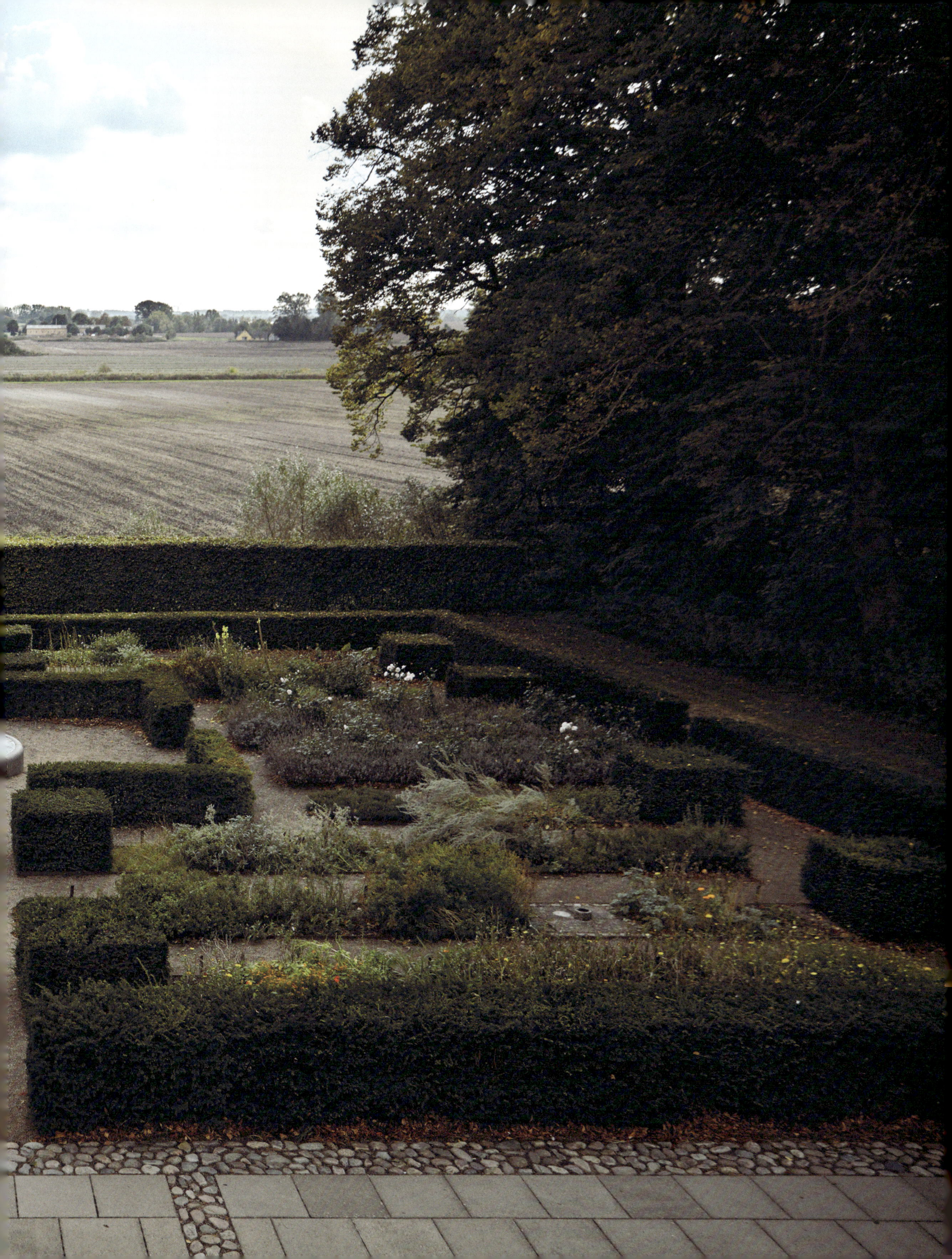

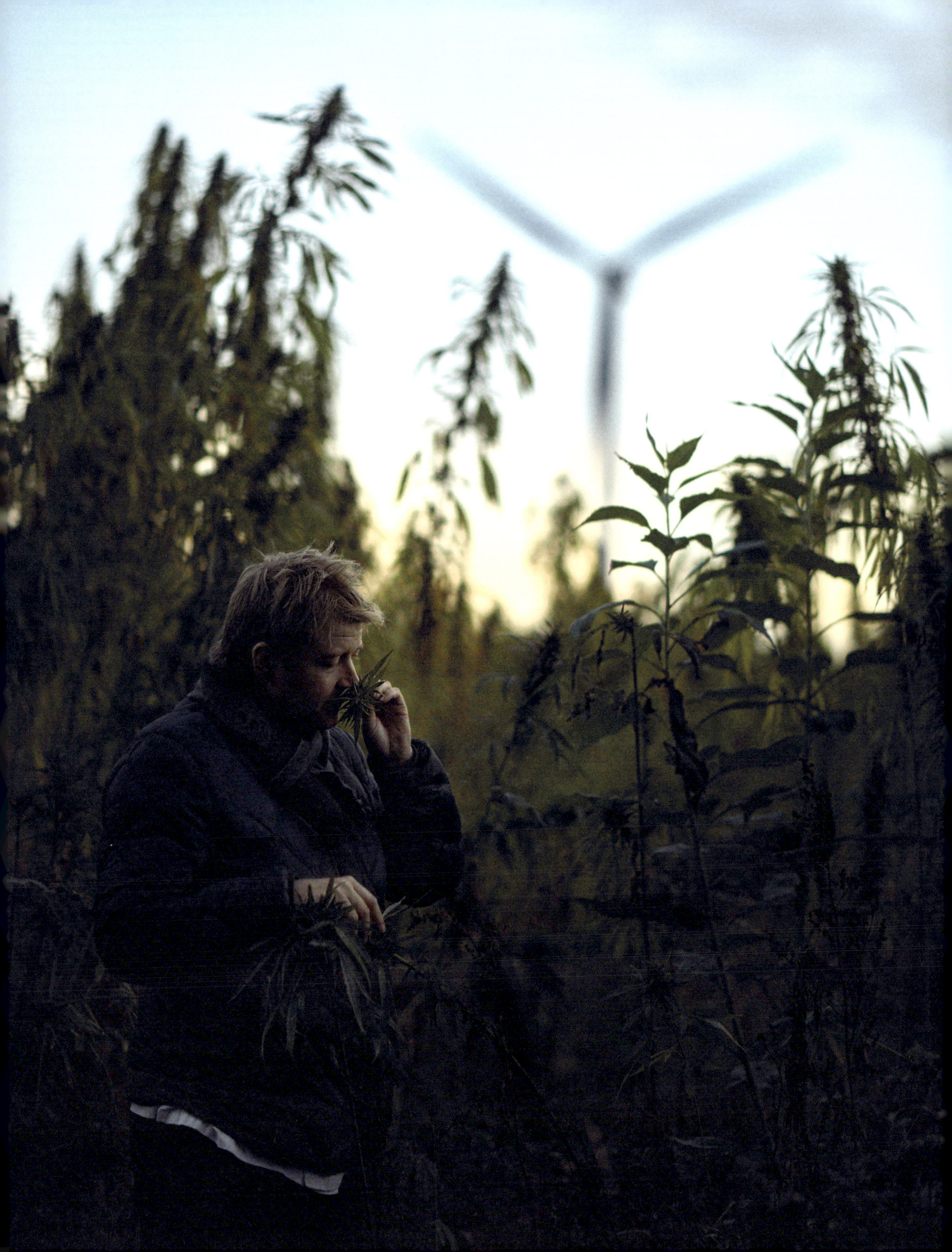

Dragsholm Slot – Odsherred, Seeland, Dänemark

Pochierte Austern mit eingelegtem Hanf, Nüssen und Crème double

Über die Gerichte

Arne, einer der Bauern aus der Region, traf auf einer Geschäftsreise einen anderen Bauern, der Hanf für eine niederländische Firma anbaut. Der Bauer gab ihm einige Samen zum Probieren und Arne sagte der Geschmack sehr zu. Aus irgendeinem Grund dachte er, ich könnte die Samen interessant finden – und dem war in der Tat so! Eine der Herausforderungen war es, anschließend einen Bauern zu finden, der sich bereit erklärte, selbst Hanf anzubauen. Letztendlich konnte ich Søren Wiuff davon überzeugen, es auszuprobieren. Er ist ein gefragter regionaler Bauer und dafür bekannt, dass er einige namhafte Restaurants mit dem feinsten Gemüse beliefert. Dank meiner Überzeugungskraft hat er eine angesehene Hanfplanatage aufgebaut – ein willkommener Neuzugang in seinem erlesenen Angebot.

Zubereitung

Für 4 Personen

HANFÖL

100 g Hanfblätter
300 ml Traubenkernöl
1 Prise Salz

Hanfblätter fein hacken und mit dem Traubenkernöl und dem Salz im Mixer circa 8 Minuten pürieren. Durch ein feines Tuch oder Netz seihen, um reines Öl zu erhalten.

EINGELEGTER HANF

2 EL Apfelessig
2 EL Puderzucker
20 Hanfblätter

Puderzucker, Apfelessig und gesäuberte Hanfblätter in einen Vakuumbeutel geben und versiegeln. Mindestens drei Stunden ziehen lassen.

AUSTERN
4 Limfjord-Austern

Die Austern vorsichtig öffnen. Den Saft durchseihen und in einem kleinen Topf auffangen. Austern sorgfältig unter kaltem Wasser säubern, bis alle Unreinheiten ausgewaschen sind und die Schale entfernt ist. Ebenfalls in den Topf geben. Kurz vor dem Servieren langsam erwärmen, ohne dass das Wasser kocht. Die Austern sind fertig, wenn sie sich etwas zusammengezogen haben.

WALNÜSSE UND KASTANIEN

2 Esskastanien
4 ganze frische Walnüsse

Walnüsse und Kastanien schälen. Die Kastanien in dünne Scheiben schneiden.

MEERSENF
20 frische Blätter Europäischer Meersenf

Meersenfblätter waschen und abtropfen lassen.

ANRICHTEN
100 ml Crème double

Austern und Walnüsse mit den Kastanien obenauf in vier Schüsselchen anrichten. Einen Klacks Sahne und einen Teelöffel Hanföl auf jede Auster geben. Fünf eingelegte Hanfblätter auf jede Auster setzen und mit den Meersenfblättern garnieren.

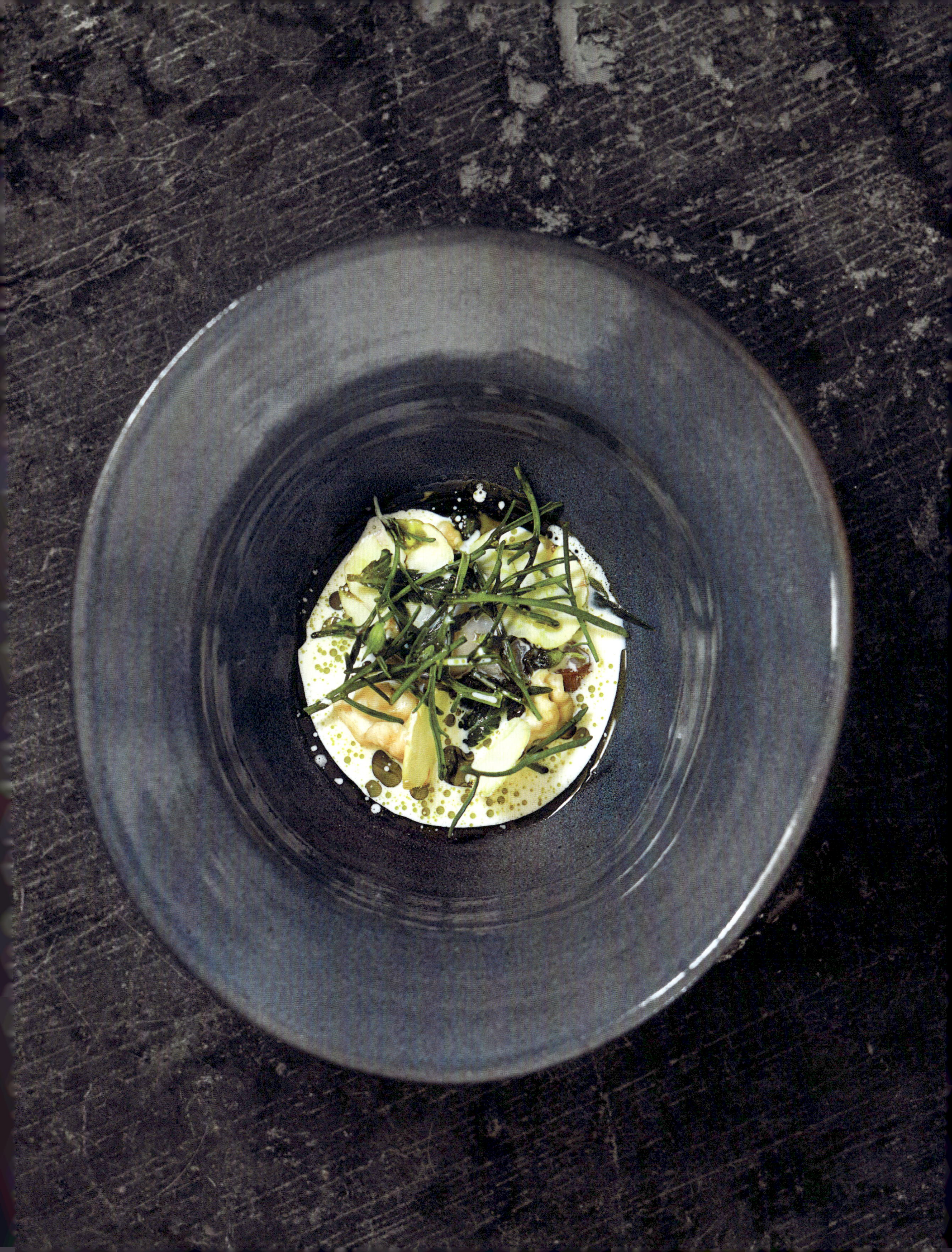

Warmer erntefrischer Salat mit frittiertem Hanf, Blutwurst und Zimtplätzchen

Zubereitung

Für 4 Personen

ZIMTPLÄTZCHEN
(BRUNKAGER)

45 ml Zuckerrübensirup
65 g brauner Zucker
65 g Butter
⅔ TL Zimt
1 Prise gemahlene Nelken
1 Prise Pottasche
160 g Weizenmehl

Zuckerrübensirup, braunen Zucker und Butter in einem Topf verrühren und aufkochen. Zimt und Nelken dazugeben. Pottasche in etwas warmem Wasser auflösen und zugeben. Den Topf von der Flamme nehmen und alles auf etwa 40 °C abkühlen lassen. Die Zuckermasse in der Küchenmaschine mit dem Mehl vermengen. Den Teig in zwei Teile teilen, zu Teigwürsten rollen und in Backpapier wickeln. Über Nacht auskühlen lassen. Am nächsten Tag den Teig in dünne Scheiben schneiden und im vorgeheizten Ofen bei 140 °C etwa 8 Minuten backen.

DER REST

4 Blätter Senfsalat
 (z.B. Mizuna)
50 g Rucola
4 Blätter vom Tatsoi-Kohl
20 kleine Karotten
200 g Blutwurst
30 g Hanfblätter
Saft von ½ Zitrone
etwas Öl und Butter
Salz

Die Salate und die Karotten gründlich waschen und abtropfen lassen. Die Blutwurst in Scheiben schneiden oder würfeln. Eine Pfanne auf mittlerer Flamme erhitzen, Öl hineingeben, dann die Hanfblätter zugeben und frittieren. Vorsichtig aus der Pfanne heben. Anschließend die Blutwurst in die Pfanne geben und auf beiden Seiten anbraten, dann herausnehmen. Karotten und Salat in die Pfanne geben, eine Prise Salz dazugeben und 2 Minuten anbraten. Butter und Zitronensaft zugeben. Von der Flamme nehmen.

ANRICHTEN

100 g Zimtplätzchen
 (Brunkager)
8 Kapuzinerkresseblüten

Warmen Salat und Karotten auf vier Tellern anrichten. Mit Blutwurst, Kapuzinerkresseblüten, geriebenen Zimtplätzchen und frittiertem Hanf garnieren.

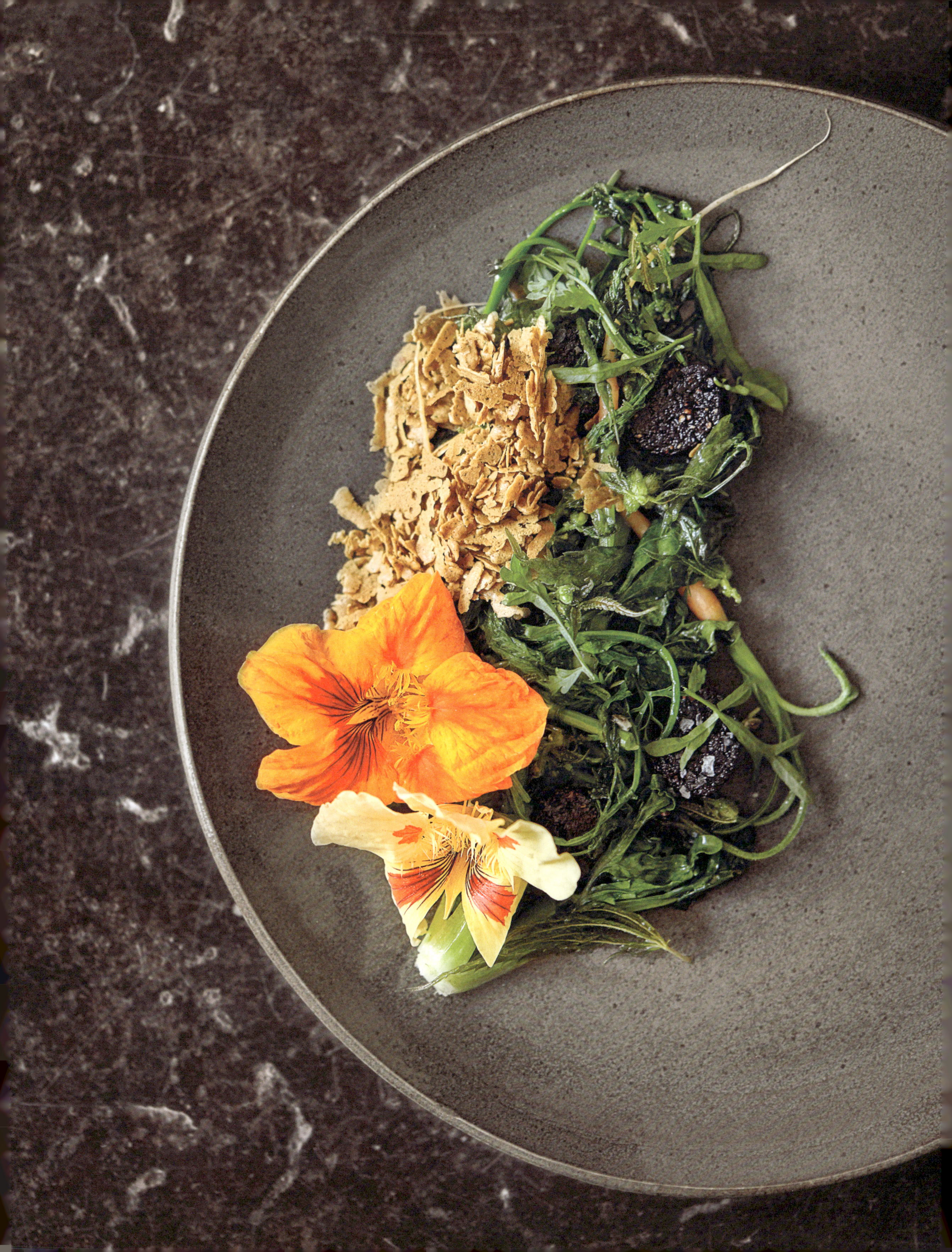

Hanfpfannkuchen mit unreifen Äpfeln

Zubereitung

Ergibt 12 Pfannkuchen

KOMPOTT AUS
UNREIFEN ÄPFELN

- **4 unreife Äpfel (oder Kochäpfel)**
- **2 TL Zucker**
- **10 g / 2 TL Hanfblätter**
- **1 EL Öl**

Äpfel schälen, würfeln und mit Zucker, Hanfblättern und Öl in einen Topf geben. Zugedeckt langsam zum Kochen bringen. Nach 2 Minuten Köcheln vom Herd nehmen und abkühlen lassen.

PFANNKUCHEN

- **50 g braune Butter**
- **150 g Weizenmehl**
- **450 ml Milch**
- **3 Eier**
- **½ TL Salz**
- **12 Hanfblätter**

Die braune Butter zerlassen. Alle Zutaten bis auf die Hanfblätter in der Küchenmaschine mischen. Die zerlassene Butter zugeben und unterrühren. Kühl stellen. Die Hanfblätter gründlich waschen und abschütteln. Ein winziges Stück Butter in eine heiße Pfanne geben und etwas Pfannkuchenteig hineingießen. Ein Hanfblatt auf die Mitte des Pfannkuchens legen. Wenn der Pfannkuchen auf einer Seite durch ist, wenden und auch die andere Seite goldbraun braten. Aus der Pfanne nehmen und mit dem Hanfblatt nach unten auf Backpapier legen.

ANRICHTEN

Pfannkuchen in der Tellermitte platzieren. Apfelkompott in der Mitte des Pfannkuchens verteilen, dann den Pfannkuchen über dem Kompott zu einem Halbkreis falten. Pfannkuchen im auf 100 °C vorgeheizten Ofen 4 Minuten erwärmen. Warm servieren.

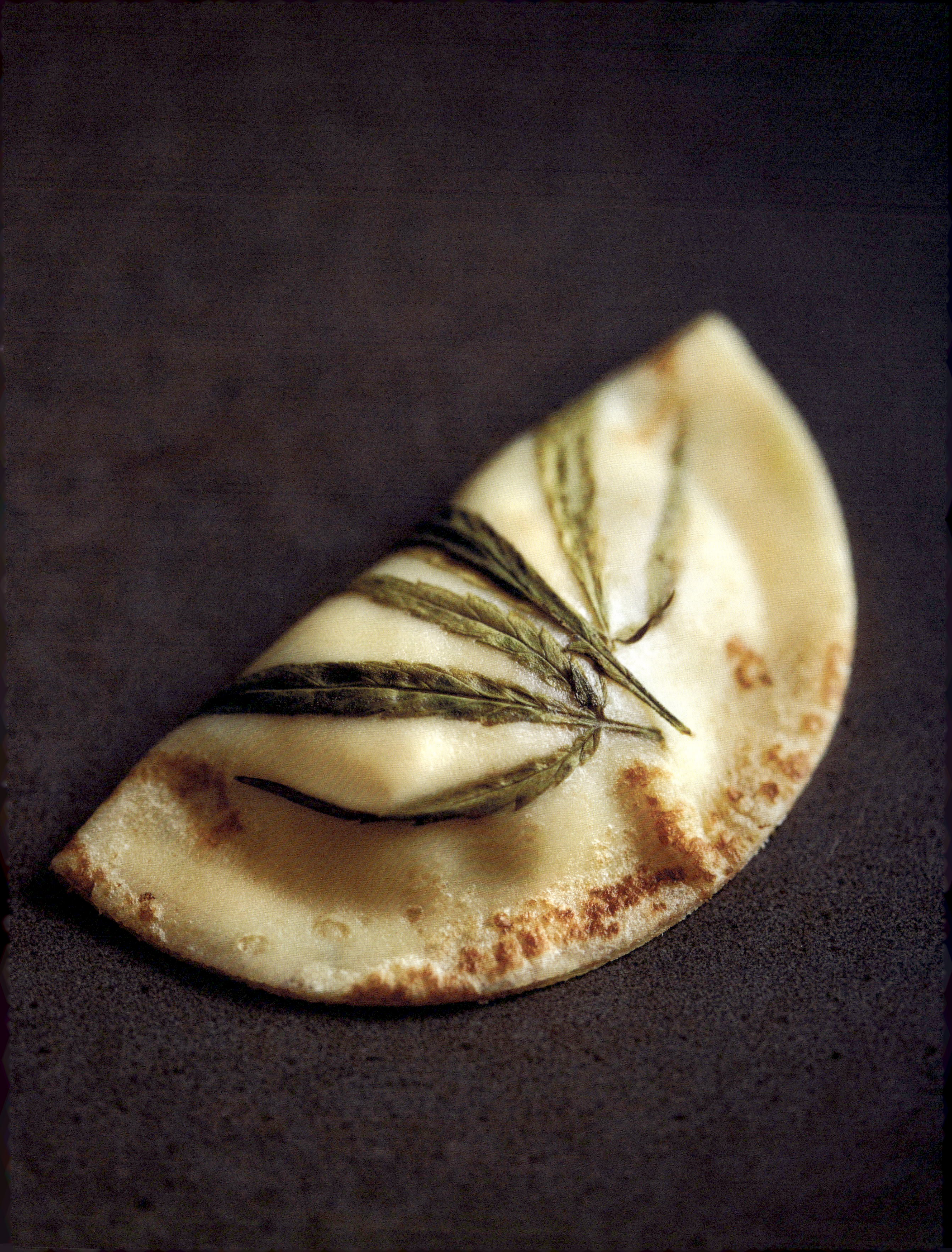

108
Kopenhagen, Seeland, Dänemark

Wenn das Noma-Team nicht damit beschäftigt gewesen wäre, Seeohren in Australien zu panieren, gäbe es das 108 vielleicht gar nicht und wir stünden immer noch auf der Warteliste für einen der begehrten 45 Plätze im Noma. Angefangen als 13-wöchiges Pop-up in den zwischenzeitlich leer stehenden Räumlichkeiten des Noma bekam das 108 bald seine eigene feste Adresse: Strandgade 108 in Christianshavn.

Kristian Baumann
– Chefkoch & Mitgründer

Obwohl ich als Kind bei meiner Großmutter oft Schweinebraten und Kartoffeln gegessen habe, mochte ich schon damals für die dänische Küche untypische Aromen. Ich bin in Südkorea geboren und wurde mit vier Monaten adoptiert. Meine Schwester hat denselben Hintergrund, und unsere Eltern haben uns oft zu koreanischen Treffen mitgenommen, damit wir Kultur und Küche des Landes kennenlernen konnten.

Meine Mutter hat mir beigebracht, die Schönheit der Natur wahrzunehmen und zu respektieren – und dass eine gute Mahlzeit nicht kompliziert sein muss. Sie war eine talentierte Köchin und hat ihre Zutaten immer beim Bauern im Dorf geholt. Jedes Jahr hat unser Garten von Frühling bis Herbst geblüht.

Als ich mich für eine Kochkarriere entschied, spezialisierte ich mich auf nordische und französische Küche. Das hat meine Denk- und Arbeitsweise geprägt und mir die Grundlagen gegeben, um meinen eigenen Weg zu gehen. Irgendwann habe ich festgestellt, dass sich das, was ich in Restaurants kochte, sehr von dem unterscheidet, was ich zu Hause esse. Denn ich mag es scharf. Aus der Idee, meine Erinnerungen, meine kulinarischen Vorlieben und meine berufliche Erfahrung zusammenzubringen, entstand das 108, „eine Kopenhagener Küche". Jedes unserer Gerichte ruht auf drei Säulen: Sammeln, Fermentieren und der Zusammenarbeit mit Bauern. Damit verfolgen wir bisher unseren ganz eigenen Weg.

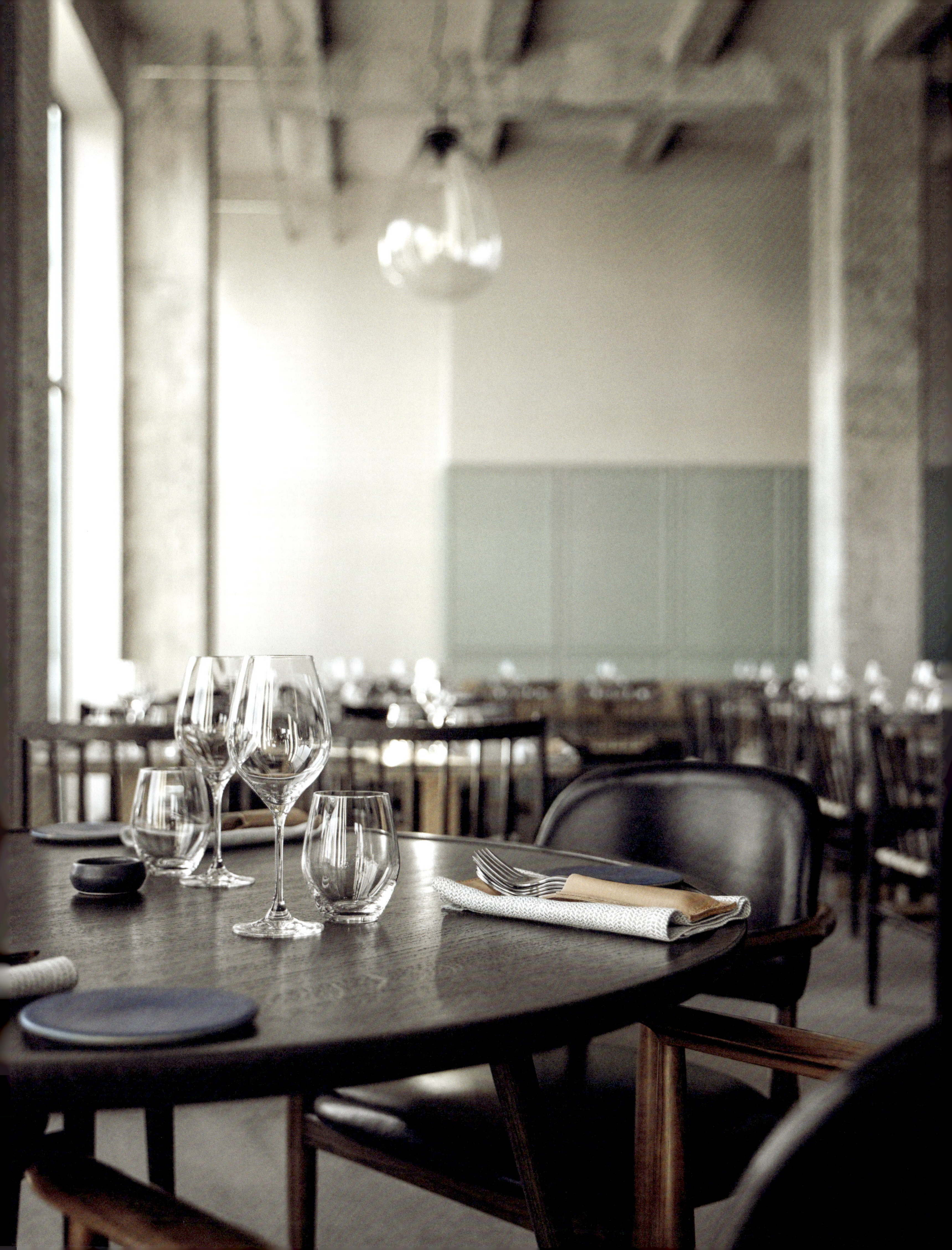

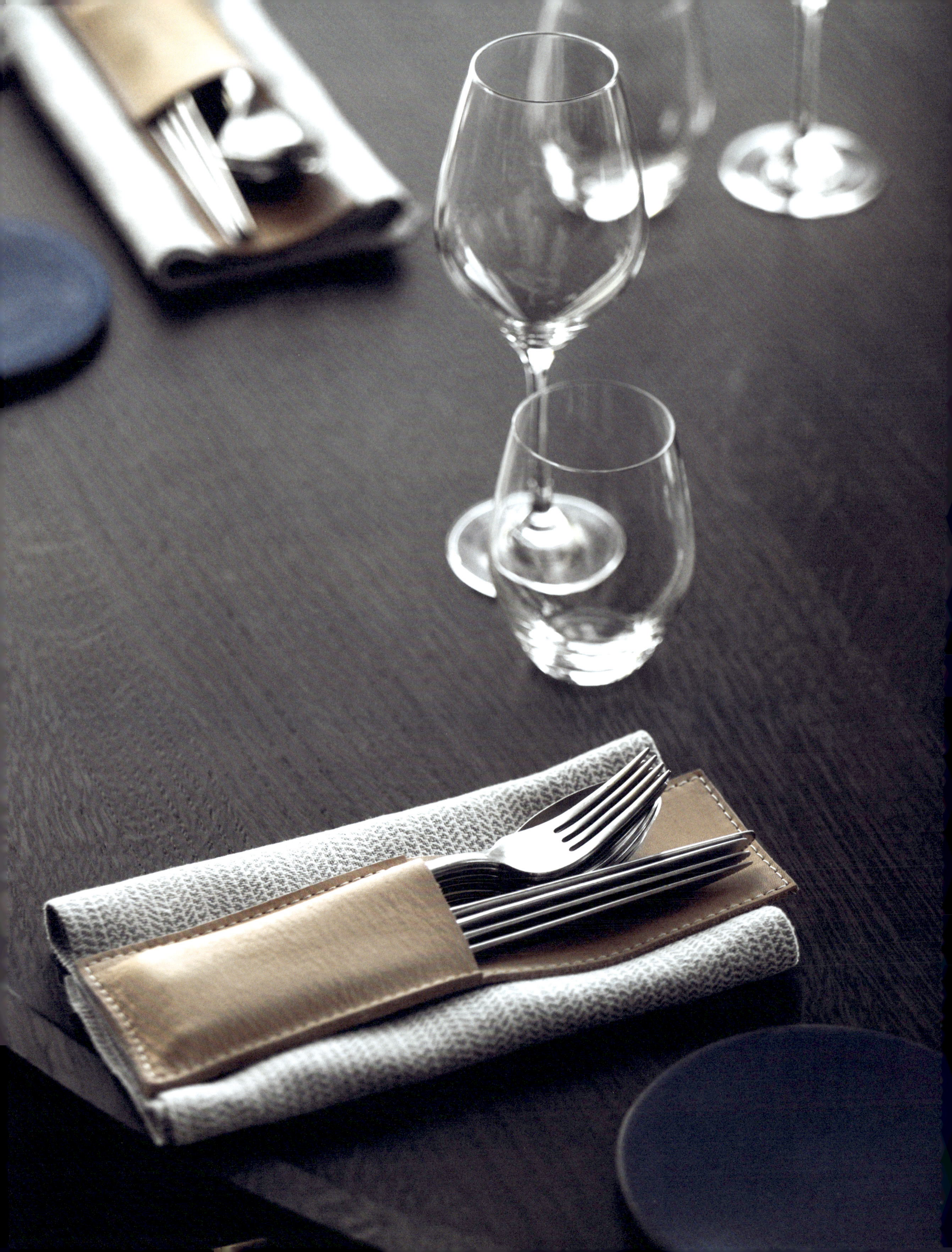

108 – Kopenhagen, Seeland, Dänemark

Rohe Garnelen mit süßer und gesalzener Pflaume, Physalis und Mirabelle in Rosenöl

Über das Gericht

Dieses Gericht kreierten wir 2017 für ein Dinner im Hauptquartier des *Gelinaz!* in Brüssel. Andrea Petrini hatte uns vor die Herausforderung einer Rezeptneuinterpretation für die frittierten Garnelen von Zayu Hasegawa, dem Chefkoch des Jimbocho in Japan, gestellt. Uns war wichtig, unserem Kochstil treu zu bleiben und gleichzeitig eine Hommage an das Originalrezept zu entwickeln. So kamen wir zu einer ganz eigenen Kreation. Wir haben beschlossen, die Garnelen roh zu verwenden, um ihre Frische und Qualität zu unterstreichen. Dann haben wir mit verschiedenen Säurenoten gespielt, indem wir gesalzene Mirabellen, frische Physalis und Sauerkleeblätter hinzugefügt haben. So entsteht nicht nur ein Gegengewicht zur subtilen herzhaften Süße der rohen Garnelen, mit den getrockneten Pflaumen wird auch ein bonbonartiges Element eingeführt. Ein wenig Seetangsalz sorgt für einen Extraschuss Umami. Als Ergänzung zu den cremigen Garnelen haben wir die säuerlichen Oxalisblätter in Rosenöl mariniert und so eine Art Vinaigrette geschaffen, die das Gericht zusammenhält.

Zubereitung

Für 1 Person

GARNELEN
40 g rohe Garnelen aus Skagen

Die Garnelen sorgfältig auslösen. Den Schwanz intakt lassen und die Schale restlos entfernen. Die gesäuberten Garnelen in einem luftdichten Behälter auf Backpapier in den Tiefkühler legen. Eine Stunde vor dem Anrichten herausnehmen.

GARNELENREDUKTION
100 g ganze Garnelen aus Skagen
75 ml gefiltertes Wasser

Die Garnelen mit dem gefilterten Wasser im Thermomix 15 Minuten bei 60 °C auf Stufe 5 zerkleinern. Im Schockfroster herunterkühlen. Sind die Garnelen kalt, in einem Beutel vakuumieren und bei 100 °C eine Stunde lang dämpfen. Durch ein feinmaschiges Sieb streichen und auf 20 Grad Brix reduzieren.

PFLAUME
1 Pflaume

Pflaume waschen, abtrocknen und bei 60 °C für 24 Stunden dehydrieren. Pflaume halbieren, schälen und erst in 3 mm dicke Scheiben, dann zu Dreiecken schneiden. Auf Backpapier in einem luftdichten Behälter aufbewahren.

PHYSALIS
1 Physalis

Physalis halbieren und in Spalten schneiden. Die Spalten dritteln und auf Backpapier in einem luftdichten Behälter im Schockfroster aufbewahren.

EINGESALZENE MIRABELLEN
3 g Mirabellen
8%ige Salzlake

Die Mirabellen waschen und trocknen. Mit der Salzlake in einen Vakuumierbeutel geben. Den Beutel versiegeln und für mindestens 6 Monate in den Kühlschrank legen. Den Kern entsorgen und Mirabellen zu Brunoise schneiden. In einem luftdichten Behälter aufbewahren.

ROTER OXALIS
1 Topf roter Oxalis (Sauerklee)
5 g Rosenöl

Die Kleeblätter vom Stängel zupfen und auf mit Rosenöl bestrichenes Backpapier legen. In einem luftdichten Behälter aufbewahren.

ZITRONENSAFT
1 Zitrone

Die Zitrone auspressen und den Saft durch ein feinmaschiges Sieb streichen. In einer Sprühflasche aufbewahren.

ANRICHTEN
Seetangsalz

In einem Kreisausstecher (Nr. 10) acht Pflaumenstücke kreisförmig anrichten. Die Mirabellen in den Kreis legen, mit Salz und Seetangsalz würzen. Acht Stück Physalis ebenfalls in den Kreis legen. Darauf die Garnelen mit dem Schwanz nach innen zeigend anrichten. Dann wie abgebildet die Kleeblätter mit der Spitze nach außen um die Garnelen legen.

Mit fünf Tropfen der Garnelenreduktion, Salz und etwas Zitronensaft würzen.

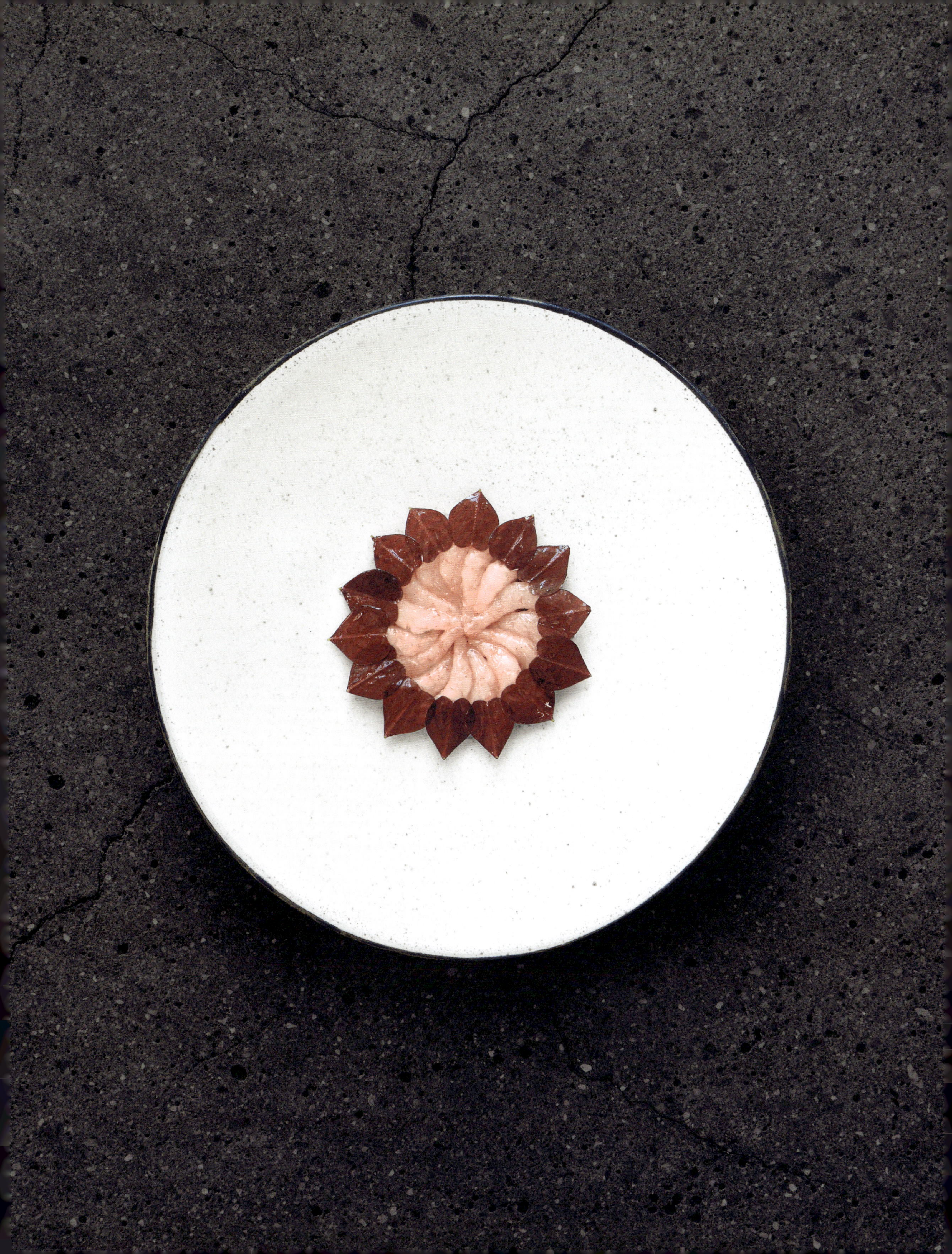

Short Ribs mit gegrillten Zwiebeln, geräucherter Buttersoße und Holunderkapern

Zubereitung

Für 2 Personen

MIREPOIX

200 g Zwiebeln
100 g Karotten
20 g Knoblauch
25 g Zitronenthymian
50 ml Rapsöl

Das Gemüse hacken und in einem Topf mit Rapsöl und Zitronenthymian karamellisieren. Das Gemüse ist fertig, wenn es goldfarben ist. In einem Schockfroster herunterkühlen.

SHORT RIBS

900 g Short Ribs (Querrippen vom Rind)
71 7%ige Salzlake
200 g Mirepoix
200 g fermentierte Honigreduktion

Die Short Ribs in Portionen schneiden und 12 Stunden in der 7%igen Salzlake einlegen. Dann Fleisch mit Mirepoix im Vakuumbeutel versiegeln und 12 Stunden bei 90°C dämpfen. In einem Eisbad eine halbe Stunde abkühlen lassen. Anschließend die Rippen – noch immer im versiegelten Beutel – im Ofen 30 Minuten bei 65°C erwärmen. Den Beutel öffnen und die Rippen in eine Pfanne geben. Wiederholt mit der fermentierten Honigreduktion bepinseln, bis sie rundum glasiert sind.

GERÄUCHERTE, GEKLÄRTE BUTTER

50 g geklärte Butter
Wacholderzweige

Die geklärte Butter in Stücke schneiden und auf ein Gastronorm-(GN)-Tablett legen. Das Tablett mit der Butter auf ein weiteres GN-Tablett voll Eis stellen und über frischen Wacholderzweigen 30 Minuten räuchern. Die geräucherte, geklärte Butter in einem luftdichten Behälter aufbewahren.

EINGELEGTE HOLUNDERKAPERN

10 g unreife Holunderbeeren
3 g Salz
10 ml Apfelbalsamico

Die Beeren von den Stängeln befreien und gut waschen. Salz und Beeren in einem Vakuumbeutel versiegeln und drei Wochen in den Kühlschrank legen. Dann den Beutel öffnen, die Beeren unter fließendem Wasser waschen und mit dem Essig wieder in einem frischen Vakuumbeutel versiegeln. Sechs weitere Monate kühlen.

EINGESALZENE HOLUNDERBLÜTEN

7 g Holunderblüten
21 g 6%ige Salzlake

Holunderblüten und Salzlake in einem Vakuumbeutel versiegeln und mindestens drei Monate in den Kühlschrank geben.

MEERRETTICHSAFT

40 g frischer Meerrettich

Meerrettich entsaften und durch ein feinmaschiges Sieb gießen. In einer Quetschflasche aufbewahren.

RUCOLAEMULSION

200 g Rucola
20 ml Zitronensaft
5 g Dijon-Senf
3 g graues Salz
200 ml Rapsöl
10 ml Meerrettichsaft

Den Rucola mit Zitronensaft, Dijon-Senf und Salz im Mixer pürieren und mit dem Rapsöl zu einer Emulsion verbinden. Mit Meerrettichsaft abschmecken. Durch ein Sieb gießen und luftdicht aufbewahren. Bei Zimmertemperatur servieren.

ZITRONENSAFT

1 Zitrone

Zitrone auspressen und Saft durch ein Sieb gießen. In einer Sprühflasche aufbewahren.

GERIEBENER MEERRETTICH

5 g frischer Meerrettich

Den Meerrettich schälen, reiben und luftdicht aufbewahren.

GEGRILLTE ZWIEBELN

100 ml gefiltertes Wasser
1 Prise getrocknete Kamille
2 weiße Zwiebeln
15 ml Johannisbeerblattöl
1 Prise Salz

Wasser zum Kochen bringen, von der Flamme nehmen und die getrocknete Kamille einrühren. Mit Klarsichtfolie bedecken und die Kamille zwei Minuten ziehen lassen. Durch ein Sieb schütten und abkühlen lassen. Zwiebeln schälen und halbieren. Mit dem Kamillentee in einen Vakuumbeutel geben und bei 85 °C für 45 bis 60 Minuten dämpfen – die Garzeit hängt von der Größe der Zwiebeln ab. Im Eisbad abkühlen. Zwiebeln über Eichenholzkohle grillen. Jede Hälfte in vier Stücke schneiden und mit dem Johannisbeerblattöl und Salz würzen.

ANRICHTEN

50 g Salate der Saison

Die geräucherte Butter mit einem Teelöffel Holunderkapern erwärmen. Die glasierten Rippen auf einen großen Teller legen und mit der geräucherten Butter und den Holunderkapern beträufeln. Zum Garnieren die Rucolaemulsion auf den Teller gießen und die gegrillten Zwiebeln darauf arrangieren. Mit Salatblättern, geriebenem Meerrettich und eingesalzenen Holunderblüten toppen und abschließend mit Zitronensaft, Meerrettichsaft, Johannisbeerblattöl und Salz besprenkeln.

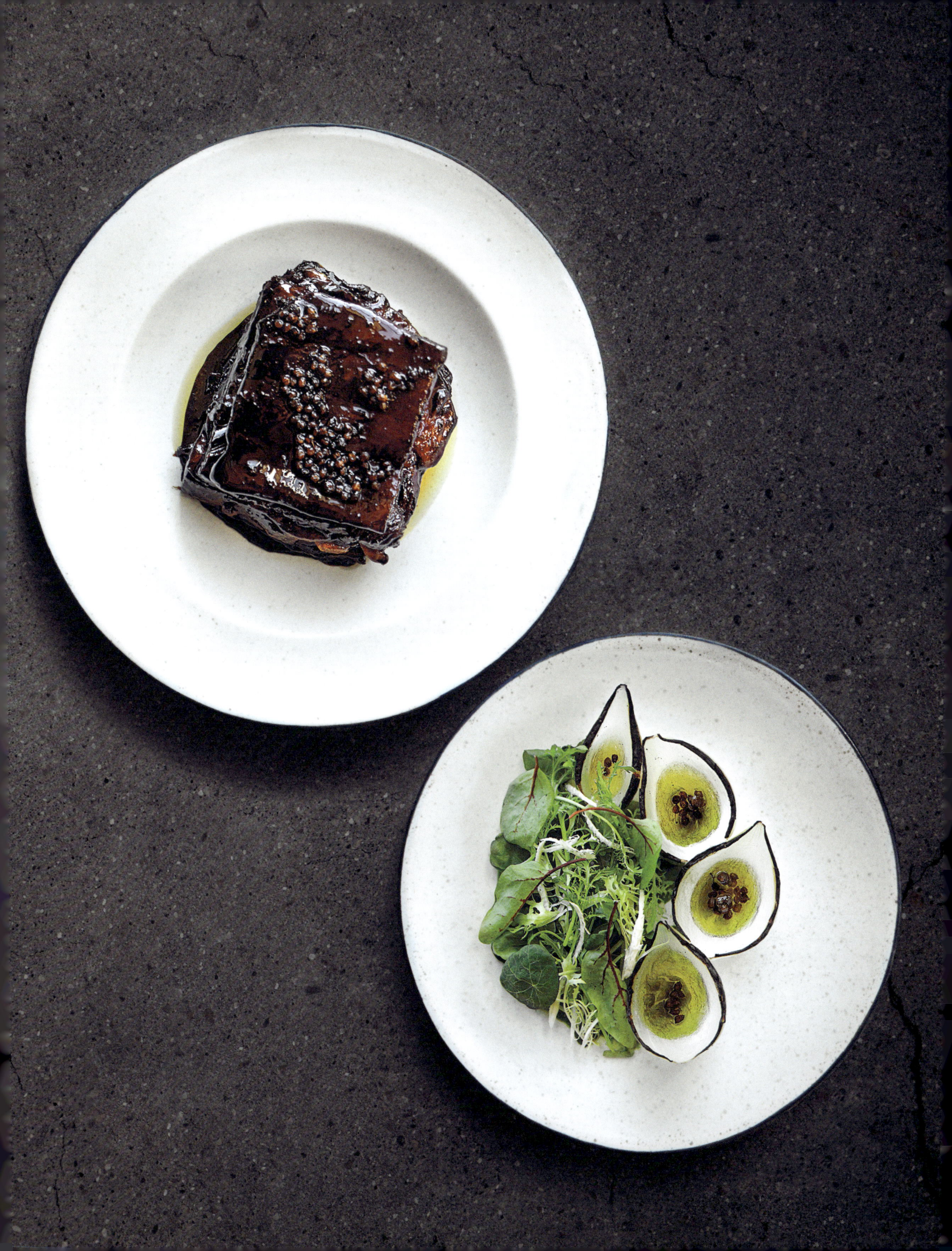

Rausu-Kombu-Eis, geröstete Gerstencreme und schwarzes Johannisbeerholzöl

Über das Gericht

Zu Beginn unserer letztjährigen Forschungsphase waren wir uns schnell einig, dass Seetang eine interessante Zutat für ein Dessert wäre. Ich wusste, dass gerösteter Rausu Kombu eine leichte Lakritznote erhält und so lag die Idee nahe, ein Eis auf Basis dieses Geschmacks zu kreieren. Die bittere, nussige Note der gerösteten Gerstencreme, die entfernt an dunkle Schokolade erinnert, bildet einen angenehmen Kontrast zu dem cremigen Eis und das fruchtige Johannisbeerholzöl rundet das Gericht perfekt ab.

Zubereitung

Für 1 Person

15 g Kōji-Mole
60 g Rausu-Kombu-Eis
5 ml Öl aromatisiert mit dem Holz der Schwarzen Johannisbeere

ÖL AROMATISIERT MIT DEM HOLZ DER SCHWARZEN JOHANNISBEERE

500 g Holz von der Schwarzen Johannisbeere (nicht waschen!)
1000 g Rapsöl

Zunächst das Holz von der Schwarzen Johannisbeere mit einem Hammer zerschlagen. Dann mit dem Öl in einen Vakuumbeutel geben und auf höchster Stufe vakuumieren. Diesen Beutel in einen weiteren Beutel geben und bei 95 °C vakuumieren. Anschließend bei 60 °C in den Ofen legen und 4 Stunden dämpfen. Auf Eis abkühlen und dann 24 Stunden ruhen lassen. Durch ein Sieb abseihen und in 200 ml-Vakuumbeutel packen.

KŌJI-MOLE

325 g gerösteter Kōji
500 ml Sahne mit 38% Fettgehalt
250 ml Vollmilch
15 ml Birkensirup

Den Kōji in kleine Stücke brechen. Im Ofen bei 160 °C und 80% Umluft eine Stunde lang rösten. Aus dem Ofen nehmen. Wenn er abgekühlt ist, den gerösteten Kōji in einen luftdichten Behälter geben und die Sahne zugeben – schon ist die Kōji-Mole fertig. Zwölf Stunden kühl stellen. Die Masse mit der Vollmilch in den Thermomix geben. Mithilfe eines Teigschabers durch ein Mehlsieb streichen. Abschließend 100 ml dieser Paste in eine Schüssel geben, den Birkensirup zufügen und in 1000 ml-Vakuumbeutel geben.

RAUSU-KOMBU-EIS

300 ml Vollmilch
150 g Sahne mit 38% Fettgehalt
105 g pasteurisiertes Eigelb
105 g weißer Zucker
6,5 g geröstetes Kombu-Pulver
3,25 g Salz

Milch und Sahne in einen Topf geben, zum Kochen bringen und auf 40 °C abkühlen. Ei, Zucker und Salz in einer Schüssel miteinander verschlagen, bis der Zucker sich aufgelöst hat. Milchmischung zugeben und gut verrühren. Dann in einen Topf geben und das Kombu-Pulver abmessen. In einer weiteren Schüssel ausreichend Eiswürfel bereithalten. Den Topf auf 82 °C erhitzen und dabei die Masse nur vorsichtig mit einem Pfannenwender wenden. Sie muss unbedingt 82°C erreichen. In eine weitere Schüssel auf viel Eis gießen. Das Kombu-Pulver hinzufügen und sich vergewissern, ob es sich beim Abkühlen auch auflöst. Durch ein Sieb streichen und 4 Stunden in den Kühlschrank stellen. Mit einem Handrührgerät durchmixen und in 600 ml-Pacojetbecher füllen.

ANRICHTEN

Die Mole in die Mitte einer kalten Schüssel spritzen. Einen Kreisausstecher (Nr. 10) daraufsetzen, das Eis hineinfüllen und mit einem Löffelrücken flachdrücken. Den Ausstecher entfernen und das Öl rundherum verteilen.

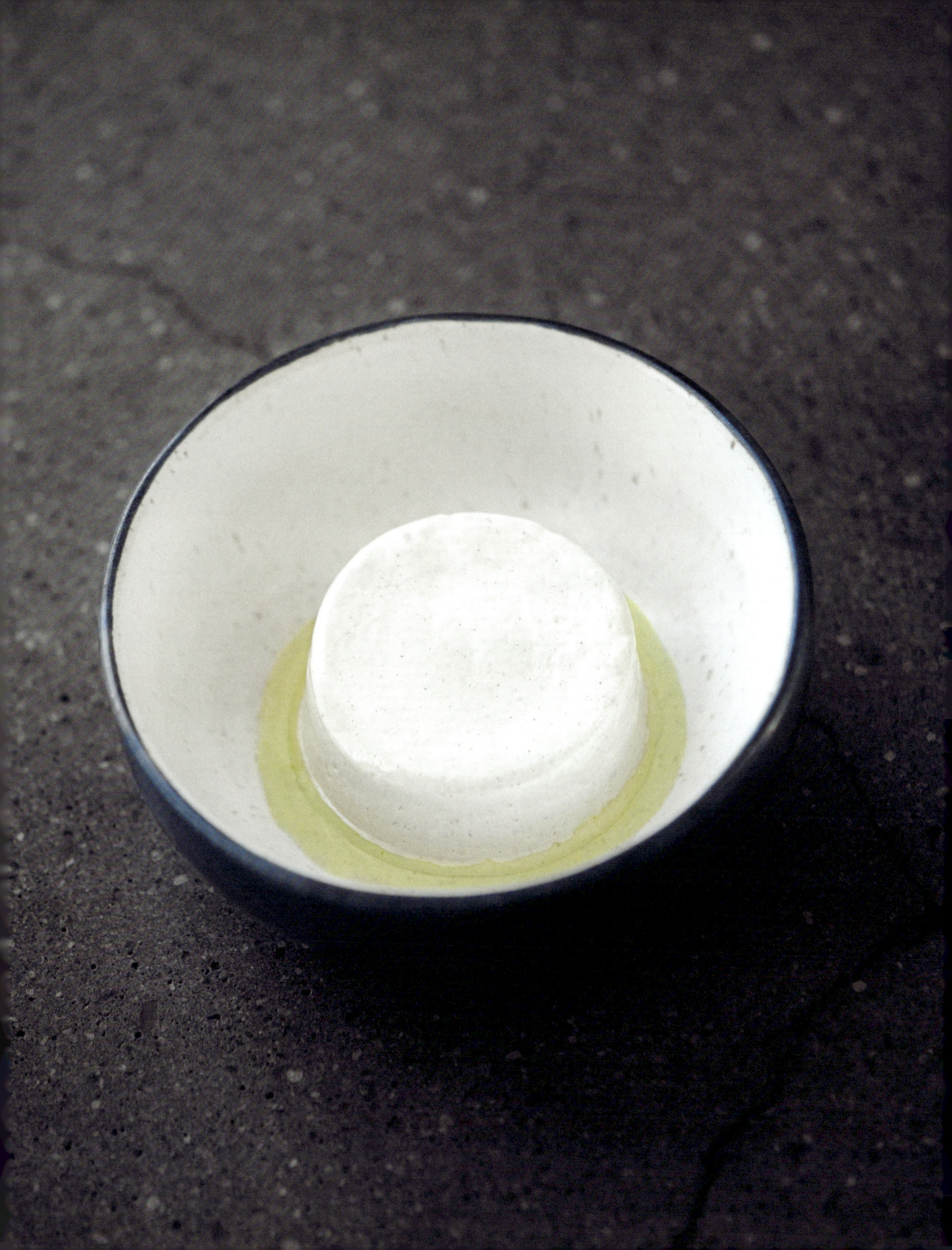

Hærværk | Aarhus, Jütland, Dänemark

Geriebenes getrocknetes Ochsenherz ist die Lieblingsmethode des Hærværk-Teams, um einem Gericht einen Schuss Umami zu verpassen. Die Eigentümer und Betreiber des Restaurants sind vier Freunde (drei davon sind Köche) mit einer gemeinsamen Vision: ein dekonstruiertes, experimentelles Tagesmenü anzubieten, das auf Qualität, Nachhaltigkeit und lokal produzierte Zutaten baut.

Mads Schriver, Asbjørn Munk, Rune Lund Sørensen, und Michael Christensen

– Gründer

Das Menü ist im Hærværk nicht in Stein gemeißelt und orientiert sich nicht an Traditionen oder Zukunftstrends: Jede Woche denken wir uns gemeinsam ein neues aus, ausgehend von den saisonal verfügbaren Zutaten. Früher haben die Menschen ihre Nahrungsmittel aus praktischen Gründen konserviert – und wir machen dasselbe, allerdings für den Geschmack, nicht für die Haltbarkeit. Außerdem sind wir der Meinung, dass Zutaten auf eine Weise beschafft werden sollten, die die Natur respektiert. Deshalb bemühen wir uns, nur Fische und Krustentiere zu verwenden, die auf nachhaltige Weise gefangen wurden, und kaufen nur Biofleisch und -gemüse. Als wir das Hærværk eröffneten, war uns wichtig, alles selbst zu machen und nur die besten Zutaten zu verwenden. Die Mischung aus dieser kompromisslosen Haltung, Nähe, Können und engen Beziehungen zu Lieferanten ermöglichte uns, ein tiefes Verständnis für das Essen zu entwickeln, das wir zubereiten. Die Zusammenarbeit mit unseren Lieferanten und das Auftreiben der perfekten Zutaten für unsere Kunden ist eine große Verantwortung – aber unser gemeinsames Ziel ist eben, das bestmögliche Restauranterlebnis zu bieten.

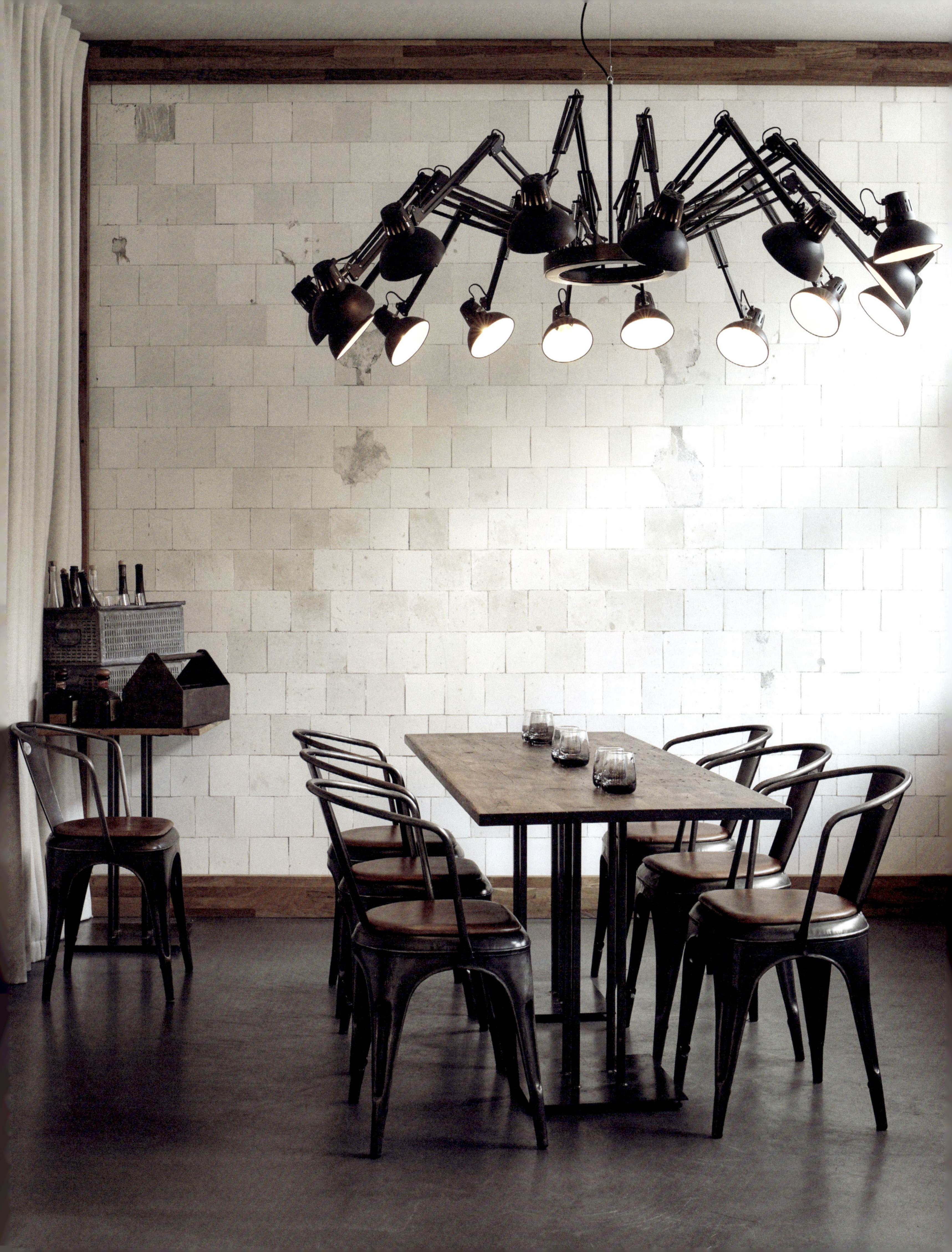

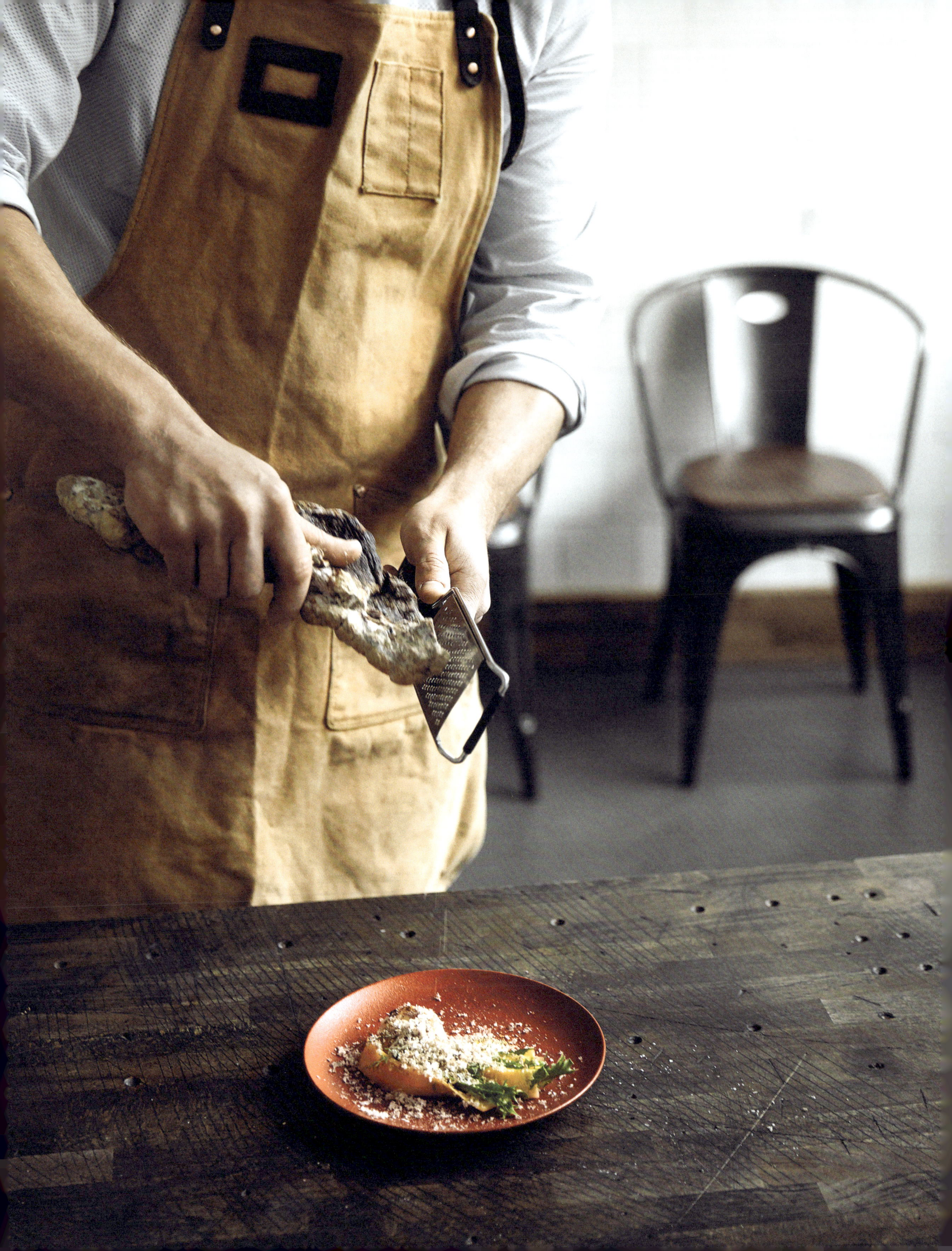

Hærværk – Aarhus, Jütland, Dänemark

Scharf angebratener norwegischer Hummer mit Ochsenherz, Kürbis, Endivie und Crème fraîche

Zubereitung

Für 4 Personen

CRÈME FRAÎCHE

100 ml Sahne
1 TL Buttermilch
getrockneter Fenchel-
  pollen

Die Buttermilch mit der Sahne verrühren und über Nacht bei Zimmertemperatur stehen lassen. Die Crème fraîche ist fertig, wenn sie eine cremige Konsistenz hat. Mit getrocknetem Fenchelpollen abschmecken.

NORWEGISCHER HUMMER

4 große norwegische
  Hummer (Langustinen)
Geklärte Butter

Den Hummer säubern und die Schwänze in geklärter Butter anbraten. Das Innerste sollte nur ganz wenig Hitze abbekommen.

KÜRBIS UND ENDIVIE

½ kleiner Kürbis
200 ml Apfelverjus
2 Endivien
  (möglichst grüne)

Mit einer Mandoline dünne Scheiben vom Kürbis hobeln und in Apfelverjus marinieren. Dann die Endivien in Salzwasser blanchieren. Kürbis und Endivie übereinanderschichten und 30 Minuten leicht beschweren, um eine Terrine zu erhalten.

Die Kürbis-Endivien-Terrine in dünne Scheiben schneiden und in Verjus marinieren. Wenn vorhanden, Corail und Hirn des norwegischen Hummers dazugeben. Würzen.

GETROCKNETES OCHSENHERZ

Das Herz zwei Tage mit grobem Salz bedeckt ziehen lassen. Dann das Salz verdünnen, im Räucherofen räuchern und bei kühler Kellertemperatur von 8 bis 14 °C trocknen, bis es eine ledrige Konsistenz hat.

ANRICHTEN
Fenchelspitzen

Ein Arrangement aus Gemüseterrine, norwegischem Hummer und Crème fraîche gestalten. Das Ochsenherz darüberreiben und mit Fenchelspitzen garnieren.

Über das Gericht

Ochsenherz ist schwer zu bekommen, jedes Tier hat ja schließlich nur eins davon, und so kommen gewöhnlich nur wenige Menschen in diesen Genuss. Um Ochsenherz ohne Qualitätseinbußen gleich mehreren Gästen anzubieten, salzen und trocknen wir es. Das Resultat ist eine Umami-Explosion aus rauchigen Aromen bei fester Konsistenz, was wir am liebsten mit norwegischem Hummer, bitteren Salaten und gefülltem Kürbis ausbalancieren.

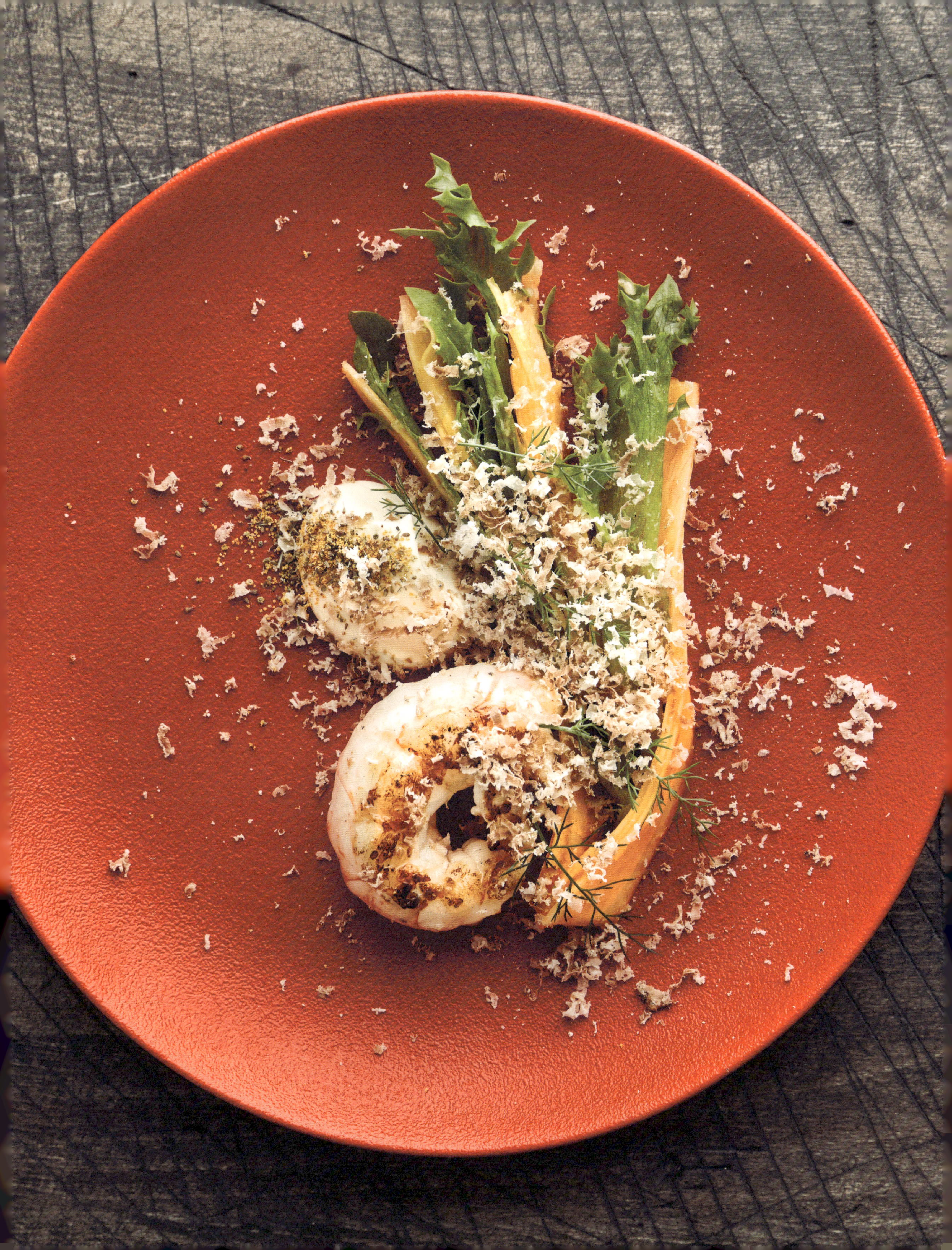

Eingelegte Meeräsche mit Rogen, Meerrettichpüree, Sauerampfer und klarer Pilzsuppe

Zubereitung

Für 4 Personen

KLARE PILZSUPPE

250 g **Pilze (am besten wild und selbst gesammelt)**
75 ml **Fond (Fisch oder Geflügel)**

Pilze leicht salzen und 8 Stunden bei 80 °C im Fond ziehen lassen. Abkühlen lassen. Jetzt kann die Suppe eingefroren werden. Für eine wirklich klare Suppe sollte der Fond beim Auftauen mithilfe eines Siebs, das mit einem Mulltuch aus 100% Baumwolle ausgelegt ist, geklärt werden.

EINGELEGTE MEERÄSCHE

1 **kleine eingesalzene Meeräsche**
400 ml **Essig von guter Qualität**
200 ml **Wasser**
150 g **Zucker**
5 **Blätter Zitronenverbene**
5 **Blätter Melisse**
5 **Blätter Zitronengras**

Essig, Wasser und Zucker aufkochen. Die drei Kräuter darin ziehen lassen. Sobald die Infusion abgekühlt ist, über den eingesalzenen Fisch gießen. Dann den Fisch filetieren und leicht gesalzen 30 Minuten stehen lassen. Überschüssiges Salz abstreifen. Anschließend den Fisch mindestens 2 und maximal 4 Stunden marinieren.

GETROCKNETER MEERÄSCHENROGEN

65 g **getrockneter Meeräschenrogen**
100 ml **1%ige Salzlake**

Den Rogen über Nacht in 1%iger Salzlake einlegen. Die nächsten 3 bis 5 Tage immer wieder leicht salzen. Etwas beschweren und noch einmal salzen, falls alle Flüssigkeit absorbiert ist. Im Kühlschrank trocknen, bis die gewünschte Konsistenz erreicht ist.

MEERRETTICHPÜREE

½ **Meerrettichwurzel**
50 ml **Essig von guter Qualität**
50 ml **geschmacksneutrales Öl**

Meerrettich schälen und mit Essig und Öl bei geringer Hitze im Mixer zu einem luftigen Püree verarbeiten.

ANRICHTEN
Sauerampfer

Den Fisch schräg in vier dünne Scheiben schneiden und je eine davon mit Sauerampfer und Meerrettichpüree belegen. Umdrehen und zusammenfalten. Mit geriebenem Rogen garnieren. Die kalte Pilzsuppe am Tisch angießen.

Über das Gericht

Die fette, feste Konsistenz der Meeräsche macht sie perfekt fürs Einlegen. Sie wird dadurch unglaublich zart und erinnert an Austern. Ein zusätzlicher Pluspunkt ist es, wenn die Meeräsche Rogen trägt, da er ihr eine einzigartige Geschmacksintensität verleiht.

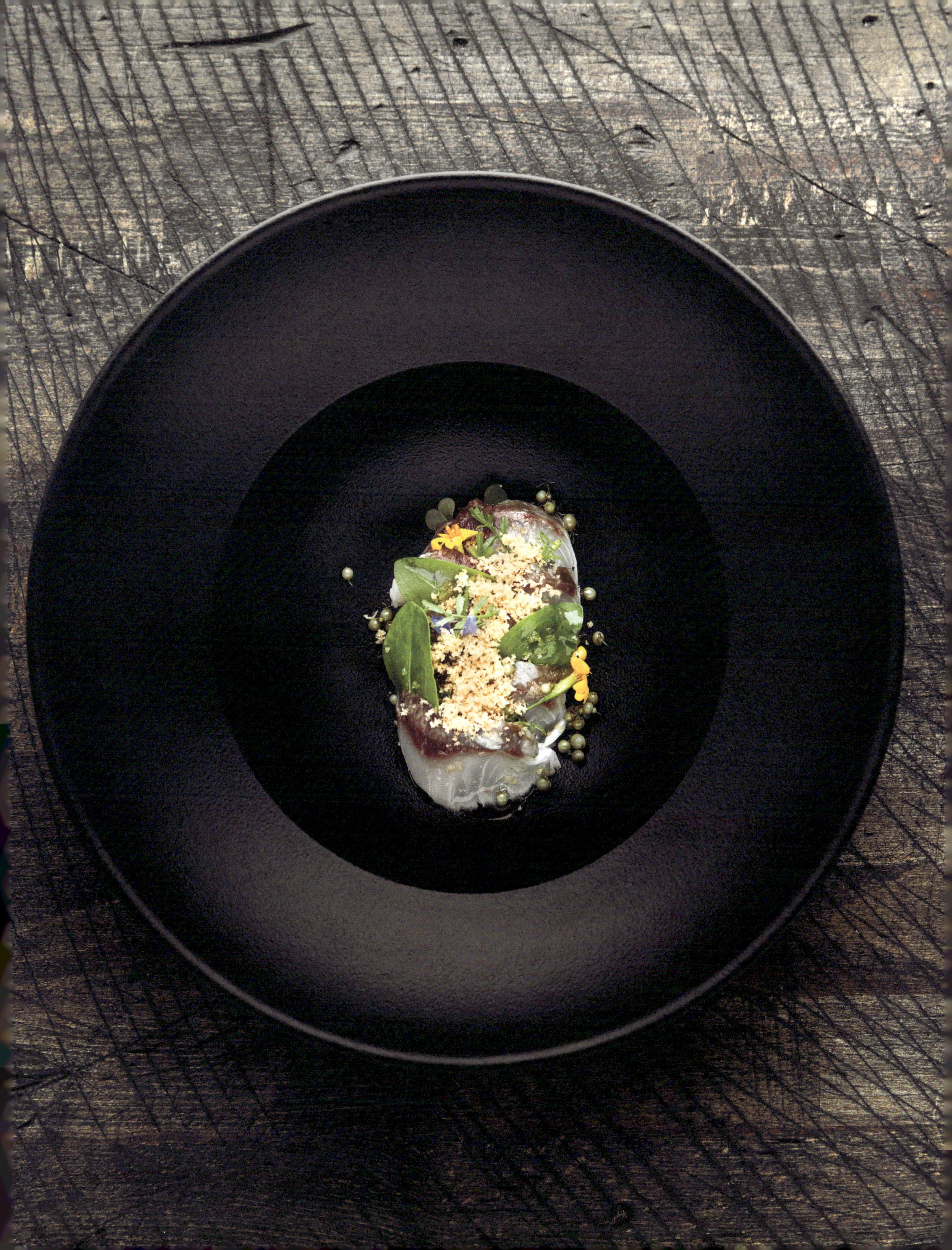

KOKS
Leynavatn, Färöer Inseln, Dänemark

Im Nordatlantik, zwischen Dänemark und Island, liegen die Färöer Inseln. Eine Wanderung durch die Berge von Tórshavn führt einen zum KOKS. In intimem Ambiente erwartet uns dort ein überragendes 17-Gänge-Degustationsmenü.

Poul Andrias Ziska
– Chefkoch

Mein Großvater, ein Fischer aus Klaksvík, besuchte einmal seinen ältesten Sohn am Mittelmeer. Als sie zusammen aßen, fragte mein Onkel:
„Weißt du eigentlich, was wir da essen?"
„Nein."
„Tintenfisch."
Der alte Mann schwieg lange.
„Ich bin den ganzen weiten Weg von den Färöern zu dir gekommen, und du tischst mir Köder auf?"
Mein Großvater hat den Großteil seines Lebens mit Tintenfischen und Makrelen nach größeren Fischen geangelt. Wie seltsam muss es für ihn gewesen sein, in die weite Welt zu kommen – und dann mit feinem Besteck Tintenfisch zu essen?

Wir Färöer haben schon immer inmitten einer reich gefüllten Speisekammer gelebt, aber wir haben erst vor Kurzem verstanden, dass anderen gefallen könnte, was wir zu bieten haben. Wir haben gelernt, zu genießen, was wir haben, statt uns nach anderen Dingen zu sehnen. Unsere Landschaft besteht aus Meer, Bergen, Himmel und ständig wechselndem Licht. Wir kennen zwar nicht alle Farben, dafür aber hundert Schattierungen von Grün und Blau. Wir sind geschult im Minimalismus, in den Varianten des Einfachen.

KOKS hat den Reichtum und die Komplexität der schlichten Zutaten aus der wilden Färöer Natur erkannt. Der Geschmack von Tang, Erde und Luft ist tiefer in unseren Seelen verwurzelt als der von Kurkuma, Pfeffer und Butter. Ich wünschte, mein Großvater hätte in einem Restaurant in seinem eigenen Land einen Bissen Natur in den Mund nehmen, die Augen schließen und auf eine innere Reise gehen können, um die Erde zu schmecken, aus der er gemacht ist.

Der Färöer Musiker, Komponist und Singer-Songwriter Teitur Lassen

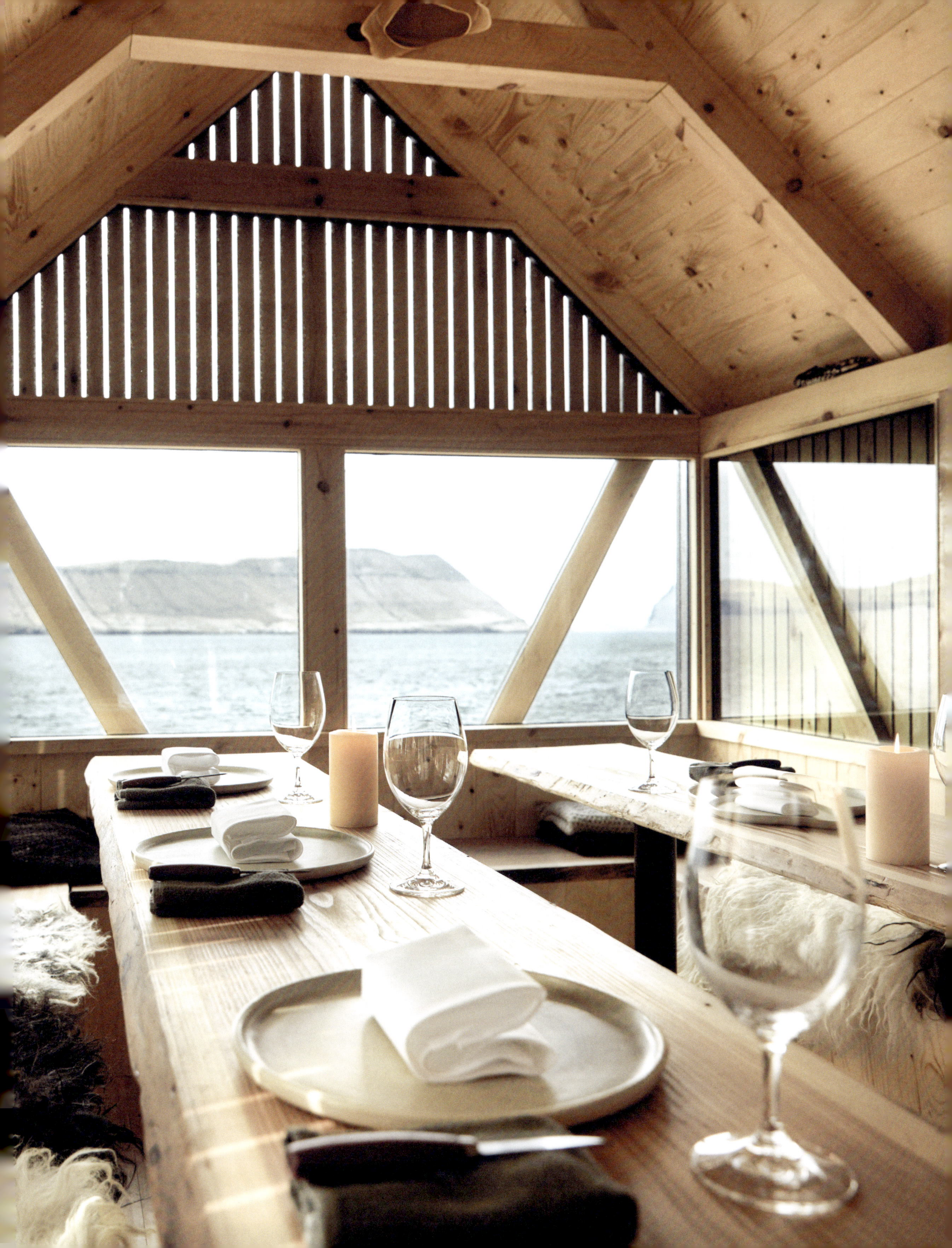

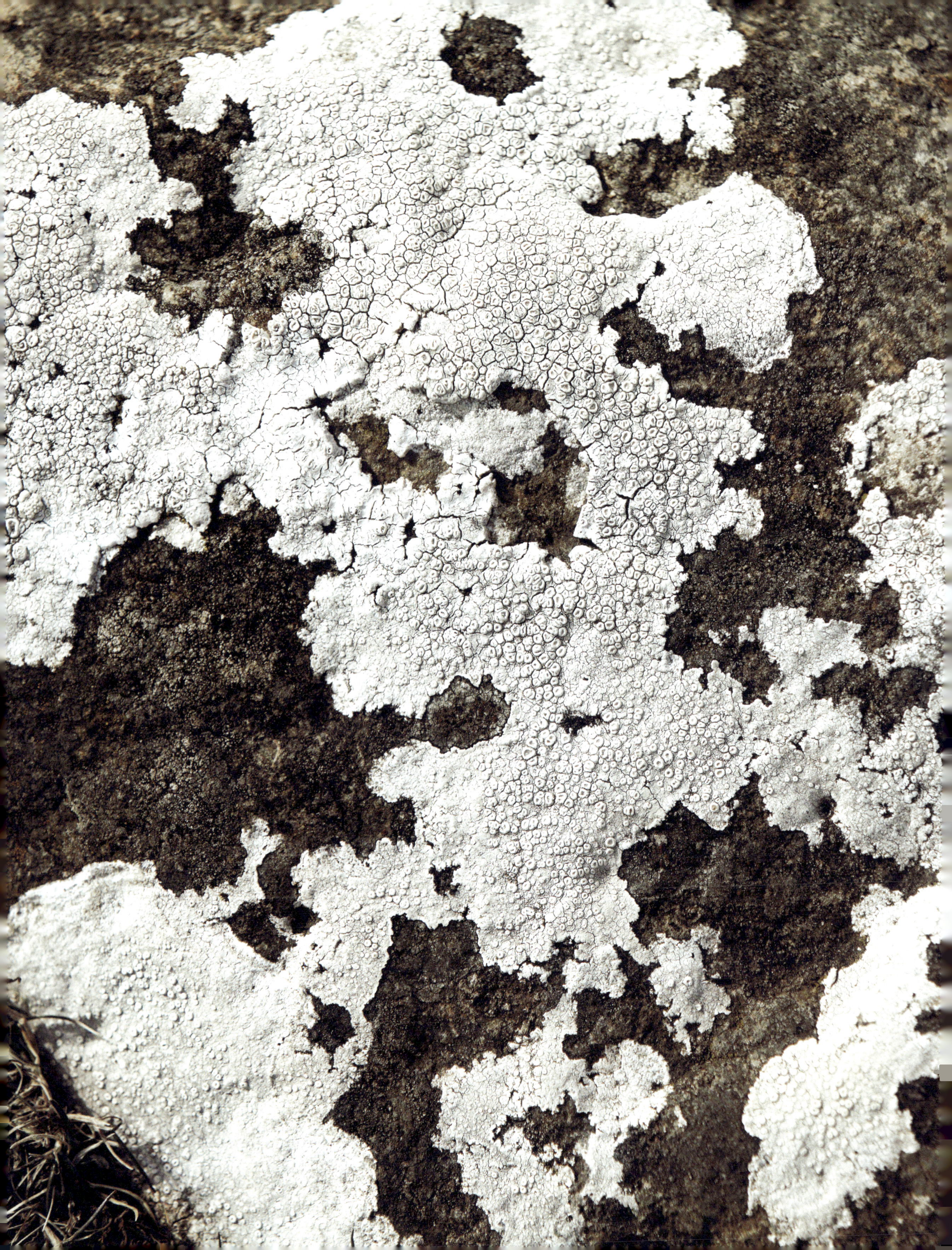

KOKS – Leynavatn, Färöer Inseln, Dänemark

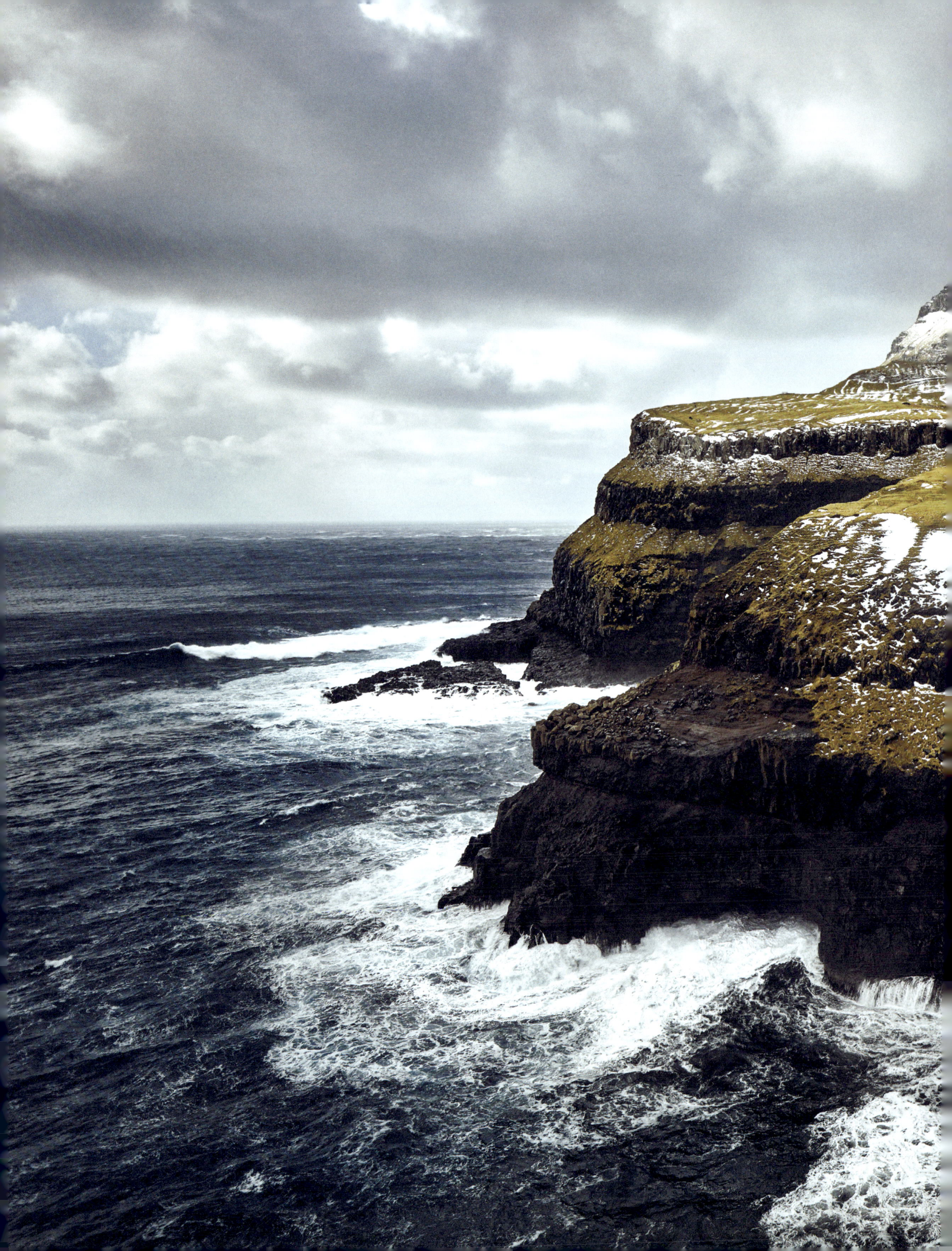

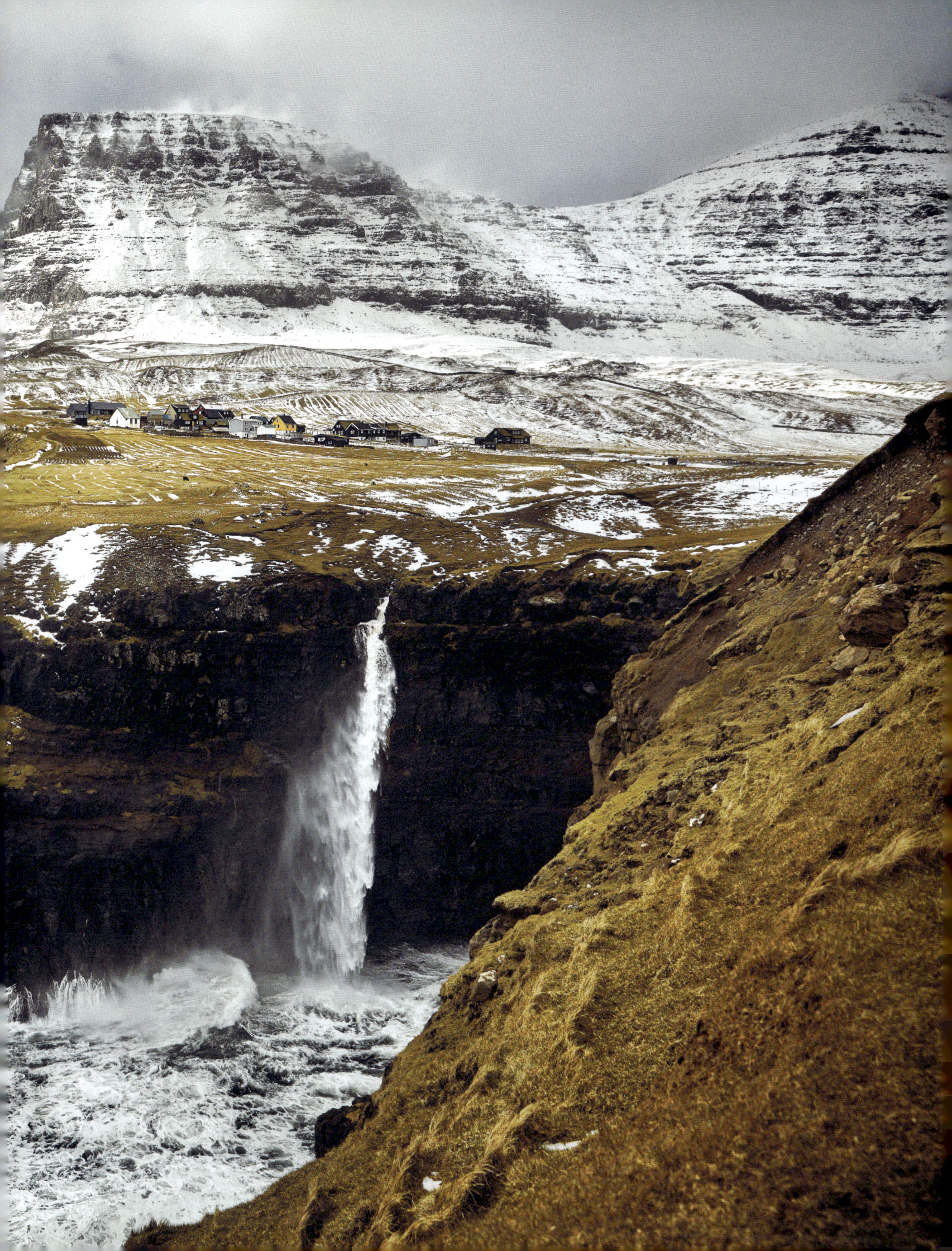

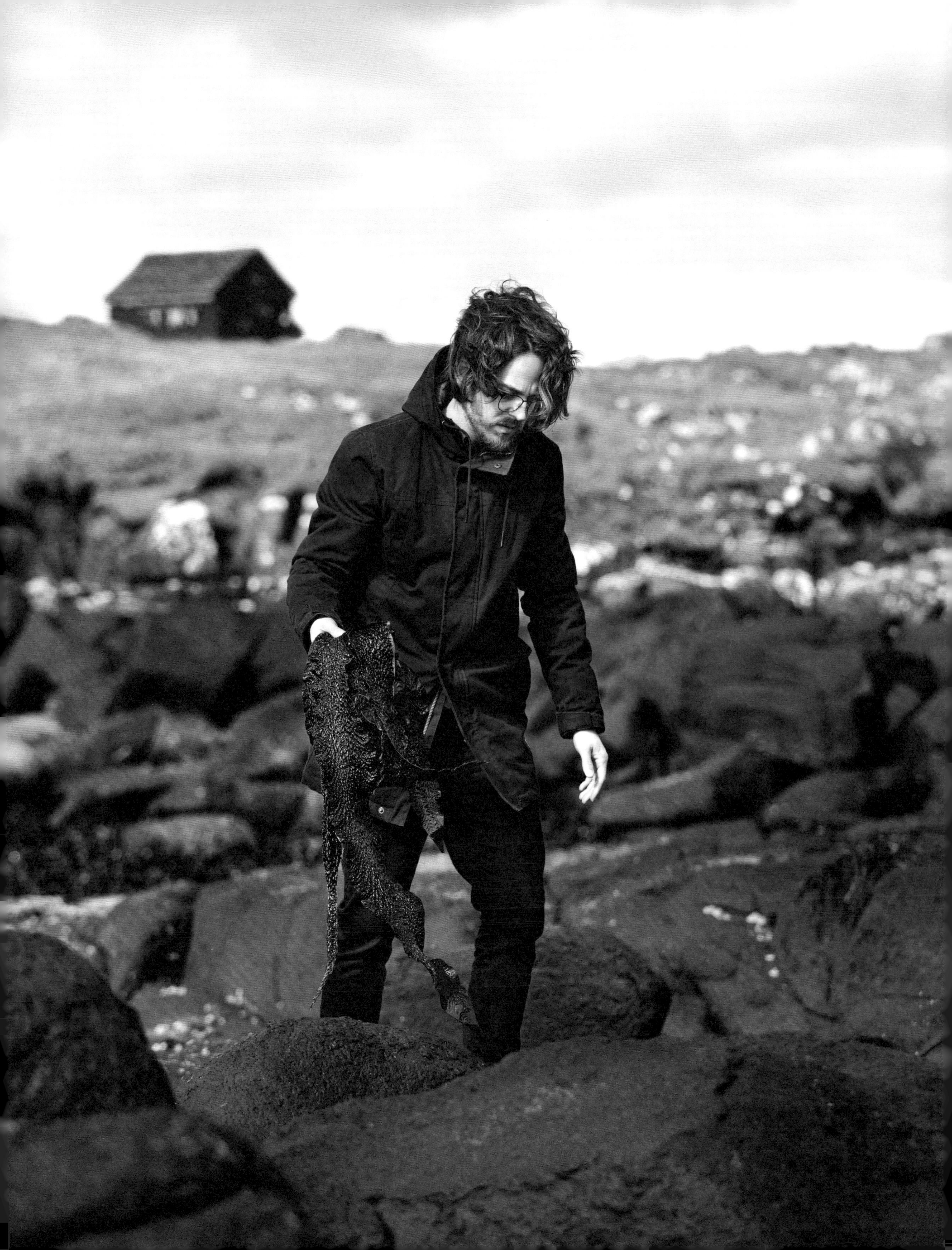

KOKS – Leynavatn, Färöer Inseln, Dänemark

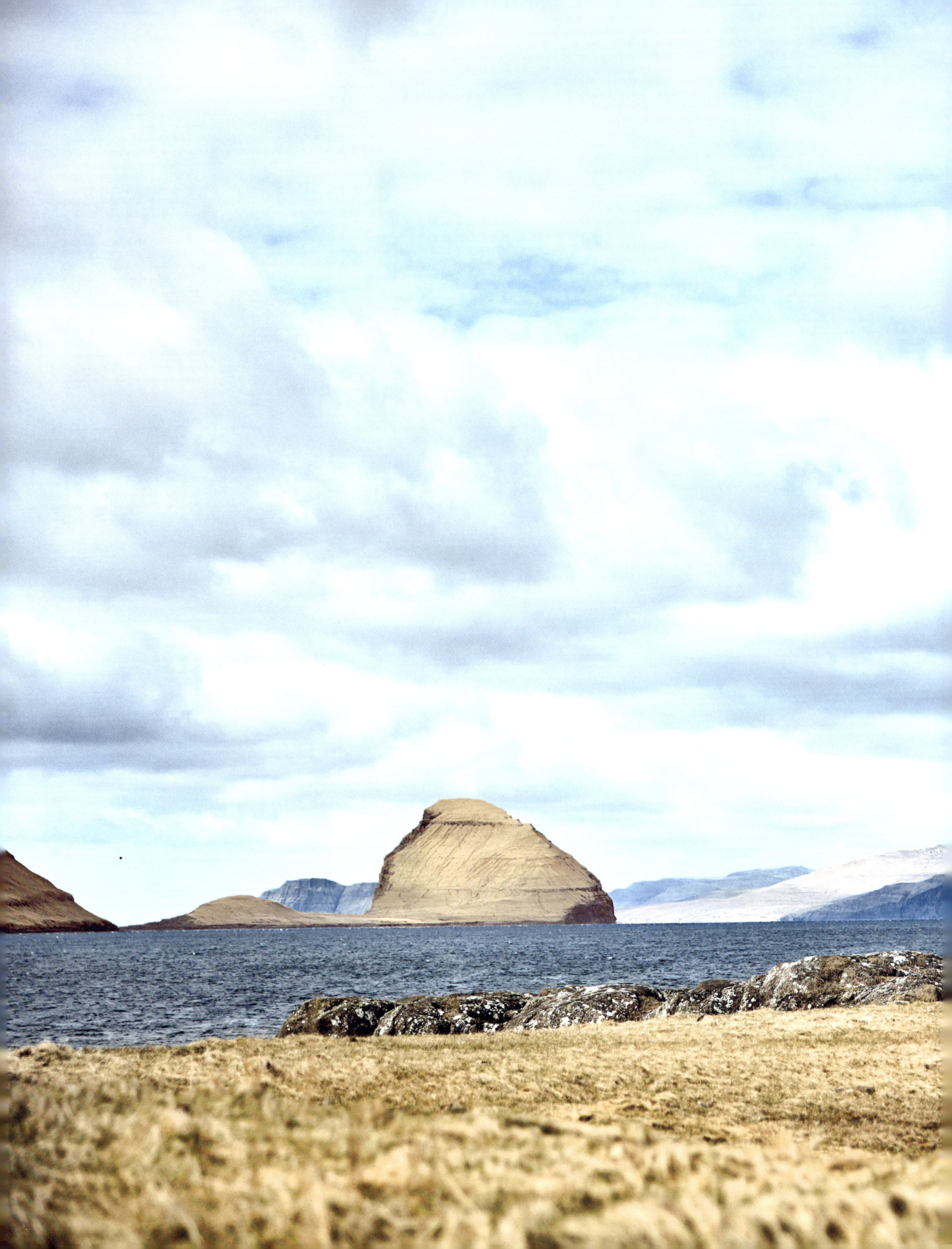

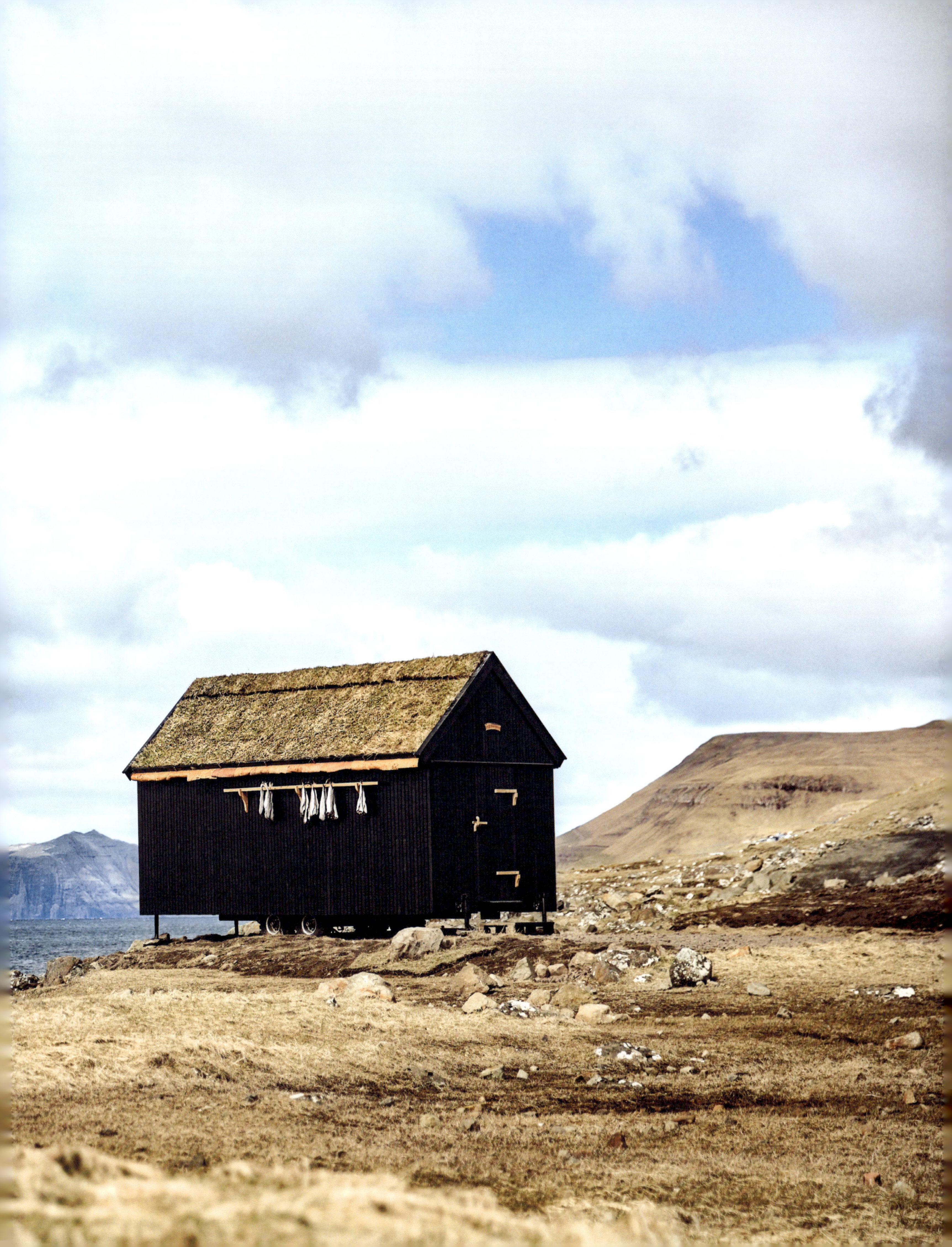

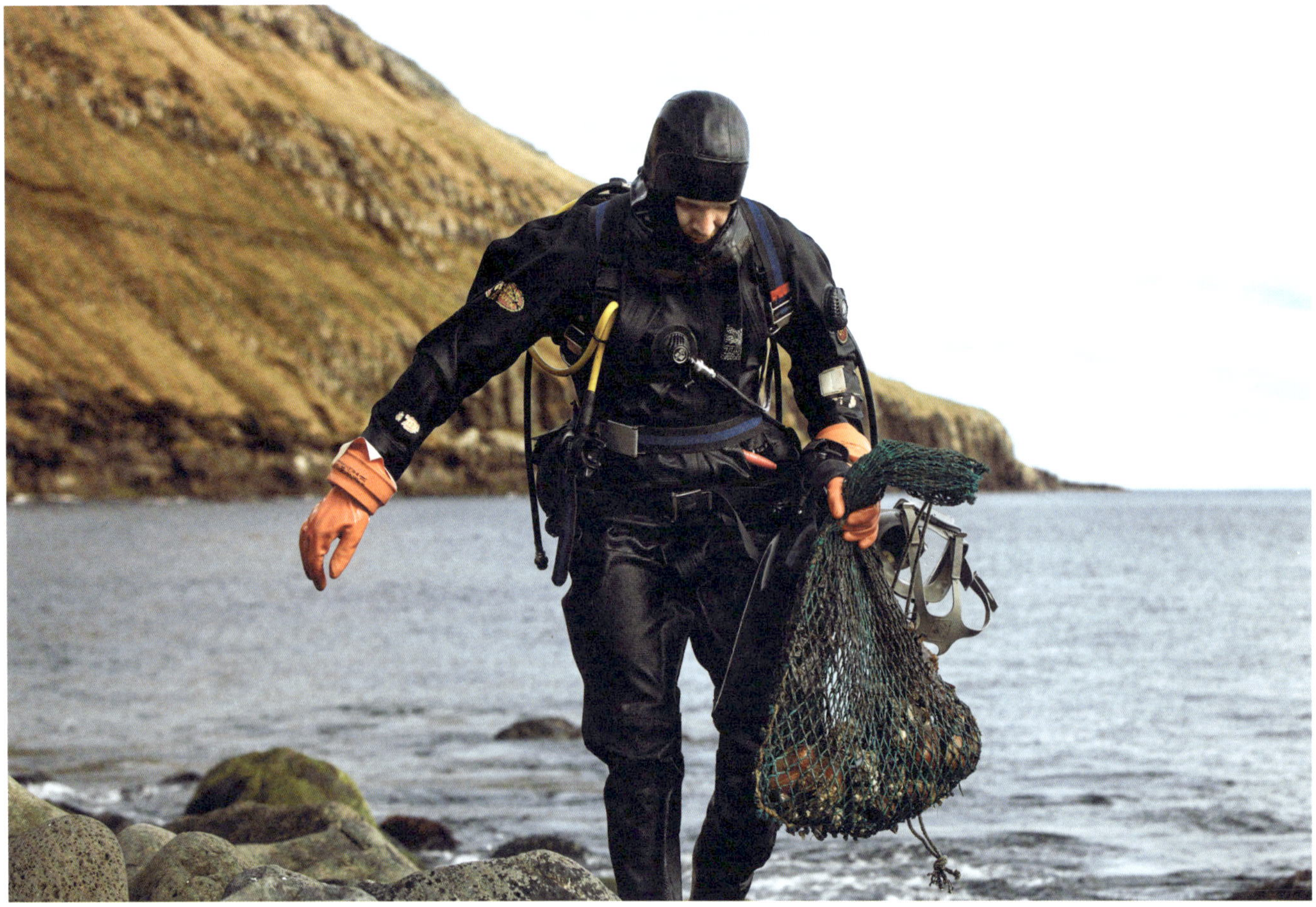

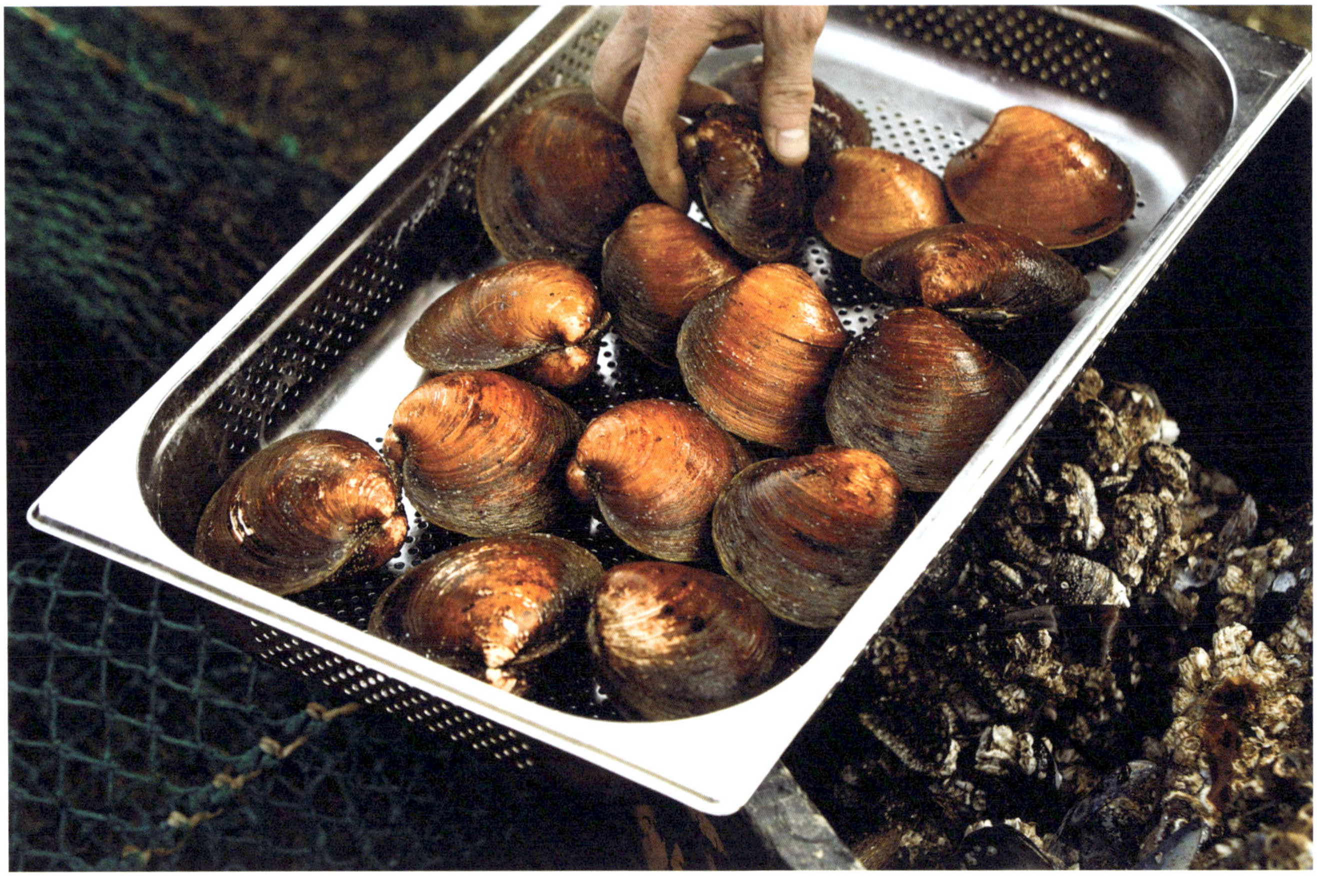

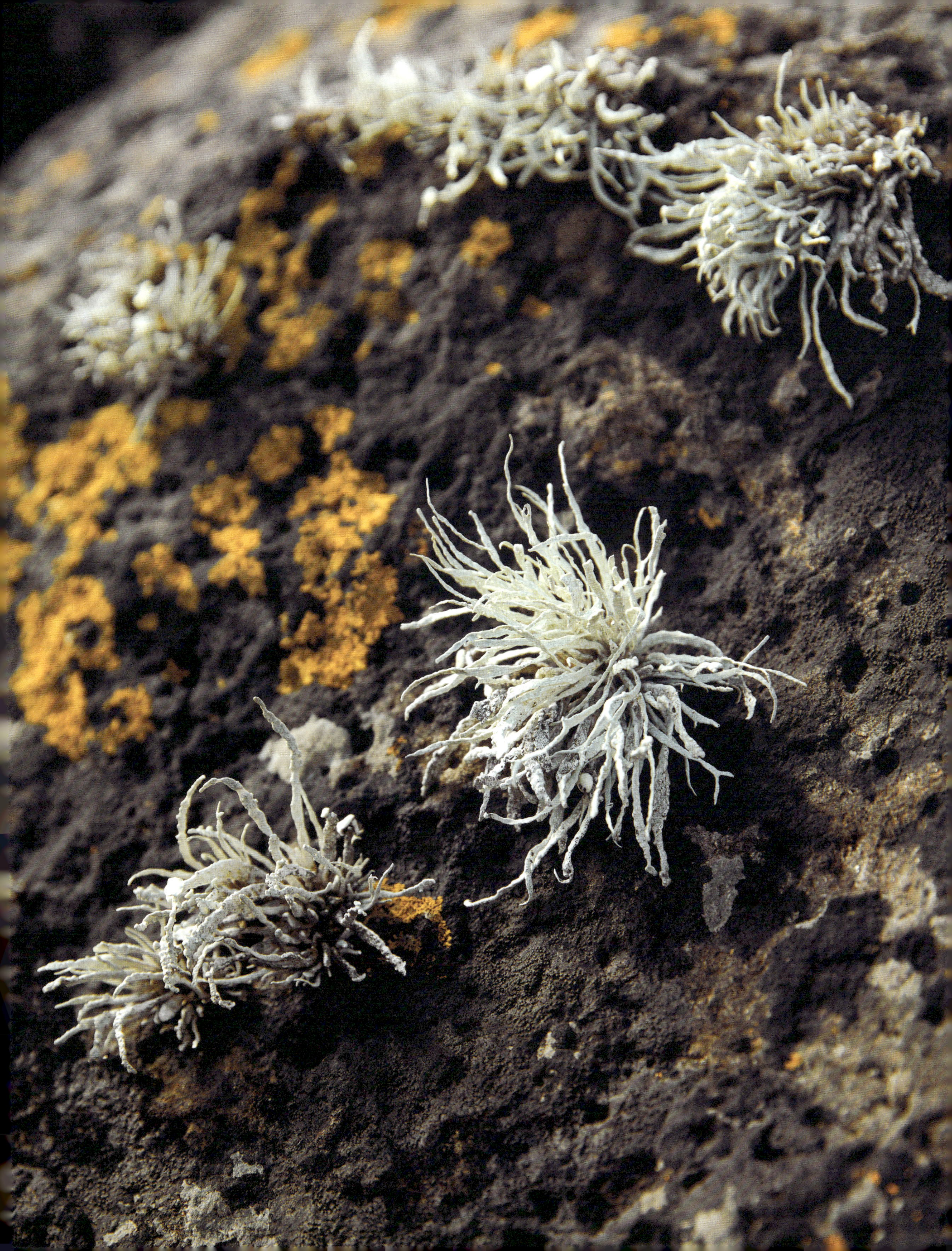

Islandmuschel und geräucherter Dorschrogen

Zubereitung

ISLANDMUSCHEL

1 Islandmuschel

Die Muschel öffnen und säubern. Den „zungenartigen" harten Sipho abschneiden und in dünne Scheiben schneiden. Bis zur Verwendung im Kühlschrank auf einem Eisbett in einem Behälter aufbewahren. Den Rest der Muschel für das Püree aufheben.

ISLANDMUSCHELPÜREE

300 g Islandmuschel
100 ml Wasser
100 g Öl
1 Prise Salz

Die Muschel mit Wasser und Öl glatt pürieren. Bei Bedarf mit Salz abschmecken. Durch ein Fischnetz passieren, um ein besonders geschmeidiges Püree zu bekommen. In einem Spritzbeutel im Kühlschrank aufbewahren.

SOSSE

400 g Milch
120 g Lauch
95 g Kartoffeln
40 g Blumenkohl
60 g Fischfond
100 g gesalzener und geräucherter Dorschrogen
120 g Butter

Milch, Gemüse, Fischfond und Dorschrogen in einem Vakuumbeutel versiegeln. Den Beutel etwa 30 Minuten bei 100 °C dämpfen, bis das Gemüse gar ist. Gesamten Inhalt in einen Mixer gießen und glatt mixen. Butter zufügen. Durch ein Sieb passieren und in eine Siphonflasche füllen. Bis zur Verwendung bei 60 °C warmhalten.

DILLVINAIGRETTE

100 g Dillöl
10 ml naturtrüber Apfelessig

Die beiden Flüssigkeiten mischen und in einer Quetschflasche im Kühlschrank aufbewahren.

ANRICHTEN

24 kleine Blumenkohlröschen
Pulver aus getrocknetem Dill

Das Islandmuschelpüree in die Tellermitte spritzen. Blumenkohlröschen in der Dillvinaigrette marinieren und auf den Teller setzen. Einen Löffelvoll der in Scheiben geschnittenen Muschel um den Blumenkohl drapieren. Warme Rogencreme verteilen, bis alles knapp bedeckt ist. Zuletzt mit Dillpulver bestäuben.

Über das Gericht

Mit einem Tier zu arbeiten, das womöglich über 500 Jahre alt ist, relativiert die Dinge: man fühlt sich wie ein kleiner Punkt in einem unendlichen Universum. Deshalb behandeln wir dieses Geschöpf auch mit dem größten Respekt. Wenn unsere Gäste die Muschel vor sich haben, sollen sie dieses Wunderwerk der Natur so hautnah wie möglich erleben. Die Dorschsoße und der Blumenkohl bilden in Geschmack und Konsistenz einen Kontrast, aber wir achten stets darauf, dass der fleischige Geschmack der Meeresfrucht durchkommt.

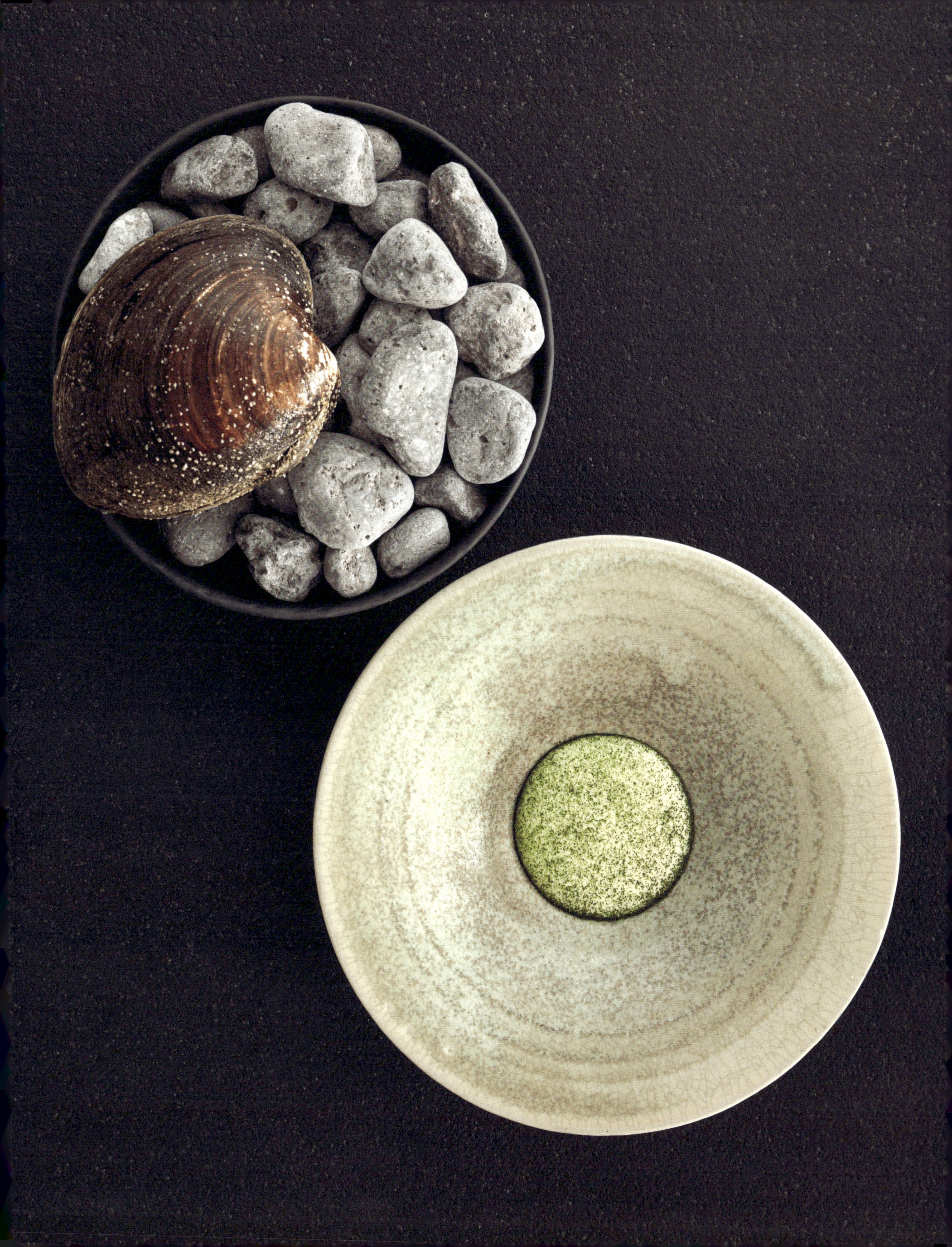

Fermentierter Lammtalg mit fermentiertem Fisch und góðaráð

Über das Gericht

Dieses Gericht servieren wir unseren Gästen besonders gerne. *Góðaráð* ist ein süßer Keks, der auf den Färöern für gewöhnlich daheim zu Kaffee oder Tee gegessen wird. Anhand der gleichen Optik erkennen die Leute den Keks sofort, wir kombinieren ihn allerdings in einer salzigen Variante mit garnatálg, einer Soße aus fermentiertem Lammdarm. Meist servieren wir ihn zu *ræstur fiskur*, einem typischen Färöer Fischgericht. Zu Hause bekäme man einen ganzen Fisch inklusive Gräten, dazu Salzkartoffeln und *garnatálg*. Wir haben uns auch eine umgekehrte Version des besonderen Geschmacks von garnatálg ausgedacht. Durch die Bakterien schmeckt die Soße nach Blauschimmelkäse, besonders in Kombination mit dem Käsekeks erinnert sie an Roquefort. Wir präsentieren das Gericht mit seinem intensiven Geschmack in einer cremigen, dressingartigen Version in einer kleinen Tasse. Obwohl es sich um ein sehr traditionelles und bekanntes Aroma handelt, unterscheidet sich die Serviermethode sehr von der, die einem bei Färöern zu Hause begegnen würde.

Zubereitung

KÄSECRACKER

250 g Vesterhavsost oder ein anderer Hartkäse, etwa Gruyère oder Parmesan
250 g Mehl
50 g Laktose
4 g Salz
60 ml Wasser
100 g weiche Butter

Käse, Mehl, Laktose und Salz in einer Schüssel verrühren. Wasser und Butter zufügen und zu einem weichen Teig kneten. Den Teig auf zwei Stück Backpapier 2 mm dick ausrollen und mit einem 33 mm-Kreisausstecher Cracker ausstechen und in einem Waffeltüteneisen backen. Abkühlen lassen und in einem luftdichten Behälter aufbewahren.

CREME AUS FERMENTIERTEM LAMMTALG

250 g fermentierter Lammtalg
250 g Frischkäse
250 g Schmand

Lammtalg schmelzen und 1 Minute im Topf rösten. Absieben und den Talg auf Zimmertemperatur abkühlen lassen. Mit dem Käse und dem Schmand mischen und fluffig aufschlagen. In einem Spritzbeutel im Kühlschrank bereithalten.

FERMENTIERTER FISCH
1 fermentierter Dorsch

Den Fisch säubern. Vakuumieren und 20 Minuten bei 50 °C garen. Den Fisch einfrieren. Wenn er gefroren ist, raspeln und im Gefrierschrank aufbewahren.

ANRICHTEN

Fermentierte Lammtalgcreme auf die Käsecracker spritzen. Dem fermentierten Fisch 1 Minute zum Auftauen geben, dann darüberstreuen.

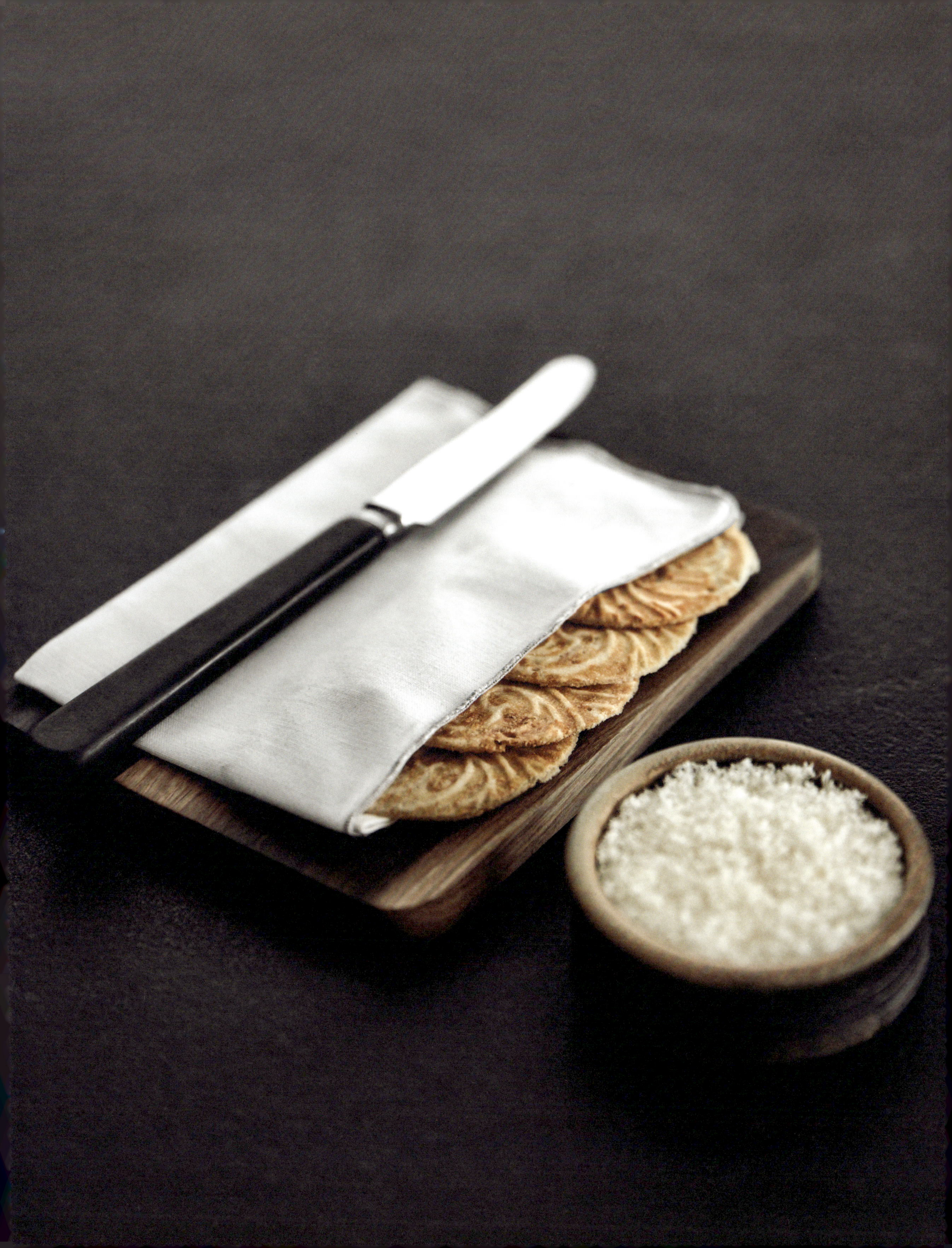

Eissturmvogel mit Roter Bete und Hagebutte

Über das Gericht

Es gibt Tausende Rezepte für Geflügel und dazu passende Beilagen, aber selten stolpert man über ein Rezept für Eissturmvogel. Das ist eine der Herausforderungen der Arbeit mit Färöer Produkten: Einfaches Essen wurde hier schon immer zubereitet, wir sind also gewissermaßen Pioniere. Wir sind dazu gezwungen, kreativ zu sein und unkonventionell zu arbeiten – zumindest in Bezug auf den regionalen Kontext. Im Lauf der Jahre haben wir festgestellt, dass der wildähnliche, fischige Geschmack des Eissturmvogels gut zur erdigen Note von Roter Bete und zum blumigen Geschmack von Hagebutte passt. Diese Zutaten haben wir schon in vielen verschiedenen Variationen kombiniert – das ist eine davon.

Zubereitung

DER VOGEL

4 Eissturmvögel
200 g Butter
Salz
Szechuanpfeffer

Die Brüste der Eissturmvögel vom Knochen lösen. Auf der Hautseite leicht salzen, mit der Butter vakuumieren und bei 55 °C für 30 Minuten im Wasserbad garen. Anschließend die Brüste in der Pfanne braten. Mit Salz und Szechuanpfeffer würzen. Vor dem Servieren aufschneiden.

GEBRANNTE ROTE BETE
1 große Rote Bete

Ofen auf 250 °C vorheizen. Die Rote Bete waschen und in den Ofen schieben. 45 Minuten backen, dabei alle 5 Minuten wenden, damit sie gleichmäßig gart. Die verbrannte Schale entfernen und in 12 Streifen von 4 cm Länge schneiden.

ROTE-BETE-SOSSE

5 g Szechuanpfeffer
3 g rosa Pfeffer
200 ml Geflügelfond
150 ml Rote-Bete-Saft
50 ml Kirschessig
2 g Salz
2 g Zucker

DEHYDRIERTE ROTE BETE
1 große Rote Bete

Rote Bete schälen und gar kochen. In 12 kleine, etwa 4 cm lange Streifen schneiden. Über Nacht im Ofen bei 60 °C dehydrieren. Vor dem Servieren in der Rote-Bete-Soße (siehe unten) wieder rehydrieren.

GEKOCHTE ROTE BETE

1 große Rote Bete
Salzwasser

Rote Bete schälen und in

Salzwasser gar kochen. In 12 schmale Streifen von etwa 4 cm Länge schneiden. Vor dem Servieren in Salzwasser blanchieren.

Szechuan- und rosa Pfeffer in einer heißen Pfanne anrösten. Die flüssigen Zutaten dazugeben. Aufkochen und 30 Minuten ziehen lassen. Abseihen und mit Zucker und Salz abschmecken.

ANRICHTEN

eingelegte Hagebuttenblätter
Roter Oxalis (Sauerklee)
Giersch
gebranntes Knoblauchpulver

Die Eissturmvogelbrust in die Mitte des Tellers setzen. Von jeder Rote-Bete-Zubereitung je 3 Stück seitlich der Brust halbkreisförmig anordnen. Vier eingelegte Hagebuttenblätter auf die Rote Bete setzen. Dann die Rote Bete mit rotem Oxalis und Giersch bedecken. Zum Abschluss den Teller mit gebranntem Knoblauchpulver bestäuben. Beim Servieren zwei Löffel der Soße über die Garnierung gießen.

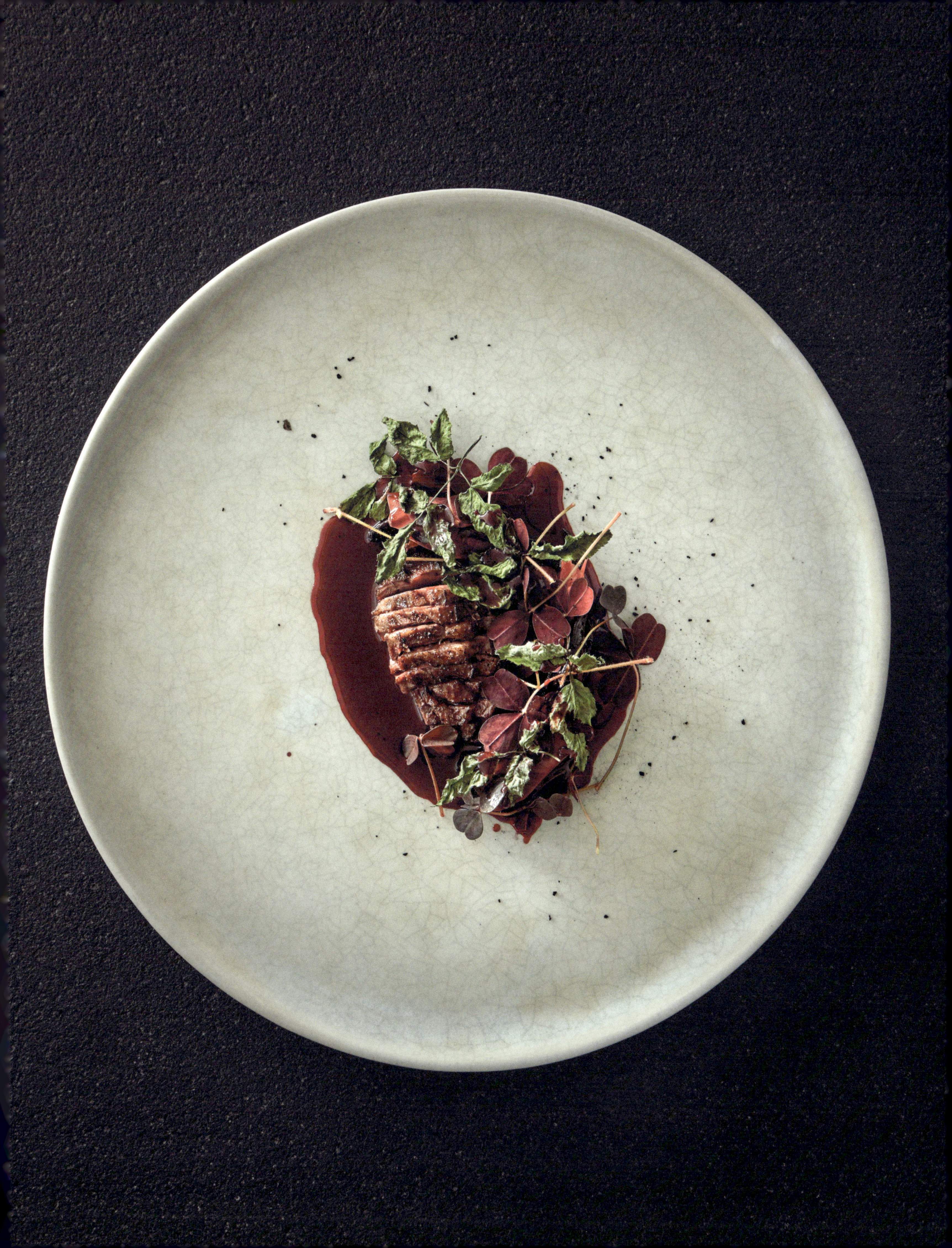

RESTAURANTS

108
Kopenhagen, Seeland
Kristian Baumann
S. 266–275

Alchemist
Kopenhagen, Seeland
Rasmus Munk
S. 122–127

AMASS
Kopenhagen, Seeland
Matthew Orlando
S. 96–107

AOC
Kopenhagen, Seeland
Søren Selin
S. 88–95

BROR
Kopenhagen, Seeland
Samuel Nutter
Victor Wågman
S. 70–79

CLOU
Kopenhagen, Seeland
Jonathan K. Berntsen
S. 236–243

Domestic
Aarhus, Jütland
Christian Neve
Christoffer Norton
Ditte Susgaard
Morten Frølich Rastad
S. 188–193

Dragsholm Slot
Odsherred, Seeland
Claus Henriksen
S. 254–265

Falsled Kro
Millinge, Fünen
Per Hallundbæk
S. 202–209

Frederikshøj
Aarhus, Jütland
Wassim Hallal
S. 108–113

Gastromé
Aarhus, Jütland
Søren Jakobsen
William Jørgensen
S. 114–121

Hærværk
Aarhus, Jütland
Asbjørn Munk
Mads Schriver
Michael Christensen
Rune Lund Sørensen
S. 276–283

Høst & Vækst
Kopenhagen, Seeland
Jonas Christensen
Anders Rytter (Høst)
S. 56–69

Hotel Frederiksminde
Præstø, Seeland
Jonas Mikkelsen
S. 48–55

Kadeau
Kopenhagen, Seeland
Nicolai Nørregaard
S. 38–47

Kødbyens Fiskebar
Kopenhagen, Seeland
Jamie Lee
S. 174–185

Kokkeriet
Kopenhagen, Seeland
David Johansen
S. 244–253

KOKS
Leynavatn, Färöer Inseln
Poul Andrias Ziska
S. 284–301

Musling
Kopenhagen, Seeland
Simon Sundby
S. 194–201

No. 2
Kopenhagen, Seeland
Nikolaj Køster
S. 128–135

Nordlandet
Allinge, Bornholm
Casper Sundin
S. 138–147

Paustian
Kopenhagen, Seeland
Henrik Jensen Junker
Chris Ladegaard Jensen
S. 210–217

PONY
Kopenhagen, Seeland
Lars Lundø Jakobsen
S. 30–37

Radio
Kopenhagen, Seeland
Jesper Kirketerp
S. 148–153

Relæ
Kopenhagen, Seeland
Jonathan Tam
S. 164–173

STUD!O
Kopenhagen, Seeland
Torsten Vildgaard
S. 154–161

Substans
Aarhus, Jütland
René Mammen
S. 218–225

Ti Trin Ned
Fredericia, Jütland
Mette & Rainer Gassner
S. 226–235

Ulo – Hotel Arctic
Ilulissat, Grönland
Heine Rynkeby Knudsen
S. 14–29

EDITORIALS

Andrea Petrini
Vorwort
S. 2–3

Christian F. Puglisi
Bauernhof der Ideen
S. 162–163

Claus Meyer
Nordisk Mad
S. 6–7

Roberto Flore & Michael Bom Frøst
Nordic Food Lab
S. 80–87

Kamilla Seidler
Köchin des Wandels
S. 186–187

Roland Rittman
GO WILD!
S. 10–13

Thomas Laursen
Auge in Auge mit dem Ameisenmann
S. 136–137

REZEPTE

„Kirschen"
S. 112
Auster mit weißen Johannisbeeren und Söl
S. 160
Bioschweinefilet, milchsauer vergorener Rhabarber mit getrockneten Pilzen und frittierter Hopfen mit Garum und Haselnüssen in einer Buttersoße
S. 192
Bulleneier in Sauce tartare
S. 74
Dänische Zitronenmousse mit Lakritzbaiser und Sauerampfersorbet
S. 252
Dänischer Hummer in Ravioli, Lobster Bisque, Feigenblättern und Topinambur
S. 144

Dänisches Lamm
S. 216

Dänisches Schwein
S. 214

Eingelegte Meeräsche mit Rogen, Meerrettichpüree, Sauerampfer und klarer Pilzsuppe
S. 282

Eissturmvogel mit Roter Bete und Hagebutte
S. 300

Fermentierter Lammtalg mit fermentiertem Fisch und góðaráð
S. 298

Forelle mit Rosenkohl
S. 182

Französische Wachtel mit Pfifferlingen, gelben Beten und Rentierflechte
S. 120

Frittierte Hühnerschenkel mit cremigem Graupenporridge, Petersilie und Vesterhav-Käse
S. 66

Gebackene Rotzunge mit Zwiebeln und Kräutern
S. 156

Gebackener Dorsch mit Schwarzkohl, Muschelsoße und geräuchertem Petersilienöl
S. 200

Gebrannter Topinambur, Haselnuss und Karamell
S. 94

Gegarte Karotten mit Biss, Mandel „ricotta", Teeblättern und konservierten Holunderblüten
S. 102

Gegrillter Norwegischer Hummer mit eingelegten Karotten, Kornblumen und Holunderblüten
S. 60

Gegrillter weißer Spargel mit pochiertem Bioei, geschmolzenem Havgus-Käse von Arla Unika und Kaviar der Rossini Gold Selection
S. 230

Gegrilltes Rinderfilet
S. 58

Gebeizte Makrele mit Sauerrahm, eingelegten grünen Tomaten und Senfsalat
S. 52

Gereiftes Rindertatar mit Bärlauch
S. 132

Geschmorte Schweinebrust, gegrillter Lauch, Senfsoße und Schweinekruste
S. 36

Hanfpfannkuchen mit unreifen Äpfeln
S. 264

Haselnusssorbet mit Kaffeekaramell, gebrannter Schokolade und Steinpilzöl
S. 104

Heilbuttconfit mit Topinambur und wilder Brunnenkresse
S. 118

In der Glut gebackener Kohlrabi mit Öl aus den Blättern der Schwarzen Johannisbeere und Rhabarberwurzelöl
S. 46

Islandmuschel und geräucherter Dorschrogen
S. 296

Jakobsmuscheln in Rosenkohl mit Miesmuschelcreme, Birnenpüree und Zitronenverbene
S. 248

Jakobsmuscheln mit fermentiertem Spargel und Dilldolden
S. 92

Karotten, Brühe aus gerösteten Karotten und Zitronenthymian
S. 168

Kartoffelsteine
S. 110

Knollensellerie mit Waldmeister, Ameisen, Kaviar und fermentiertem weißen Spargel
S. 42

Knuspriger Schwanz mit Bärlauch-Crème-fraîche
S. 76

Kürbis mit schwarzer Kürbisschale und gesalzenen Kürbisinnereien
S. 106

Kürbiseis in einer „Suppe" aus fermentiertem Honig und Molke mit Wildrosenblättern
S. 54

Lammherztatar
S. 126

Lammhirn
S. 124

Mit Kräuterseitlingen gratinierter Kaninchenrücken, Sellerieroulade, Knoblauch, Salbei und Trüffelsoße
S. 208

Pflaumendessert
S. 134

Pie
S. 222

Pochierte Austern mit eingelegtem Hanf, Nüssen und Crème double
S. 260

PONY-Brot
S. 34

Qajaasat mit weißer Schokolade und Stachelbeeren
S. 26

Rausu-Kombu-Eis, geröstete Gerstencreme und schwarzes Johannisbeerholzöl
S. 274

Roggencracker, Emulsion vom geräucherten Dorschrogen und gedämpfter Rosenkohl
S. 170

Rohe Garnele
S. 184

Rohe Garnelen mit süßer und gesalzener Pflaume, Physalis und Mirabelle in Rosenöl
S. 270

Sanddorn aus Ibsker, Schafsmilchjoghurtsorbet, weiße Schokolade und Hafer von Bornholm
S. 146

Scharf angebratener norwegischer Hummer mit Ochsenherz, Kürbis, Endivie und Crème fraîche
S. 280

Schwarze Johannisbeeren mit Pastinake und rohen Lakritzen
S. 234

Schweinebrust
S. 224

Schwertmuscheln-Royale, Zitrus, Ossietra-Kaviar und Kaviargitter
S. 240

Seeigel mit Piment d'Espelette und Zitronenaromen
S. 206

Seesaibling, Vierkantheide, Miesmuscheln und Engelwurz
S. 24

Short Ribs mit gegrillten Zwiebeln, geräucherter Buttersoße und Holunderkapern
S. 272

Smørrebrød mit glasiertem Kuhuterus
S. 78

Sommerliche Zwiebelaromen und Göteborger Biohähnchenbrust an reduziertem Hühnerfond und Bärlauchöl
S. 232

Tatar mit Kiefer und getoastetem Roggenbrot
S. 158

Tintenfisch, Wacholder und Zwiebelbrühe
S. 172

Tintenfisch, Eigelb und Bakskuld
S. 152

Tintenfisch, Pluma vom iberischen Schwein, Chips und Tintenfischtinte
S. 242

Tintenfisch, Schwarzes Knoblauchpüree, eingelegte Algen, Blaubeeren und frische Kieferntriebe und Blaubeeren
S. 180

Topinambureis mit karamellisierten Äpfeln, Topinamburchips und Schokoladensoße mit brauner Butter
S. 68

Vision des Waldes
S. 86

Wal, Wacholderbeeren und Alpen-Säuerling
S. 28

Warmer erntefrischer Salat mit frittiertem Hanf, Blutwurst und Zimtplätzchen
S. 262

Was-wir-gerade-im-Garten-haben-Tartelette
S. 44

Zander und gegrillte Karotten mit gelben Erbsen, Tannenessig und gebräunter Butter
S. 250

NORDIC *by* NATURE

BORDERLESS CO. BEDANKEN SICH BEI: Andrea Petrini, Christian F. Puglisi, Lasse Linding, Claus Meyer, Christina Heinze Johansson, Kamilla Seidler, Alex Grazioli, Sumaya Prado, Nordic Food Lab, Mathias Skovmand-Larsen, Roland Rittman, Karin Birgitta Kraft, Thomas Laursen, 108 – Kristian Baumann, Sara de Lemos Macedo, Alchemist – Rasmus Munk, Katja Seerup Clausen, AMASS – Matthew Orlando, Louise Walter Hansen, Christian Alexander Møller Bach, AOC – Søren Selin, Christian Aarø, Kristian Brask Thomsen, BROR – Victor Wågman, Samuel Nutter, CLOU – Jonathan K. Berntsen, Martin Gottlieb Sørensen, Domestic – Morten Frølich Rastad, Christian Neve, Christoffer Norton, Ditte Susgaard, Dragsholm Slot – Claus Henriksen, Christoffer Sørensen, Ursula Rosenkrantz Ugilt, Falsled Kro – Per Hallundbæk, Frederikshøj – Wassim Hallal, Jeppe Lund, Gastromé – Søren Jakobsen, William Jørgensen, Trine Ipsen, Hotel Frederiksminde – Jona Mikkelsen, Hærværk – Michael Christensen, Rune Lund Sørensen, Asbjørn Munk, Mads Schriver, Høst & Vækst – Jonas Christensen, Anders Rytter, Nikolai Lind, Kadeau – Nicolai Nørregaard, Michael Mortensen, Flemming Nørregaard, Lone Hørlyk, Kokkeriet – David Johansen, Buqe Peci, KOKS – Poul Andrias Ziska, Karin Visth, Johannes Jensen, Teitur Lassen, Jens L. Thomsen, Kødbyens Fiskebar – Jamie Lee, Musling – Simon Sundby, No.2 – Nikolaj Køster, Nordlandet – Casper Sundin, Nanna Löwe, Jonas Lemvig Pedersen, Paustian – Henrik Jensen Junker, Chris Ladegaard Jensen, PONY – Lars Lundø Jakobsen, Radio – Jesper Kirketerp, Relæ – Jonathan Tam, Rasmus Bay Arnbjerg, STUD!O – Torsten Vildgaard, Mathias Pachler, Substans – René Mammen, Nick Laursen, Ti Trin Ned – Mette & Rainer Gassner, Ulo – Hotel Arctic – Heine Rynkeby Knudsen, Erik Bjerregaard | Joseph Capé Bernasol, Monique Schröder, Paul Söderberg, Kevin Searle, Post Studio, Maria K. Vous, Peter Falcon-Fernandes, Louise Norup Hellener, Sami Tallberg, Lars Hinnerskov Eriksen, Eva Söderberg, Camilla Jørgensen, Alexandre Papatheodorou, Tue Svane, Jimmy Duus Jensen, Sebastian Wang-Holm und Simeon Rückert

Idee, Fotos und Text von Borderless Co. Redaktion und Design von Gestalten.

Herausgegeben von **Robert Klanten** Mitherausgeber: **Borderless Co. (Björn Söderberg, Henrik Arild Beierholm Pederson, Joshua Finzel** und **Michael Jepsen)**

Vorwort von **Andrea Petrini** Profile von **Borderless Co.** Texte und Rezepte geschrieben von **Borderless Co.** Editorials von **Christian F. Puglisi, Claus Meyer, Roberto Flore und Michael Bom Frøst, Kamilla Seidler, Roland Rittman** und **Thomas Laursen** Übersetzung aus dem Englischen von **Johannes Sudau** (*Vorwort, Profile, Texte und Editorials*) und **Lisa Shoemaker** (*Rezepte*)

Sämtliche Mengenangaben in den Rezepten stammen von den Köchen selbst und wurden ohne Veränderungen übernommen.

© Die Gestalten Verlag GmbH & Co. KG, Berlin 2018

Das Werk ist einschließlich aller seiner Teile urheberrechtlich geschützt. Jede Verwendung ist ohne schriftliche Genehmigung des Verlags unzulässig. Dies gilt insbesondere für Vervielfältigung, Mikroverfilmung sowie Einspeicherung und Verarbeitung in elektronischen Systemen.

Respect copyrights, encourage creativity!

Weitere Informationen und Buchbestellungen unter www.gestalten.com

Bibliografische Information der Deutschen Nationalbibliothek. Die Deutsche Nationalbibliothek verzeichnet diese Publikation in der Deutschen Nationalbibliografie; detaillierte bibliografische Daten sind im Internet über www.dnb.d-nb.de abrufbar

Projektmanagement von **Sam Stevenson**

Design, Layout und Cover von **Mona Osterkamp**

Schriften: Baskerville von **John Baskerville**

Fotos von **Michael Jepsen** Weitere Fotos von **Alex Grazioli** (S. 186) und **Melting Pot Foundation** (S. 187)

Druck von **Nino Druck GmbH**, Neustadt / Weinstraße Hergestellt in Deutschland

Erschienen bei Gestalten, Berlin 2018 ISBN 978-3-89955-950-7

Die englische Ausgabe ist unter der ISBN 978-3-89955-947-7 erhältlich.

Alle in dieser Publikation vorgestellten und porträtierten Unternehmen, Projekte und Individuen wurden auf Basis ästhetischer und inhaltlicher Kriterien ausgewählt und in keinem Fall aufgrund von Zahlungen oder kommerziellen Zuwendungen seitens der vertretenen Architekten, Designer und Künstler.

Dieses Buch wurde auf FSC®-zertifiziertem Papier gedruckt.

MIX
Papier aus verantwortungsvollen Quellen
FSC® C006655